Folgen Sie uns!

Wir informieren Sie gerne und regelmäßig über Neuigkeiten aus der Welt des CONBOOK Verlags. Folgen Sie uns für News, Specials und Informationen zu unseren Büchern, Themen und Autoren.

 www.conbook-verlag.de/newsletter   www.facebook.com/conbook

SCANNEN UND FAN WERDEN

MIX
Papier aus verantwortungsvollen Quellen
FSC® C083411

1. Auflage

© Conbook Medien GmbH, Meerbusch, 2017
Alle Rechte vorbehalten.
www.conbook-verlag.de

Einbandgestaltung: Birgit Kohlhaas
Satz: David Janik
Druck und Verarbeitung: CPI books GmbH, Leck

Titelfoto: Junge Chinesinnen in der Altstadt von Dali
Autorenfotos: Martin Zitzlaff, www.zitzlaff.com
Eröffnungsfoto »Hongkong und Taiwan« und Bild der Regenschirmproteste im Farbteil: Tan Chi Wing, 譚志榮, erschienen im Bildband »我們不是暴民 – We are NOT a Mob«, ISBN 978-962-992-366-2

Printed in Germany

ISBN 978-3-95889-137-1

Die in diesem Buch vorgetragenen Meinungen, Ansichten und Behauptungen entstammen den Gesprächsprotokollen der Autoren, geben die persönliche Sicht der Interviewpartner wider und stehen nicht zwingend für die Ansichten der Autoren, des Verlages und beteiligter Partner. Die genannten Fakten wurden mit größtmöglicher Sorgfalt recherchiert, eine Garantie für Richtigkeit und Vollständigkeit können aber weder der Verlag noch die Autoren übernehmen. Lesermeinungen gerne an feedback@conbook.de.

JÖRG ENDRISS   SONJA MAASS

CHINA KINDER

Moderne Rebellen in
einer alten Welt

不要那么孤独
请相信
这个世界上真的有人
在过着你想要的生活
愿你我带着
最微薄的行李
和最丰盛的自己
在世间流浪
忽晴忽雨的江湖
祝你有梦为马
随处可栖

Fühl' dich nicht allein,
glaube mir,
auf dieser Welt gibt es tatsächlich Menschen,
die das Leben leben, das du dir wünschst.
Lass uns wenig Gepäck mitnehmen
und viel von uns selbst.
Lass uns in der Welt umherziehen
bei Sonne und Regen durch Wald und Feld.
Mögest du deine Träume verwirklichen
und immer einen Ort zum Rasten finden.

(Gedicht an der Wand einer
chinesischen Jugendherberge)

INHALT

Vorwort 16

★

Der Held der Schriftzeichen 27
»*Borstenhirse – das Zeichen konnte ich wirklich nicht.*«

Der Schüler 39
»*Am Ende schlage ich doch wieder ein Lehrbuch auf.*«

Die Studenten 49
»*Deswegen war es dann doch gut, dass ich nicht das studieren konnte, was ich wollte.*«

Der Punk 59
»*Du kannst mir nicht den Mund verbieten! Ich will, dass <u>du</u> die Klappe hältst!*«

Das Parteimitglied 71
»*Eigentlich diskutieren wir über Marx normalerweise nicht.*«

Das Mädchen ohne Papiere 83
»*Wie ein normaler Mensch leben,*
das würde ich gerne.«

Die Ratte 95
»*Meine zukünftige Frau war, ehrlich gesagt, hässlich.*
Aber ich dachte, okay, so komme ich endlich an Sex.«

Das Mädchen aus der Provinz 107
»*Am Ende war dann die Gesichtsmaske*
schon wieder trocken.«

Die Bauarbeiter 113
»*Gleich arm, gleich reich, gleich hübsch oder*
hässlich – einfach, dass alles zusammenpasst.«

Der Computerspiel-Profi 123
»*Es gibt viele Mädchen, die in mich verliebt sind,*
viel zu viele!«

Der Start-up-Gründer 131
»*Ich glaube, dass das Hierarchiedenken mit*
der chinesischen Kultur zusammenhängt.«

Die Tochter aus reichem Haus 143
*»Wir müssen besser sein
als unsere Eltern.«*

Die Bürgerin zweiter Klasse 153
*»In der Nacht haben viele Kinder geweint,
weil sie Heimweh hatten.«*

Die Aktivistin 165
*»Zum Frühlingsfest ist der Druck
zu heiraten am schlimmsten!«*

Die Schwulen 177
*»Ich kannte nicht mal
das Wort ›homosexuell‹.«*

Der Journalist 189
*»Wir versuchen ständig, die Grenzen
der Zensur auszutesten.«*

HONGKONG ★ TAIWAN

Hongkong **205**

    Der nachdenkliche Aktivist **211**
    »Die Demonstranten haben angefangen, sich gegen-
    seitig zu bekämpfen – und nicht nur die Regierung.«

    Der Radikale **223**
    »Wir sind bereit weiter zu gehen und
    auch direkte Gewalt anzuwenden.«

Taiwan **237**

    Die Politikerin **241**
    »Klar reden wir mit Chinesen,
    die nach Taiwan kommen, über Politik!«

    Der Student vom Festland. **253**
    »Ich habe manchmal das Gefühl,
    in Taiwan diskriminiert zu werden.«

Die Rucksackreisende 265
»Wir lernen nur, dass die Kommunistische Partei
so viel Gutes für Tibet getan hat.«

Die Plastikblumenkinder 287
»Jeder wird so akzeptiert,
wie er ist. Total entspannt!«

Der Fotograf 295
»Das Wichtigste ist,
dass ich jetzt freier bin.«

Die Freiwilligen von der Regenbogenfarm 303
»Vielleicht haben wir uns früher schon
immer nach so einem Leben gesehnt.«

Die Heimunterrichtskommune 315
»Meine Tochter soll nicht in dieser Fließbanderziehung
ein Mensch ohne Charakter werden!«

Die Ökobauern 329
»Früher hatten wir nichts zu essen,
jetzt essen wir Gift.«

Der Designer **345**
»Ältere Leute verstehen diese Art
von Jugendkultur nicht.«

Die Band **353**
»Viele denken, wenn du Musik machst,
bist du nicht normal!«

Der Mongole **363**
»Zu Hause war es langweilig. Ich habe Schafe und
Rinder gehütet, sonst hatte ich nichts zu tun.«

Der Arbeiterdichter **373**
»Also hat man das Stahlstück mit einem Werkzeug abgeschnitten und den Rest in seinem Kopf stecken lassen.«

★

Nachwort **393**

Glossar **397**

VORWORT

Eine neue Generation

Ein kleines Bergdorf im Westen Chinas war der Startpunkt unserer Entdeckungsreise für dieses Buch. Langmusi liegt auf 3.500 Metern Höhe im Osten der Tibetischen Hochebene, an der Grenze der Provinzen Sichuan und Gansu. Es ist ein kleiner Ort mit gerade mal 3.000 Einwohnern, aber für die Bauern und tibetischen Nomaden, die draußen im Grasland in ihren Zelten wohnen, ist er der Außenposten der Zivilisation. Hirten in Fellmänteln treiben Ziegen und Yaks über die Hauptstraße. An ihrer Seite wachen riesige Hirtenhunde, die draußen im Grasland die Wölfe von der Herde fernhalten. Vom tibetischen Kloster auf dem Hügel über der Stadt kann man dumpfe Klänge hören, die an Schiffssirenen erinnern. Junge Mönche üben auf dem Dungchen, einer Art Alphorn aus Kupfer. Langmusi ist sehr weit weg von allem, was das Leben in den chinesischen Städten ausmacht. Und genau deshalb kommen viele junge Chinesen hierher – an einen Ort, den ihre Eltern noch als »rückständig« abgetan hätten. Die Generation der Zwanzigjährigen scheint einen grundlegend anderen Blick auf die Welt zu haben.

So trafen wir zum Beispiel eine Studentin Anfang Zwanzig mit dem Spitznamen Duorou – zu Deutsch »Sukkulente«. Sie stammte von der dicht besiedelten chinesischen Ostküste und hatte ein Urlaubssemester eingelegt, um alleine nach Lhasa zu fahren. In Langmusi machte sie für einige Zeit Zwischenstation. Für ein bisschen Putzen und Bettenbeziehen durfte sie in einer Jugendherberge umsonst übernachten. Duorou war auf der Suche nach etwas, das sie zunächst selbst nicht genau beschreiben konnte. Nach einem Sinn vielleicht. Und damit war sie nicht allein. Vielen in dem Hostel ging es genauso. Noch vor etwa 15 Jahren traf man in China selten Menschen wie Duorou. Schon gar keine Studenten, die sich eine Pause von der Uni erlaubten. Orte wie Langmusi besuchten vielleicht ein paar westliche Rucksacktouristen. Chinesische Touristen waren dagegen eher an der Chinesischen Mauer in Reisegruppen unterwegs, die in möglichst kurzer Zeit zu möglichst vielen Sehenswürdigkeiten und anschließend zum Shoppen gekarrt wurden. Duorou gehört zu einer neuen Generation, die nicht nur die bisherige Art des Reisens, sondern vor allem die Werte und Vorstellungen der Generation ihrer Eltern infrage stellt. Sie war die Erste, die wir für unser Buch interviewten, unser Testlauf sozusagen. An ihrem Beispiel zeigte sich bereits, wie sich das Denken in der jungen Generation verändert hat. Ihre Geschichte lesen Sie im Kapitel *Die Rucksackreisende* ab Seite 265.

Seit mehr als zwei Jahrzehnten sind wir immer wieder in China unterwegs und haben dort zeitweise gewohnt. Dabei konnten wir miterleben, wie das Land ständig sein Gesicht veränderte. Es konnte passieren, dass wir nach drei Jahren in eine Stadt zurückkehrten und nichts mehr wiedererkannten. Alte Viertel verschwanden und machten Platz für Bürokomplexe mit Glasfassaden. Der Hochschulcampus für tausende Studenten lag auf einmal vor den Toren der Stadt. Jedes Kuhkaff schien einen Anschluss an die Hochgeschwindigkeitsbahn zu bekommen und aus Feldern wuchsen plötzlich dreißigstöckige Betongerippe. Informationen über das Ausland waren damals rar und das Internet noch nicht verbreitet. Auf langen Zugfahrten wollten die Mitreisenden oft etwas über die Verhältnisse in Deutschland hören. Meist entwickelten sich die Gespräche zu einer Art »Podiumsdiskussion« mit anschließender Fragestunde. Als zwanzigjähriger Ausländer alleine unterwegs zu sein, erregte aber vor allem großes Mitleid. Wer alleine unterwegs war, besonders in so jungem Alter, musste doch einsam sein, vermuteten viele, oder Probleme mit der Familie haben.

Für viele Chinesen war es damals das Wichtigste, am Aufschwung ihres Landes teilzuhaben und sich ein Stück vom neuen Wohlstand zu sichern. Alles andere galt eher als »Zeitverschwendung« – auch das Reisen. Die Leute von damals sind die Elterngeneration der heutigen Zwanzigjährigen.

Als wir ein paar Tage nach dem Gespräch mit Duorou müde und ungeduscht von einer mehrtägigen Wanderung durch das Gebirge nach Langmusi zurückkamen, hatte sich unser Interview mit ihr bereits herumgesprochen.

»Da sind die beiden, die chinesische Jugendliche befragen wollen«, rief plötzlich jemand, kaum dass wir die Lobby des Hostels betreten hatten. Vielleicht zwanzig junge Chinesen, die um die Rezeption auf Sofas und Matratzen lümmelten oder Instantnudeln aus kleinen Schüsseln schlürften, schauten uns erwartungsvoll an. Sie alle hatten das Bedürfnis, ihre Gedanken und ihre Sicht auf China mitzuteilen. Sie waren begeistert davon, dass ihnen jemand zuhört und sie ernst nimmt. Etwas, dass viele bei den eigenen Eltern vermissen.

Das kleine gemütliche Hostel war Sammelpunkt für junge Chinesen, die etwas anderes suchten als das, was ihnen Eltern, Schule, Gesellschaft oder die Regierung als Lebensweg vorgezeichnet hatten. Abend für Abend saßen sie in der Lobby, die mit bunten Postkarten und Graffiti dekoriert war, eine Art Wohnzimmer für alle. Junge Rucksackreisende aus allen möglichen Gegenden Chinas erzählten sich ihre Geschichten, sangen, spielten Gitarre, Karten oder hingen einfach auf den Sofas herum. Einige pausierten an der Uni oder hatten gerade ihren Job hingeschmissen, um zu reisen und den »wilden« Teil Chinas kennenzulernen. Sie waren alleine oder maximal zu zweit unterwegs, mit dem Bus, dem Fahrrad oder per Anhalter – und meist auf der Suche: nach Abenteuern, Gleichgesinnten, einem Sinn, einem anderen Leben oder vielleicht einfach einem ähnlich denkenden Partner.

Die meisten der jungen Reisenden hatten sich gegen den Widerstand ihrer Eltern auf den Weg gemacht oder waren aufgebrochen, ohne ihnen etwas davon zu erzählen. Viele sprachen von einem großen Generationenkonflikt. Auch in den Medien wird nach wie vor darüber diskutiert – die Jugend sei verweichlicht, verwöhnt und arbeitsscheu, lautet meist der Tenor.

Die ständigen gesellschaftlichen und wirtschaftlichen Umbrüche der letzten drei Jahrzehnte haben dazu geführt, dass sich Alte und Junge oft nicht mehr verstehen. Fast jeder junge Chinese, den wir befragt haben, konnte dazu eine Geschichte erzählen. Die Zwanzig- bis Anfang Dreißigjährigen sind in einer ganz anderen Welt aufgewachsen als ihre Eltern und Großeltern. Die Alten haben Notzeiten erlebt, Mangel und staatliche Rationierungen. Sie wurden geprägt von den politischen Wirren der Mao-Zeit und ihren Nachwirkungen. Dazu gehörten vor allem die Hungersnöte während der verfehlten Kollektivierungspolitik in der Landwirtschaft Ende der 50er-Jahre, Schauprozesse wilder Mobs während der Kulturrevolution Ende der 60er und das Massaker nach den Protesten am Platz des Himmlischen Friedens in Peking 1989. Für viele Zwanzigjährige ist diese Zeit allerdings so weit weg wie die Aufzeichnungen der konfuzianischen Klassiker; auch weil in den Schulen darüber geschwiegen wird.

Die jungen Chinesen in den Metropolen kennen vor allem den Überfluss. Shopping ist dort ein verbreitetes Hobby, Markenklamotten sind selbstverständlich. Das Internet ist für sie von klein auf ein Tor zur Welt, auch wenn der Staat einen riesigen Aufwand betreibt, um es zu zensieren. »In den amerikanischen Serien haben Jugendliche oft schon in der Schule einen Freund oder eine Freundin – und die Eltern unterstützen das sogar«, erzählte ein Student. »Da lernst du, dass so etwas woanders normal ist.« An vielen Schulen in China hingegen sind Beziehungen unter Schülern bis heute verboten.

Auch durch Reisen und Studienaufenthalte im Ausland kommen viele mit anderen Weltbildern in Berührung. Allein 2015 studierten nach einer Erhebung des Bildungsministeriums eine halbe Million Chinesen im Ausland, Tendenz steigend. Überhaupt sind die heute Zwanzigjährigen viel besser ausgebildet als ihre Eltern. Seit den 90er-Jahren ist nicht nur das durchschnittliche Pro-Kopf-Einkommen um etwa das 14-Fache gestiegen, auch die Zahl der Universitätseinschreibungen ist um das Achtfache nach oben geschnellt.

Während die Elterngeneration nach ihren Erfahrungen der Notzeiten materielle Sicherheit, sozialen Aufstieg und die Fortführung der Familienlinie als wichtigstes Ziel ansieht, genügt das vielen Zwanzigjährigen nicht mehr. Duorou, die »Sukkulente«, erklärte das so: »Meine Oma hat meine Mutter nach dem Motto erzogen: ›Es reicht, wenn ich dir 'was zu essen und zum Anziehen gebe.‹ Um die seelischen Bedürfnisse hat sie sich kaum gekümmert. Und so haben das auch meine Eltern gemacht. Sie haben mich nie gefragt, was ich denke oder fühle. Sie haben mich immer nur unter Druck gesetzt.«

Bei vielen konservativen Eltern heißt das konkret: Sie machen Druck, damit die Kinder von früh bis spät lernen; Druck, damit sie später einen gut bezahlten Job finden und sozial aufsteigen; Druck, damit die Kinder früh heiraten und möglichst einen Sohn zeugen – und sie machen Druck, damit der Enkel unter Druck gesetzt wird, fleißig zu lernen, und sich das Spiel somit endlos über die Generationen fortsetzt. Darüber hinaus erwarten viele Eltern von ihren Kindern, später versorgt zu werden, was den Druck auf viele junge Chinesen zusätzlich erhöht. Sie haben deswegen viel größere Widerstände zu überwinden als Jugendliche in Deutschland, wenn sie sich gegen ihre Eltern auflehnen und ihren eigenen Weg gehen wollen.

Generell haben Eltern in China traditionell einen stärkeren Einfluss auf ihre Kinder als in vielen westlichen Ländern.»Xiaoshun«, oft als»kindliche Pietät« übersetzt, heißt das konfuzianische Konzept, wonach Kinder auch im Erwachsenenalter ihren Eltern zu gehorchen haben. Es wird längst nicht mehr so stark gelebt, aber es nagt bei manchem jungen Chinesen, der sich seinen Weg erkämpft hat, in einer Ecke des Unterbewusstseins. Eine 27-jährige selbstbewusste Mitarbeiterin einer Werbeagentur in Peking brach plötzlich in Tränen aus, als wir sie fragten, was Xiaoshun für sie bedeute. Sie war innerlich hin- und hergerissen zwischen ihrem Weg als eigenständige junge Berufstätige in der Hauptstadt und den Vorstellungen der Eltern, die sie dazu drängten, in der Nähe ihres Heimatortes zu heiraten. Ein Problem vieler Frauen, die es in der Gesellschaft oft schwer haben, gegen das traditionelle Rollenverständnis der Geschlechter anzukämpfen.

Auch wer eigentlich keine klassische Familie gründen will, weil er zum Beispiel homosexuell ist, hat mit teils erheblichen Problemen zu kämpfen. Viele Schwule und Lesben heiraten immer noch zum Schein, weil die Elterngeneration Homosexualität nicht akzeptiert.

Die Rebellion junger Chinesen gegen die Normen der Gesellschaft erinnert ein wenig an das Europa der 68er. Sie ist allerdings weit entfernt von einem ausgewachsenen»Kampf der Generationen«. Die Zwanzigjährigen stellen sich selten offen gegen ihre Eltern. Eher versuchen sie, die Kritik der Elterngeneration zu ignorieren und trotzdem ihren Weg zu gehen. Es ist vielleicht so etwas wie eine »68er-Revolution« im Stillen, die sich aktuell in China vollzieht, zumindest in der städtischen Mittelschicht. Ein großer Teil der jungen Generation stellt alte Ansichten infrage, vor allem die Rolle der Geschlechter, Homosexualität, den Sinn von Arbeit, Karriere und Hierarchien. Es mag eine stille Rebellion sein, die aber zumindest dazu führen dürfte, dass viele die eigenen Kinder später ganz anders erziehen und somit der neuen Entwicklung Vorschub leisten werden. Es gibt aber auch junge Chinesen, die ein Schritt weiter gehen. Vor allem der Westen Chinas ist zu einem Sammelbecken für Individualisten und junge Familien geworden, die einen alternativen Lebensstil suchen. Sie wollen dem Stress und der Verschmutzung der Großstädte entfliehen und ihre Kinder nicht dem Lerndruck der staatlichen Schulen aussetzen. Manche gründen eine Landkommune oder verdienen Geld mit dem Verkauf von Handarbeit – auch, um sich eine Zeit lang dem Zugriff ihrer Eltern zu entziehen.

Wir haben uns aufgemacht, um die Geschichten, Erzählungen und Gedanken der jungen Chinesen zu sammeln und aufzuschreiben. Aus diesen Mosaikteilchen ergibt sich am Ende ein Bild der Generation, die China in den kommenden 30 Jahren prägen wird.

Der Bergort Langmusi war der Startpunkt. Kurz darauf machten wir uns auf eine Entdeckungsreise in die chinesische Gesellschaft, um mit jungen Menschen aus allen Schichten zu sprechen, mit Kindern der Superreichen, Söhnen und Töchtern von Wanderarbeitern, jungen Unternehmensgründern und mittellosen Musikern. Menschen aus der Provinz und den Metropolen sollten dabei sein, vom Schüler bis zum Anfang Dreißigjährigen. Einige haben wir gezielt aufgesucht, anderen sind wir zufällig begegnet, sogar vor unserem Hotelfenster im 18. Stockwerk.

Chinas Jugend ist, wie die gesamte Gesellschaft, zweigeteilt. Knapp die Hälfte der jungen Chinesen sind Städter, denen viele Möglichkeiten offenstehen. Die andere Hälfte ist auf dem Dorf geboren. Die meisten ziehen zwar ebenfalls in die Stadt, sind dort aber nur geduldet und verdingen sich oft auf Baustellen und in Fabriken. Ihr Leben ist noch viel stärker von den traditionellen Vorstellungen geprägt, oft stehen sie zudem unter materiellen Zwängen, zum Beispiel durch Kredite für die Hochzeit, die abbezahlt werden müssen. Viele junge reiche Chinesen, die mit dem Porsche ihrer Eltern in der Metropole Shenzhen zu Chanel fahren, können sich das Leben ihrer Altersgenossen kaum vorstellen, die in Elektrofabriken fünf Kilometer weiter in Zwölf-Stunden-Schichten Smartphones zusammenschrauben – wie Ran Qiaofeng. Er hat mit 26 Jahren fast schon jede Art von Wanderarbeiterjob gemacht. Über seine Erlebnisse schreibt er Gedichte, die im Internet viele Fans finden (*Der Arbeiterdichter*, ab Seite 373).

Seit den Wirtschaftsreformen Ende der 80er-Jahre, als China auf einen staatlich gelenkten Kapitalismus setzte – oder wie es die Kommunistische Partei ausdrückt: auf einen Sozialismus mit chinesischen Besonderheiten –, haben sich die Lebensverhältnisse vieler Millionen Chinesen verbessert. Gleichzeitig wurden die Unterschiede zwischen Arm und Reich immer größer. China gehört heute zu den Ländern mit den größten Einkommensunterschieden weltweit. An der Spitze stehen mehr Dollar-Milliardäre als in den USA.

Auch die Chancen für einen sozialen Aufstieg sind sehr unterschiedlich verteilt. Chinesen, die ihren registrierten Wohnsitz in den großen Metropolen haben, sind in einer weit besseren Startposition für den Wettbewerb auf dem Bildungs- und Arbeitsmarkt als ihre Altersgenossen aus kleineren Städten. Vom sogenannten Hukou, der Haushaltsregistrierung, die den offiziellen Wohnort festlegt, hängt ab, wo man die Schule besuchen darf. Das ist wichtig, weil es bei der Qualität des Unterrichts sehr große Unterschiede gibt. Auch bei der Zulassung für die besseren Hochschulen sind die Kinder aus den Metropolen im Vorteil. Wer auf eine Universität in seiner eigenen Provinz oder seiner eigenen Stadt geht, muss nicht so hohe Zugangshürden überwinden. Junge Menschen, die in den Metropolen groß geworden sind, wo sich viele Eliteuniversitäten befinden, haben es somit leichter, dort einen Studienplatz zu bekommen. Kinder, deren Eltern Wanderarbeiter sind, fühlen sich hingegen als Bürger zweiter Klasse, so wie Yao Ruhui, mit der wir in Shanghai gesprochen haben (*Die Bürgerin zweiter Klasse*, ab Seite 153).

Verbunden hat alle unsere Gesprächspartner das Gefühl, unter Druck gesetzt zu sein, egal ob es sich um die Tochter aus einem reichen Elternhaus handelte oder den Sohn aus dem fernen Bauerndorf.

Sie alle spüren hohe Erwartungen vor allem aus einer Elterngeneration, deren Wertesystem aus einem anderen Zeitalter zu stammen scheint. Das Bildungssystem beraubt sie zudem ihrer Teenagerjahre. Das Alter zwischen 16 und 19 ist eine Knochenmühle des Auswendiglernens. Erste Liebe entdecken? Fehlanzeige. Manche Schulen bestrafen die Schüler sogar, wenn sie Händchen haltend erwischt werden. Dem entgegen steht der Druck, ab Mitte zwanzig zügig heiraten und eine Familie gründen zu müssen. Vor allem auf dem Land haben Eltern an diesem Punkt sehr genaue Vorstellungen.

Wer gegen solche Normen ankämpft und sich engagiert, muss idealistisch sein. Wir haben einige junge Chinesen getroffen, die große Widerstände überwunden haben, um ihren eigenen Weg zu gehen. Einige engagierten sich in Nichtregierungsorganisationen oder gründeten selbst welche. Crowdfunding im Internet spielt bei der Finanzierung oft eine Rolle. Die Organisationen sind von der Regierung meist geduldet, manchmal sogar erwünscht, solange sie nicht die roten Linien überschreiten, die allerdings vom Staat immer wieder neu gezogen werden. Mancher Aktivist, der sich nur für die Gleichberechtigung der Geschlechter einsetzt, berichtete von Anrufen der Staatssicherheit.

Viele junge Chinesen, die wir getroffen haben, wollten sich trotzdem für ihr Land engagieren und die Gesellschaft verändern. Kaum jemand setzte dabei auf die Partei. Aber gegen den Herrschaftsanspruch der KP wollte sich auch niemand stellen. Die meisten hatten das Gefühl, damit sowieso auf verlorenem Posten zu stehen. Lieber versuchen sie, Dinge um sich herum im Kleinen zu verändern – oder einfach den eigenen Lebensweg zu gehen. Genauso fanden wir kaum jemanden, der wirklich an die Partei glaubte und sich aus idealistischen Gründen engagieren wollte. Das Fach »Politische Erziehung«, das in der Schule vor allem die Linie der Kommunistischen Partei lehrt, tun viele als Pflichtübung ab.

Eine Gesprächspartnerin fasste ihre Erfahrungen so zusammen: »Von zehn Leuten ist einer ganz klar gegen die Partei. Einer begeistert sich und engagiert sich für sie. Und acht versuchen einfach, ihr Ding zu machen, weil sie das Gefühl haben, sowieso nichts ändern zu können.« Viele der jungen Chinesen, mit denen wir gesprochen haben, sahen das ganz ähnlich. Als wir eine Frau in ihren Zwanzigern nach Presseberichten über die jüngsten Säuberungsaktionen in der KP fragten, sagte sie dazu: »Wisst ihr, die machen da ihre Spiele. Das hat eigentlich nichts mit uns zu tun.«

Ganz anders war die Situation in Hongkong, der ehemaligen britischen Kolonie und heutigen Sonderverwaltungszone. Die Regenschirmproteste 2014 hatten gezeigt, dass Hongkongs Jugend nicht nur mit den bestehenden Verhältnissen unzufrieden ist und mehr Demokratie fordert, sondern auch aktiv dafür kämpft. Die Generation der Zwanzigjährigen geht aber noch viel weiter als die Demokratieaktivisten aus der Generation ihrer Eltern. Sie will mit Peking möglichst nichts mehr zu tun haben. Die meisten der unter 30-Jährigen in Hongkong wollen sich nicht mehr als Chinesen, sondern als Hongkonger verstehen – und nicht wenige fordern Unabhängigkeit oder zumindest mehr Autonomie. Viele potenzielle Gesprächspartner wollten nicht mit uns sprechen, als wir ihnen sagten, dass sie in einem Buch vorkommen sollen, in dem es auch um China geht. »Hongkong ist nicht China«, hieß es bezeichnenderweise in einer Interviewabsage.

»Warum wollt ihr Taiwan in dieses Buch aufnehmen?« Auch das sind wir gefragt worden. Offiziell ist Taiwan immer noch »das andere China«. Nach dem verlorenen Bürgerkrieg gegen Mao 1949 flohen seine Gegner dorthin. Bis heute ist Taiwan offiziell der verbliebene Teil der alten Republik China, die Verfassung von damals gilt dort immer noch. Nur die Menschen in Taiwan fühlen sich inzwischen nicht mehr als »Chinesen«, sondern als »Taiwaner«. Trotzdem fanden wir, sollte Taiwan einen Platz in dem Buch bekommen. Zum einen, weil das Verhältnis zwischen Taiwan und China das Leben und die Politik in der Volksrepublik beeinflusst. Zum anderen, weil Taiwan all diejenigen Lügen straft, die behaupten, die chinesische Kultur sei mit Demokratie nicht zu vereinbaren. Vor allem die junge Generation kämpft dort, wie auch in Hongkong, aktiv dagegen, von der Regierung in Peking bedroht und bevormundet zu werden. Denn China sieht in Taiwan eine abtrünnige Provinz. Eine taiwanische Studentenführerin der Sonnenblumenproteste erzählte uns von ihrem politischen Schlüsselerlebnis. Genauso interessant war es, die Geschichte eines jungen Studenten aus der Volksrepublik zu hören, der jetzt in Taiwan die Universität besucht.

Wir haben die Interviews und Geschichten im Stil der Protokollliteratur aufgeschrieben und entsprechend redigiert und gekürzt. Am Ende entstanden Texte aus der Sicht der Protagonisten, zumeist in Form von Monologen. Dabei haben wir darauf geachtet, nichts aus dem Zusammenhang zu reißen. Alles entspricht dem, was uns die Interviewpartner erzählt haben. Außerdem haben wir bei den Übersetzungen versucht, den Sprachstil der Gesprächspartner zu übertragen und möglichst nahe an ihrer mündlichen Erzählung zu bleiben, um den Leser in die Gesprächssituation mit den Protagonisten zu versetzen.

Die Geschichten haben wir auf ihre Plausibilität überprüft und Behauptungen anhand der Faktenlage abgeklopft. Die Meinung unserer Interviewpartner steht dabei für sich und spiegelt nicht unbedingt unsere Ansichten wider. Kurze Einführungen in den Kapiteln geben Hintergrundinformationen und erzählen von unseren Recherchen. Ergänzend finden sich Erklärungen zu markierten Namen und Begriffen im Glossar am Ende des Buches.

Manche Gesprächspartner wollten nicht, dass ihr Name und Foto in einem Buch auftauchen, weil sie wegen ihrer politischen Aussagen keinen Ärger mit den Behörden riskieren wollten. In dem Fall haben wir die Namen geändert. Manche wollten auch nur ihren englischen Namen verwenden. Andere äußerten sich sehr frei und offen, wie sie es auch sonst tun. Was die Aufmerksamkeit der Behörden auf sich zieht, ist immer schwer zu sagen. China ist nicht Nordkorea. Selbst unter der strengeren Führung von Präsident Xi Jinping ist es normalerweise kein Problem, sich im Privaten und gegenüber einer kleineren Öffentlichkeit kritisch zu äußern. Auch in der breiteren Öffentlichkeit gibt es Spielräume, solange man keine Protestbewegung um sich schart.

Die Gesprächspartner zu finden, war kein Problem, vor allem, wenn wir sie direkt angesprochen haben. Nur dort, wo wir versucht haben, Universitäten oder einheimische und internationale Nichtregierungsorganisationen zu kontaktieren, stießen wir auf Furcht vor möglichen Konsequenzen. Keiner wollte riskieren, am Ende wegen irgendeiner Aussage künftig Schwierigkeiten bei seiner Arbeit zu bekommen.

30 Geschichten und Interviews haben wir für dieses Buch ausgewählt. Die Kapitel stehen alle für sich. Einige Protagonisten sind

besonders repräsentativ für die meisten jungen Chinesen, andere stechen heraus. Der Vortext ordnet das jeweils ein.

Ein Sonderteil beschäftigt sich mit Hongkong und Taiwan. Wer will, kann das Buch durchblättern und drauflos lesen – oder sich mit uns gemeinsam auf die Entdeckungsreise machen.

Die begann nach unserem Besuch in dem Bergdorf in Peking. Im Fernsehen war uns schon früher eine große Unterhaltungsshow aufgefallen, bei der es vielleicht um die chinesischste aller Herausforderungen geht, der sich Schüler in China stellen müssen: Schriftzeichen lernen; eine Aufgabe, die viel komplexer ist, als mit dem Alphabet umzugehen. Statt 26 Buchstaben müssen sich die Schüler allein in den sechs Jahren Grundschule bis zu dreitausend Schriftzeichen merken.

Die Schüler, die das am besten können, messen sich in einer Art Castingshow. Dabei war uns ein Junge aufgefallen, der im Rollstuhl saß. Er konnte mit seinen 17 Jahren selbst über die Herkunft schwieriger klassischer Zeichen referieren. Ein Lernroboter oder ein natürliches Ausnahmetalent? Ihn wollten wir sprechen – auch wenn er im Finale der Show mächtig ins Schwitzen geraten war.

DER HELD DER SCHRIFTZEICHEN

汉字英雄

DER HELD DER SCHRIFTZEICHEN
汉字英雄

Chinesische Schriftzeichen

Chinesische Schriftzeichen stehen für die Bedeutung eines Wortes. Anders als bei einem Alphabet kann man nicht eindeutig auf die Aussprache schließen. Die Zeichen zu lernen, ist deshalb vergleichsweise mühsam. Der Vorteil ist, dass die unterschiedlichen chinesischen Dialekte die gleiche Schrift benutzen können, auch wenn die Wörter komplett anders ausgesprochen werden. Unter Mao gab es Überlegungen, die Schrift auf lateinische Buchstaben umzustellen. Am Ende beließ man es dabei, einen großen Teil der Zeichen zu vereinfachen. Aus 龍 (Long, »Drache«) wurde zum Beispiel 龙. In Hongkong und Taiwan werden immer noch die traditionellen Zeichen verwendet.

Für Yan Yuqiao ist es ein schrecklicher Augenblick. Er hat hart gearbeitet, um im Finale der Castingshow *Held der Schriftzeichen* zu stehen. Immer wieder hat er schwierige Schriftzeichen korrekt auf den Computerbildschirm geschrieben und die Juroren, das Publikum im Studio und die Millionen Fernsehzuschauer überzeugt. Meist konnte er sogar etwas über die Geschichte des Zeichens erzählen. Unter tausenden Schülern hat er sich in diesem Schreibwettbewerb bereits durchgesetzt. Und jetzt das, in der Entscheidungsrunde der letzten fünf Kandidaten.

»Wie schreibt man: ›Weder Fisch noch Fleisch?‹«, ruft der Moderator. Und Yuqiao hat ganz einfach keine Ahnung. Er hat eines der gesuchten Schriftzeichen noch nie gesehen. Mehr als 5.000 Schriftzeichen gehören zu dem Wortschatz eines Akademikers. Es gibt aber viel mehr. Über 40.000 umfassen große Zeichenlexika, allerdings wird heute nur noch etwa ein Viertel davon verwendet. Viele der übrigen Zeichen kommen nur in jahrtausendealten Texten vor.

Die Redewendung, die Yuqiao schreiben soll, besteht aus vier Zeichen und stammt aus dem knapp dreitausend Jahre alten *Buch der Lieder*. Sie ist natürlich komplizierter als die hier nachempfundene, deutsche Entsprechung. »不稂不莠, Bulangbuyou« – »Nicht Salbei, nicht Borstenhirse«, heißt es wörtlich übersetzt. Und »Borstenhirse« hat Yuqiao noch nie geschrieben. Anhand der Aussprache ist nicht zu erraten, wie man das Wort schreibt, man muss es einfach wissen.

Der Junge rückt nervös seine Brille zurecht. Immer wieder probiert er neue Strichfolgen aus. Die Zuschauer im Studio wälzen die ausliegenden Wörterbücher. In einer Ecke auf dem Fernsehschirm wird Yuqiaos Mutter eingeblendet. »Zu schwer. Zu schwer«, murmelt sie und schaut gebannt auf die Schreibversuche, als würde ihr Sohn immer wieder neuen Anlauf nehmen, um endlich einen Elfmeter ins Tor zu schießen.

Die Show ist ein Riesenerfolg. Zur besten Sendezeit macht der Rechtschreibwettbewerb sogar dem beliebten Sänger-Castingspektakel *The Voice* im Quotenranking Konkurrenz. Die Staatsmedien loben die Sendung in höchsten Tönen. Sie soll helfen, einen Trend umzukehren. Chinas junge Generation verlernt eine uralte Kulturtechnik: das handschriftliche Schreiben ohne Hilfe von Handy oder Computer.

Auch Erwachsene scheitern da manchmal. Das Wort »Kröte« (癞蛤蟆, Lai ha ma), ein Begriff aus drei Zeichen, die aus 47 Strichen bestehen, brachten mehrere erwachsene Testpersonen aus dem Publikum nicht zu Papier. Eine Schneiderin aus unserem Bekanntenkreis hat neulich vergessen, wie man »Socken« schreibt. Zu dieser »Schriftzeichen-Amnesie«, wie das Phänomen auch genannt wird, trägt bei, dass viele im Alltag nicht mehr von Hand schreiben, sondern mit Handy und Computer.

Chinesische Schriftzeichen muss man sich wie das ägyptische Hieroglyphensystem vorstellen. Die Zeichen stehen in erster Linie für eine Bedeutung. Die Aussprache lässt kaum auf die Schreibweise schließen. Der Computer kann da eine riesige Hilfe sein. Die Benutzer geben mit lateinischen Buchstaben die Aussprache ein und der Rechner zeigt alle Zeichen an, die dazu passen. Man muss sich nicht mehr jedes Detail aktiv merken, sondern nur noch das richtige Schriftzeichen aussuchen.

Für die chinesischen Schüler stellt das Schreibenlernen jedenfalls eine viel größere Herausforderung dar als für deutsche. Sie lernen als Erstes, wie man chinesische Wörter in der lateinischen Umschrift Pinyin schreibt, also per Lautschrift. Wenn sie das können, lernen sie mithilfe der Lautschrift dann die Schriftzeichen. Es ist die erste große Herausforderung in einem Bildungssystem, das den Schülern viel abverlangt. Am Ende der Schulzeit steht dann die Universitätsaufnahmeprüfung, der Gaokao, für den die Schüler in den letzten beiden Schuljahren fast schon Tag und Nacht lernen.

Yuqiao war dabei ganz erfolgreich. Er studiert inzwischen an der renommierten Pädagogischen Universität Peking und hat sich einen Traum erfüllt: trotz seiner Behinderung ohne die tägliche Hilfe seiner Eltern zu studieren. Er hat sich für das Fach Medien und Film eingeschrieben. Am Haupttor seiner Uni holt er uns ab. Yuqiao ist zwar auf den Rollstuhl angewiesen, aber davon will er sich nicht einschränken lassen. Gerade war er mit einer Studentengruppe in der Wüstenprovinz Ningxia im Westen des Landes für Filmaufnahmen unterwegs. Für ein Foto, das er dabei gemacht hat, bekam er einen Preis. Yuqiao gehört zu einer Familie der gebildeten Mittelschicht. Seine Eltern haben bereits begonnen, ihm das Schreiben beizubringen, als er drei Jahre alt war – als hätten sie ihn schon damals auf die Show vorbereiten wollen.

>>> Meine Eltern haben relativ früh angefangen, mir Lesen und Schreiben beizubringen. Wegen meiner körperlichen Einschränkung meinten sie, dass die geistige Entwicklung etwas früher beginnen sollte. Als ich klein war, wurde ich wegen meiner Krankheit oft operiert. Mit einem Jahr war ich in Pe-

king im Krankenhaus, mit drei, vier Jahren in Shanghai. Zu dieser Zeit habe ich angefangen zu lesen. Irgendwann auf einer Zugfahrt, als ich ungefähr drei Jahre alt war, da – ja, was war das für eine Zeitung? Das *Zhengzhouer Tageblatt* oder so lag da herum. Ich habe es genommen und angefangen vorzulesen. Damals konnte ich schon ein paar Schriftzeichen. Da meinte der Mann gegenüber zu meinen Eltern: ›Wie kann es sein, dass ihr Kind schon Zeitung liest?‹

Mein Vater hatte mir diese kleinen Lernkarten gekauft, auf denen vorne ein Bild war und darunter eine kleine Geschichte. Zum Beispiel ein Beamter aus der Kaiserzeit, über ihm der Mond und darunter die Gedichtzeilen: ›Vorm Bett glänzt heller Mondenschein, ich frag' mich, kann es Raureif sein.‹[1] Auf der Rückseite stand nochmal der Text mit einem ausgelassenen Schriftzeichen, das man einsetzen musste.

Schon als Kind habe ich viel gelesen, aus persönlichem Interesse, aber auch durch den Einfluss meiner Eltern. Mein Vater hat Chinesische Literatur studiert, meine Mutter Englisch. Mein Vater ist echt ein Bücherwurm, er hat alle Werke von Lu Xun, Hu Shi[2] und vielen weiteren Autoren. Wenn mir langweilig war, habe ich mir eines herausgegriffen und darin rumgeblättert. Damals habe ich die Sachen noch nicht verstanden, mein Vater hat mir dann erzählt, was drin steht. Zum Beispiel in *Tagebuch eines Verrückten* oder *Ah-Q*. Mein Vater hat auch an einer pädagogischen Hochschule studiert, aber er hatte nie Gelegenheit, Lehrer zu werden. Damals in den 80er-Jahren wurden die Jobs noch zugeteilt. Deswegen hat er nach dem Studium direkt angefangen, in einem Betrieb zu arbeiten, obwohl es sein größter Traum war, Lehrer zu werden. Am Ende war ich dann sein einziger Schüler! *[lacht]*

Ob ich einen Rat für Ausländer habe, wie man am besten Schriftzeichen lernt? Darüber muss ich kurz nachdenken. Ich denke, beim Schriftzeichenlernen ist es sehr wichtig, die Bedeutung der Zeichen zu verstehen. Es gibt ein Buch, allerdings ist es relativ schwer zu verstehen, das *Shuowen Jiezi* aus der Han-Dynastie. Es

---

1   Aus einem Gedicht von Li Bai (701–762), Übersetzung nach Barbara Maag
2   Lu Xun (1881–1936), Hu Shi (1891–1962), zwei der wichtigsten modernen Autoren Chinas

erklärt die Herkunft der einzelnen Schriftzeichen. Außerdem sollte man sich häufig vorkommende Schriftzeichen und die Bestandteile am Anfang von den Orakelknochen[3] her anschauen und verstehen, wie sie entstanden sind. Nicht lernen, sondern verstehen! Dann sieht man auch, dass die chinesischen Zeichen und alle anderen Schriften der Welt ursprünglich auf die gleiche Art entstanden sind, nämlich aus Bildern. Zum Beispiel das Zeichen für »Fisch«. Man hat anfangs einfach einen Fisch gemalt, und dieses Bild hat sich dann allmählich zu einem Symbol entwickelt. Wenn man sich das heutige Zeichen für Fisch ansieht, dann erkennt man, dass es immer noch Ähnlichkeit mit dem gemalten Fisch hat. Es gibt einen Kopf, einen Körper und am Ende einen Schwanz. Und schon hat man sich das Zeichen gemerkt! Ich hatte mal einen ausländischen Lehrer, der kein Chinesisch konnte. Der hat sich die Zeichen ganz anders gemerkt, zum Beispiel den rechten Teil von Glück (福): Oben ein Strich, darunter ein Quadrat, darunter noch ein Quadrat mit einem Kreuz drin. Ich habe ihm gesagt, dass man das so doch nicht lernen kann!

Für die Show bin ich dreimal nach Peking gefahren. Besonders das Halbfinale hat ziemlich lange gedauert, weil auch gedreht wurde, was wir außerhalb der Show gemacht haben, wie wir zusammen gelebt haben und so. In der Vorrunde waren die Aufzeichnungen auch recht langwierig. Da waren noch viele ganz junge Kandidaten dabei, Acht- oder Neunjährige. Wenn sie rausgeflogen sind, haben sie auf der Bühne gesessen und geweint. Dann musste erst mal jemand aus der Jury kommen und sie trösten. ›Komm Mädchen, sei nicht traurig, ist doch nicht so schlimm.‹

Beim Dreh für die erste Sendung war ich ziemlich aufgeregt, bei der zweiten nicht mehr. Da war ich total entspannt. Es wird ja sowieso nur aufgezeichnet. Wenn man mal hustet oder so, wird es einfach rausgeschnitten. Meine Eltern waren am Anfang auch ziemlich aufgeregt, vor allem mein Vater. Meine Mutter hat dann

---

3 Orakelknochen sind die ältesten Zeugnisse der chinesischen Schrift, ca. 1500 v. Chr. wurden Knochen und Schildkrötenpanzer beschrieben und für Weissagungen verwendet.

zu ihm gesagt: ›Guck doch, wenn nicht mal unser Sohn aufgeregt ist, warum bist du dann so angespannt?‹ Die Jury hat mich damals ganz gut bewertet, besonders in der ersten Runde. Aber sie fanden mich am Anfang wohl auch etwas arrogant.

Vor dem Finale war ich dann doch ein bisschen nervös. Es waren nur noch fünf Kandidaten übrig. Ehrlich gesagt, waren wir alle ungefähr gleich gut, deswegen blieb nur die Möglichkeit, sehr schwierige Wörter zu nehmen. Ich hatte mir vorher gedacht, dass es schwierig werden würde, und mir das Wörterbuch dahingehend angeschaut. Aber ›Bulangbuyou‹ – das konnte ich echt nicht! Der Ausdruck ist wirklich sehr selten. Dass gerade ich bei der Frage dran war, ist etwas schade. Aber als ich wieder zu Hause war, habe ich mir nicht mehr viele Gedanken gemacht. Ich war gerade im letzten Schuljahr und musste eh für die Universitätsaufnahmeprüfung, den Gaokao, lernen.

Als ich wieder zurück in der Schule war, meinten meine Mitschüler: ›Ach, da kommt der kleine Fernsehstar!‹ Aber ansonsten waren sie zu mir wie immer.

Ich musste mich, wie gesagt, auf den Gaokao vorbereiten. Wegen Mathe war ich ziemlich angespannt. In den anderen Fächern war ich gut, ich hatte wirklich Angst, am Ende nur wegen Mathe alles zu vermasseln. Ich denke, wenn man immer gut war in der Schule und immer ordentlich gelernt hat, dann muss man nicht so viel Zeit auf die Vorbereitung für den Gaokao verwenden. Von denen, die vor der Prüfung die Nächte durchmachen, gibt es zwei Typen: Solche, die grundsätzlich sehr schlecht sind und innerhalb eines Jahres alles nacharbeiten müssen, was andere in mehreren Jahren gelernt haben. Oder solche, die in einem oder zwei Fächern schlecht sind. So wie ich in Mathe. Ich musste ziemlich büffeln, um alles zu wiederholen.

Ich finde, für die chinesischen Schüler ist der Gaokao ein sehr gerechtes Verfahren.[4] Es spielt keine Rolle, wo du geboren bist, was deine Eltern machen und wie die wirtschaftlichen Verhältnisse deiner Familie sind. Außerdem werden die Aufnahmeverfahren an

---

4 Wie gerecht der Gaokao ist, darüber wird in China viel diskutiert, siehe auch Kapitel *Die Bürgerin zweiter Klasse,* ab Seite 153.

den Unis immer individualisierter, zum Beispiel gibt es spezielle Tests für verschiedene Studienfächer. Insgesamt kann man sagen, dass es ein relativ gerechtes Auswahlverfahren ist. Wenn deine Abschlussnote gut genug ist, dann kannst auf eine gute Uni, kein Problem. Wenn das Ergebnis nicht für eine gute Uni reicht, dann machen manche den Gaokao nochmal und nochmal, mehrere Jahre hintereinander. Das gibt es auch.

Meine Eltern waren, was den Gaokao angeht, eigentlich ganz entspannt. Sie haben darauf vertraut, dass ich weiß, was ich machen muss. Überhaupt haben sie mich recht liberal erzogen. Sie haben viele westliche Erziehungsmethoden benutzt, obwohl sich mein Vater eigentlich sehr für die klassische Kultur interessiert. Man kann sagen, ich wurde chinesisch-westlich erzogen. Zum Beispiel durfte ich schon als kleines Kind am Haushaltsrat teilnehmen. Wenn es darum ging, welche Sachen angeschafft werden sollten, wurde meine Meinung berücksichtigt. Meine Eltern haben mich auch nicht geschlagen, so wie viele konservative Eltern. Wenn ich etwas falsch gemacht hatte, sollte ich über meinen Fehler nachdenken und manchmal etwas darüber schreiben.

Sie haben mir auch nicht vorgeschrieben, was für einen Beruf ich wählen soll. Meine Mutter hat nur gesagt, ich solle mir eine Richtung überlegen, in die ich gehen wolle, etwas, wozu ich Lust habe – und das dann vernünftig machen. ›Wenn du bereit bist, die Verantwortung für deine Entscheidung zu übernehmen, dann unterstützen wir dich. Das Wichtigste ist, dass du dich anstrengst.‹ Auch was die Gefühle angeht, war das so. Viele Eltern erlauben ihren Kindern nicht, in der Oberstufe einen Freund oder eine Freundin zu haben. Meine Mutter hat gesagt, ›wenn du meinst, dass du damit nicht zu viel Zeit vertrödelst und bereit bist, die Konsequenzen zu tragen, dann kannst du das machen, wie du willst.‹ Tatsächlich wäre ich nicht in der Lage gewesen, die Konsequenzen zu tragen!

Meine Eltern sind auf jeden Fall liberaler als viele andere. Darüber bin ich sehr froh. Natürlich machen sie sich auch Sorgen um mich, vor allem wegen meiner Behinderung. Als ich zum Studium nach Peking gezogen bin, haben sie gefragt, ob sie mitkommen sollen. Sie dachten, dass ich alleine vielleicht nicht zurechtkommen würde. Aber ich habe gesagt, ›kein Problem, das schaffe ich schon.‹

Ich wollte auch nicht, dass einer von ihnen den Job aufgeben muss, nur weil ich auf die Uni gehe.

Auch eine andere, sehr wichtige Sache haben sie mich gelehrt: Dankbarkeit. ›Dass du es so weit geschafft hast, liegt nicht nur an uns. Sondern auch an der Hilfe, die wir von anderen Menschen bekommen haben. Und an der Unterstützung durch die Gesellschaft.‹ Bis heute bekomme ich jedes Jahr eine Studienbeihilfe von unserer Kommune. Auch die Lehrer in der Schule oder die Ärzte, die mich operiert haben, als ich klein war, die Krankenschwestern – meine Mutter sagt, dass sie sich alle sehr um mich gekümmert haben und ich ihnen dankbar sein solle. Neulich ist der Mann gestorben, der viele Jahre meine orthopädischen Schuhe gemacht hat. Anderen Leuten ist so was vielleicht relativ egal. Mir nicht, denn er hat mir so viele Jahre geholfen. Dankbarkeit ist etwas sehr Wichtiges, das meine Eltern mir beigebracht haben.

Auch meine Mitschüler in der Schule haben mir immer geholfen. Zum Beispiel auf dem Weg zur Mensa. Ich kann ein paar Schritte selber gehen, und wenn ich aus dem Rollstuhl aufstehen wollte, war immer jemand da, der mich gestützt hat. Und irgendjemand ist immer losgegangen und hat mein Essen geholt. Dass ich so viel Hilfe bekommen habe, liegt aber sicherlich auch daran, dass ich in der Stadt aufgewachsen bin, auf dem Land wäre es vielleicht anders gewesen.

Was das Besondere an meiner Generation ist? Die Frage kann ich nicht umfassend beantworten, aber ich kann zu meinen eigenen Beobachtungen etwas sagen. Die in den 70ern Geborenen mochten Rock, sie waren ziemlich rebellisch. Die in den 80ern Geborenen haben sich dagegen eher an koreanischer und japanischer Popkultur orientiert. So eine Art von kultureller Rebellion gibt es bei uns, den in den 90ern Geborenen, eher nicht. Wir erforschen und reflektieren wieder mehr. Wir legen größeren Wert auf die Wissenschaft. Und auf die Kunst. Uns geht es auch darum, zu schauen, was wir selbst für die Gemeinschaft tun können, wie wir unsere eigenen Fähigkeiten einsetzen können. Wir kümmern uns eher um realistische, wissenschaftliche Fragen. Das kommt vielleicht daher, dass wir durch das Internet mehr Zugang zu Informationen haben. Ich denke, das ist eine Sache, die uns von den vorangegangenen Generationen stark unterscheidet: Wir hatten von klein auf Internet. Wir können auswählen. Ich zum Beispiel mache Film, und ich schaue mir an, was ich wirklich auf diesem Gebiet beitragen kann. Was kann ich Herausragendes leisten? Wie kann ich meine Fähigkeiten entwickeln? Ich denke schon, dass wir geistig freier sind, auch weil wir mehr Kontakt zur Außenwelt haben. Zum Beispiel Studenten, zumindest an dieser Uni, die können eigentlich jede Sommerferien in verschiedene Ecken der Welt reisen, um etwas zu lernen oder um sich auszutauschen. Sich anzuschauen, wie andere Menschen leben. Uns ist es auch nicht mehr so wichtig, Karriere zu machen. Das Wichtigste für mich und für meine Freunde ist, etwas zu finden, das uns glücklich macht. Eine Herausforderung zu suchen und dafür zu kämpfen. Wenn man dann kleine Erfolge hat, ist es das Beste. Nehmen wir zum Beispiel jemanden, der gerne reist. Wenn er nicht viel Geld hat, dann kann er sich einfach auf ein Fahrrad setzen und durch China oder ganz Asien fahren. Ich finde, wenn man etwas hat, für das es sich lohnt zu kämpfen, dann macht das glücklich.

Meine Eltern haben die 90er-Jahre erlebt, die Zeit des großen Wirtschaftswachstums. Man konnte in jeder Branche sehr viel Geld verdienen. Ich glaube, deshalb sind ihre wirtschaftlichen Ansprüche höher. Heute sind wir, zumindest in den Küstenprovinzen, auf einem bestimmten Level angelangt. Man kann nicht mehr Unmengen Geld verdienen. Aber wir haben eine gewisse Stabilität und Sicherheit. Deswegen ist es uns vor allem wichtig, Dinge zu tun, die uns interessieren.

Mein größter Traum ist es, den Menschen, die mir geholfen haben, etwas zurückzugeben. Oder anderen Leuten zu helfen. Ich habe öfter Menschen mit Behinderung gesehen, die am Straßenrand irgendwelche Sachen verkaufen. Manche Leute sehen das und geben ihnen aus Mitleid etwas Geld. Aber eigentlich sollte man ihnen ihre Sachen abkaufen, damit sie für sich selbst eine Existenzberechtigung haben.

Ich wünsche mir, dass sich alle Menschen mehr um ihre Mitmenschen kümmern und ihnen mit Liebe begegnen. Es sollte nicht immer nur um den eigenen Vorteil gehen, und man sollte nicht wegen jeder Kleinigkeit streiten. Ich glaube, die Einstellung der chinesischen Gesellschaft ist dabei, sich zu ändern hin zu Respekt und Gleichberechtigung.

Was Menschen mit Behinderung angeht, glaube ich, dass die geistige Einstellung am wichtigsten ist. Und die Menschen, die gesund sind, sollten sich etwas mehr um diejenigen mit körperlichen Einschränkungen kümmern. Ich persönlich finde, dass Leute wie ich oder mit noch größeren Einschränkungen, sich nicht von konventionellen Vorstellungen beeinflussen lassen sollten. Man kann nämlich seine eigenen Fähigkeiten komplett ausleben. Wenn ich rausgehe und mich umschaue, dann finde ich unsere Gesellschaft echt in Ordnung. Man muss es nur machen, niemand wird dich diskriminieren. Es ist ganz einfach: Ob ich ein Buch im Stehen oder im Sitzen verkaufe, ist das ein Unterschied? Es gibt keinen Unterschied! Das Wichtigste ist die innere Einstellung.«

DER SCHÜLER
高中生

Foto Vorderseite: Grundschüler in einer Kleinstadt

DER SCHÜLER

高中生

Das Bildungssystem in China

In China gibt es neun Jahre Schulpflicht. Die Grundschule dauert meist sechs Jahre, gefolgt von drei Jahren Mittelschule. Wer die Prüfung zur Oberstufe schafft, bereitet sich dann drei Jahre lang auf die Universitätsaufnahmeprüfung vor, den Gaokao. Die Prüfungs- und Lehrinhalte unterscheiden sich von Provinz zu Provinz. Gemeinsam haben sie, dass immer noch viel auswendig gelernt werden muss.

Die Universitäten unterscheiden zwischen Bewerbern aus der eigenen Stadt oder Provinz und Bewerbern von außerhalb. Eine renommierte Shanghaier Universität vergibt mehrere hundert Plätze an Shanghaier Studenten, aber zum Beispiel nur sechzig an Bewerber aus der bevölkerungsreichen Provinz Henan. Schüler aus Henan müssen sich deshalb gegen viel mehr Mitbewerber durchsetzen und ein besseres Prüfungsergebnis vorlegen als Shanghaier Schüler. Schüler in den entwickelten Metropolen haben es deshalb leichter.

Daneben gibt es zahlreiche Privatschulen, die allerdings meist sehr teuer sind. Einige bereiten die Schüler direkt für ein Studium im Ausland vor.

Wenn Jugendliche in Deutschland erstmals eigene Wege suchen, vielleicht die Liebe entdecken und gegen die Eltern aufbegehren, haben viele Altersgenossen in China gerade keine Zeit dafür. Die meisten chinesischen Schüler zwischen 15 und 18 sind mit Lernen beschäftigt. Ausschließlich. Tag und Nacht. Auch Liu Yixin steckt seine gesamte Lebenszeit gerade in die Vorbereitung auf die große, alles entscheidende Prüfung: den Gaokao, die Aufnahmeprüfung für die Universität. Am Wochenende hat er ausnahmsweise Zeit gefunden, mit uns zu reden. Sogar seine Mutter hat ihm die Erlaubnis gegeben. Liu Yixin ist 17 Jahre alt und geht in die 11. Klasse. Das letzte und für die Schüler zugleich schwerste Jahr steht ihm noch bevor.

Wir müssen ihn über seine Mutter kontaktieren. »Wisst ihr, im Moment darf er kein Handy haben, das lenkt ihn nur ab«, erklärt sie. »Aber wenn er erst mal auf der Uni ist, dann bekommt er eines. Dann könnt ihr auch mal direkt bei ihm anrufen.«

Liu Yixin geht in Yantai auf die Schule, einem Küstenort in der Provinz Shandong. Seine Mutter findet es gut, dass er für das Gespräch mit Ausländern zusammenkommt. »Vielleicht bringt das ja auch was fürs Lernen«, meint sie.

Von der Gaokao-Prüfung hängt viel ab. Die Punktzahl entscheidet darüber, auf welche Universität man gehen kann. Denn Uni ist nicht gleich Uni. Wer auf eine der Elite-Hochschulen kommt, hat sehr gute Jobchancen. Einer von 50.000 Prüflingen schafft es dorthin. Wer auf eine Uni geht, die im Ranking an hinterer Stelle steht, hat weit schlechtere Aussichten. Viele Eltern sehen die Prüfung deshalb als die wichtigste Entscheidung über den Lebensweg ihres Kindes an – *die* Prüfung ihres Lebens.

»Ich fühlte mich damals mächtig unter Druck«, erzählt eine Studentin über ihre Schulzeit. »Bei jeder Aufgabe dachte ich, wenn ich das nicht lösen kann, dann schaffe ich keine gute Gaokao-Note, dann komme ich auf keine gute Uni und dann werde ich es nie schaffen, hier aus der Kleinstadt rauszukommen und einen guten Job zu finden.« Auch sie hatte vom Morgengrauen bis spät in die Nacht gelernt. »Am Ende auch in meiner Freizeit«, sagte sie.

»Freizeit?«

»Also wenn ich unter der Dusche stand oder auf dem Schulweg war, da habe ich dann auch versucht, den Stoff nochmal für mich durchzugehen.«

Für Hobbys, Partys, einen ersten Freund oder eine erste Freundin ist sowieso keine Zeit. Viele Eltern verbieten ihren Kindern vorsorglich jegliche Anbahnungen, weil es sie vom Lernen abhalten könnte. An manchen Schulen dürfen sich Mädchen und Jungen nicht einmal in der Mensa nebeneinander setzen.

Wenn es im Juni am Ende der Oberstufenzeit an den Test geht, fiebern oft ganze Städte mit. Etwa neun Millionen Schüler treten dann im ganzen Land an – und stehen im Wettbewerb um etwa sieben Millionen Studienplätze. Auf Plakaten werden die Schüler angefeuert. Morgens hält die Polizei die Zufahrtsstraßen für die Prüflinge frei. In manchen Städten stehen Polizeiwagen bereit, um Prüflinge, die ihren Ausweis vergessen haben, schnell zu Hause vorbeizufahren. Die Anspannung während des zweitägigen Tests ist groß. Viele Kinder werden von ihren Eltern schon Wochen vorher mit reichhaltigem Essen und Nahrungsergänzungsmitteln vollgestopft.

»Wir sind alle total fett geworden«, erzählt eine ehemalige Schülerin, die vergangenes Jahr ihren Abschluss gemacht hat. »Unsere Eltern haben uns mit allem Möglichen gefüttert. Und Zeit für Sport hatten wir sowieso nicht.«

Jedes Jahr gibt es zudem Meldungen über Schummelversuche, die mehr oder weniger ausgefeilt sind, über kleine Videokameras, Funkgeräte, Handys und Merkzettel versteckt in Stiften, Schmuck oder der Kleidung. Oft werden die Prüflinge durch eine Sicherheitsschleuse gelotst und mit Metalldetektoren abgesucht. Um die Identität der Schüler zu überprüfen, nimmt die Prüfungsaufsicht in manchen Provinzen Fingerabdrücke. Die Aufgabenblätter werden bis zum Prüfungstag so gut bewacht wie das Gold der Zentralbank.

Diskussionen, das Schulsystem zu reformieren, laufen seit Jahren. Es gibt Vorschläge, das Ergebnis der Gaokao-Prüfung nicht so stark zu werten und Punkte für andere Leistungen einfließen zu lassen. Und tatsächlich gibt es immer wieder Reformen, allerdings in sehr kleinem Maßstab. Dadurch ist der Stress vielleicht etwas geringer als noch vor Jahren, für die Masse der Schüler aber immer noch weit höher, als es sich Schüler im Westen vorstellen können.

Liu Yixins Mutter begleitet ihren Sohn zu dem Gespräch mit uns. Nein, sie würde sich nicht einmischen, sagt sie, meldet sich dann aber doch immer wieder mit einem Kommentar zu Wort. Yixin ist relativ groß, trägt kurze Haare, einen dunklen Pullover und eine Brille.

Er wirkt nachdenklich, sehr erwachsen für sein Alter und drückt sich gewählt aus. Eigenständiges Denken vermisst er im Unterricht. Trotzdem ist er sehr reflektiert. Den Einwürfen seiner Mutter widerspricht er selten direkt, sondern versucht einfach, seine Antwort aus seiner Sicht fortzusetzen.

» Um Viertel vor sechs stehe ich auf, um halb sieben gehe ich zur Schule. Der Unterricht fängt um sieben Uhr an. Vormittags haben wir fünf Stunden. Dazwischen gibt es eine längere Pause, in der wir draußen auf dem Sportplatz laufen, in Formationen, ein bisschen wie Exerzieren. Um Viertel vor zwölf ist der Vormittagsunterricht zu Ende. Ich wohne nicht weit von der Schule entfernt, deswegen gehe ich mittags nach Hause. Ich esse etwas und schlafe kurz, um Viertel nach eins gehe ich zurück zur Schule. Dann haben wir nochmal Unterricht bis halb sechs. Danach gibt es in der Schule Abendessen. Dann haben wir noch eine halbe Stunde Pause, in der ich manchmal auf den Sportplatz gehe, um Basketball zu spielen. Danach haben wir noch drei Stunden, in denen wir alleine den Stoff wiederholen. Um zwanzig vor zehn gehe ich nach Hause. Um elf lege ich mich schlafen. So sieht mein Tagesablauf ungefähr aus, von Montag bis Samstag. Wenn Schüler in Deutschland das hören, denken sie wahrscheinlich, dass ihr Leben doch relativ entspannt ist!

Sonntagvormittags trifft sich unsere Klasse nochmal zum Lernen, allerdings freiwillig. Nicht alle Klassen machen das, manche haben sonntags auch einfach frei. Es war ein Vorschlag unseres Klassenlehrers, deswegen gehe ich hin.

Am Sonntagnachmittag schlafe ich die meiste Zeit. Oder lese. Eigentlich gibt es viele Dinge, die man dann gerne machen würde. Aber die Zeit dafür ist begrenzt. Du kannst dich auch nicht entscheiden, weil du eigentlich alles gerne machen möchtest. Am Ende denke ich manchmal, dass all diese Dinge sowieso nicht so viel Spaß bringen. Dann schlage ich doch wieder ein Lehrbuch auf. Aber meistens ruhe ich mich aus oder schaue Basketball, das mache ich gerne. Ansonsten mache ich im Grunde nichts. Das Leben fühlt sich schon sehr eintönig an.«

Mutter: »Manchmal spielt er auch draußen selbst Basketball!«

»Nächstes Jahr wird es auf jeden Fall noch stressiger. Das ist klar. Ich muss ja schließlich den Gaokao machen. In jeder Provinz machen Hunderttausende oder sogar fast eine Million Schüler die Prüfung, das sind wahrscheinlich mehr als bei euch in ganz Deutschland zusammen. Shandong ist auch eine Provinz, in der jedes Jahr viele Leute den Gaokao machen. Deswegen ist die Konkurrenz natürlich heftig. Der Druck wird auf jeden Fall sehr groß sein.

Beim Gaokao werden wir in sechs Fächern geprüft. Chinesisch, Mathe und Englisch, außerdem noch in Physik, Bio und Chemie oder Geschichte, Geographie und Politik. Nach der zehnten Klasse können wir zwischen dem naturwissenschaftlichen und dem geisteswissenschaftlichen Zweig wählen. Ich habe mich für den naturwissenschaftlichen entschieden, werde also in Bio, Chemie und Physik geprüft werden. Ich habe mir das bewusst ausgesucht, weil man bei dieser Wahl etwas weniger auswendig lernen muss. In der zehnten und elften Klasse haben alle Schüler noch alle Fächer, erst in der zwölften lernt man dann nur Stoff dieser Wahlfächer.

Der Druck ist nicht nur zur Prüfung, sondern in jeder Unterrichtsstunde sehr groß. In Mathe, Physik und Chemie ist er am größten, weil dort in jeder Stunde sehr viel Neues unterrichtet wird. Man muss große Mengen Stoff verarbeiten und sich gleichzeitig überlegen, wie sie in der Prüfung abgefragt werden könnten. Das ist für uns manchmal schon eine Herausforderung. Es ist ziemlich anstrengend.

In vielen Unterrichtsstunden versuchen die Lehrer, möglichst auch ein paar lustige Geschichten zu erzählen, damit wir auch mal etwas zu lachen haben. Manchmal macht ein Schüler einen Witz und alle sind fröhlich. Manchmal ist die Stimmung aber auch schlecht und man fühlt sich bedrückt. Das kommt natürlich vor. Aber wir haben zu unseren Lehrern ein wirklich gutes Verhältnis. Manche von ihnen spielen zum Beispiel auch mit uns Basketball in der Pause oder so etwas.«

Mutter: »Die Lehrer haben wirklich einen harten Job. Sie müssen ja auch von morgens um sieben bis abends um neun in der Schule sein. Wir sind ihnen wirklich sehr dankbar für alles, was sie tun. Wir Eltern – und die Schüler auch. Die Lehrer an der Schule meines Sohnes sind sehr engagiert, deswegen schaffen die meisten Schüler am Ende auch einen guten Gaokao und können auf die Uni ihrer Wahl gehen.«

»In unserer Klasse sind wir 55 Schüler, diese Zahl darf nicht überschritten werden. In so einer großen Klasse ist es natürlich nicht möglich, dass alle zusammen diskutieren. Das ist anders als bei euch im Ausland. Auch weil in jeder Stunde sehr viel Lehrstoff vermittelt werden muss. Deswegen kann nicht jeder Schüler etwas sagen. Aber wenn wir etwas nicht verstanden haben, können wir uns schon melden. Dann erklärt der Lehrer es nochmal. Oder man geht nach der Stunde zu ihm. Die meisten Sachen, die nicht verstanden wurden, werden nach der Stunde nochmal besprochen, weil die Unterrichtszeit ja auch begrenzt ist.

Was unserem Unterricht fehlt, ist, dass die Schüler selbstständig denken. Da gibt es schon ein Defizit. Die meiste Zeit redet der Lehrer. Das ist das, was bei uns »prüfungsorientierter Unterricht« genannt wird. Der Lehrer trägt die Inhalte vor, die wir lernen müssen. Manchmal denke ich nach dem Unterricht: ›Eigentlich habe ich alles verstanden, es gibt keine größeren Fragen.‹ Das ist dann auch so, aber wenn man darüber nachdenkt, merkt man schon, dass bei dieser Art des Unterrichts die Ausbildung von eigenem Wissensdurst und die Reflektion von Lerninhalten fehlt. Das fehlt wirklich. Aber an unserer Schule ist zumindest die Atmosphäre recht offen und frei, so ist es im Ganzen schon in Ordnung.

Ich habe viel über die Reformen im Bildungssystem gelesen und im Fernsehen gesehen. Die Reformen werden im Bildungsministerium gemacht, dort sieht man das Ganze aus einer Makro-Perspektive. Im Ministerium entscheiden sie, welche Richtung die Reformen haben sollen, was die Ziele sind. Aber was wir dann tatsächlich am Ende davon spüren, was am Ende an der Basis in die Praxis umgesetzt wird, das wage ich wirklich nicht zu sagen. Immerhin hat das Bildungsministerium mittlerweile registriert, dass wir vom Ausland lernen müssen. Sie wissen, dass die Ausbildung der intellektuellen Fähigkeiten zu kurz kommen wird, wenn wir weiter an diesem prüfungsorientierten Unterricht festhalten. In diese Richtung gehen die Anstrengungen. Ob letztlich ihr geplantes Ziel erreicht werden kann, das kann ich nicht sagen. Es gibt viele politische Pläne, zum Beispiel, dass die Zahl der Schüler pro Klasse reduziert werden soll. Auch die Lehrpläne sollen geändert und die Ausstattungen in Schullaboren verbessert werden.

Ich glaube, dass vielleicht in zehn, zwanzig Jahren im gesamten chinesischen Bildungssystem ein sehr, sehr großer Wandel eintreten wird. Die Prüfungsorientierung wird wahrscheinlich an Bedeutung verlieren und das eigentliche Wissen mehr in den Mittelpunkt rücken ...
Ob es in unserer Schule ein Ranking gibt?«

Mutter: »*Nein, das gibt es bei ihnen nicht.*«

»Doch, bei uns gibt es auch ein Ranking. Ab der zehnten Klasse haben wir das. Es gibt eine Liste, auf der alle Schüler in der Klasse nach Leistung aufgelistet sind. In China ist das sehr verbreitet. Die meisten Schulen wollen dir damit zeigen, auf welchem Level du gerade mit deinen Leistungen stehst und ob es noch Bereiche gibt, wo du dich verbessern kannst. Wenn du gute Prüfungsergebnisse hast, dann steht dein Name vorne und du kannst versuchen, diese Position zu halten. Wenn dein Name hinten steht, dann weißt du, dass du dich nächstes Mal mehr anstrengen musst. Ich weiß, dass es so etwas im Ausland eher nicht gibt. Für einige Schüler ist das psychisch eine Belastung. Das ist so, auf jeden Fall. Aber trotzdem gibt es das an unserer Schule.

Ob mir das etwas ausmacht? Egal ist es mir sicher nicht, das wäre ja komisch. Schließlich tun wir gerade nichts anderes als lernen. Es ist vielleicht so, wie wenn man zur Arbeit geht. Man hat ein bestimmtes Pensum. Wenn du das Pensum am Ende eines Monats nicht geschafft hast, hast du dann etwa keinen Stress? Klar hast du dann welchen! Wenn du aber dein Pensum gut bewältigt hast, bekommst du vielleicht einen hohen Bonus und deine Vorgesetzten loben dich. Dann freust du dich natürlich. So gesehen, habe ich natürlich schon das Gefühl, unter Druck zu stehen.

Wenn man ständig nur lernt, so wie wir jetzt, dann ist diese Art von Druck eigentlich immer da. Aber nur so hat man, wenn man seine Punktzahl anschaut, den Antrieb weiterzumachen, nur so kann man entweder frustriert oder zufrieden sein. Diese Art von Stress gibt es natürlich. Aber während des Unterrichts oder während wir lernen denkt man nicht daran. Denn wenn man ständig denken würde, ›was soll ich tun?‹, dann kann man auch keine gute Leistung abliefern.

Nach der Schule will ich auf jeden Fall auf die Uni, vor allem hoffe ich, dass ich es auf eine Uni schaffe, mit der ich zufrieden bin. Welches Fach ich studieren will, weiß ich noch nicht. Ich denke noch nicht so viel darüber nach. Normalerweise überlegt man sich das erst nach dem Gaokao. Zum Teil hängt die Entscheidung ja auch von meinem Gaokao-Ergebnis ab.

Ich möchte auf jeden Fall noch mehr sehen und kennenlernen, meinen Horizont erweitern. Jetzt bin ich hier in Yantai, einer kleinen Stadt, deswegen würde ich gerne irgendwo hin, wo ich mir etwas Neues anschauen kann, und mir dann meine Ziele überlegen. Ich möchte auf jeden Fall in eine große Stadt ziehen. Dort ist mehr los als hier. Den Bachelor will ich in China machen, aber für den Master könnte ich mir vorstellen, ins Ausland zu gehen. Weil dort die Lehrmethoden moderner sind. Das Umfeld ist vielleicht auch besser. Gestern haben wir einen Vortrag von einem berühmten chinesischen Professor gehört, der im Ausland unterrichtet. Er hat gesagt, dass mittlerweile die Ausstattung an den chinesischen Universitäten schon genauso gut ist wie im Ausland. Es ist sicher nicht schlecht, in China den Master zu machen. Aber im Ausland lernt man vielleicht eine andere Art der Bildung kennen und eine neue Gesellschaft. Das hilft einem im Leben auch weiter. Und man erweitert seinen Horizont.«

DIE STUDENTEN
大学生

DIE STUDENTEN

大学生

In der Zeit nach dem Gaokao, der Universitätsaufnahmeprüfung, fallen viele chinesische Studenten erst mal in ein großes Loch. Jahrelang haben sie Tag und Nacht gelernt. Das Ergebnis, eine dreistellige Punktzahl, haben sie nun in den Händen – »Und jetzt?«, fragen sich viele.

Sebastian und Bingbing, beide 21 Jahre alt, aus den Provinzen Jiangsu und Fujian, hatten immerhin Vorstellungen davon, was sie studieren wollen. Allerdings mussten auch sie Kompromisse eingehen. Es ist erst mal die Punktzahl, die den weiteren Lebensweg bestimmt. Für welche Uni reicht sie?

Nach ihrem Gaokao berichten auch Sebastian und Bingbing von einer Art »Burnout«, den viele am Ende der Schulzeit zu spüren bekommen. Viele Studenten wollen erst mal keine Textbücher mehr sehen. Es ist das erste Jahr ohne den heftigen Druck, bis in die Nacht büffeln zu müssen, ohne Eltern im Nacken. Es ist das erste Jahr, in dem man so viel nachholen kann, was in den Teenagerjahren zu kurz kam. Liebe und Sex entdecken, Computer spielen, ein Hobby ausprobieren. Überhaupt ist zum ersten Mal nach der Pubertät Zeit, um zu verstehen, wer man ist – und was man werden will.

»Du hast immer nur für die beiden Prüfungstage gelernt und über nichts anderes nachgedacht«, erzählt uns ein befreundeter Student. »Und dann sollst du auf einmal wissen, was du künftig machen willst. Die meisten bekommen irgendwelche Tipps aus der Verwandtschaft, was sie studieren sollen und mit was man angeblich einen guten Job bekommt. Aber wirklich Zeit, darüber nachzudenken, was dich interessiert, hast du nicht!«

Wer chinesische Studenten fragt, warum sie ihr Fach gewählt haben, bekommt meist wenig enthusiastische Antworten. »Weil es für etwas anderes nicht gereicht hat« oder »weil es für dieses Fach an der Uni, die hoch im Ranking steht, noch Plätze gab«, heißt es oft. Eine Umfrage des Bildungsministeriums ergab, dass fast 70 Prozent der Studenten eigentlich sehr wenig über das Studienfach wissen, wenn sie sich dafür einschreiben.

»Ich brauche vor allem den Namen einer guten Hochschule in meinem Lebenslauf«, erzählte ein Student. »Das reicht, um bessere Chancen für einen guten Job zu haben.«

Bildung als Mittel für den sozialen Aufstieg, dieses Konzept ist tief in der chinesischen Kultur verwurzelt. Seit der Tang-Dynastie vor etwa 1.400 Jahren gab es regelmäßig Beamtenprüfungen, die im Prinzip einem großen Teil der männlichen Bevölkerung offenstanden. Um sie zu bestehen, mussten viele klassische Texte auswendig gelernt werden. Wer das durchhielt, der konnte auf sichere und gut bezahlte Posten in der kaiserlichen Verwaltung hoffen. Diese Sichtweise auf die Bildung hat sich im Prinzip bis heute gehalten – zumindest in der Elterngeneration der jungen Chinesen.

Sebastian und Bingbing studieren mittlerweile im zweiten bzw. dritten Jahr an der Hauptstadtuniversität für Pädagogik. Sie nehmen an einem Sprachaustauschprogramm mit ausländischen Studenten teil. Dazu gehört, dass die beiden in gemeinsamen Unterkünften mit ausländischen Studenten im komfortableren Ausländerwohnheim wohnen. Dort wurde ihnen klar, wie unterschiedlich der Alltag der Studenten in westlichen Ländern und in China ist.

Das typische Studentenleben mit Party, Bands und Bars, wie man es auch in Deutschland kennt, ist in China eher die Ausnahme. Eine chinesische Studentin, die ebenfalls im Ausländerwohnheim unterkam, erzählte: »Erst als ich mit den Studenten aus anderen Ländern unterwegs war, habe ich gemerkt, wie viele Bars es in der Nähe der Uni gibt.« Für die meisten chinesischen Studenten ist Ausgehen eher kein Thema. Sebastian findet es jedoch toll, sich mit seinen ausländischen Freunden ins Nachtleben zu stürzen.

Sebastian: »Seit ich hier im Wohnheim wohne, habe ich die Unterschiede zum Schulsystem im Ausland kennengelernt. Die Schüler im Ausland haben ein viel abwechslungsreicheres Leben. Der Gaokao bringt uns dazu, das Lernen zu hassen. Offen gesagt, denken die meisten Chinesen, dass sie überhaupt nicht mehr lernen müssen, wenn sie erst mal mit der Schule fertig und auf der Uni sind. Sie spielen nur noch Computer, gehen shoppen oder kümmern sich um ihre Beziehungen. Ich kenne einen, der spielt den ganzen Tag Computer, sogar in der Bibliothek.«

Bingbing: »Ja, das stimmt, die meisten wollen sich erst einmal entspannen und Spaß haben. Aber ich denke, das ist vor allem am Anfang so. Wenn man ins dritte oder vierte Studienjahr kommt, müssen sich alle Gedanken über ihre Zukunft machen. Deswegen stehen sie unter Druck. Die meisten arbeiten dann doch sehr hart.
 Klar, auch bei deiner Fächerwahl musst du manchmal Kompromisse machen. Ich habe mir, ehrlich gesagt, mein Fach auch nicht selbst ausgesucht. Ich wollte eigentlich Chemie studieren, aber mit meiner Punktzahl habe ich keinen Studienplatz bekommen. Deswegen musste ich mich für Sozialpädagogik einschreiben. Aber dann habe ich gemerkt, dass mir Sozialarbeit liegt. Es macht mir großen Spaß, mit unterschiedlichen Menschen zu reden. Deswegen war es eigentlich gut, dass ich nicht das studieren konnte, was ich ursprünglich wollte.«

Sebastian: »Ich studiere Spanisch. Ich glaube, dass ich damit sehr gute Jobaussichten habe. China versucht die Beziehungen zu Südamerika zu stärken, deswegen werden immer Leute gebraucht, die Spanisch können. Ehrlich gesagt, wollte ich lieber nach Shanghai, aber es war schwieriger, dort einen Studienplatz zu bekommen. In Shanghai hätte ich mit meinem Gaokao-Ergebnis nicht Spanisch studieren können, ich hätte ein anderes Hauptfach nehmen müssen.«

Bingbing: »Ich habe sehr viel Unterricht, damit verbringe ich die meiste Zeit. Außerdem mache ich noch ein Praktikum bei einer NGO, die sich mit den Problemen von Schwulen und Lesben beschäftigt. Wenn ich sonst noch Zeit habe, spiele ich Klavier oder treffe mich mit Freunden. Abends lese ich gerne, vor allem Romane. Sachen, die nichts mit meinem Studium zu tun haben.«

Sebastian: »Ich bin erst im zweiten Jahr und habe noch mehr Unterricht als Bingbing, sieben bis neun Stunden am Tag. Deswegen stehe ich schon um halb sieben auf. Abends mache ich zuerst meine Hausaufgaben und dann gehe ich zum Sport. Manchmal schaue ich mir auch amerikanische Serien an oder lese. Aber vor allem muss ich viel lernen. Das ist für mich im Moment das Wichtigste.
 Am Wochenende gebe ich Schülern Nachhilfeunterricht in Mathe. Abends gehe ich gerne mit meinem Mitbewohner tanzen. Das ist etwas verrückt, aber mir gefällt es. Nicht viele chinesische Studenten gehen gerne in Clubs.«

Bingbing: »Ich denke, da gibt es einen Unterschied zwischen Studenten im Ausland und China, das hat vielleicht auch kulturelle Gründe. Die chinesischen Studenten gehen lieber mit Freunden in den Park oder schauen zu Hause fern, wenn sie mal nicht lernen müssen.
 In der Schule hatten wir viel Stress. Besonders die letzten zwei Jahre habe ich nur noch gelernt, für den Gaokao. Ehrlich gesagt, hassen die meisten Schüler dieses System. Weil es eine große Belastung ist, sie müssen so viel lernen und haben keine Zeit, etwas anderes zu machen.«

Sebastian: »Ich glaube, ein wichtiger Faktor ist die große Bevölkerung in China. Die Konkurrenz ist sehr stark. In der Schule ist es sehr streng, wir müssen jeden Tag bis nachts um elf oder zwölf lernen, deswegen haben wir keine Gelegenheit, in Diskos zu gehen, wir haben keine Zeit, Spaß zu haben.«

Bingbing: »Im Moment wohnen wir im Ausländerwohnheim. Der größte Unterschied ist die Ausstattung. In unserem alten Wohnheim haben wir zu zehnt in einem Zimmer gewohnt, in fünf Doppelstockbetten. Da war es sehr voll und laut. Ich konnte nicht gut schlafen, weil alle zu unterschiedlichen Zeiten ins Bett gegangen und aufgestanden sind. Jetzt wohnen wir nur zu zweit. Meine Mitbewohnerin kommt aus den USA, sie ist genauso alt wie ich und spricht sehr gut Chinesisch. Wir interessieren uns beide für Musik, sie spielt sehr gut Geige, ich spiele Klavier.«

Sebastian: »Mein Mitbewohner kommt auch aus den USA. Er ist 19 und kann noch nicht so gut Chinesisch, deswegen sprechen wir vor allem Englisch. Ich finde es super in dem Wohnheim. Ich verstehe mich sehr gut mit meinem Mitbewohner. Er interessiert sich dafür, was ich denke. Und er sagt mir auch immer sehr offen, was er denkt.
Meine chinesischen Mitbewohner waren nicht immer so ehrlich. Er und ich, wir haben viel gemeinsam. Wir gehen zusammen in Diskos und diskutieren über Politik. Ich mag ihn echt sehr, er ist so aktiv. Wenn wir über Politik sprechen, sind wir eigentlich immer der gleichen Meinung.«

Bingbing: »Ach wirklich? Das kann ich mir nicht vorstellen.«

Sebastian: »Doch. Zum Beispiel wenn es um die Unterschiede zwischen China und den USA geht. Ich weiß nicht, ob ich das hier so sagen sollte, aber ich finde die Freiheit in den USA gut. Das findet er auch.«

Bingbing: »Ich kann da ein anderes Beispiel geben. Wenn ich mit ausländischen Studenten über das Verhältnis zwischen Nordkorea, den USA und China spreche, dann sind sie immer der Meinung, dass China und Nordkorea enge Verbündete sind. Aber das sehe ich anders. Ich denke, China steht genau in der Mitte zwischen den USA und Nordkorea. Manchmal haben wir also auch unterschiedliche Ansichten.«

»Wie sind Eure Berufsaussichten nach der Uni?«

Bingbing: »Ich möchte erst mal noch weiter studieren und einen Master machen, entweder in Hongkong oder in England.«

Sebastian: »Ich denke, dass ich sehr gute Chancen habe, einen Job zu finden, weil ich ein Mann bin. Spanisch, oder überhaupt Fremdsprachen, studieren vor allem Frauen, deswegen sind die Firmen froh, wenn sie einen männlichen Bewerber haben. Frauen sind nicht so geeignet, ins Ausland zu gehen. Wegen einiger körperlicher Umstände. Weil sie ihre Tage bekommen. Und weil sie heiraten und Kinder kriegen.«

Bingbing: »Ich glaube, ich spinne ...«

Sebastian: »Na ja, so denken die Leute eben in den Personalabteilungen.«

Bingbing: »Das ist ein sehr gutes Beispiel für die Frauendiskriminierung in China! Ich bin Feministin. Ich habe einmal eine Untersuchung über gegenseitige Wahrnehmung von Männern und Frauen gemacht. Das Ergebnis war, dass die meisten Leute glauben, dass es in China keine Diskriminierung gibt. Sie denken darüber gar nicht nach. Ein Beispiel: Vor ein paar Tagen hatten wir den ›Mädchen-Tag‹ an der Uni. Auf dem Campus hingen Plakate mit Sprüchen wie: ›Frauen sind Engel, sie sind die Stütze der Familie, sie sollten im Haushalt arbeiten.‹ Viele meiner Kommilitonen, besonders die männlichen, finden sowas überhaupt nicht problematisch. Und selbst viele Studentinnen haben das so gesehen. Den meisten Menschen ist überhaupt nicht klar, was Diskriminierung bedeutet. Selbst vielen Frauen nicht. Sie denken, das ist normal.«

Sebastian: »Ja, vielleicht ist es unfair, aber die Regierung versucht, etwas dagegen zu tun.«

Bingbing: »Das sehe ich nicht so. Erst letztes Jahr wurden fünf Frauenrechtlerinnen festgenommen. Das war das erste Mal, dass die

Regierung wirklich Position in Frauenrechtsfragen bezogen hat. Ich denke, in den letzten Jahren hat sich die Situation noch verschlechtert. Warum das so ist, weiß ich nicht. Ein Grund ist sicherlich, dass unser Land fast ausschließlich von Männern regiert wird.«

Sebastian: »Ich respektiere Frauen und es tut mir sehr leid, dass die Situation so ist. Ich möchte versuchen, das Beste für die Frauen in meiner Umgebung zu tun. Ich finde, es ist wirklich ungerecht, aber ich denke, dass wir viel tun können. Einige meiner Kommilitonen reden auch über dieses Thema, aber sie kümmern sich nicht darum. Sie denken vor allem daran, wie sie später einen gut bezahlten Job bekommen können.«

Bingbing: »Für viele junge Männer in China gibt es nur zwei Kategorien von Frauen: Die einen nennen sie ›Engel‹, das heißt, sie sind sehr hübsch und sanftmütig. Die anderen nennen sie ›weibliche Kerle‹, das sind Frauen, die stark sind und Wert auf ihre Unabhängigkeit legen. Natürlich interessieren sich die Männer vor allem für den ersten Typ.«

Sebastian: »Unsere Generation zeichnet jedenfalls aus, dass wir unsere eigene Meinung haben. Wir machen uns unsere eigenen Gedanken. Wir sind auch nicht so verwöhnt von unseren Eltern, wie viele denken. Und uns werden Dinge wie Frauendiskriminierung bewusst. Ich glaube, wir können China besser machen.«

Bingbing: »Viele in unserer Generation sind Einzelkinder, deswegen denken die Leute, dass wir von unseren Eltern sehr verwöhnt wurden, wie Sebastian gerade sagte. Dass wir die kleinen Kaiser in unseren Familien sind. Ich denke, dieses Phänomen gibt es aber, es gilt nicht für die Mehrheit. Wir sind vielleicht in einem besseren wirtschaftlichen Umfeld aufgewachsen und besser ausgebildet als unsere Eltern. Aber eigentlich sind wir so aufgewachsen wie andere Kinder auch. Viele von uns sind vor allem sehr einsam, weil wir keine Geschwister haben und nie jemanden hatten, mit dem wir reden konnten. Deswegen fühlen wir uns oft alleine und hilflos.«

Sebastian: »Ich bin stolz auf unsere Generation. Ich denke, wir machen immer mehr Fortschritte. Es ist so wie in Europa im letzten Jahrhundert, es gibt viele Parallelen zu China. Zum Beispiel, was Diskriminierung angeht oder dass alle Leute nur ans Geld denken. Aber die Zeiten ändern sich und die Menschen denken klarer. Ich finde, die Einstellung der Menschen ist wichtiger als Wirtschaft oder Politik.«

DER PUNK

朋克

Die Jungs mit Lederjacke und Irokesenhaarschnitt stehen schweigend in der dunklen Gasse und kippen Peking-Bier hinunter. »School Live Bar« steht auf dem Leuchtschild hinter ihnen. Graffiti weisen den Weg zum Eingang. Touristen mit Fotoapparat bleiben neugierig stehen. Es ist einer der Hutongs, der traditionellen Stadtviertel mit niedrigen Backsteinhäusern, der nicht nur von der Abrissbirne verschont geblieben ist, sondern sich sogar zu einer Art Latte-Macchiato-, Kunsthandwerks- und Kneipenviertel entwickelt hat. In Deutschland würde man sagen, das Viertel wurde gentrifiziert. Die Schoolbar sticht zwischen Designerläden und Mikrobrauereien heraus. Viele Neugierige mit Kameras mischen sich unter die Punks. Drinnen schubsen sich schon die Fans auf der Tanzfläche hin und her, andere schauen interessiert zu.

Jetzt legt die Shochu Legion los, auf Chinesisch *Shaojiu Juntuan* – Branntweintruppe. Qian Han hat sein Hemd ausgezogen und sich den Bass umgeschnallt. Sein Körper ist übersät mit Tätowierungen. Ein Spinnennetz überzieht den kahlrasierten Schädel. Auf der Brust durchsticht ein Dolch ein Hakenkreuz. Die Musik dröhnt los.

»Wegen der Gesellschaft muss ich Maske Nummer 1 tragen«, brüllt er ins Mikro, »wegen der Familie Maske Nummer 2, das Leben verlangt Maske Nummer 3. Achtung! Lass die Maske nicht zu deinem Gesicht werden!« Die Tanzenden johlen. Einer kippt sich Bier über den Kopf. Die Menge zelebriert das Chaos.

Die Szene ist klein in China, aber in der Gegend zwischen Lama-Tempel und Gulou-Trommelturm halten sich tapfer ein paar Hard-

Rock-Clubs. Punk- und Rockerklamotten sind hier auf der Straße nichts Ungewöhnliches. Ein paar Bands haben sich einen Namen gemacht. Joyside, deren Sänger die School Live Bar betreibt, ist bereits in Europa aufgetreten, die Diders sind stadtbekannt und haben gerade vor der Branntweintruppe gespielt.

Ist das alles nur Mode oder eine politische Haltung, die da zum Ausdruck kommt? Vielleicht beides.

Manche Lieder der Shochu Legion tragen so provokante Titel wie »Regierung der Idioten«. Die Zahl der Punk-Fans ist überschaubar – wahrscheinlich lässt man sie deshalb hier in Peking gewähren. Auf mancher Tournee in der Provinz haben sie aber auch schon Bekanntschaft mit der Polizei gemacht. »Government censorship protecting you from reality« – »Staatliche Zensur schützt dich vor der Realität«, steht in großen Buchstaben auf ihrer Webseite.

Wir verabreden uns mit Qian Han. »Kommt übermorgen in mein neues Tattoostudio«, sagt er. Seinen Laden hat er gerade vergrößert und ist in das beliebte Viertel rund um den Trommelturm gezogen – der Punk hat offenbar als Unternehmer Erfolg.

Qian Han hat uns auf zehn Uhr morgens bestellt. Sein Studio ist erst mal nicht zu finden. Als wir zur angegebenen Adresse kommen, stehen wir vor einem frisch sanierten Altstadt-Häuschen, das so aussieht, als sei es noch nicht bewohnt. Kein Schild, zumindest kein Hinweis auf seinen Laden. Wir klopfen, drücken nach einer Weile die Türklinke nach unten – und stehen plötzlich einer Frau mit nassen Haaren und Handtuch über dem Kopf gegenüber.

»Ihr seid schon richtig!«, ruft sie.

Ein Schritt hinein und wir stehen vor einem Tisch voller Bierdosen, an dem sich ein anderes Mädchen gerade schminkt.

»Setzt Euch – ich hole ihn«, sagt die Handtuch-Frau und geht ein paar Stufen hoch in ein niedriges Zwischengeschoss. Es ist mit einer Leinwand abgehängt, auf die ein Beamer gerichtet ist, der ein Musikauswahlmenü zeigt. Der Rest des Hauses sieht sehr aufgeräumt und frisch renoviert aus.

»Hey, steht mal auf, die sind da – das Interview.«

Stöhnen und Grunzen. Dann wandert ein Marker das Musikmenü hinunter, überspringt AC/DC, Metallica und bleibt bei Elvis Presley stehen. Zu *Love me Tender* schleicht Qian Han die Treppe herunter. »Tschuldigt, hab' zu viel gesoffen«, sagt er, während er sich schnell ein T-Shirt überstreift und in der Küche Tee macht.

Einer von seinen Kumpels kommt aus dem Bad und grüßt. Die beiden Mädels ziehen in der Zwischenzeit eine vorläufige Bilanz des gestrigen Bierkonsums. Aus dem Terrarium auf dem Tisch schaut ihnen ein Leguan zu, der auf den Namen Hähnchenschnitzel hört, um unsere Beine streift die Katze Yanlong. Gleich hinter dem Esstisch führt eine Tür in ein Tattoostudio.

»Ich hab' da immer ein paar Tattookünstler, die ich einlade – das Geschäft läuft nicht schlecht«, erklärt Han. »Mein alter Laden ist zu klein geworden.« Er selbst ist jedenfalls die beste Werbung. Auf seinem Körper ist kaum mehr Platz für weitere Tätowierungen.

Han ist hier im Zentrum Pekings groß geworden. Bei seinen Großeltern in einem traditionellen Hutong, in dem die Leute die Straße nutzen wie ein Wohnzimmer und sich mehrere Häuser eine Gemeinschaftstoilette teilen – eigentlich fast mehr »Punk« als seine Wohnung jetzt.

Das Haus der Großeltern ist längst abgerissen. »Schon schade, aber du brauchst halt Platz in so einer Millionenstadt«, sagt Han, während er wartet, dass die Mädels zur Arbeit gehen und wir mit dem Interview anfangen können.

>> Gestern habe ich hier im Laden ein paar Sachen erledigt. Dann kamen noch Freunde vorbei und wir haben einen getrunken. Na ja, etwas viel getrunken. Aber so soll das Leben doch sein! Nicht so wie manche Leute meinen, Alkohol trinken ist nicht gut und so. Zu viel zu trinken ist natürlich nicht gut, aber immer ein wenig, das ist doch kein Problem. Man hat schon genug Stress im Leben, was soll das, ständig zu sagen, dass dies nicht geht und das nicht gut ist? *Fuck.* Muss man sich ständig einen Kopf um alles machen?!

Unsere Band gibt es seit September 2008. Ich bin aber erst seit 2009 dabei. Der frühere Bassist wollte ins Ausland gehen und hat mich gefragt, ob ich an seiner Stelle mitspielen will. Ich kann's mal probieren, meinte ich. Damals konnte ich nämlich noch nicht Bass spielen. Er hat es mir dann gezeigt. Na ja, seitdem bin ich der Bassist, aber eigentlich kann ich's bis heute nicht richtig. Mein erster Auftritt mit der Band war in einer Kneipe in Peking. Das war richtig gut. Ich war noch ziemlich jung, nicht mal 20. Ich stand auf der Bühne und dachte: ›Krass, ich bin ja richtig geil! Ich bin der Größte! Krasse Scheiße.‹ Ich hab' unsere Lieder gehört und dachte: ›*Fuck*, das ist echt richtig gut!‹

Punk fand ich schon ziemlich früh gut. In der achten Klasse war ich mal in einem CD-Laden. Weil ich nicht so gut Englisch konnte, habe ich mir nur die ganzen Cover angeguckt und dann einfach irgendwelche gekauft, die mir gefielen. Nachdem ich die CDs dann zu Hause gehört hatte, dachte ich: ›Wow, das ist also Punk! Das ist einfach zu cool! Dass es solche Musik gibt! Total krass.‹ Ich fand auch, dass die Typen mit Iros total gut aussahen. Irgendwann habe ich mir auch mal einen gemacht. Zu Hause hieß es dann: ›Was hast du denn da auf dem Kopf? Spinnst Du?‹ Dann musste ich ihn abrasieren.

Na ja, ich war damals ziemlich ungehorsam, ich bin auch nicht mehr so richtig zur Schule gegangen. Ich habe mich vor allem mit Musik beschäftigt. Eigentlich konnte ich damals mit meinen Mitschülern auch schon nichts mehr anfangen. Viele von denen sind jeden Tag ins Internetcafé gegangen, um Computer zu spielen. Das fand ich echt langweilig. Das, was ich gemacht habe, fand ich interessant. Das war sinnvoll. Irgendwann hat mein Lehrer meine Mutter in die Schule gebeten. Er hat ihr gesagt, dass ich vielleicht lieber einen Beruf lernen sollte. Im Unterricht würde ich sowieso nicht zuhören. Es hätte wohl keinen Sinn mehr, mich weiter zur Schule zu schicken. Meine Mutter meinte daraufhin zu mir: ›Scheiße, Mensch, was willst du denn eigentlich machen?‹ – ›Ich will zur Midi-Schule, da kann man Rockmusik lernen.‹ – ›Und was willst du damit werden? Hat das eine Zukunft?‹ – ›Ist mir egal, ich will dahin.‹

Na ja, meine Mutter meinte schließlich, ›dann geh halt.‹ So war das.

Auf der Midi-Schule habe ich dann gemacht, was ich will. Von meiner Familie habe ich mir nichts mehr sagen lassen. Ich habe mir jeden Tag die Haare hochgestylt. Mein erstes Tattoo hatte ich mit 17, das zweite mit 18. Am Anfang hab' ich es heimlich gemacht. Irgendwann war mein Arm schon bis zum Ellenbogen tätowiert, da hat meine Mutter es dann bemerkt. ›Was machst du denn? Ich glaube, ich spinne!‹ Sie hat sich echt aufgeregt. Sie dachte, so was haben nur Kriminelle. Später, als ich dann den Laden hier hatte, hat sie es allmählich verstanden. Dass das nicht unbedingt bedeutet, dass du kein guter Mensch bist. So etwas ändert sich eben mit den Zeiten. Heute haben sich viele daran gewöhnt. Hier am Trommelturm gibt es jetzt so viele Läden, da ist nichts Komisches mehr dran. Aber wenn man außerhalb der dritten Ringstraße ist, dann sagen die Leute: ›Oha, so viele Tattoos!‹ Manchmal spricht mich auch jemand in der U-Bahn an: ›Junge, das hat weh getan, oder?‹ – ›Ist das gestochen oder aufgemalt? Oder geklebt?‹ Manche fragen auch, ob sie meine Tattoos mal anfassen können. Haben die einen Schaden, oder was? Manche ältere Frauen sind aber auch echt nett, sagen so was wie: ›Mensch, Junge, das sieht aber gut aus, echt cool!‹

Lustig war es auch, als meine Mutter zum ersten Mal unsere Musik gehört hat. Als unsere erste CD erschienen war, habe ich meiner Mutter eine geschenkt. Sie hat sich zuerst total gefreut. Als sie die CD dann gestartet hatte, hat sich ihr Gesichtsausdruck schlagartig verändert, so etwa ... *[macht ein entsetztes Gesicht]*. Ich meinte: ›Was ist los?‹ Und sie: ›Okay, ich verstehe, ab jetzt muss ich Geld für dich zurücklegen. Damit ich die Kaution zahlen kann, wenn die Polizei dich festnimmt.‹

Meine Mutter ist eigentlich ganz lustig drauf. Als sie jung war, war sie auch echt ein besonderer Typ. Sie hat geraucht und Alkohol getrunken. Und sie hat selbst ein Hotel betrieben. Sie ist auch immer noch jung irgendwie. Zum Beispiel hat sie überhaupt kein Geld gespart. Sie hat immer alles einfach ausgegeben. So ist sie drauf. Dass ich so bin, kann sie daher wohl auch irgendwie verstehen. Aber natürlich ist sie auch älter geworden. Also eigentlich ist sie auch – eine alte Frau. Es verändert sich wirklich viel.

Am Anfang fand ich die Sex Pistols am besten. Obwohl ich zuerst gar nicht verstanden habe, was die singen. Ich habe mir dann im Internet die Liedtexte angeschaut und fand die total interessant.

Das war das, was ich wollte! Aber das ist eine englische Band, die singen auf Englisch. Aber ich dachte, ich bin Chinese. Ich gehöre zum chinesischen Punk. Warum soll ich nicht auf Chinesisch singen? In unseren Liedern geht es um alles Mögliche. Uns ist wichtig, dass die Texte einen Sinn haben. Im Moment singen wir vor allem über das Leben. Und die Leute. Früher haben wir auch viel über Politik gemacht. In China sind viele Dinge passiert, darüber haben wir unsere Texte geschrieben. Manche Dinge fanden wir falsch, auch darüber haben wir dann Lieder geschrieben. Zum Beispiel den Song *Xinjiang*. Im Juli 2009 gab es in Xinjiang Unruhen. Eigentlich wussten wir auch nicht genau, was tatsächlich passiert ist. Aber wir fanden, dass das nicht gut ist. Wir sind schließlich alle Chinesen. Also haben wir einen Text darüber geschrieben, den allerdings viele Leute missverstanden haben. Sie dachten, dass ich die Menschen in Xinjiang beleidigen wollte. Aber das stimmte nicht. Was wir damit sagen wollten, war, dass so etwas nicht passieren sollte. Dass es vieles gab, was Regierung und Polizei nicht richtig gemacht haben.

Einmal gab es wegen dem Lied auch Probleme. Als wir in einem Laden in Peking auftreten wollten, wurde ich festgenommen. Letztlich sind wir dann nicht aufgetreten. Ich musste ihnen unsere Lieder vorspielen. In der Aufnahme von *Xinjiang* gibt es den Satz: ›Alle Aktionen, die sich gegen das Volk richten, werden wir für immer bis zum Ende bekämpfen.‹ Als die das gehört hatten, meinten sie: ›Ihr wollt wohl Unruhe stiften?‹ Als wenn wir Terroristen wären! Bin Laden oder so, echt ein Witz.

Aber ich mache mir über so etwas beim Schreiben der Texte keine Gedanken. Ich finde, dass das, was ich singe, meine Sache ist. Wenn es dir nicht passt, dann kannst du abhauen, da kann man dann auch nichts machen. Aber du kannst mir nicht den Mund verbieten. Ich will, dass *du* die Klappe hältst!

Ich finde, die Kommunistische Partei – also die sollte es nicht übertreiben. Sie sollte den einfachen Leuten mehr Sozialleistungen geben. Im Moment – im Moment ist der Arm-Reich-Unterschied echt viel zu groß. Die Reichen sind extrem reich, die Armen sind extrem arm. Am besten sollten alle ähnlich viel haben. In Peking zum Beispiel gibt es viele Kohleminenbetreiber aus Shanxi oder welche aus dem Ölgeschäft, die kommen nach Peking und kaufen sich gleich zwei Wohnungen auf einmal. Und die Pekinger können bald nirgends mehr wohnen. *Fuck,* das ist echt nicht gut. Denen geht es nur ums Geld. Und die Beamten in China, viel zu viele sind korrupt. Und es ist nicht so, dass sie ein bisschen Geld einstreichen und dann zufrieden sind. Es sind dann immer gleich mehrere Milliarden Yuan. Das ist doch krank! So viel Geld, haben die noch irgendeinen Anstand? Scheiße! Die Regierung wird es auch nicht schaffen, das zu ändern. Vielleicht wird es besser werden, wenn die in den Nullerjahren Geborenen an die Regierung kommen. Die in den 90ern Geborenen hängen in der Luft, weil die Gesellschaft sie schon so geprägt hat, nur ans Geld zu denken. Wenn die an die Regierung kommen, wird es auch nicht besser werden.

Mir selbst ist noch keine Korruption begegnet. Aber das Thema geht mich auf jeden Fall an. Weil ich Chinese bin und ein normaler Bürger. Und man merkt es jeden Tag. Zum Beispiel, dass die Preise permanent steigen. Bei vielen Dingen, *fuck,* wenn ich Geld dafür ausgebe, frage ich mich, wohin ein Teil davon eigentlich geht. Und die Polizei. Die chinesische Polizei ist ein Polizeischwein. Zum Beispiel waren doch gerade die Lianghui, die Sitzungen des Volkskongresses und der Konsultativkonferenz. Wenn es dazu Polizeiaktionen gibt, dann schnappt sich die Polizei einige Leute, die eigentlich nichts Schlimmes gemacht haben, nur um eine vorgegebene Quote an Festnahmen zu erfüllen.

In China gibt es keine großen Demonstrationen. Ausländer wissen normalerweise, dass 1989 das Tiananmen-Massaker war. Heute wird darüber überhaupt nicht gesprochen. Alle Leute halten die Klappe und sprechen nicht darüber. Aber eigentlich ist das ein großes Problem. 1989, scheiße, da war ich noch nicht geboren. Meine Großeltern haben viele gesehen, die von Panzern überrollt wurden, alle sind umgekommen. Innerhalb von einer Stunde haben sie alles plattgemacht. Meine Großeltern haben mir davon erzählt. Deswegen hassen jetzt viele Leute Deng Xiaoping.

Manchmal gibt es kleine Demonstrationen, von Arbeitern zum Beispiel. Aber davon könnt nur ihr im Ausland in den Medien lesen, wir nicht. Weil die chinesische Regierung nicht will, dass die Chinesen das erfahren. Denn wenn viele Leute davon wüssten, dann wäre es aus. In vielen Ländern kann man sich einen Waffenschein besorgen und eine Waffe kaufen. Das geht in China überhaupt nicht, weil sich die Chinesen eigentlich an keine Regeln halten. Im Sommer, nachdem die Leute irgendwo an der Straße gegessen und getrunken haben, würden sie einfach um sich ballern.

Deswegen – also China aus der heutigen Perspektive betrachtet – also deswegen mag ich Mao Zedong. Der hatte es echt drauf. Wenn Mao jetzt noch leben würde, dann würde zumindest so etwas wie der Konflikt um die Diaoyu-Inseln mit Japan nicht passieren. Er würde einfach sagen: ›Das ist meins. Das gehört China. Und wenn du anderer Meinung bist, mach ich dich platt.‹

Die Partei benutzt den Sozialismus, um die einfachen Leute zu belügen. Das ist alles nur Beschiss. Wo gibt es hier Kommunismus? Kommunismus braucht Demokratie, im Kommunismus entscheidet das Volk, wer der verdammte Präsident sein soll. In China kommt der nach oben, der gute Beziehungen hat. In China gibt es keinen Kommunismus, keine Demokratie. Du musst das machen, was sie dir sagen.

Viele Leute in China denken so wie ich. Zum Beispiel Taxifahrer. Scheiße, *fuck,* Dreck. Wenn man mit denen über Politik redet, dann fluchen die so wie ich. Die reden öfter über so was. Junge Leute eher weniger. Viele junge Leute interessiert das nicht wirklich. Die denken, solange mein eigenes Leben okay ist, solange ich selbst keine Probleme habe, sind mir diese Dinge egal. Aber ich finde, das sind Dinge, die jeden angehen.

Die in den 80ern und 90ern Geborenen, vor allem die zwischen '95 und '98, die vergnügen sich einfach nur sinnlos. Die denken, wenn ich Geld habe, bin ich geil. Wenn du kein Geld hast, bist du niemand. Im Moment zählt nur das Geld. Für alles braucht man Geld. Heute weiß schon ein kleines Kind, dass man ohne Geld nichts machen kann. Das ist in der chinesischen Erziehung bis heute das Dämlichste: Die Kinder sind noch so klein, dass sie von nichts 'ne Ahnung haben, aber eines wissen sie: Ohne Geld geht gar nichts. Heute hat das Geld schon viele Dinge ausradiert, zum Beispiel Familiensinn. Wegen Geld hauen Familien sich die Köpfe ein. Oder wegen einer Wohnung, so etwas passiert ständig.

Die in den 80ern Geborenen machen sich mehr Sorgen. Das liegt an dem bescheuerten Heiratsstress. Wenn sie heiraten wollen, muss der Mann eine Wohnung haben. Manche müssen auch noch ein Auto kaufen. Und man braucht eine bestimmte Summe Geld. Lauter so Zeug. China ist in dieser Hinsicht noch ziemlich traditionell, ich glaube, das sollte sich ändern. Die in den 90ern Geborenen sehen das alles etwas unkomplizierter. Wenn ich und meine Freundin heiraten wollen und keine Wohnung haben, dann mieten wir eben eine. Ich finde, da ist nichts Schlechtes dran. Ich habe echt keine Lust, mein ganzes Leben für das Abbezahlen einer Wohnung zu leben. Mich dafür ein Leben lang anzustrengen. Das ist sinnlos. Ich würde mit dem Geld lieber etwas Sinnvolles machen. Außerdem glaube ich, dass es für das Leben von zwei Menschen auch besser ist, eine Wohnung zu mieten. Öfter mal die Wohnung, die Umgebung zu wechseln, tut auch der Leidenschaft gut. Immer mal was Neues ist doch nicht schlecht.

Außerdem kann man von einem Drittel des Geldes, das man in Peking für eine Wohnung ausgibt, woanders eine Wohnung kaufen. Zum Beispiel in Yunnan oder so. Dort kann man sowieso besser leben. Peking ist zum Leben nicht so geeignet, hier kann man Geld verdienen, aber zum Leben würde ich in eine andere Stadt gehen.

Später will ich irgendwo ein kleines Haus bauen und mit meiner Freundin dort wohnen. Vielleicht in Yunnan. Oder solange ich mit meiner Freundin in Peking bin, könnte meine Mutter da wohnen. Für alte Leute ist es dort besonders geeignet. Da ist der Lebensrhythmus langsamer, die Luft ist gut und das Essen auch. Die Leute sind ehrlicher. Hier in Peking gibt es zu viel Durcheinander.

In Zukunft will ich noch mehr Geld verdienen. Ich will mehr Geld verdienen, damit ich ein interessantes Leben habe. Viele Leute wissen schon gar nicht mehr, wofür sie eigentlich leben. Wofür verdienst du eigentlich dieses Geld? Du verdienst Geld, um es auszugeben! Wenn du es nicht ausgibst, wozu verdienst du dann Geld? Du lebst total bescheiden und sparst dein ganzes Geld, was willst du damit eigentlich? Ich mag Motorräder. Früher, als ich nicht viel Geld hatte, habe ich mir eines für ein paar Tausend gekauft. Aber wenn ich später viel Geld habe, will ich mir eine Harley kaufen.

Ich würde eine Auszeit nehmen und mit dem Motorrad von Peking nach Yunnan oder Tibet fahren. Ich würde gerne reisen. Meine Einstellung ist: ›Das Geld soll mir dienen, nicht ich dem Geld.‹ Man hat nur ein Leben und man weiß nicht, was nach dem Tod kommt. Deswegen will ich, solange ich gesund bin, an viele Orte fahren und Spaß haben. Zum Beispiel nach Deutschland – und alle möglichen Biersorten probieren, die ich noch nicht kenne.«

DAS PARTEI-MITGLIED
党员

DAS PARTEIMITGLIED
党员

»Wer bin ich?«, fragt die sonore Männerstimme, während die Kamera über einen Strand zum Horizont schwenkt.»Vielleicht hast du früher nie darüber nachgedacht, dass ich jemand bin, der als Letztes von der Arbeit nach Hause geht«, sagt die Stimme, während eine Lehrerin im Klassenzimmer das Licht löscht.»Ich bin jemand, der früher aufsteht als alle anderen« – eine Straßenfegerin greift im Morgengrauen zum Besen.»Ich bin jemand, der als Letztes an sich selbst denkt« – ein überarbeiteter Arzt im OP-Kittel sinkt vor Müdigkeit auf den Krankenhausflur.

Die Lösung des Rätsels: Alle sind in der Partei.

Die Partei als Club der Selbstlosen – so zeigt es das Video, das der Staat im Fernsehen und im Internet verbreitet – und er versteht dabei keinen Spaß. Kommentare wie »Ich bin der, der euer Geld veruntreut« werden sofort aus den sozialen Medien gelöscht.

Wie die Parteimitglieder nun wirklich sind, kann vielleicht Liu Jilin beantworten. Er ist Mitte zwanzig. Mit 1,90 Metern überragt der Hobby-Basketballspieler die meisten seiner Kommilitonen deutlich. Er hat es von der vergleichsweise armen Provinz Henan auf eine der begehrten Elite-Unis in Peking geschafft. An der Tsinghua-Universität studiert er Strahlenphysik – nicht unwahrscheinlich, dass er damit einmal in einem der vielen Staatsbetriebe landet, die trotz Reformen noch immer die wichtigsten Branchen kontrollieren. Dort ist die Parteimitgliedschaft der Schlüssel für eine höhere Position. Und jemanden wie ihn nimmt die Partei auch gerne auf. Seit zwei Jahren ist er dabei und gehört damit zur wachsenden Zahl der Akademiker unter den Mitgliedern.

Die Elite an den Top-Unis hat es oft leicht, in den Club der knapp 90 Millionen Parteiangehörigen einzutreten. Nur wenige lassen sich das Ticket für bessere Jobchancen entgehen. Die Partei versucht damit auch, die intellektuelle Elite frühzeitig für sich zu gewinnen. Arbeiter und Bauern machen hingegen nur noch etwa ein Drittel der Mitglieder aus, obwohl die beiden Gruppen laut Verfassung den Staat anführen sollen.

Aber das ist nicht der einzige Widerspruch. Offiziell herrscht Sozialismus. Marx, Mao, Lenin, alle werden von der Propaganda noch immer hochgehalten. Gleichzeitig nennen viele Jugendliche Bill Gates und Steve Jobs als große Vorbilder. Die Unterschiede zwischen Arm und Reich werden immer größer. Es gibt so viele Milliardäre wie sonst kaum irgendwo. Die Rechte der Arbeiter werden vielerorts mit Füßen getreten. Der Wettbewerb um Jobs ist einer der härtesten auf der Welt. Sozialleistungen reichen oft nicht aus. Viele direkte Steuern benachteiligen die Armen. Aber auch dafür gibt es eine offizielle Erklärung: Es ist ein Sozialismus mit chinesischen Besonderheiten.

Unter diesen Besonderheiten ist es China jedenfalls gelungen, sich weit ins Industriezeitalter hineinzukatapultieren. Unter der Herrschaft der Partei und einem von ihr aufgebauten Staatskapitalismus ging es in den letzten zwanzig Jahren bergauf – für manche ein bisschen, für andere sehr weit. Die KP nimmt in Anspruch, China stark gemacht zu haben.

Die Demütigungen in der Kolonialzeit und im Zweiten Weltkrieg durch Japan sind in Büchern und Fernsehsoaps allgegenwärtig. Nur mit der KP an der Macht, so die Botschaft, kann China seinen Platz in der Welt behaupten. Auch das erklärt, warum die Parteiführung in der jüngsten Zeit bei den Inselstreitigkeiten im Südchinesischen Meer die Muskeln zeigt. China muss sich verteidigen und dafür braucht es die KP, ist die Schlussfolgerung. Wer politische Maßnahmen öffentlich angreift, der ist gegen ein starkes China – diese Logik findet sich auch in vielen Urteilen gegen Bürgerrechtler wieder.

Seit Präsident Xi Jinping 2013 die Führung übernommen hat, ist der Staat wieder strenger geworden. Alte Freiheiten wurden kassiert, Anwälte verhaftet, prominente Blogger mundtot gemacht, die offenen Diskussionen im Internet in kleinere, geschlossene Zirkel vertrieben. Kritik ist möglich, aber normalerweise nur im kleinen Kreis.

Wer sich auskennt, kann die Sperrung von Internetseiten allerdings immer noch umgehen, mit sogenannten VPN-Zugängen, die über entsprechende Server die Great Firewall im Internet umschiffen. Viele Studenten benutzen solche Internetzugänge. Zum wissenschaftlichen Arbeiten werden sie sogar von Universitäten zur Verfügung gestellt. Aber auch diese Zugänge werden zunehmend gestört und strenger reglementiert.

Im zensierten chinesischen Internet findet man zu bestimmten Begriffen nur wenig. Wenn man nach dem Tiananmen-Massaker an Demonstranten während der Studentenproteste am Platz des Himmlischen Friedens 1989 sucht, stößt man nur auf kurze Einträge, in denen es heißt: »Eine kleine Minderheit hat sich gegen den Sozialismus und die Partei gerichtet und andere zu Unruhen angestiftet. Die Armee hat die Situation wieder unter Kontrolle gebracht. Der Sieg hat den Sozialismus und die Früchte der Reform- und Öffnungspolitik gestärkt.«

Wie steht nun das junge Mitglied Liu Jilin dazu? Ist er einer, der Parolen auswendig gelernt hat und mit rotem Halstuch und Präsidentenfoto am Revers herumläuft? Sieht er aus wie jemand, den der neue Marx-Rapsong, der gerade vom Staatsfernsehen verbreitet wird, zum Eintritt in die Partei veranlasst? Nicht wirklich.

Wir treffen ihn am Eingang der Tsinghua-Universität, einem riesigen Campus von der Größe einer deutschen Kleinstadt. Höflich, etwas schüchtern, Nike-Schuhe, Pulli, Daunenjacke. Ein netter Kerl, dem man nicht zutrauen würde, dass er jahrelange Haftstrafen gegen Blogger gutheißt.

Viele jungen Chinesen, die wir zur Politik der Regierung befragt haben, schauten uns nur unverständig an. »Was die da oben machen, hat sowieso nichts mit uns zu tun. Ich versuche, mein eigenes Leben zu führen«, war eine weit verbreitete Ansicht.

Eineinhalb Stunden waren wir vom Ostteil der Stadt in den Norden zum Campus unterwegs. Die Bahnsteige sind voll. Wenn eine U-Bahn einfährt, stehen sich die, die einsteigen, und die, die aussteigen wollen, vor den geschlossenen Türen wie Rugby-Mannschaften gegenüber. Gegner taxieren – Alarmton, die Türen öffnen sich, das Match beginnt. Alle drücken, schieben, stoßen, ein Strudel aus Menschen, Taschen und Tüten – wer nicht geht, wird gegangen. Doch wenn der schrille Alarmton das Ende der Runde anzeigt, sind meist alle auf der richtigen Seite angekommen, auch wenn die, die keinen Sitzplatz ergattert haben, zusammengequetscht stehen müssen. Es ist wie der Kampf um Jobs in China – irgendwie findet meist jeder eine Art Auskommen – aber zu oft zu schlechten Bedingungen. Und wer würde da nicht einen kleinen Vorteil annehmen, wenn einem jemand die Parteimitgliedschaft anträgt?

Ich bin 2014 in die Partei eingetreten. Ich habe dafür eine Bewerbung an das Parteibüro der Uni geschrieben. In China hat jede Arbeitseinheit, jede Universität, also überhaupt jeder Ort, an dem es Parteimitglieder gibt, so ein Büro. Das war im zweiten Jahr meines Grundstudiums. Damit hat der Bewerbungsprozess begonnen. Die Bewerbung wurde dann ungefähr eineinhalb Jahre lang geprüft, danach bekam ich den Status ›Parteimitglied in Vorbereitung‹. Nach einem weiteren Jahr war ich dann richtiges Parteimitglied.

Während der ›Prüfungsperiode‹ muss man sich regelmäßig mit einem Parteimitglied zu Gesprächen treffen. Alle drei Monate, so ist das vorgeschrieben. Diese Kontaktperson wird dir zugeteilt. Sie bestimmt, worüber gesprochen wird, und stellt dir verschiedene Fragen. Das ist alles nicht so ernst, die Kontaktperson ist meist irgendein Kommilitone. Also eigentlich ganz entspannt. Keine ernste Prüfungssituation, eher ein lockeres Gespräch. Aber inhaltlich geht es eben um die Partei. Zum Beispiel wird man gefragt, wie man eine politische Maßnahme der letzten Zeit beurteilt. Oder welche Meinung man zu einer gesellschaftlichen Entwicklung hat. Am Anfang wird man natürlich auch nach seiner Motivation für den Parteieintritt gefragt. Das ist die erste Frage: ›Warum willst du in die Partei?‹

Ich habe es damals ganz einfach ausgedrückt. Also, ich habe gesagt, die Partei repräsentiert die fortschrittlichen Menschen. Und die Möglichkeit, so einer Organisation beizutreten, hilft einem bei der eigenen Entwicklung. So habe ich das gesagt.

Eigentlich wird nach den Regeln der Partei erwartet, dass man mit dem Ziel eintritt, den Massen besser dienen zu können oder so ähnlich. Aber ich habe es nicht so – hm, also, nicht so formell ausgedrückt, damals. Ich habe eher das gesagt, was ich wirklich dachte, ungefähr so: ›Weil in China alle besonderen, fähigen Leute in der Partei sind, ist es eine Organisation, die für Fortschritt und Moderne steht. Und wenn man versucht, Teil dieser Organisation zu werden, dann bedeutet das, dass man selbst nach Fortschritt strebt und sich weiterentwickeln möchte.‹

Einmal im Monat gibt es eine Gruppenaktivität mit den Kommilitonen aus der Kernphysik, die auch in der Partei sind. Da sitzen wir zusammen und unterhalten uns. Es ist so ähnlich wie bei den Gesprächen im Aufnahmeverfahren. Wir reden über aktuelle politische Themen, schauen uns Filme an und sagen unsere eigene Meinung dazu. Manchmal gehen wir auch zusammen ins Museum. Oder, wenn zum Beispiel der Präsident unseres Landes eine Rede gehalten hat, dann sprechen wir darüber. Wir studieren die Rede genau und sagen, wie wir die Inhalte verstehen. Oder wir schauen uns zusammen einen Dokumentarfilm an und versuchen, etwas daraus zu lernen. Viele verschiedene Sachen. Wir reden nicht nur die ganze Zeit über die Standpunkte der Partei, wir reden über viele verschiedene Dinge.

Über Marxismus? Also, hm ... normalerweise wird darüber nicht diskutiert. Eigentlich würden wir gerne darüber diskutieren ... *[Pause]* ... wir würden wirklich gerne darüber diskutieren. Aber, hm, in jeder Gruppe gibt es einen Gruppenführer, und wenn er darüber diskutieren möchte und die anderen dazu auffordert, dann würden das alle gerne machen. Aber weil wir alle davon nicht so viel verstehen, wird darüber eher wenig gesprochen. Eigentlich diskutieren wir über Marx normalerweise nicht. Obwohl unsere Partei dort ihren Ursprung hat, kommen wir damit kaum in Berührung. Aber wir würden es natürlich gerne.

Dafür diskutieren wir relativ offen die Politik der Partei. Man kann bei den Treffen sagen, was man sagen will. Aber wir wissen natürlich auch, dass das, was wir sagen, keinen Einfluss auf die Politik hat. Aber als Parteimitglied kann man offen sprechen, wir haben eine große Meinungsfreiheit. Du kannst sagen, dass du dieses oder jenes nicht gut findest, das ist kein Problem. Aber du hast natürlich überhaupt keinen Einfluss auf die Politik. Also ist es eigentlich auch egal, was man sagt.

Jetzt waren ja gerade die zwei Kongresse, die Tagung des Volkskongresses und der Politischen Konsultativkonferenz. Die Politik, die dort gemacht wird, die allgemeinen politischen Maßnahmen, die sind alle gut. Alles, was vor den Kongress kommt und verkündet wird, ist auf jeden Fall gut. Dagegen gibt es normalerweise nichts zu sagen.

Ob es irgendetwas in der aktuellen Politik gibt, für das ich mich besonders interessiere? Eigentlich nicht. Wenn es direkt mit unserem Leben zu tun hat, interessiert es mich vielleicht mehr. Zum Beispiel Maßnahmen gegen hohe Immobilienpreise oder so etwas, das würde ich genauer verfolgen. Politik, die mit uns zu tun hat.

Ja, klar, es gibt Probleme, wie etwa das große Gefälle zwischen Arm und Reich. Die Partei hat sicherlich die Absicht, dieses Problem zu lösen. Aber eine einfache Lösung zu finden, ist auch schwierig. Es stimmt schon, dass daran noch mehr gearbeitet werden muss, aber im Grunde ist man ja schon dabei.

Aber wenn es um die Frage »Gerechtigkeit oder Wirtschaftswachstum?« geht, dann muss das Wirtschaftswachstum zuerst kommen. Die Ausgewogenheit zwischen Arm und Reich steht an zweiter Stelle. Erst muss sich die Wirtschaft entwickeln, dann kann man sich um die Gerechtigkeit kümmern.

In China gibt es beides, Sozialismus und Kapitalismus. Man kann nicht sagen, welches System auf jeden Fall richtig ist. Ich denke, wenn dein Land sich entwickeln kann, dann ist das sehr gut. Was die Wirtschaft angeht, da herrscht bei uns Kapitalismus, in anderen Bereichen, insgesamt gesagt, ist es immer noch Sozialismus. Jedes System hat doch seine eigenen Vor- und Nachteile. In den Bereichen, wo das eine nicht gut funktioniert, benutzt man die Vorteile des anderen Systems.

Vom Wirtschaftswachstum hat auch meine Familie profitiert. Der Lebensstandard ist gestiegen. Die Gehälter sind gestiegen, alle können sich mehr leisten. Mein Vater zum Beispiel kommt eigentlich vom Dorf. Dort waren die Wohnbedingungen und die Ernährungssituation früher sehr schlecht. Wenn ich jetzt dorthin fahre, zu meinem Opa, dann hat sich vieles verbessert, in jeder Hinsicht. Für manche vielleicht mehr und für andere weniger, aber insgesamt hat sich die Lage für alle verbessert.

Ich selbst erlebe es nicht so, dass das Internet durch die neue Führung stärker reguliert wird. Ja, es gibt einige Sachen, die man dort nicht veröffentlichen darf. Aber normalerweise kann man alles finden. Auf verschiedenen Wegen. Ich meine YouTube und so weiter, das kann man sich schon alles anschauen[5]. Wenn wir jetzt vom normalen Internet sprechen, ja, da gibt es ein paar Einschränkungen, das stimmt. Aber das ist nicht unbedingt schlecht. Ich finde ... wie soll man das sagen? *[Pause]*

Also, wenn alle, wie sie wollten ... also, aus mancher Perspektive gesehen, sollte es natürlich so sein, dass man sich anschauen können sollte, was man möchte. Es ist die Freiheit eines jeden, sich anzuschauen, was er will. Aber manche Leute sind sehr leicht beeinflussbar. Sie sehen irgendwas und denken nicht richtig darüber nach. Oder sie bewerten Dinge zu oberflächlich und reagieren darauf sehr heftig und impulsiv. Zum Beispiel Kinder, die machen leicht Fehler. Wie soll man das sagen? Wenn einige Sachen im Netz verboten sind, dann hat das auf das Leben des Einzelnen überhaupt keinen Einfluss. Ja, ich finde, auf das alltägliche Leben des Einzelnen wirkt es sich nicht aus, wenn das Internet nicht frei ist und einige Inhalte blockiert sind. Für die Allgemeinheit hat es sogar Vorteile. Es bringt gesellschaftliche Stabilität, das ist sehr wichtig. Der Einfluss auf den Einzelnen ist aber sicherlich sehr klein. Und wenn es Sachen gibt, die ich nicht sehen können soll und ich sie aber trotzdem sehen will, dann gibt es dafür Möglichkeiten. Aber nur, weil ich besondere Anstrengungen unternehmen muss, um bestimmte Dinge zu sehen, finde ich nicht, dass diese Politik schlecht ist. Ich finde sie gut.

---

5   Liu Jilin meint damit, dass man sich die Seiten trotz Zensur mit einer VPN-Verbindung anschauen kann.

Tiananmen? Ja, darüber weiß ich Bescheid. Auch darüber kann man Informationen finden. Vielleicht nicht sofort, wenn man die Suchbegriffe bei Baidu eingibt, aber wenn man ein bisschen sucht, dann kann man schon etwas darüber finden. Aber Tiananmen ist einige Zeit her und betrifft mich in meinem Alltagsleben eher nicht. Wenn man in die Partei eintritt, denkt man darüber auch nicht nach. Beide Seiten haben damals sicherlich Fehler gemacht. Die Studenten wussten mit ihrer Forderung nach Demokratie gar nicht so genau, was sie da eigentlich wollten und was das für Folgen gehabt hätte, wenn plötzlich ein Mehrparteiensystem entstanden wäre. Ein Einparteisystem hat viele Vorteile. Es gibt ja verschiedene Richtungen und Diskussionen, aber eine einzelne Partei macht eben Dinge, die langfristig gut sind und setzt nicht nur die kurzfristigen Interessen der Wähler durch.

Tiananmen war nicht gut, aber es ist lange her und war in einer anderen Zeit. Klar, Leute, deren Eltern daran beteiligt waren, machen sich darüber mehr Gedanken. Sie würden nicht in die Partei eintreten. Das kann ich auch verstehen.

An der Tsinghua-Uni kommen im Prinzip früher oder später alle in die Partei, die es wollen. Bei einigen geht es schnell, ein, zwei Jahre, bei anderen dauert es länger, drei, vier Jahre. Es gibt eine Quote für jedes Jahr. Wie das woanders geregelt ist, weiß ich nicht. Aber an der Tsinghua können im Prinzip alle rein, solange sie die richtige Motivation haben. Die meisten Studenten wollen in die Partei, ich würde sagen, auf jeden Fall mehr als die Hälfte. Nur sehr wenige entscheiden sich bewusst dagegen und ein paar anderen ist es egal, weil sie meinen, dass es ihnen bei ihren Lebensplänen keine Vorteile bringen wird. Es ist also nicht so, dass sie ein Problem mit der Partei haben oder gegen sie sind – vielleicht bis auf diejenigen, deren Eltern 1989 dabei waren.

In meiner jetzigen Lebensphase bringt mir die Parteimitgliedschaft keine besonderen Vorteile. Aber sie bringt einem etwas, wenn man zum Beispiel in einem Staatsbetrieb arbeiten will. Trotzdem wird natürlich auch dort vor allem nach den persönlichen Fähigkeiten und fachlichen Qualifikationen geschaut. Die Parteimitgliedschaft allein hilft dann auch nicht so viel.

In der Partei Karriere zu machen, beabsichtigt am Anfang kaum jemand. Es ist mehr so, dass wir die Gelegenheit hatten einzutreten und sie ergriffen haben. Vielleicht gibt es für einige später nochmal das Angebot aufzusteigen.

Die KP hat so viele Mitglieder, dass sich die Mitgliedschaft auf das Leben des Einzelnen nicht so stark auswirkt. Aber sie hat Einfluss auf das Denken, der Parteieintritt gibt einem Hilfestellung beim Denken. Wenn man Problemen begegnet und sich dann bewusst macht, dass man Parteimitglied ist, dann weiß man, wo der eigene Platz ist.«

DAS MÄDCHEN OHNE PAPIERE

黑户女孩

DAS MÄDCHEN OHNE PAPIERE

黑户女孩

Li Xue ist 23 Jahre alt und lebt mitten in Peking. Trotzdem hat sie noch nie eine Schule besucht. Es ist schwer vorstellbar, aber der Grund ist: Die Behörden geben ihr nicht die nötigen Papiere dafür. Lesen, Schreiben und Rechnen hat sie von ihrer großen Schwester zu Hause gelernt. Li Xue ist das zweite Kind der Familie – und genau das führt zum Kern des Streits mit den Behörden, der so alt ist wie Li Xue selbst.

An den Beamten, die ihr das Papier ausstellen könnten, läuft sie jeden Tag vorbei. Es ist die kleine Polizeiwache, die für das Viertel zuständig ist. Sie kennt die Beamten, seit sie ein kleines Kind ist. Viele Male waren ihre Eltern dort, später sie selbst. Doch die Polizisten haben sie immer wieder abgewiesen. Einmal sollen sie die Eltern sogar verprügelt haben.

Es ist ein kleines Hutong-Viertel, in dem noch die alten niedrigen Backsteinhäuser stehen, die für Peking früher typisch waren. Frauen mit Wischmopps sind an einer öffentlichen Toilette zugange. Viele der traditionellen Häuser haben kein eigenes Klo. Li Xue holt uns an der Straßenecke ab, von der aus eine Gasse zu ihrer Wohnung führt.

Zwei Zimmer bewohnt sie mit ihrer Mutter und ihrer Schwester. Eines nutzt die Familie als Küche und Waschraum, das andere wird fast vollständig von einem großen Bett ausgefüllt. Ein kleiner Hund bellt uns verärgert an. Li Xues Mutter scheucht ihn unter das Bett. Ihre Bewegungen sind etwas ungelenk. Sie ist behindert. Als Kind hatte sie Kinderlähmung. Genauso wie Li Xues Vater, der vor kurzem gestorben ist.

Li Xue holt einen kleinen Tisch und breitet Papiere aus. Wir sind nicht die ersten Besucher, die sich für sie interessieren. Der Fall ging durch die chinesischen Zeitungen. Auf der chinesischen Internetplattform Weibo hat sie ihr Schicksal bekannt gemacht und um Unterstützung gebeten. »Die kleine Xue wird niemals aufgeben«, heißt ihr Account. Und genau das Gefühl hat man, wenn sie loslegt und ihren Fall erklärt.

Ihr Schicksal hat mit der Ein-Kind-Politik der Kommunistischen Partei zu tun. Wer noch bis vor kurzem ein zweites Kind zur Welt brachte, musste Strafe zahlen. Es sei denn, er konnte sich auf eine der zahlreichen Ausnahmeregeln berufen.

Viele lokale Parteiführer wurden danach bewertet, wie sich die Geburtenrate in ihrem Zuständigkeitsbereich entwickelte. Ihre Karriere hing davon ab. So kam es vielerorts zu Auswüchsen wie Zwangsabtreibungen und dem Abriss von Häusern, um Exempel zu statuieren.

Wer das zweite Kind legal anmelden wollte, musste Strafe zahlen, nicht selten ein Vielfaches des Jahresgehaltes. Dabei benutzten die Behörden oft ein wichtiges Papier als Faustpfand. So auch bei Li Xue. Ohne Strafzahlung wollten ihr die Behörden keinen Hukou geben, die Haushaltsregistrierung. Der Hukou legt fest, wo man Anspruch auf staatliche Leistungen hat, ob man in der Stadt oder auf dem Land gemeldet ist, und ist eines der wichtigsten Papiere für die Menschen in China. Man braucht ihn in allen möglichen Lebenslagen. Für Li Xue bedeutete das: Ohne Hukou keine Schule, keine Gesundheitsversorgung, keinen Personalausweis. Ohne Ausweis kein legaler Job, kein Zugticket, kein Zugang zu Internet und Telefon. Ohne Hukou existiert Li Xue für viele Behörden gar nicht.

Mit ihrem Schicksal ist Li Xue nicht allein. 13 Millionen Menschen in China haben nach Schätzungen keine Haushaltsregistrierung. Die Fälle sind im Detail aber oft unterschiedlich. Gemeinsam haben sie, dass das Vorgehen der Behörden nach den chinesischen Gesetzen zweifelhaft ist. Der Hukou darf den Kindern eigentlich nicht vorenthalten werden, um die Eltern zu bestrafen, sagen auch chinesische Rechtswissenschaftler. Aber welches Gericht legt sich schon mit der Partei an?

Mittlerweile ist die Parteiführung umgeschwenkt. Weil Chinas Bevölkerung zu überaltern droht, ist seit neuestem ein zweites Kind erlaubt. Und sogenannte »Geister-Kinder«, die bisher nicht registriert wurden, sollen ihren Hukou bekommen, hieß es in einer Ankündigung des Staatsrates.

Li Xue stimmt das allerdings noch nicht optimistisch. »Ankündigungen gab es schon mehrfach«, sagt sie. Viele unterschiedliche Behörden müssen die Pläne aber erst umsetzen, und viele Fragen sind noch nicht geklärt. Keiner im Beamtenapparat, so befürchtet sie, will in ihrem Fall vorpreschen.

Die Regularien und Gesetzestexte dazu kann die 23-Jährige auswendig referieren. Sie wirkt wie eine Anwältin, als sie uns die Dokumente zu ihrem Fall vorlegt.

»Das war das Einzige, was mir blieb, um mich zu beschäftigen«, sagt sie. Viele Anwälte hat sie gesprochen und mit der Hilfe von Unterstützern heimlich Jura-Vorlesungen an Universitäten besucht.

Emotional reagiert nur immer wieder ihre Mutter, die auf einem Plastikschemel in der Tür zur Küche Platz genommen hat. Hund Puding hat sich inzwischen friedlich zu ihren Füßen gesetzt und scheint dem Vortrag von Li Xue zu lauschen. Langsam nickt er ein. Zu oft hat er wohl ihre Geschichte gehört, bislang ohne Happy End.

» Ich hatte nie einen Hukou. Seit meiner Geburt. Seit 23 Jahren. Für mich als Säugling bedeutete das: Ich habe keine richtige ärztliche Versorgung bekommen. Nachdem man den Hukou angemeldet hat, kommt normalerweise jemand zu Hause vorbei, um dich zu untersuchen und zu impfen. Aber weil mir die Polizeiwache keinen Hukou gegeben hat, habe ich diese Versorgung nicht bekommen. Als ich älter war und in die Schule gehen sollte, haben sie gesagt: ›Du hast keinen Hukou, dann können wir dich nicht aufnehmen.‹ Kinder von außerhalb, die einen Ausweis haben, können eine Gebühr bezahlen und dann hier in Peking zur Schule gehen. Aber bei mir hieß es: ›Du hast keinen

Hukou, gar nichts, du kannst dich hier nicht anmelden.‹ Also: kein Hukou, keine Schule. In China gibt es neun Jahre Schulpflicht. Ich bin nicht einen einzigen Tag zur Schule gegangen. Ich kann nicht wie andere Leute leben. Ich kann keine Medikamente kaufen. Ich kann nicht zum Arzt gehen. Eigentlich müsste ich eine staatliche Grundabsicherung bekommen, weil meine Eltern beide behindert sind. Aber weil ich keinen Hukou habe, bekomme ich die nicht. Ich kann auch nicht in die Bibliothek gehen, um dort zu lernen. Weil ich keinen Personalausweis habe. Ich kann nicht mit der Bahn fahren, auch dafür braucht man einen Ausweis. Ohne Ausweis kann man in China eigentlich gar nichts machen. Alle alltäglichen Dinge muss meine Mutter für mich erledigen. Zum Beispiel Post wegschicken oder Medikamente kaufen. Das macht alles sie. Anders geht es nicht.

Ich finde auch keinen Job. Zum Beispiel in den kleinen Restaurants an der Straße. Die wollen mindestens einen Ausweis. Und ein Gesundheitszeugnis. Wenn man bei KFC oder McDonald's arbeiten will, braucht man einen Schulabschluss. Aber ich habe gar nichts. Meine Schwester hat einen Mittelschulabschluss. Wenn sie sich irgendwo bewirbt, wollen sie als Erstes den Ausweis. Dann heißt es: ›Was für Zeugnisse hast du?‹ Bei KFC wollen sie sogar ein Oberstufenzeugnis. Meine Schwester hat auch viele einfache Jobs gemacht, zum Beispiel im Hotel oder als Vertreterin. Man könnte meinen, dass die für sowas keine Zeugnisse wollen, aber auch da braucht man das alles. Selbst als Kassiererin im Supermarkt oder als Putzfrau.

Dass mein Leben nicht so ist wie das von anderen Kindern, habe ich erst so richtig gemerkt, als ich nicht in die Schule gehen konnte. Alle anderen haben die Schule besucht, aber ich durfte nicht. Mein Leben lief immer so ab: Entweder war ich zu Hause und habe zugeschaut, wie sich meine Schwester und meine Eltern um meinen Hukou gekümmert haben. Oder ich war selbst mit ihnen wegen des Hukous unterwegs. Zu irgendwelchen Regierungsstellen, der Polizei, der Geburtenplanungsbehörde. Andere Kinder gingen einfach morgens zur Schule und kamen abends nach Hause.«

Mutter: »*Als sie die anderen Kinder gesehen hat, hat sie geweint und gesagt, dass sie auch zur Schule gehen möchte. Aber das war eben nicht möglich.*«

»Lesen und Schreiben habe ich von meiner Schwester gelernt. Sie ist acht Jahre älter als ich. Sie hat mir das beigebracht, was sie in der Schule gelernt hat. Pinyin, Schriftzeichen. Später habe ich dann allmählich selbst angefangen, im Wörterbuch nachzuschlagen. So habe ich nach und nach Lesen und Schreiben gelernt. Später musste sie arbeiten gehen, um die finanzielle Situation unserer Familie zu verbessern. Da habe ich angefangen, mir juristische Kenntnisse anzueignen. Gelernt, wie man diese Schreiben aufsetzt. Früher hat meine Schwester das alles zusammen mit meinem Vater gemacht. Nachdem sie angefangen hatte zu arbeiten, bin ich mit meinem Vater losgegangen.

Zu der Frage, warum ich keinen Hukou habe, sagt die Polizeiwache bis heute, dass meine Eltern gegen die Ein-Kind-Politik verstoßen haben und ich deswegen als zweitgeborenes Kind keinen Hukou bekommen kann. Aber erstens ist nicht geklärt, ob ich im Sinne der Ein-Kind-Politik ein ›zu viel geborenes Kind‹ bin, oder ob für mich eine Ausnahmeregelung greift, weil meine Eltern beide behindert sind. Deswegen versuchen wir die ganze Zeit, die Frage zu klären, ob es richtig war, dass mir die Polizeiwache keinen Hukou gegeben hat. Wir waren beim Gericht, bei der Staatsanwaltschaft und anderen Justizbehörden. Aber sie nehmen den Fall nicht an. Weil ich von ihnen wissen möchte, ob sich die Polizei gesetzeswidrig verhalten hat. Sie wollen die Mitarbeiter der Polizeiwache vor einer Strafe bewahren.

Zweitens hat nach dem chinesischen Gesetz die Geburtenplanung nichts mit dem Hukou zu tun. Wenn Erwachsene gegen die Ein-Kind-Politik verstoßen, dann ist das das Problem der Erwachsenen, nicht das des Kindes. Wir haben vor Gericht und der Staatsanwaltschaft vorgebracht, dass ich ein Recht darauf habe, einen Hukou zu bekommen. Gleich bei meiner Geburt hätte die Polizeiwache ihn mir geben müssen. Weil sie das nicht getan hat, habe ich nicht die gleichen Rechte wie andere chinesische Bürger. Ich kann nichts machen, nicht zur Schule gehen, nicht arbeiten. Ich habe nicht mal ein Existenzrecht. Das ist gesetzeswidrig. Deswegen bin ich vor Gericht gegangen. Aber die sagen nur: ›Wir sind dafür nicht zuständig. Mit diesem juristischen Problem befassen wir uns nicht.‹ Oder sie behaupten unter allen möglichen Vorwänden, dass meine Klage formale Fehler enthält.

Dass mit der Ein-Kind-Politik das Bevölkerungswachstum kontrolliert werden sollte, okay. Und wenn man ein Gesetz erlassen hat, dann muss man es auch umsetzen. Aber es kann doch nicht sein, dass diejenigen, die das Gesetz umsetzen, das einfach so machen, wie sie es wollen; dass sie ihre Rechte missbrauchen. Aber das ist nur die eine Sache. Die andere Sache ist, dass man die Frage der Geburtenkontrolle und die Frage des Hukous nicht in einen Topf werfen darf.

Eigentlich wollten meine Eltern mich gar nicht. Sie hatten ja schon meine Schwester. Aber dann ist meine Mutter doch schwanger geworden. Sie wollte eigentlich abtreiben, aber dann ist sie beim Gemüseschälen gestürzt und hat sich mit dem Messer verletzt. Die Wunde hat sich entzündet und sie hat Fieber bekommen. Der Arzt hat daraufhin gesagt, dass eine Abtreibung nicht möglich wäre, weil das für sie lebensgefährlich gewesen wäre. Deswegen hat sie mich dann doch bekommen.

Nach meiner Geburt wollte mein Vater ganz normal mit meiner Geburtsurkunde den Hukou eintragen lassen, aber er wurde abgewiesen. Kurz danach wurde meine Mutter entlassen und eine Strafe über 5.000 Yuan verhängt. In dem Schreiben zu der Geldstrafe stand, dass man innerhalb von 15 Tagen Einspruch erheben könnte. Das hat mein Vater gemacht, in zwei Punkten: Erstens, meine Mutter hat wegen der Kündigung kein Einkommen mehr. Gleichzeitig wird aber eine Strafe von 5.000 Yuan verhängt. Wie soll meine Mutter diese Strafe ohne Einkommen bezahlen? 1993 waren 5.000 Yuan sehr viel Geld. Mein Vater hat knapp 70 Yuan im Monat verdient. Meine Mutter 30 Yuan. Nachdem meine Mutter entlassen worden war, blieb nur das Gehalt meines Vaters. Für einen Vier-Personen-Haushalt. Selbst wenn wir nichts gegessen und getrunken hätten, hätten meine Eltern die Strafe nicht zahlen können. Dann hat sich mein Vater noch erkundigt, ob er und meine Mutter nicht besondere Voraussetzungen erfüllen und ein zweites Kind bekommen dürften, da sie beide behindert sind. Darauf hat er keine Antwort bekommen.

Wir haben die Paragraphen nachgeschlagen: Erstens war die Kündigung meiner Mutter rechtswidrig. Eine Kündigung ist eine Disziplinarmaßnahme für Beamte und öffentliche Angestellte. Aber meine Mutter war eine einfache Fabrikarbeiterin. Zweitens ist bei den ›besonderen Voraussetzungen‹ nicht erklärt, ob sie erfüllt sind, wenn beide Eltern behindert sind. Zu dieser Zeit gab es in den Bestimmungen der Pekinger Familienplanungsbehörde den Abschnitt über ›andere‹ besondere Voraussetzungen, um ein zweites Kind bekommen zu können. Aber was hieß ›andere‹? Das stand dort nicht.

Und es gibt noch etwas: Die Strafe wurde nicht in Übereinstimmung mit den staatlichen Vorgaben verhängt. In einem solchen Fall kann man sich nach dem hiesigen Gesetz weigern, die Strafe zu zahlen. Die Strafe hätte an das staatliche Schatzamt gezahlt werden müssen, nicht an das Familienplanungsbüro. In wessen Hände wäre das Geld am Ende geflossen? Wir wissen es nicht. Eigentlich hätte in dem Schreiben stehen müssen, wann die Strafe zu zahlen ist und an wen. Aber das stand in diesem Brief nicht.

Wir haben jeden einzelnen Punkt bei einer Instanz nach der anderen eingereicht. Aber sie haben den Fall immer abgelehnt, weil sie dafür nicht zuständig seien oder die Voraussetzungen für eine Klage nicht erfüllt sähen. Aber ich möchte doch einfach nur, dass man ein Urteil darüber fällt, ob es rechtmäßig war oder nicht, dass die Polizeiwache mir keinen Hukou gegeben hat! Aber die Behörden weigern sich. Sie verschließen mir diese Tür. Weil die Polizeiwache keine rechtliche Grundlage dafür hatte, mir keinen Hukou zu geben. Sie können keinerlei Begründung vorbringen. Aber ich habe alles gesammelt, ich kann alles belegen.

Hier in diesem Dokument vom Staatsrat steht, wie sich Leute ohne Hukou registrieren lassen sollen. Und, haben mir die Behörden einen Hukou gegeben? In dieser Sache ist es nicht so, dass das, was der Staat sagt, zählt. Die Frage ist: Werden diese Gesetze umgesetzt? Die Geburtenplanungskommission sagt, ›Verstöße gegen die Geburtenplanung werden bestraft.‹ Ich finde, das ist kein Problem. Sie können gerne betrafen, solange es angemessene und rechtmäßi-

ge Strafen sind. Und die Polizei? Wenn die für das Registrieren zuständig ist, dann soll sie mich doch registrieren! Denn das ist unser grundlegendstes Recht. Ich bin jetzt schon 23, aber man hört immer noch nicht auf, meine Rechte zu verletzen! Man hat mir immer noch keinen Hukou gegeben! Die Gesetze sind nicht das Problem. Das Problem ist, dass gesetzwidriges Verhalten nicht richtiggestellt wird, beziehungsweise niemand in dieser Frage ermittelt. Im Gesetz steht ganz klar, wie es umgesetzt werden soll.
 Bereits als ich klein war, bin ich mit meinen Eltern losgegangen. Wenn wir irgendwo bei den Behörden ankamen, hieß es: ›Wieso seid ihr denn schon wieder hier?‹ Manche waren richtig genervt von uns. Weil wir immer wieder mit dem gleichen Anliegen zu ihnen gekommen sind. Die haben uns echt gehasst. Manche haben uns auch beschimpft. Oder geschlagen. Das haben sie gemacht.«

Mutter: »*2001 wurden wir von zwei Polizisten verprügelt. Sie hatten Uniformen an, sie haben meinen Mann und mich so geschlagen, dass wir am ganzen Körper Verletzungen hatten. Wir konnten zwei Monate nicht aufstehen. Der eine Polizist hat meinen Mann auf den Boden gedrückt. Er hat ihn immer wieder auf den Hinterkopf geschlagen, bumm bumm. Dabei war Xues Vater doch behindert. Der, der mich verprügelt hat, ist jetzt Leiter der Polizeiwache.«*

»Bis heute bewacht die Polizei unser Haus. Immer kurz vor den Feiertagen stellen sie Leute auf. Zum Ersten Mai, zum Frühlingsfest und an den anderen Feiertagen. Sie wollen verhindern, dass wir zu diesen Zeiten wegen des Hukous etwas unternehmen. Ich weiß auch nicht, wieso. Ich habe ja nichts getan.
 So ist die Situation jetzt. Ich habe in allen Instanzen wegen meiner Sache Einspruch eingelegt. Sie wissen genau darüber Bescheid. Seit 23 Jahren. Sogar das staatliche Fernsehen hat über mich berichtet. Alle wissen Bescheid, aber niemand hilft mir, dieses Problem zu lösen.«

Mutter: »*Jetzt, wo ihr Vater nicht mehr da ist, lastet alle Verantwortung auf mir. Mir geht es gesundheitlich sehr schlecht, Bluthochdruck, Herzkrankheit, meine Hüfte macht auch Probleme. Ich habe hohen*

Blutzucker. Ich halte das alles nicht mehr aus, und ich werde auch nicht ihr Leben lang bei ihr sein können. Seit ihr Vater gestorben ist, weine ich jeden Tag. Wenn das Frühlingsfest kommt, halte ich es noch weniger aus.«

»Manchmal habe ich das Gefühl, dass sie vielleicht böse Absichten haben. ›Dein Vater ist schon gestorben, irgendwann ist deine Mutter auch nicht mehr da, wer soll dir dann helfen?‹ Natürlich bin ich manchmal verzweifelt. Ich habe das Gefühl, schon so viel versucht zu haben, ohne dass etwas passiert ist. Aber mir bleibt nichts anderes übrig. Ich muss weitermachen. Wenn ich irgendwann den Hukou bekommen sollte, könnte ich endlich ein normales Leben führen. Dann würde ich lernen, ganz normal lernen. Und mir einen Job suchen. Wie ein normaler Mensch leben, das wäre das Wesentliche. Nicht mehr jeden Tag wegen des Hukous hierhin und dorthin laufen. Nicht mehr permanent darüber nachdenken, wie ich den Hukou bekommen kann. Vielleicht würde ich etwas mit Jura machen. Ich habe mir ja schon beigebracht, wie man eine Klage vorbereitet, wie man diese Schreiben aufsetzt. Vielleicht würde ich später etwas in dieser Richtung machen. Aber ich würde auch etwas anderes lernen. Alles, womit man eine Fähigkeit erwerben und einen Job finden kann.«

Fast ein halbes Jahr nach unserem Gespräch hat Li Xues Kampf um ihre Papiere doch noch eine gute Wendung genommen. Die Behörden haben ihr tatsächlich einen Hukou gegeben. Damit hat Li Xue am Ende doch von der Abkehr der Ein-Kind-Politik profitiert.

Mit 23 Jahren besitzt sie jetzt zum ersten Mal in ihrem Leben einen Ausweis, existiert damit in den Augen der Behörden und kann endlich ein eigenständiges Leben führen. Ihre Sorgen sind jedoch noch nicht ausgestanden. Mit der Sozialversicherung gibt es Probleme. Und sie hat Schwierigkeiten, einen Job zu finden, schreibt sie uns, kurz bevor dieses Buch erscheint. Weil sie nie auf einer Schule war, habe sie kein Arbeitgeber bislang anstellen wollen. Nun versucht sie, einzelne Prüfungen abzulegen, für die sie selbst lernen kann – zum Beispiel für ein Zertifikat in Chinesisch. So kann sie zumindest beweisen, dass sie auch ohne Schulbesuch keine Analphabetin ist. Und sie will weiter versuchen, die Polizeidienststelle, die ihr den Hukou verweigert hat, zu verklagen. Ihr gehe es einfach darum, dass das Unrecht, das ihr widerfahren sei, offiziell eingeräumt werde, schreibt sie.

Die verlorenen Jahre ihrer Jugend kann ihr jedoch kein Gericht wiederbringen.

DIE RATTE

鼠族

Li Xu ist eine Ratte. Und er ist froh darüber. Seinem alten Leben und seinem alten Job konnte er entkommen; vorerst zumindest. Er gehört zu den Millionen Zugereisten aus der Provinz, die versuchen, in Peking ihr Glück zu machen. Viele landen in Billigunterkünften, entweder weit draußen in den Vor-Vorstädten oder in fensterlosen Räumen der Bombenkeller, die Peking seit dem Kalten Krieg durchziehen wie eine parallele Unterwelt. Das »Volk der Ratten« werden sie von chinesischen Medien genannt. Vor einigen Jahren wuchs die Zahl dieser Kellerbewohner auf schätzungsweise eine Million an. Dann wurde es der Regierung zu viel. Aus Brandschutzgründen untersagte sie die Vermietung der unterirdischen Behausungen. Die Ratten sind seitdem weniger geworden, aber es gibt sie noch. Ihre Unterkünfte sind jetzt illegal und sie sprechen ungern über ihren Schlafplatz.

Li Xu sieht man jedenfalls nicht an, wo er wohnt. Kapuzenjacke, Jeans, Turnschuhe, alles extrem ordentlich. Wir treffen ihn zufällig, als wir gerade das Viertel erkunden. Jenseits der vierten Ringstraße haben wir eine Einzimmerwohnung in einem Wohnblock für Kurzzeitmieten bezogen. Peking wirkt hier schon wie eine Provinzstadt. Appartementblocks wachsen in die Höhe, die Nachbarschaft besteht aus einer gammeligen Shoppingmall mit einem Supermarkt, Imbissketten und kleinen Restaurants, die damit werben, dass sie günstige Gerichte anbieten.

Die großen Wohnblocks sind so weit außerhalb, dass sie gerade noch mit dem U-Bahnnetz verbunden sind und sich auch mittlere

Büroangestellte hier ein Appartement leisten können. Manche haben Luftfilter in ihre Wohnungen eingebaut, für die Tage, an denen der Smog alles in einen grauen Schleier hüllt. Dann bleiben viele, die nicht raus müssen, einfach zu Hause. Ihnen zu Diensten sind die Armeen der Online-Lieferserviceunternehmen. Bei Wind, Regen, Smog – unablässig fahren junge Männer mit Motorradhelm und Overall, verkabelt mit ihrem Smartphone, durch die Gegend, um so schnell wie möglich die Bestellungen aus den Appartementtürmen abzuarbeiten: Essen, Getränke, Einkäufe. Nie haben die Fahrer Zeit, immer schauen sie gehetzt. Meist sind es Wanderarbeiter – wie Li Xu. Diener der Oberwelt, die ebenfalls oft unten wohnen.

Dazwischen: die »Ameisen« – noch so ein Begriff der chinesischen Medien für einen Teil der gespaltenen Gesellschaft. Die Bezeichnung stammt von einem Soziologen und steht für junge Uni-Absolventen, die nicht den erhofften, gut bezahlten Job in einem Unternehmen gefunden haben, sondern sich mit Maklergeschäften, in Callcentern oder mit Computer-Hilfsjobs abstrampeln. Bei uns im Viertel sind es Uni-Absolventen, die auf dem Parkplatz vor dem Supermarkt einen Stand aufgebaut haben und sich als Immobilienvermittler versuchen.

Für Li Xu bedeutet ein solcher Job hingegen einen Aufstieg. Er war Bauarbeiter, bis er einen Job bei einer Firma für Online-Shopping bekommen hat. Seine neue Aufgabe bereitet ihm allerdings großes Kopfzerbrechen. Er musste für den Job Schulden machen und am Ende sogar lügen.

Es ist bereits dunkel und wir sind auf dem Rückweg in unsere Wohnung, als Li Xu uns anspricht. Die Straßen sind kaum beleuchtet, nur die Scheinwerfer der Fahrzeuge, die unablässig in Richtung Innenstadt rollen, sorgen für etwas Licht. Xu will nur seine paar Brocken Englisch ausprobieren. Er ist neu hier und einsam.

Xu ist Ende zwanzig und hat die Schule bis zur Uni-Aufnahmeprüfung abgeschlossen – ungewöhnlich für einen Arbeiter aus der Provinz. Englisch war eines seiner Lieblingsfächer, bis ihn seine Eltern dann doch zum Arbeiten schickten, auf den Bau. Erst vor kurzem hat er es geschafft, sich weiterzubilden, und ist über Freunde an den neuen Job in einem Online-Unternehmen gekommen. Dabei hatte er nie viel mit Computern am Hut.

Xu wird nervös, als wir von unserem Buchprojekt erzählen und mehr von seiner Geschichte hören wollen. Trotzdem willigt er ein, uns am nächsten Tag an der gleichen Straßenecke zu treffen. Telefonnummern will er nicht austauschen. Eigentlich rechnen wir nicht damit, ihn am nächsten Tag wiederzusehen. Aber tatsächlich wartet er zur vereinbarten Zeit an der Straßenecke. Seinen echten Namen sollen wir nicht nennen, sagt er. Dafür fängt er sofort an zu erzählen. »Im Moment«, sagt er, »habe ich niemanden, mit dem ich über meine Sorgen reden kann.« Wir setzen uns an einer Straßenecke auf eine Bank – und es sprudelt aus Xu nur so heraus.

Teil I

Ich bin gerade erst hier angekommen, so wie ihr. Für mich ist auch alles neu. Keine Ahnung, wie das hier in der Stadt läuft, alles ist so groß und hektisch. Keine Ahnung, wie es mit mir weitergehen soll.

Ich habe gerade zum ersten Mal in meinem Leben einen Job in einer Firma angefangen. Heute Morgen hab' ich meinem Teamchef erzählt, dass Ausländer mich über mein Leben interviewen wollen. Er hat gesagt, ich soll lieber nicht mit euch reden. ›Das sind vielleicht Agenten‹, hat er gesagt, ›das bringt dir bloß Schwierigkeiten.‹ Aber ich glaube, es ist gut, wenn Menschen aus verschiedenen Ecken der Welt miteinander sprechen. Ich hoffe, ich hab' Recht.

Ich hab' von vielem hier sowieso keine Ahnung. Ich fühle mich manchmal wie ein Dorftrottel. Aber der Job, der ist für mich eine Riesenchance. Meine Familie und ich können damit ein besseres Leben haben. Im Moment gelten wir immer noch als Bauern, wisst ihr, was das ist? Die niedrigste Stufe in der Gesellschaft! Mit meinem neuen Job können wir aufsteigen. Aber ich weiß nicht, ob ich die Arbeit überhaupt kann. Ich muss so viel lernen. Ich muss jetzt auch gleich zurück und mir alles, was ich heute gelernt habe, nochmal anschauen. Das macht mich wirklich nervös. Ich habe eine Menge Schulden gemacht – auch, um die Stelle zu bekommen. Das Geld muss ich jetzt zurückzahlen. Für meine Familie bin ich die große Hoffnung. Das sagt meine Frau immer. Ich muss hierbleiben und mich anstrengen. Auch wenn ich meine Frau und meine Kinder vermisse.

Ich komme aus einem kleinen Dorf in Hebei mit vielleicht gerade mal tausend Einwohnern. Meine Eltern sind Bauern und waren schon recht alt, als ich auf die Welt kam, über dreißig. Sie wollten deshalb schnell Enkel haben. Ich hatte Glück und konnte sogar die Oberschule besuchen und die Aufnahmeprüfung für die Uni machen. Ich hatte wirklich Glück. Aber dann haben sie gesagt, dass ich nach der Schule doch gleich heiraten solle. Das hab' ich gemacht. Meine Frau kommt aus dem Nachbardorf und wir haben zwei Kinder. Das Mädchen ist fünf, der Junge vier Jahre alt. [6]

Damals war es noch etwas leichter, auf dem Dorf eine Frau zu finden. Trotzdem musste mein Vater Brautgeld an die Familie meiner Frau bezahlen, etwa 10.000 Yuan[7]. Für meine Eltern war das viel Geld. Sie bearbeiten etwa sieben Mu[8] Land und verdienen damit in einem Jahr vielleicht gerade mal diese Summe. Mein Vater hat sich das Geld von Freunden und Verwandten geliehen. Zehntausend Yuan Brautgeld, das war im Rückblick aber wenig.

Nur ein paar Jahre später hat ein Freund von mir das Zehnfache bezahlt. Außerdem verlangen viele Frauen von ihrem Bräutigam, dass er ein großes Haus, am besten noch eine Wohnung in der Kreisstadt und ein Auto mit in die Ehe bringt.

Für all das müssen die Eltern der Söhne Geld aufbringen. Oft ist es geliehen. Auch die Häuser werden ausgebaut, um sie attraktiver für die potenziellen Ehepartnerinnen zu machen. So sieht das Dorf immer besser aus, es gibt viel mehr schöne Fassaden. Aber es ist meist auf Pump finanziert. Am Ende setzen alle die Hoffnung

---

6 Auf dem Land wurde die Ein-Kind-Politik nicht immer so streng umgesetzt.
7 10.000 Yuan entsprechen zur Zeit des Gesprächs etwa 1.350 Euro.
8 Mu, chinesische Maßeinheit, sieben Mu sind knapp ein halber Hektar.

darauf, dass die Söhne arbeiten gehen und mithelfen, den Kredit abzubezahlen. So bist du dann verheiratet, trägst aber gleichzeitig eine riesige Last auf deinen Schultern – weil alle erwarten, dass du viel Geld verdienst und die Schulden bezahlst.

Als Bauer arbeitet keiner der Jungen mehr aus unserem Dorf. Du verdienst damit eben nichts. Es gibt zu wenig Geld fürs Getreide. Die meisten meiner Freunde sind auf den Bau gegangen, irgendwohin als Wanderarbeiter – ›Nongmingong‹ – ›Arbeitskräfte mit Bauernherkunft‹, sagen die Städter. Ich habe das auch jahrelang gemacht. Es war schrecklich. Die Arbeit war furchtbar anstrengend. Wir haben fast wie in einer Kaserne gelebt und nur wenig von unserer Umgebung mitbekommen. Es gab viele Unfälle, manchmal sind auch Leute dabei gestorben. Die Arbeit war sehr gefährlich; und stumpf. Den meisten Bauarbeitern hat das genügt. Mir nicht. Ich wollte mich weiterentwickeln. Außerdem gab es oft Probleme bei der Bezahlung. Der Lohn wurde pro Tag berechnet. 200 bis 300 Yuan bekam ich, wenn ich eingesetzt wurde. Das Problem war: Das Geld wurde erst nach einem Jahr ausgezahlt. Zum Essen und Wohnen brauchte man nichts, das haben die Arbeitgeber gestellt. Aber man war an sie gebunden. Und viele, ich vermute fast die Hälfte der Arbeiter, bekommen ihr Geld am Ende gar nicht. Und es ist schwierig, dagegen etwas zu unternehmen. Die Regierung setzt sich einfach zu wenig für Arbeiterrechte ein.

Ich wollte mich auf jeden Fall weiterentwickeln, und auch meine Frau hat mir immer dazu geraten und mich unterstützt. Freunde aus meiner Heimat hatten Jobs in einer Internetfirma bekommen und konnten mir zu der Stelle verhelfen, bei der ich gerade angefangen habe. Davor musste ich auf einer Privatschule für ein halbes Jahr ein Computertraining machen. Das war sehr schwer. Zehntausend Yuan habe ich dafür bezahlt, dafür habe ich Schulden gemacht. Meine Frau sagt, ich schaffe es schon, alles zurückzuzahlen. Die Sache ist aber die: Ich habe in meinem ganzen Leben noch nie etwas mit Computern zu tun gehabt. Ich habe noch nicht einmal etwas im Internet gekauft, auch wenn das jetzt alle tun. Und jetzt soll ich in dieser Firma Sachen auf die Internetseite stellen und Online-Kunden betreuen. Aber dieses ganze Computerding ist so fremd für mich. Ich weiß nicht, wie ich das schaffen soll! Ich kann deswegen oft nicht schlafen. Letzte Nacht waren es nur vier Stunden, ich hab' so lange wach gelegen.

Zum Frühlingsfest werde ich meine Familie besuchen. Ich vermisse sie. Es sind jetzt nur noch zwei Stunden mit dem Hochgeschwindigkeitszug statt sechs Stunden mit der normalen Bahn. Allerdings sind die Tickets auch viermal so teuer. In unserem Dorf gibt es blauen Himmel und die Felder sind grün. Hier in der Stadt ist alles anders. Ich muss lernen, wie ich mich hier bewege. Es gibt viel Smog, aber das stört mich eigentlich nicht. Ich glaube, der Smog ist ein Luxusproblem der Reichen. Wenn du viel Geld hast, fängst du an, dich um dich selbst und deine Gesundheit zu kümmern. Das können wir uns nicht leisten. Wir müssen vor allem Geld verdienen.

Meine Freunde sagen, wenn ich erst mal fest in dem Unternehmen bin, nach einem Jahr oder so, könnte ich auch meine Familie nachholen. Aber ich bin nicht so optimistisch. Wir können dann immer noch keinen Wohnsitz in der Stadt anmelden und die Kinder auch in nicht in die öffentliche Schule schicken.[9] Wir müssten also viel Geld für Privatschulen bezahlen.

Mal sehen, es ist jetzt erst mal meine Pflicht, sie von hier aus zu unterstützen. Fünf bis sechstausend Yuan pro Monat haben die mir bei der Arbeit versprochen. Davon muss ich dann meine Kredite zurückbezahlen. Ich weiß noch nicht einmal, wie ich das Geld bekomme. Sie überweisen es wohl. Ich hatte aber noch nie ein Bankkonto, weil ich noch nie in einer Firma gearbeitet habe. Ich habe meinen Teamchef gefragt, wie das mit dem Konto funktioniert, und er hat mich ausgelacht. Ich spreche sonst nicht viel über mein bisheriges Leben mit ihnen. Ich habe gelogen, um den Job zu bekommen. In China geht es oft darum, was für einen Abschluss man hat, auch wenn das vielleicht gar nichts mit deiner Tätigkeit später zu tun hat. Also habe ich behauptet, ich hätte einen Uni-Abschluss. Was soll ich sonst machen? Anders kann ich mein Leben nicht ändern.

---

9 Das liegt an der Haushaltsregistrierung, dem Hukou, der nicht einfach umgemeldet werden kann, siehe Glossar ab Seite 397.

Ich lebe ansonsten sehr sparsam. Ich rauche nur billige Zigaretten, aber das macht mir nichts. Das ist nicht wichtig. Bei uns im Dorf geben sie immer damit an, wer die teuersten Zigaretten raucht. Und was hat man davon? Der nächste meint dann, noch teurere kaufen zu müssen. Das ist doch alles Quatsch. Auch zum Karaoke-Singen und Trinken gehen manche. Ich mag das nicht. Ich habe Pflichten.«

Teil II

Drei Wochen später verabreden wir uns erneut mit Li Xu. Er sieht besser aus, nicht mehr so übermüdet, nicht mehr so gestresst. Er hat sich eine Brille gekauft und ein T-Shirt mit der Aufschrift »New York«. Wir gehen zusammen eine Schüssel Reis mit Rindfleisch essen. Er hat gute Laune und ist zuversichtlicher, dass er den Job behalten kann. Deshalb schläft er auch besser, sagt er. Allerdings gibt es ein neues Problem.

»Ich habe kürzlich heftige Zahnschmerzen bekommen und bin zum Zahnarzt gegangen. Der wollte eine Wurzelbehandlung machen und mir eine Krone einsetzen. Na ja, das Ganze hätte fünftausend Yuan kosten sollen. Als ich meine Frau angerufen und ihr das erzählt habe, sagte sie: ›Vergiss es, dein Zahn ist verloren.‹ Fünftausend für einen Zahn können wir uns wirklich nicht leisten. In meinem Dorf kostet mich die Behandlung nur hundert Yuan, da zieht der Zahnarzt den Zahn einfach. Aber das ist mir eigentlich egal.

Leute wie ich können sich nicht zu viele Gedanken um ihre Gesundheit machen. Wir müssen vor allem schauen, dass wir arbeiten und Geld für unsere Familie verdienen. Nur reiche Leute kümmern sich die ganze Zeit um ihre Gesundheit.

Alles, was dich nicht umbringt, ist eigentlich egal. Klar, es gibt Probleme mit den Lebensmitteln. Aber auch das sind eher Probleme der Reichen. Es heißt, altes Bratöl wird recycelt und wiederverwendet – dieses ›Gossen-Öl‹. Aber eigentlich ist das nicht so wichtig, also kein so schlimmes Problem, da gibt es wirklich andere Dinge, um die wir uns kümmern sollten. Alle reden nur darüber, weil es gerade in den Medien ist. Aber eigentlich ist ja alles irgendwie verpestet. So eine Schüssel hier zum Beispiel, die muss desinfiziert werden. Aber kümmert sich der Wirt auch darum, dass das Desinfektionsmittel restlos abgespült ist? Ich würde sagen: ›Nein.‹

Übrigens, ich würde euch gerne noch ein paar Sachen erzählen. Ihr habt euch doch dafür interessiert, wie auf dem Land geheiratet wird. Also, ich erzähle euch mal meine Geschichte.

Wie ich und meine Frau uns kennengelernt haben, das ist wirklich ein Wunder. Ein alter Mann, ein Heiratsvermittler, ist von Dorf zu Dorf gezogen, um Spenden für die Behandlung seines Sohnes zu sammeln, der an Leukämie erkrankt war. Dafür ist er immer sehr weit mit seinem Fahrrad herumgefahren und hat auch in dem Haus der Familie meiner Frau nach Spenden gefragt. Als er sie gesehen hat, hat er ihr gesagt, dass er einen Jungen in ihrem Alter kennen würde, der etwas für sie sein könnte. Sie hat eingewilligt, und so wurden wir einander vorgestellt. Damals hatte ich schon lange nach einer Frau gesucht, aber ich hatte eben auch nicht so viel Geld – und viele Frauen stellen hohe Ansprüche. Die Frauen, die mich abgelehnt hatten, sahen alle sehr gut aus, waren schick. Meine spätere Frau war, ehrlich gesagt, hässlich. Sie hat mir nicht wirklich gefallen. Aber ich dachte, okay, so komme ich endlich an Sex. Ehrlich gesagt, das war das Einzige, was mich damals wirklich an ihr interessiert hat. Und dann war da natürlich der Druck meiner Eltern, möglichst schnell zu heiraten. Ich dachte, okay, egal, wenn ich heirate, dann sind sie endlich zufrieden und ich habe meine Ruhe.

Wir waren dann ein Jahr zusammen, bis wir geheiratet haben. Schon nach zwei Monaten habe ich verstanden, wie gutherzig meine Frau ist und wie gut wir uns verstehen. Wir sind wirklich glücklich zusammen. Wenn ich mir meine Freunde anschaue – die haben hübsche Frauen abgekriegt, aber die kommen oft nicht miteinander klar. Meine Frau unterstützt mich und hält zu mir. Auch meine Schwiegereltern mag ich sehr gerne. Sie sind in ihrem Dorf bekannt dafür, wie sie sich um die Enkel kümmern, das Feld bestellen und sogar noch auf dem Acker meiner Eltern mithelfen. Meine Frau hat einen jüngeren Bruder, der auch verheiratet werden soll.

Ich will ihn finanziell unterstützen und meinen Schwiegereltern Geld für die Hochzeit dazugeben.

Ehrlich gesagt, das alles gibt mir den Antrieb und die Kraft, hier weiterzumachen und nicht lockerzulassen. Ich muss weitermachen, den Kredit für die Ausbildung zurückzahlen. In einem Jahr kann ich dann endlich anfangen zu sparen.

Mein jüngerer Bruder hat die Schule nur bis zur Mittelschule besucht. Er hat mit 15 angefangen, auf dem Bau zu arbeiten. Meine Eltern haben gesagt, nur einer von uns beiden kann versuchen, die Oberschule abzuschließen und die Uni-Aufnahmeprüfung zu machen. Beide können wir nicht finanzieren. Mein Bruder hat daraufhin gesagt, dass er zurücktreten und arbeiten gehen würde.

Ich bin später arbeiten gegangen. Wenn man zum ersten Mal loszieht, ist man erst mal ganz glücklich. Viele aus einem Dorf gehen gemeinsam los. Meistens werden die Leute aus einer Region von einem Arbeitsvermittler rekrutiert und kommen dann gemeinsam auf eine Baustelle. Dort arbeitest du den ganzen Tag. Die Arbeit ist sehr hart, aber abends bist du dann müde und hungrig. Du isst alles und es schmeckt einfach toll, weil du so hungrig bist. Danach legst du mit deinen Kumpels zusammen und kaufst eine kleine Flasche Schnaps, setzt dich mit ihnen auf die Straße und trinkst und redest und gehst schlafen. Wenn man gerade aus dem Dorf in die Stadt kommt, ist das ein Gefühl von Freiheit. Du bist da, ohne Eltern, nur mit den Freunden.

Aber mit der Zeit merkst du, dass du zwar in der Stadt bist, aber eigentlich nicht viel davon mitbekommst. Sieben Jahre lang war ich in Peking und habe überall an allen möglichen Hochhäusern mitgebaut. Aber eigentlich kenne ich mich in der Stadt überhaupt nicht aus und habe kein wirkliches Bild von ihr, weil ich nie von den Baustellen runtergekommen bin. Du arbeitest den ganzen Tag, bist abends müde, isst dort, schläfst dort und bist ansonsten mit den Leuten aus deinem Dorf zusammen. Und natürlich willst du dein Geld sparen, um zu heiraten, den Kredit abzubezahlen und so weiter.

Und es ist gefährlich. Ein Freund von mir hatte einen schlimmen Unfall. Er hat an einer Fassade gearbeitet und wurde mit einem Seil vom 30. Stock heruntergelassen. Bis zum fünften Stock ging alles gut, doch dann ist auf einmal das Seil gerissen, und er ist abgestürzt. Seitdem sind seine Beine gelähmt. Die Baufirma hat ihm 400.000 Yuan Entschädigung gezahlt, jetzt ist er wieder in Peking und sucht Arbeit. Ich würde ihm gerne helfen, aber ich weiß nicht wie. Er hat nur die Mittelschule abgeschlossen, da ist es schwierig, mit einer Behinderung einen Job zu finden.

Was ich gerne machen würde? In der Schule fand ich Konversations-Englisch toll. Ich war sogar so gut, dass ich in der Klasse die Sätze vorsprechen durfte, die dann die anderen wiederholt haben. 75 Leute waren wir in der Klasse ›Mündliches Englisch‹, alle haben mir nachgesprochen.

Eigentlich hätte ich aber gerne Musik studiert, das wäre mein Traum gewesen, wenn ihr mich danach fragt. Ich hätte gerne eine Gitarre gekauft und gelernt, sie zu spielen. Wenn es mit meinem Job weiter gut läuft, dann schaffe ich es ja vielleicht, eine Wochenend-Uni oder eine Teilzeit-Uni zu besuchen und einen Bachelor-Abschluss zu machen. Das wäre mein Traum.

Aber wer weiß schon, was passiert. Ich habe selbst ein Sprichwort erfunden: ›Jihua gan bu shang bianhua.‹ – ›Die Dinge verändern sich so schnell, dass die Pläne nicht hinterherkommen.‹«

DAS MÄDCHEN AUS DER PROVINZ

小城姑娘

Foto Vorderseite: Straßenszene in einem Viertel mit vielen Zugereisten

DAS MÄDCHEN AUS DER PROVINZ
小城姑娘

Xiaosu will eine schicke Pekingerin sein. Auf ihr Äußeres legt sie viel Wert. Sie steckt in einem schwarzen Kleid, trägt hohe Absätze und Make-up. Gerade war sie beim Friseur und hat sich einen Pony schneiden lassen. Immer wieder zückt sie das Handy – ein iPhone, ihr ganzer Stolz – und blickt prüfend auf die Fotos ihrer neuen Frisur. Gut auszusehen, ist Teil ihres Geschäfts. Die 22-Jährige verkauft Kosmetik im Internet. Viele junge Chinesen versuchen, sich mit Online-Handel eine Existenz aufzubauen; vor allem, wenn sie ihre bisherigen Jobs leid sind, wie Xiaosu. Sie wohnt im Norden Pekings, wo sich ein Dschungel aus neuen Appartementblocks über die Stadtautobahn erhebt. Wir treffen sie in einer Shoppingmall und setzen uns in den Laden einer Kaffeekette. Xiaosu genießt ihren Latte Macchiato, den sie irgendwie schick findet, aber sich normalerweise nicht leistet.

Sie kommt aus einer Kleinstadt in der nördlichen Provinz Hebei. Vor vier Jahren hat sie ihren Heimatort verlassen, weil sie nicht, wie alle anderen, in der örtlichen Fabrik enden wollte. Stattdessen träumte sie von einem Leben in der Hauptstadt und fuhr eines Tages einfach los. In Peking hat sich Xiaosu seitdem mit allen möglichen Jobs durchgeschlagen und ist froh, jetzt Fuß gefasst zu haben. »Vielleicht mach ich hier nochmal ein eigenes Geschäft als Kosmetikerin auf«, überlegt sie. »Aber dafür müsste ich erst sparen, um die Ausbildung bezahlen zu können.«

Verkäuferin oder Kellnerin sind oft Jobs, die für Frauen vom Land in den Metropolen übrig bleiben. Manche haben es nicht leicht. Immer wieder gibt es Berichte über reiche Kunden, die ihre schlechte

Laune an Servicekräften auslassen. Andere Frauen vom Land verdingen sich als Prostituierte oder versuchen, eine der heimlichen Zweitfrauen zu werden, die reiche Männer in China oft haben. Xiaosu wollte von diesem Weg allerdings nichts wissen. Sie ist froh, jetzt ein Auskommen gefunden zu haben. In ihren Heimatort zurückzukehren, kann sie sich nicht vorstellen. Sie hat auch keine besonders guten Erinnerungen an ihre Zeit dort.

» Ich wollte nicht in der Glasfabrik in unserer Stadt arbeiten, deshalb bin ich nach Peking gekommen. Das war vor etwa vier Jahren. Meine Familie wohnt in der Provinz Hebei. Ich hatte meinen Abschluss an der Oberschule gemacht und war nicht wirklich gut. Deshalb konnte ich auch nicht studieren oder so. Lernen ist nicht mein Ding. Ich hätte also in die Fabrik gehen können, aber die Arbeit dort ist wirklich hart. Außerdem ist die Luft ungesund. Wir haben lauter Fabriken mit riesigen Schornsteinen, die jede Menge, was weiß ich was für Rauch rausblasen. Ein paar von den Unternehmen sind deswegen schon geschlossen worden. Jeden Tag hätte ich von morgens bis abends dort arbeiten und von unserem Zuhause bei jedem Wetter mit dem Fahrrad fahren müssen – und es wird sehr kalt bei uns im Winter, minus 15 Grad und so. Nee, da hatte ich wirklich keine Lust drauf.

Ich bin dann nach Peking gegangen und wusste erst nicht so richtig, was ich machen soll. Ich hab' dann in einem kleinen Kosmetikladen Arbeit gefunden, der direkt an einer Universität war. Der Besitzer hat mir nur 800 Yuan im Monat bezahlt. Wie ich davon leben konnte? Ja, ich weiß es auch nicht. Ich habe immer in der Uni-Mensa gegessen. Da habe ich nicht mehr als fünf Yuan pro Mahlzeit bezahlt. Die Unterkunft hat mein Chef zur Verfügung gestellt: ein Zimmer in einem Wohnheim, das ich mir mit einem anderen Mädchen teilen musste. Alles war total heruntergekommen, ziemlich grauenhaft. Im Sommer waren überall Mücken. Ich weiß auch nicht mehr, wie ich das ausgehalten habe.

In den Semesterferien war die Uni geschlossen und die Studenten sind nach Hause gefahren. Der Besitzer hat deshalb den Laden dicht gemacht, weil ja auch keine Studenten mehr zum Einkaufen kamen. In dieser Zeit wollte er mir auch keinen Lohn bezahlen. Ich habe mir dann erst mal eine andere Unterkunft gesucht und schließlich in einem Keller in einem Appartementblock gewohnt. Mittlerweile ist das ja verboten, aber damals war es noch erlaubt. Billig war's auf jeden Fall – nur 300 Yuan im Monat – und gar nicht so schlecht. Allerdings gab es außer mir kaum junge Leute.

Ich hab' schließlich einen Job in einem Pizza-Restaurant hier im Norden Pekings gefunden – das war ein nobler Laden. Ich musste viel lernen, zum Beispiel, wie man mit den Kunden umgeht. Wir mussten uns bei der Bestellung immer hinunterbeugen, um mit den Gästen auf Augenhöhe zu sein. Sie sollten sich dadurch wohler fühlen. Auch die verschiedenen Pizzasorten und ihre Zutaten musste man auswendig lernen. Später hätten sie mir dann beigebracht, wie man Pizza macht, in der Küche, aber irgendwie war mir das dann auch zu anstrengend. Obwohl, einige Dinge waren schon ganz nett dort.

Ein paar Promis kamen regelmäßig, eine Sängerin, die immer vormittags Salat gegessen hat, wenn er am frischesten war. Sie hat ihre eigene Gabel mitgebracht, ich glaube, sie hatte es sehr mit der Hygiene. Auch ein bekannter Filmemacher, Xu Zheng, kennt ihr den? Der war immer wieder da. Manche Kollegen haben nach Autogrammen gefragt, aber ich wusste nicht, was ich damit sollte. Die Gäste waren wirklich okay, ›gesittet‹, würde man wohl sagen. So etwas, was man sonst liest, dass man beschimpft wird und so, ist mir nie passiert. 2.000 Yuan im Monat habe ich da verdient und bekam sogar eine Krankenversicherung. Und für die ganze Belegschaft gab es immer wieder Ausflüge.

Aber nach einem Jahr hat es mir trotzdem gereicht. Ich habe dann in einem Applestore und danach in einem französischen Klamottenladen gearbeitet. Da war ich sogar Vorgesetzte von drei, vier Leuten. Später hab' ich in einem Kosmetikgeschäft angefangen. Als das dann dichtgemacht hat, habe ich begonnen, selber Kosmetik zu vertreiben, übers Internet, genauer gesagt über WeChat.

Ich hatte durch meinen alten Job noch ein paar Kundenkontakte und wurde weiterempfohlen. Das war okay. Aber ich musste erst mal meine Onlineseite selber aufbauen. Das war nicht einfach. Bis spät in die Nacht saß ich da und habe versucht, Fotos zu machen, von mir, wie ich Puder, Cremes und Gesichtsmasken auftrage. Ich musste erst mal das richtige Licht und den richtigen Winkel finden, bis ein Foto gut aussah. Wenn das alles endlich gestimmt hat, war die Gesichtsmaske schon wieder trocken.

Jetzt läuft das Geschäft eigentlich ganz gut. Ich kann den Shop von jedem Ort aus betreiben, bestelle beim Großhändler und verschicke das dann. 5.000 Yuan verdiene ich ungefähr, 2.000 kostet das kleine Appartement, dass ich mir hier gemietet habe, und 1.500 kann ich zur Seite legen.

In meine Heimatstadt würde ich nicht mehr zurückkehren. Mein Freund ist bei der Armee. Wir werden bald heiraten, denke ich – und ein Kind bekommen. Seine Eltern würden es erst mal großziehen und wir arbeiten beide irgendwo – mal sehen.

Nein, so etwas wie einen richtigen Mutterschutz, wie ihr es beschreibt, haben wir hier nicht. Bei uns springen die Großeltern ein. Ich bin eigentlich auch ganz froh darüber. Wenn es nach mir geht, könnten wir auch ruhig in Peking bleiben.

Ein Foto von mir machen? Ach, eigentlich nicht so gern. Ich bin da immer vorsichtig – es gibt in China so viele Betrüger und man weiß nicht, was damit passiert. Also nichts gegen euch, aber das mache ich grundsätzlich nicht.«

Foto Vorderseite: Ou Lin und Gao Chang bei unserem Treffen im Restaurant

DIE BAUARBEITER

农民工

Manchmal ist es schwierig, Gesprächspartner zu finden. Gerade scheint es so, als ob gar nichts klappt. Und dann klopft auf einmal – sozusagen – das Rechercheglück ans Fenster – und das im 18. Stock.

Wir überlegen gerade, wie wir am besten mit einem jungen Wanderarbeiter ins Gespräch kommen, der auf einer der vielen Baustellen der Stadt arbeitet. Ein alter Bekannter aus Peking wollte uns jemanden vermitteln. »Ich selbst kenne zwar niemanden, aber ich frage mal einen Freund, der welche beschäftigt.« Am Ende hat dieser Versuch aber leider nicht geklappt.

Im Grunde müsste sich jemand auf der großen Baustelle hinter unserem Wohnblock finden lassen. Von unserem Fenster sieht man auf die grauen Betongerippe, die dort in die Höhe wachsen. Kleine Körbe baumeln an den Seilen vor der Fassade. Man erkennt die Bauarbeiterhelme als kleine bunte Punkte darin, die ständig hoch- und runterfahren. Die Baustelle reicht bis an die Rückseite unseres Appartementgebäudes, das auch noch nicht ganz fertig ist. Eigentlich müsste es möglich sein, dort einen jungen Arbeiter anzusprechen. Aber das Gelände ist abgesperrt. Nur selten kommt jemand heraus. Die meisten wohnen dort in Containern. Wachmänner stehen davor. Wenn wir einfach reinmarschieren und fragen, dürfte das zu viel Aufsehen erregen. Wahrscheinlich würden wir entweder gleich abgewiesen oder der Chef sich zum Interview hinzugesellen. Das wären keine guten Voraussetzungen für ein offenes Gespräch.

Wir versuchen gerade nochmal, über WeChat einen weiteren Kontakt anzuschreiben, als sich das Seil vor unserem Fenster spannt und wie wild zu tanzen beginnt. Ein Motor läuft an – und plötzlich fährt ein Korb mit zwei jungen Bauarbeitern an unserem Fenster vorbei. Wir sind so überrascht, dass wir zu spät reagieren. Die beiden fahren weiter in den nächsten Stock. Sie scheinen irgendetwas zu streichen. Vielleicht bereiten sie die Fassade vor, um später Dämmplatten anbringen zu können.

Langsam wird der Korb wieder heruntergelassen. Erst kündigt sie ein Schattenspiel an. Dann hängen sie tatsächlich vor unserem Fenster. Wir müssen bloß vom Sofa aufstehen und rübergehen – und aufpassen, dass wir die beiden nicht zu sehr erschrecken.

Wir machen das Fenster auf und sprechen sie an. Die beiden zucken zusammen und versichern, dass sie sehr beschäftigt sind. Ob wir ein Foto machen dürften? »Ja, okay.« Sie wirken etwas erschrocken. Wahrscheinlich hatten sie noch nie mit Ausländern zu tun.

»Macht das Fenster besser zu während der Bauarbeiten«, ruft der eine der beiden und will eilig weiterfahren. Wir können ihm gerade noch einen Zettel mit unseren WeChat-Kontaktdaten und unserer Handynummer zustecken.

Die beiden fahren an der Fassade nach unten, und wir fragen uns, ob sich jemand melden wird.

Ein paar Tage später kommen tatsächlich zwei WeChat-Anfragen. Eines der Konten hat ein Profilfoto mit einem alten Arbeiter-Propagandaplakat aus den 50er-Jahren. »Fortsetzung folgt ...« heißt der Benutzername. Genau so wirken die Fotos, die er gepostet hat: Zuerst Bilder aus einem kleinen Dorf. Kleine Bauernhäuser, ungepflasterte Straßen, die Schlachtung eines Huhns zum Neujahrsfest. Etwas später ein Selfie auf dem Platz des Himmlischen Friedens. Dann ein Matratzenlager, darüber Wäscheleinen mit trocknender Wäsche. »Das ist die Unterkunft für Wanderarbeiter. Man hat's nicht leicht ...«, steht darunter. Das andere Konto ist gerade erst erstellt worden und hat noch kein Foto.

»Hallo, wir sind es, aus dem 18. Stock, wie geht's?«, legen wir los.

»Hallo«, kommt es zurück. »Aus welchem Land kommt ihr?«

Wir chatten eine Weile, stellen uns vor und erzählen von unserem Buch. »Wollen wir uns treffen?«

Sie sind dabei.

Mittlerweile sind wir ins Stadtzentrum gezogen, doch dorthin wollen sie ungern kommen. »Wir haben nicht die richtigen Klamotten«, schreiben sie. Also fahren wir in das alte Viertel und gehen in eines der kleinen Restaurants dort.

Als Ou Lin und Gao Chang stellen sich die beiden vor. Ou Lin war der direkt vor unserem Fenster. Er ist in seinem karierten Jackett kaum wiederzuerkennen. Gao Chang ist sein Freund, sie stammen aus demselben Dorf – er hatte Ou Lin geholfen, ein WeChat-Konto einzurichten.

Tatsächlich sind wir die ersten Ausländer, die sie treffen, und sie stellen viele neugierige Fragen. Die beiden sind 25 und 29 Jahre alt, schon lange verheiratet und haben jeweils ein Kind. In unserem Dorf in Henan, sagen sie, heiraten alle schon mit 20.

Die Kellnerin, die uns eigentlich schon kennt, ist etwas unwillig, als sie von den Bauarbeitern an den Tisch gerufen wird. Die Auswärtigen sind bei manchen Städtern nicht sehr beliebt. »Zu viele Leute von außerhalb kommen hierher«, haben sich Pekinger Freunde erst vor kurzem bei uns beklagt, »wegen denen gibt es überall Staus und keine Wohnungen mehr.«

An Lin und Chang liegt es sicher nicht. Sie wohnen auf der Baustelle und haben auch nicht vor, sich in der Stadt niederzulassen. Überhaupt ist es für sie manchmal fast so, als hätte man ein Teil ihres Dorfes für eine Weile nach Peking an den vierten Ring verlegt.

Ihr Chef ist ein Arbeitsvermittler aus ihrer Region. Allein aus ihrem Dorf in der armen Provinz Henan im Landesinneren hat er 13 Leute angeheuert, viele andere kommen aus den Nachbarorten. Alle zusammen wurden sie mit einem Bus hergebracht. Auf der Baustelle sind sie seit zwei Wochen. Das Viertel kennen sie kaum, uns scheinen die Straßen bereits geläufiger zu sein.

Der Job auf der Baustelle ist oft hart, erzählen sie. Zwölf Stunden lang sind sie an den Fassaden zugange. Es gibt eine Mittagspause – später noch Zeit für eine Zigarette – Lin hebt den Zeigefinger – und dann heißt es schon wieder: hoch! Ihre Unterkunft ist einfach. Doch das ist ihnen nicht wichtig. Wichtig ist, dass sie Geld für zu Hause sparen können.

»Ein guter Monat ist, wenn du jeden Tag arbeiten kannst«, sagt Ou Lin. Bezahlt werden sie pro Tag. Wenn die Witterung schlecht ist, der Wind die Arbeit an der Fassade zu gefährlich macht oder sie gerade mal nicht gebraucht werden, gibt es auch kein Geld.

»Dafür kannst du auch einfach mal zurück zur Familie, wenn sie dich brauchen«, sagt Gao Chang. Deshalb ist ihnen die Baustelle viel lieber als die Fabrik. »Du bist viel freier auf dem Bau. In der Fabrik kannst du nicht einfach für eine Weile zurück. Du musst Urlaub beantragen, wenn du ihn überhaupt bekommst.«

Wenn auf der Baustelle Winterpause ist, fahren alle für vier Monate zurück ins Dorf. »Dann ist wieder richtig Leben im Ort!«, erzählen die beiden. »Den Rest des Jahres sind dort eigentlich nur alte Leute, Frauen und Kinder.« Fast alle jungen Bewohner gehen weg, um Geld zu verdienen. Ein paar wenige sind geblieben. Die arbeiten dann in der Kreisstadt, aber für viel weniger Lohn.

In Peking verdienen Lin und Chang 300 Yuan an jedem Tag, an dem sie eingesetzt werden. »Wenn's gut läuft – dann hast du 7.000 im Monat«, sagt Lin. Das ist so viel wie mancher mit seinem Stück Land im ganzen Jahr verdient. Jeder in ihrem Dorf hat Anspruch auf ein Mu Land, knapp 700 Quadratmeter. Die meisten in ihrem Dorf haben es allerdings verpachtet, an den einzigen Bauern, der noch kommerzielle Landwirtschaft betreibt und die gesamten Felder mit Maschinen bearbeitet. Die Älteren bauen manchmal noch für den Eigenbedarf an – wie ihre Eltern: Gurken, Lauch, Sellerie, dazu halten sie noch Hühner und Schweine.

»Wenn es möglich wäre, würde ich dort bleiben«, sagt Chang nachdenklich. »Die Luft ist viel besser, viel frischer.« Und die Familie ist dort. Lins Frau erwartet ein weiteres Kind. Zur Geburt will er nach Hause. Sonst sieht er seine Familie vor allem im Winter.

Lin und Chang waren 15 bzw. 17, als sie weggegangen sind. Vor allem Lin steht die harte Arbeit ins Gesicht geschrieben: Falten, schwielige Hände, muskulöser kleiner Körper.

Beide sind erst sehr zurückhaltend – dann umso interessierter. Sie wollen wissen, wie viel in Deutschland was kostet, ob es einen Unterschied zwischen Stadt und Land gibt, wie die Bauernhöfe aussehen, wie man einen Partner zum Heiraten findet und so weiter.

Letzteres ist bei ihnen nicht einfach, sagen sie. Das Verhältnis von Frauen und Männern auf dem Land ist extrem ungleich geworden, als Folge der Ein-Kind-Politik. Söhne galten als wichtiger, um die Familienlinie fortzusetzen. Mädchen wurden zum Teil abgetrieben. Mittlerweile stehen die Familien fast besser da, die eine Tochter haben. Nach statistischen Erhebungen kommen mancherorts auf etwa 130 Männer durchschnittlich nur 100 Frauen. Mit bis zu 30 Millionen Junggesellen, die rein statistisch keinen Partner bekommen, rechnen Wissenschaftler in den kommenden Jahren. Wer sich da im Wettbewerb durchsetzen und sogar eine Frau im eigenen Dorf finden will, wie es sich die meisten Familien wünschen, der muss einiges dafür tun.

Traditionell bekommt die Familie der Braut ein sogenanntes Brautgeld. Früher war das ein kleiner Betrag. Aber das traditionelle Geldgeschenk gehorcht nun den Gesetzen der Marktwirtschaft. Die Nachfrage nach Frauen im Heiratsalter ist hoch. Auf dem Land gibt es viel weniger junge Frauen als junge Männer – entsprechend schraubt sich das Brautgeld in die Höhe; in einer Geschwindigkeit, die Chinas rapides Wirtschaftswachstum und erst recht die Lohnzuwächse der Wanderarbeiter übertrifft.

»30.000 Yuan musst du bei uns mittlerweile allein für das Brautgeld zusammenbekommen«, erzählt Chang. Auf seinem WeChat-Konto hat er sogar eine Fernsehsendung gepostet, die das Ganze untersucht hat. Ihr Dorf gehört zu dem Kreis mit den höchsten Brautgeld-Steigerungsraten in der Provinz Henan. Hinzu kommen noch die Kosten für eine Wohnung in der Kreisstadt und ein Auto – das sind die Anforderungen, die von den meisten jungen Frauen auf dem Land gestellt werden.

Lin und Chang haben Glück, dass sie schon geheiratet haben, als alles noch etwas billiger war. Ihre Frauen haben sie über eine Heiratsvermittlerin gefunden. »Meist sind das Frauen, die keine andere Arbeit haben«, sagt Lin. »Sie schauen, dass die beiden Familien der potenziellen Brautleute etwa die gleichen finanziellen Voraussetzungen haben, gleich arm oder gleich reich sind, außerdem sollten die möglichen Ehepartner gleich hübsch oder hässlich sein, einfach, dass alles passt.«

»Und passt es in der Regel hinterher?«

Beide nicken.

»Ob auch der Charakter der Brautleute zueinander passt, wird das berücksichtigt?«, wollen wir wissen.

Die beiden schauen entgeistert. »Nein, eigentlich nicht. Das findest du erst nach einer Weile heraus, wenn du ein paar Jahre zusammengelebt hast«, meint Lin.

»Natürlich gibt es Scheidungen«, sagt Chang. »Aber auch nicht mehr als in der Stadt«, vermutet er.

Tatsächlich liegen die Scheidungsraten in vielen großen Städten weit über der nationalen Scheidungsrate von etwa vier Prozent. In Peking ist sie zum Beispiel um das Zehnfache höher, nicht zuletzt, weil Frauen oft ihr eigenes Einkommen haben und unabhängiger sind.

Viel Zeit zum Überlegen bleibt bei der Brautschau in Henan jedenfalls nicht. »Beim ersten Mal trifft man sich auf der Straße«, erzählt Chang. »Zusammen mit der Familie. Dann gibt es vielleicht einen zweiten Termin.« Zu diesem ist dann bereits das erste Geldgeschenk fällig. »Wie hoch das ist, ist nicht festgelegt. Wenn es zu niedrig ist, glauben sie, du bist geizig. Aber wenn die Braut dich ablehnt, ist das Geld verloren.«

Die Gründung einer Familie auf dem Dorf ist also mit viel Geld verbunden, oft ist es eine Geschichte der Verschuldung. Wer sogar zwei Söhne hat, was früher als großes Glück galt, sieht sich heute einer großen Belastung ausgesetzt.

»Tja, alles dreht sich am Ende darum, immer Geld zu sparen«, sagt Lin. »Erst für deine Hochzeit, dann für deine Gesundheit.« Eine Krankenversicherung für die Leute auf dem Dorf gibt es mittlerweile, erzählen sie. Aber sie sei auf Rechnungen von 5.000 Yuan[10] im Jahr beschränkt. Bei einer ernsthaften Erkrankung kommt schnell ein Vielfaches zusammen.

»Wir verdienen hier auf dem Bau im Vergleich zur Landwirtschaft nicht schlecht, aber die Zeiten sind härter geworden«, sagt Lin. Chang pflichtet ihm bei. Dass die Wirtschaft nicht mehr so boomt wie früher und weniger gebaut wird, auch weil sich Kommunen zunehmend verschulden, spüren als Erstes die Wanderarbeiter.

Das Treffen mit den beiden hat uns beeindruckt. Sie gehören zu denen, die Peking in den vergangenen Jahrzehnten ein ganz anderes Gesicht gegeben haben, die Wohnblöcke, Bürotürme und Stadtautobahnen gebaut – und die Stadt dabei doch nie wirklich kennengelernt haben.

---

10 Bei den Leistungen der öffentlichen Krankenversorgung gibt es große regionale Unterschiede.

Dass die beiden tatsächlich die abflauende Konjunktur zu spüren bekommen, zeigte sich schneller als gedacht.

»Heute wieder keine Arbeit«, schreibt Lin in den folgenden Wochen immer wieder auf WeChat. Einmal ist schlechtes Wetter, dann brechen Aufträge weg. Schließlich reist die ganze Gruppe, die aus der Region um Lins und Changs Dorf gekommen ist, wieder zurück. »In Peking sieht es im Moment nicht gut aus. Wenn man bleibt und nichts findet, zahlt man drauf«, schreiben sie. Sie wollen erst mal zu Hause abwarten, wie sich die Lage weiter entwickelt. Ihre Familien sind trotz der Jobsituation froh, die Männer daheim zu sehen. Vor allem Ou Lins Frau. Sie war schwanger – und so kann ihr Mann jetzt bei der Geburt ihres zweiten Kindes dabei sein. Stolz postet Lin später das Foto seines Sohnes.

Inzwischen ist er wieder unterwegs auf der Suche nach Arbeit – ein Post zeigt wieder eine Fahrt im Bus – zwischen Henan und Peking.

DER COMPUTER-SPIEL-PROFI

网游竞赛选手

DER COMPUTERSPIEL-PROFI

网游竞赛选手

Man merkt Xia Heng an, dass er gerade eben noch gegen einen Haufen Monster gekämpft hat. Er wirkt etwas benommen und antwortet abwesend. Gestern hat er bis spät in die Nacht am Computer gespielt. Kurz nach dem Aufwachen ging es heute Mittag weiter. Die Frage ist, ob »spielen« überhaupt das richtige Wort ist. Er selbst würde eher »trainieren« sagen. Schließlich spricht ja sein Club auch von »Sport«, genauer gesagt von »E-Sport« und bezeichnet seine Spieler als »Athleten« – auch wenn sie nur in einem Sessel sitzen und mit dem Finger auf eine Maustaste drücken.

Heng verdient viel Geld damit, gegen andere Spieler anzutreten. Oft schauen zehntausende Fans zu, wenn er und seine Teamkollegen monsterartige Wesen, sogenannte Gladiatoren, über den Bildschirm steuern und mit ihnen versuchen, die gegnerischen Teams in die Zange zu nehmen. Für das Computerspiel *LoL, League of Legends,* gibt es Profiligen und Weltmeisterschaften. 36 Millionen Mal wurde bei der letzten WM die Übertragung der Wettkämpfe im Internet aufgerufen.

Ein Profispieler muss gute Reflexe haben und in Sekundenbruchteilen reagieren. Und er muss zusammen mit seinen Teamkollegen die richtige Strategie finden, um die Gegner zu besiegen. Auch in Deutschland findet E-Sport immer mehr Anhänger. Aber kaum irgendwo dürfte es so viele eingefleischte Fans geben wie in China. Gerade hier, wo Jugendliche im Dauer-Schulstress gefangen sind, öffnen Computerspiele für viele eine Welt, in der sie allem entfliehen können.

»Du sollst den ganzen Tag lernen. Irgendwann kommst du nicht mehr mit. Dann spielst du vielleicht einfach mit deinen Freunden *LoL* und kannst alles vergessen«, erzählt ein Student. Besonders wenn die Uni-Aufnahmeprüfung vorbei ist und die Studenten erstmals nicht mehr unter der direkten Kontrolle der Eltern stehen, spielen manche tagelang am Computer.

Viele gehen dafür in Internetcafés. Die gibt es überall, sie sind meist 24 Stunden geöffnet und fast nie leer. »In solchen Spielen bist du frei, deinen eigenen Weg zu suchen, um zu gewinnen. Kreativität ist gefragt. Du bist in einer Welt, in der Helden um Ruhm und Ehre kämpfen«, so empfindet es ein anderer. Auch für viele junge Arbeiter, die 12-Stunden-Schichten schieben, sind die Spiele ein Ventil.

Die Frage, ob Computerspiele süchtig machen und das Internet schädlich sein kann, beschäftigt China deshalb vielleicht mehr als andere Länder. Die Antwort, die einige therapeutische Einrichtungen geben, ist radikaler als anderswo. Es gibt Camps, in denen Eltern ihre Kinder einer monatelangen Zwangstherapie unterziehen lassen. Eindringlich zeigt das der Dokumentarfilm *Web Junkie*. Als »elektronisches Heroin« bezeichnen dort die Therapeuten Computerspiele – und setzen ihre Patienten einem harten Drill und drastischen Methoden aus, die an Straflager erinnern. Einige dieser privaten Einrichtungen hat die Regierung mittlerweile geschlossen.

Seitdem die E-Sport-Branche steigende Umsätze verzeichnet, ist der Blick der Behörden auf die Spiele-Clubs milder geworden. »Die Regierung sieht das als neuen Wirtschaftszweig mit Wachstumspotenzial an«, sagt ein Berater der Ligen. Die Preisgelder für die Topspieler befeuern die Träume vieler Jugendlicher in den Internetcafés. Schlechte Schüler oder auch Wanderarbeiter scheinen auf einmal eine Chance auf ein anderes Leben zu haben.

Xia Heng hat seinen Traum verwirklicht. Er ist 21 Jahre alt und seit knapp einem Jahr E-Sport-Profi. Als wir ihn treffen, ist er gerade beim Club der »Energy Pacemaker.All« in Shanghai unter Vertrag. Die Trainingsräume sind in einem großzügigen Loft untergebracht, im vierten Stock eines Backsteingebäudes, ein früheres Warenhaus. 60 Spieler sind in dem Club unter Vertrag, für verschiedene E-Sport-Spiele. Die Übungsräume sind schmucklose Büros. Ein paar Jungen sitzen auf Bürosesseln und starren auf den Bildschirm. Keiner spricht. Nur das hektische Klicken der Tasten ist zu hören. Ein Trainer verfolgt den Spielverlauf. In der Mitte hat sich ein Spieler eine Jacke über den Kopf gezogen und versucht zu schlafen.

Immer wieder stören Bohrer die Stille. Der Club baut aus. Im Moment sind die Spieler noch in einem Schlafsaal in einem anderen Gebäude untergebracht. Künftig sollen sie gleich neben den Trainingsräumen wohnen. Wenn alles fertig ist, dürfen sie in den neuen Räumen auch Haustiere halten, »zum Streicheln und Entspannen«, sagt die Club-Managerin. Auch Mahlzeiten bekommen sie dort. Mindestens zwölf Stunden pro Tag spielen die Profis an den Computern – von 12 Uhr bis 24 Uhr. Dafür gibt es eine Art Stechuhr. Viele trainieren aber länger, bis zum Morgengrauen.

Fünf bis zehn Millionen Yuan, also umgerechnet bis zu 1,3 Millionen Euro, kann ein Topspieler schon mal im Jahr verdienen. Andere landen bei 150.000 Yuan, rund 20.000 Euro. Wer gerade erst in einem Club angefangen hat, bekommt vielleicht zunächst nur 7.000 Yuan im Monat. Das ist immer noch so viel, wie ein Bauarbeiter mit einem Zwölf-Stunden-Tag und einer Sechs-Tage-Woche verdienen würde. Das Zeitfenster für eine Profikarriere ist allerdings kurz. Mit Mitte 20 ist für viele bereits Schluss. Dann werden die Reflexe langsamer.

Befeuert wird die ganze Maschinerie durch Internetplattformen, die Wettkämpfe live übertragen. Für die Übertragungsrechte bezahlen sie Millionensummen, ähnlich wie beim »richtigen« Sport. Auch der Spielertransfer ist ein Riesengeschäft. Umgerechnet zwei Millionen Euro legen die Clubs schon mal als Ablösesumme auf den Tisch.

Xia Heng hat bereits so etwas wie einen Promi-Status. Als Jiezou, »Beat«, kennen ihn seine Fans. Sie folgen ihm in den sozialen Medien und kommentieren seine Spiele. Viele Mädchen sind dabei. Die Anhängerinnen überschlagen sich mit Kommentaren, als er einen Monat nach unserem Gespräch den Club wechselt. »Er versucht einfach, alles richtig zu machen, und wirkt manchmal etwas angestrengt«, weiß ein Fan. »Aber er ist so süß und kann echt ein entspannter, netter Kerl sein.«

> Ich trainiere jeden Tag 16 Stunden. Die restliche Zeit – essen und schlafen. Wenn man das jeden Tag macht, ist es nicht anstrengend. Anstrengend ist es nur, wenn man dazwischen einen Tag Pause macht. Deshalb jeden Tag – 16 Stunden spielen, schlafen, 16 Stunden spielen, schlafen, dann geht das. Am Wochenende spiele ich auch. Vor einem Wettkampf beschäftige ich mich noch mal genauer mit bestimmten Problemen. Wir haben auch Trainer, das sind meistens ehemalige Spieler, die dann vor einem Wettkampf gezielt mit uns üben.

Ich habe heimlich angefangen, Computer zu spielen. Das war in der Mittelschule. Das Spiel *Crossfire*, fünf, sechs Stunden am Tag, im Internetcafé. Bei uns in China gibt es nicht so viele Möglichkeiten, sich zu vergnügen oder Dinge zu machen, die Spaß bringen. Deswegen sind Computerspiele sehr beliebt. Viele fangen in der Mittelschule damit an. Das ist ganz normal, besonders bei uns in Hunan gibt es alle paar hundert Meter ein Internetcafé. Deswegen kommen viele Spieler aus Hunan oder Hubei.

Meine Eltern sind Lehrer und haben mir nicht erlaubt, zu Hause zu spielen. Am Anfang wussten sie auch gar nicht, dass ich überhaupt ins Internetcafé gehe. Erst als ich in der Oberstufe war, haben sie es rausgekriegt. Sie haben sich ziemlich aufgeregt, aber am Ende blieb ihnen nichts anderes übrig, als es zu akzeptieren.

Meine Eltern haben gedacht, dass das Computerspielen einen schlechten Einfluss aufs Lernen hat. Eigentlich denken sie das bis heute. Aber sie haben sich damit abgefunden. Sie finden, wenn ich es sowieso nicht schaffe, mein Studium zu Ende zu machen, dann soll ich eben diesen Weg gehen.

Letztes Jahr im Mai bin ich professioneller Spieler geworden. Das war ganz einfach, wir kennen uns alle in der Spielerszene. Jemandem, mit dem ich zusammen gespielt habe, habe ich erzählt, dass ich an einem Wettkampf teilnehmen möchte. Er hat gesagt: ›In unserem Team fehlt ein Mitspieler. Willst du vorbeikommen und es ausprobieren?‹ Ich bin hingegangen und geblieben.

Der erste Wettkampf war sehr aufregend. Ich war auch schon ein bisschen nervös. Aber ich habe das Gefühl, in einem offiziellen Kampf gegen jemanden anzutreten, sehr genossen. Ich dachte: ›Mann, das ist wirklich eine tolle Sache, hier zu sein.‹ Es war ein

Wettkampf in der zweiten Liga, ohne Publikum. Wir saßen einfach in einem Raum und haben gegeneinander gespielt. Deswegen hatte ich auch kein übermäßiges Lampenfieber, keinen Stress durch die Zuschauer. Es gab höchstens Kommentare im Internet von Leuten, die sich das online angeschaut haben.

Wenn ich jetzt an Wettkämpfen teilnehme, fühle ich mich immer noch etwas unter Druck. Ich bin immer noch aufgeregt. Aber die Wettkämpfe finden ja auch vor einem großen Publikum statt. Wenn die gegnerische Mannschaft viele Fans hat, die sie laut anfeuern, dann setzt das einem zu. Zum Beispiel, wenn wir in den USA einen Wettkampf haben und die Fans immer wieder »TSM« – »Team SoloMid« – rufen, dann ist das schon irgendwie furchteinflößend. Das beeinflusst einen wirklich.

Viele eigene Fans zu haben, ist da nicht schlecht. Mir gibt das Mut. Wenn andere dich mögen, dann zeigst du ihnen natürlich deine beste Seite. So ist das. Ich bekomme viel Fanpost. Meine Fans zeigen mir damit, dass sie mich bewundern und unterstützen. Manche fragen mich auch um Rat, weil sie selber Profispieler werden wollen. Ich schaffe es aber nicht, allen zu antworten. Ich lese einiges, und wenn ich gute Laune habe, antworte ich. Es sind einfach zu viele, viel zu viele!

Klar, auch viele weibliche Fans sind dabei. Die schreiben normalerweise so etwas wie: ›Wann ist dein nächster Wettkampf? Um welche Uhrzeit ist die Übertragung?‹ Solche Sachen. Ich poste auch immer auf Weibo. Fotos, auf denen ich pose und versuche, möglichst gut auszusehen. Dann schreiben die Fans sowas wie ›Du siehst ja heute gut aus!‹ oder ›So eitel heute?‹.

Es gibt nette Kommentare und nicht so nette. Die meisten wollen einfach ein bisschen rumalbern. Fans eben. Ich habe keine Freundin. Ja, es gibt viele Mädchen, die schreiben, dass sie in mich verliebt sind. Viel zu viele! Eigentlich ist es doch in jedem Bereich das Gleiche. Wenn man ein bestimmtes Level erreicht hat und die Leute einen kennen, dann gibt es immer welche, die einen toll finden und anbeten. Deswegen gibt es wohl so viele solcher Mädchen.

Für die Zukunft wünsche ich mir, dass ich an vielen Wettkämpfen teilnehmen kann und gute Ergebnisse erreiche. Ich glaube, dass ich auf jeden Fall erfolgreich sein werde.

Wenn ich zu alt zum Spielen werde – na ja, ich habe meine Fähigkeiten. Selbst wenn ich das hier nicht mehr machen kann, werde ich nicht verhungern. Und ich werde während meiner Spielerkarriere Geld sparen. Nicht zu viel ausgeben, nicht alles auf den Kopf hauen, was ich verdiene. Wenn ich in dieser Branche nicht mehr arbeiten kann, glaube ich, werde ich es schaffen, etwas anderes zu machen. Verhungern werde ich jedenfalls nicht.«

DER START-UP-GRÜNDER

创业者

An Unternehmergeist mangelt es in China selten. Fast jedes Gespräch kommt irgendwann darauf, mit was man wie vielleicht handeln könnte. Wo gibt es Milchpulver billiger, Luxustaschen oder Schmuck? Viele Chinesen, die Bekannte im Ausland haben, verkaufen solche Dinge dann auf Plattformen wie Taobao, der chinesischen Version von eBay, oder über ihr WeChat-Konto.

Schwieriger wird es, wenn jemand versucht, ein richtiges Unternehmen zu gründen. Weltweit gibt es sicherlich wenige Banken, die jungen Uni-Absolventen oder Studenten gerne einen Haufen Geld in die Hand geben. In China kommt erschwerend hinzu, dass fast alle wichtigen Banken in staatlicher Hand sind und mit ihren Krediten bevorzugt andere Staatsunternehmen finanzieren.

Trotzdem gibt es viele Studenten, die von einem eigenen Unternehmen träumen. Denn der Wettbewerb um die sicheren Jobs in Konzernen und Verwaltung wird härter. Die Jobmessen sind von Absolventen überfüllt, weil die Wirtschaft nicht mehr so schnell wächst wie früher.

Außerdem fragen mehr und mehr der unter Dreißigjährigen nach dem Sinn der Arbeit und wollen ihr eigener Herr sein.

So ging es auch Henry Chen Weibang und seinen Partnern. Vor gut fünf Jahren war ihnen nach Auslandsaufenthalten aufgefallen, dass in China Crowdfunding, das Geldsammeln im Internet für bestimmte Projekte, nicht wirklich verbreitet war.

Zusammen gründeten sie eine Plattform, die Startup-Firmen helfen sollte, an Geld zu kommen. Kurze Zeit später änderten sie ihr Konzept und starteten die App Dreamore, auf Chinesisch »Zhuimengwang« – »Verfolge deinen Traum«. Die neue Crowdfunding-Plattform richtet sich nun an Einzelpersonen, die Geld für persönliche Projekte sammeln, also ihren »Traum« verwirklichen wollen. Es sind zum Beispiel Studenten, die versuchen, eine Reise zu finanzieren. Wie die junge Frau, die in selbstgeschneiderten Qipaos, traditionellen chinesischen Kleidern, durch die USA radeln und den Spendern darüber berichten wollte. Andere sammeln Geld, um Lehrmaterialien für eine Dorfschule zu kaufen. Für wieder andere besteht der Lebenstraum aus einer Brust-OP.

Mehr als eine Million Nutzer sind inzwischen zusammengekommen, die mehr als hunderttausend Projekte für insgesamt etwa vier Milliarden Yuan, umgerechnet rund 500 Millionen Euro, finanziert haben.

Weil immer mehr junge Chinesen auf eigene Faust ins Ausland reisen, gründeten Henry und seine Partner außerdem die Plattform Hive, die Arbeit auf Farmen in Australien vermittelt oder Praktika in Unternehmen in den USA.

Die Regierung findet solche Projekte gut. Sie hofft auf den Erfinder- und Gründergeist der jungen Generation, um die Wirtschaft weiterhin in Schwung zu halten. Das Konzept, mit niedrigen Löhnen billig für die ganze Welt zu produzieren, gilt inzwischen als Auslaufmodell. Die Produktionskosten sind gestiegen. Manche ausländische Unternehmen verlagern ihre Firmen bereits nach Süd- oder Südostasien, wo die Lohnkosten zum Teil niedriger sind als in China. Auch der einheimische Bauboom lässt nach, weil bereits fast überall Flughäfen, Schnellbahnhöfe und Autobahnen entstanden und viele Kommunen überschuldet sind. Gerade die Dienstleistungsbranche und Internetunternehmen sollen deshalb wachsen. Einige Platzhirsche gibt es bereits: Die Suchmaschine Baidu, Tencent, Betreiber von sozialen Medien und Chatplattformen, und die Pendants zu eBay & Co.: Taobao und Alibaba. Sie sind aber auch deshalb groß geworden, weil ihre Konkurrenten aus dem Ausland in China gesperrt sind. Es klingt paradox: Die Internetbranche soll weiter wachsen. Zugleich ist das Netz aber so stark kontrolliert wie kaum woanders auf der Welt.

Die Zeit, als es für Unternehmensgründer genügte, in den Hinterhof eine Maschine zu stellen, um billig einfache Bauteile zu fertigen, geht jedenfalls dem Ende zu. Chinas Unternehmensgründer müssen sich mehr einfallen lassen. Dabei haben sie es zugleich mit starken inländischen Konkurrenten zu tun. Staatliche Unternehmen halten die wichtigsten Branchen immer noch in ihrer Hand, vor allem die Schwerindustrie und Energiewirtschaft. Die Branchen Lebensmittel, Leichtindustrie und vor allem Internet und Elektronik lassen aber noch Felder offen – und Platz für Zukunftsfantasien. Apple-Gründer Steve Jobs und Ex-Microsoft-Chef Bill Gates sind deshalb in China große Vorbilder. Auch Google wird von vielen für seine Forschungsprojekte bewundert.

Ein wenig wie ein cooles Google-Büro hat sich auch Dreamore eingerichtet. Graffiti zieren die Wände in den offenen, hellen Büros, es gibt Kaffeeecken, der Dresscode ist leger. Allerdings, mit kleinen, eigenständigen, kreativen Teams wie in den USA wird hier eher selten gearbeitet. »Ein kulturelles Problem«, meint Henry.

Als wir unser Unternehmen gegründet haben, waren wir alle noch nicht mit der Uni fertig. Wir hatten kein Kapital, wir waren nur ein paar Jugendliche mit einem Haufen Ideen. Die ersten zwei, drei Jahre haben wir rumprobiert und dabei langsam herausgefunden, wie es funktioniert. Am Anfang war es echt nicht einfach. Wenn wir zum Beispiel Partner für eine Zusammenarbeit gesucht haben, meinten die, ›ihr seid doch nur Studenten, mit euch kann man keine Geschäftsverhandlungen führen.‹ Ein weiteres Problem war, dass in China bis 2014 im Prinzip kein Mensch wusste, dass es so etwas wie Crowdfunding überhaupt gibt. Wir hatten tatsächlich auch das Gefühl, dass China vielleicht überhaupt nicht der richtige Ort für so etwas ist. In den USA oder Europa sind meistens Menschen relativ wohlhabend. Jeder hat schon mal Geld gespendet. Diese gesellschaftliche Basis gibt es in China nicht. Die Leute denken, ich bezahle, jetzt muss ich doch ein Produkt oder eine Dienstleistung dafür bekommen. Das hat uns lange Zeit wirklich Sorgen bereitet.

2014 kam dieser Trend dann doch noch nach China. Jingdong, Taobao und andere haben mit Crowdfunding angefangen. Sie haben einen großen Teil der »Nutzererziehung« geleistet. Sie haben gezeigt, was Crowdfunding ist. Dass es nicht das Gleiche ist wie Onlineshopping. Das hat uns sehr geholfen.

Entstanden ist die Idee für unser Unternehmen, als einer meiner beiden Partner, Du Mengjie, eine Auszeit vom Studium genommen hatte, um zu reisen. Über soziale Medien hatte er Geld dafür gesammelt, ungefähr 60.000 Yuan. Als er wieder zurück war, haben wir überlegt, ob wir aufgrund seiner Erfahrung eine Webseite machen könnten, auf der Leute Geld sammeln können, um ihre Träume zu verwirklichen. Wir haben uns überlegt, wie man daraus ein Geschäftsmodell machen könnte.

Dann haben wir gesehen, dass es in den USA die Crowdfunding-Webseite Kickstarter gibt. Die haben wir erst mal nachgeahmt, weil es in China nichts Vergleichbares gab. Unsere erste Webseite hat sich wie Kickstarter vor allem an Unternehmen gerichtet, es ging um ganz große Projekte und viel Geld. Zum Beispiel die Entwicklung einer Smartwatch oder eines Computerspiels. Als die Webseite am Start war, gab es aber viele junge Leute, die Geld für kleinere Projekte sammeln wollten. Zum Beispiel, um ein Café zu eröffnen oder ein Hostel. Oder ein Konzert zu organisieren. Sehr persönliche Projekte. Das hatten wir nicht erwartet, fanden es aber auch sehr interessant. Damit kamen wir der Sache langsam näher.

2014 hat sich dann das mobile Internet in China sehr schnell entwickelt, alle haben angefangen, WeChat und andere Social-Media-Plattformen auf dem Handy zu benutzen. Wir dachten, dass wir bei diesem Trend irgendwie mitmachen müssten. Deswegen haben wir auf WeChat mit Dreamore angefangen. Unsere alte Webseite haben wir komplett aufgegeben. Das war eine schwere Entscheidung, weil damit die Arbeit der vorherigen drei Jahre umsonst gewesen war und wir nochmal von vorne anfangen mussten. Das war eine Nervenprobe.

Dreamore, unsere jetzige App, richtet sich ausschließlich an Privatpersonen. Also ganz anders als unsere alte Webseite. Man kann zum Beispiel einen Crowdfunding-Aufruf für ein Geburtstagsgeschenk für einen Freund machen. Dann schickt man das in seinem Freundeskreis herum und sagt, ›wollen wir nicht ein Klavier crowdfunden? Oder eine Gitarre? Lasst uns alle Geld zusammenlegen, um ihm ein Geschenk zu kaufen und seinen Traum zu verwirklichen.‹ Oder ein anderes Beispiel: Mir ist langweilig und ich würde gerne eine Party oder ein Essen veranstalten. Dann stelle ich das ein und sammele das Geld für die Getränke. Dann suchen alle zusammen einen Ort, an dem man eine Party machen kann. Solche kleinen Sachen. Persönliche Projekte, die vor allem innerhalb des eigenen Freundeskreises stattfinden.

Ob wir mal überlegt haben aufzugeben? Ja, eigentlich jeden Tag. *[lacht]* Wenn ich ehrlich bin, dann ist das so. Aber wir machen weiter. Zu der Zeit, als es am schwierigsten war, hatten wir sieben Angestellte. Und wir hatten gerade noch 60.000 Yuan[11]. Nachdem wir die Gehälter gezahlt hatten, war kein Geld mehr übrig. Wir haben drei Tage lang nicht geschlafen und diskutiert, ob wir weiter dabei bleiben sollten. Am Ende dachten wir, na ja, unsere Firma hat zwar vielleicht noch keinen Marktwert, weil wir noch keinen Profit machen, aber immerhin machen wir etwas, das einen gesellschaftlichen Wert hat. Also beschlossen wir, dass wir erst dann aufgeben werden, wenn wir selber überhaupt kein Geld mehr haben, das wir reinstecken können, und uns nichts anderes übrigbleibt. Wir drei Unternehmensgründer sind alle eher idealistisch. Wir wollen etwas machen, das einen Wert für die Gesellschaft hat. Den meisten Unternehmern in China geht es dagegen um den Profit.

Ich würde sagen, dass wir es bis zu dem jetzigen Punkt gebracht haben, kommt auch daher, dass wir neben unserem Durchhaltevermögen und Fleiß einfach Glück hatten. Immer wenn wir Schwierigkeiten hatten, hat uns jemand geholfen. Oder es kam ein Trend, der uns mitgetragen hat. Das ist der entscheidende Punkt. Es ist nicht unbedingt so, dass du einen Traum hast, daran hart arbeitest und er dann auf jeden Fall verwirklicht wird. Man muss auch an die Realität denken. Ich habe in England studiert und mir ist daher sehr bewusst, dass in China diese Realität besonders hart ist. Du hast den Konkurrenzdruck, den Druck der Eltern, den Druck, eine Wohnung zu kaufen. Es gibt einfach unheimlich viel Druck.

---

11 60.000 Yuan entsprechen heute etwa 8.000 Euro.

Im Vergleich zu jungen Leuten im Ausland stehen wir viel mehr unter Druck. Deswegen ist eine Unternehmensgründung nicht unbedingt der beste Weg.

Als wir angefangen haben, gab es an unserer Uni nur wenige Kommilitonen, die etwas Ähnliches gemacht haben. Die meisten wollten sich eine Arbeit suchen, viele möglichst als Beamte, etwas Stabiles. Jetzt, ungefähr seit 2015, gibt es immer mehr junge Unternehmensgründer. Wenn uns Studenten fragen, geben wir ihnen allerdings den Rat, erst mal einen anderen Weg zu gehen. Wenn man keine Ressourcen und kein Geld hat, sind in China die Voraussetzungen nicht besonders gut. Wir raten denen, lieber erst mal zwei Jahre zu arbeiten und die eigene Richtung zu finden – und dann erst ein Unternehmen zu gründen.

Man muss auch nicht unbedingt immer etwas im Internet oder in den angesagtesten Branchen machen. Ein Café oder ein Süßigkeitenladen, das sind auch Unternehmensgründungen. In den Medien werden immer nur die jungen Unternehmer vorgestellt, die die hippen Sachen machen. Aber die, die erfolgreich und bekannt sind, sind letztlich nur ein kleiner Teil.

Wir haben auch in den USA ein Büro, für Hive, unser Reisegeschäft. Dadurch tauschen wir uns viel mit chinesischen Studenten vor Ort aus. Ich glaube, dass die Chinesen dieser Generation in vielerlei Hinsicht ein größeres gesellschaftliches Verantwortungsbewusstsein haben und die Gesellschaft verändern wollen. Viele, mit denen wir sprechen, wollen ein gemeinnütziges Unternehmen gründen, wenn sie wieder hier sind. In China ist es zwar schwierig, so etwas zu machen, aber sie wollen es versuchen. Ich finde, das ist ein Zeichen dafür, dass sich die chinesische Gesellschaft in eine gute Richtung entwickelt.

Viele junge Leute gehen ins Ausland, um dort etwas zu lernen und sich anzuschauen, wie die Welt da draußen eigentlich ist. Aber die meisten, die ich kenne, wollen wieder zurück nach China, da es hier mehr Möglichkeiten gibt. Ich habe in England studiert und war in Deutschland und in der Schweiz. Daher weiß ich, dass die chinesische Gesellschaft im Vergleich zum Ausland noch Nachholbedarf hat. Zum Beispiel hinkt die Reisebranche mindestens 30 Jahre hinterher. Das meine ich mit Möglichkeiten.

Aber auch im Bildungssystem gibt es riesige Unterschiede zum Ausland. Das chinesische Bildungssystem schafft es nicht, Kreativität oder Innovationsgeist hervorzubringen. Besonders an den Unis ist das so. Ich habe in China meinen Bachelor und meinen Master gemacht und einen zusätzlichen Master im Ausland, daher weiß ich, dass besonders die chinesische Uni-Bildung extrem rückständig ist. Sie würgt das innovative Bewusstsein der jungen Leute komplett ab. Das ist wirklich Zeitverschwendung. Ich bin der Meinung, dass man die Grundschule und Mittelschule in China machen kann, das erzieht einen zu guten Lerngewohnheiten. Aber für alle weiteren Bildungswege sollte man ins Ausland gehen. Denn an diesem Punkt hat China noch einen sehr weiten Weg zu gehen.

In den großen Unternehmen ist das Klima für Kreativität ganz in Ordnung, aber auch da gibt es im Vergleich zum Ausland Unterschiede, gerade im Vergleich zu Firmen wie Google oder Apple. In chinesischen Firmen gibt es starke Hierarchien. Je größer die Firma, desto stärker. In kleineren ist es ganz okay. Wir zum Beispiel haben mit sieben Leuten angefangen und sind jetzt ungefähr 40, zwischendrin waren wir auch mal hundert. Ich denke, dass das Hierarchiedenken mit der chinesischen Kultur, der chinesischen Art zu kommunizieren zusammenhängt. In China wird sehr auf Status und Rang geachtet. Im Ausland wächst man dagegen mit Aufgeschlossenheit und Gleichberechtigung auf. In China ist es sehr schwierig, ein gleichberechtigtes Team zu bilden. Alle denken, Gleichberechtigung bedeutet, dass es keine Regeln gibt. Und wenn es keine Regeln gibt, dann wissen sie nicht, was sie tun sollen. Auch das hat mit dem chinesischen Bildungssystem zu tun. Von klein auf gibt dir der Lehrer Aufgaben und sagt dir genau, was du heute und was du morgen zu machen hast. In der Uni geht es im Prinzip so weiter. Hinzu kommt, dass wir sehr auf unsere Eltern hören, wir haben großen Respekt vor unseren Eltern und Großeltern. Von klein auf sind wir sehr brave Kinder. Wir müssen gehorsam sein und Regeln befolgen. Im Ausland muss man jemandem nur eine Idee geben, ohne einen genauen Plan, und er kann sie umsetzen. Aber in China gibt es nur wenige Leute, die eigenständig arbeiten können. Ich muss genau sagen, zu welcher Uhrzeit dies und das so und so gemacht werden soll. Erst dann kriegen alle das hin. Da kann man nichts machen. Wenn man das ändern will, muss man mit der ganzen chinesischen Kultur und Tradition brechen.

Der Unterschied zwischen den in den 80ern Geborenen und denen, die in den 90ern geboren sind? Dazu kann ich gerne etwas sagen! Weil sich Dreamore vor allem an die Menschen richtet, die nach 1990 geboren wurden, und ich selbst in den 80ern auf die Welt kam. Mir ist aufgefallen, dass meine Altersgenossen sehr auf das Preis-Leistungs-Verhältnis achten. Dass Taobao, Jingdong oder Xiaomi so schnell gewachsen sind, liegt daran, dass die Leute vor allem etwas Billiges wollen, nicht unbedingt individuelle Sachen. Sie sind genau in der Anfangszeit von Chinas boomender Wirtschaft aufgewachsen. Für sie war es noch relativ schwierig, zu Wohlstand zu kommen. Deswegen wollen alle möglichst etwas Billiges haben.

Ich selbst bin '87 geboren. Unsere Erziehung war sehr konform mit den gesellschaftlichen Normen. Eine sehr chinesische Erziehung. Deswegen sind wir alle sehr brav. Die in den 90ern Geborenen sind da ganz anders. Als sie auf die Welt kamen, war gerade der Höhepunkt der Reform- und Öffnungspolitik erreicht. Ihre Eltern hatten schon einen relativ großen Wohlstand erlangt. Sie hatten Geld. Außerdem ist zu der Zeit das Internet nach China gekommen, die jungen Leute hatten daher viel mehr Möglichkeiten, an Informationen zu kommen. Deswegen streben sie stärker nach Freiheit.

Wobei, Freiheit, dieses Wort kann man in China nicht so einfach sagen. Aber sie wollen mehr Freiheit. Sie suchen mehr Kontakt zu jungen Leuten im Ausland. Gleichzeitig haben ihre Eltern relativ viel Geld und unterstützen sie dabei, ihre Interessen zu verwirklichen. So können überhaupt erst Subkulturen entstehen.

Die in den Nullerjahren Geborenen werden noch mehr nach Freiheit streben. Sie werden noch internationaler sein. Sie haben von klein auf Hollywoodfilme gesehen, von klein auf internationale Computerspiele gespielt. Sie haben schon in der Grundschule oder in der Mittelschule ein Smartphone besessen. Dadurch können sie jederzeit mit allen möglichen Leuten kommunizieren. Deswegen werden sie noch freier denken.

Für unsere Firma wünsche ich mir, dass sie irgendwann am Aktienmarkt gelistet wird. Dass sie ein Unternehmen wird wie Google. Dass wir nicht Geld verdienen, indem wir die Gier der Leute befriedigen. Ich hoffe, dass das Zeitalter, in dem mit Konsumwahn Geld gemacht wird, zu Ende geht. Ich hoffe, dass wir eine Firma werden, die sowohl einen kommerziellen als auch einen gesellschaftlichen Wert hat. Wenn wir es schaffen, an den Aktienmarkt zu kommen, dann bin ich mir sicher, dass das gelingen wird.

Meine persönlichen Träume sind ziemlich idealistisch: Ich würde gerne eine Schule gründen. Auch wenn es nur etwas ganz Kleines ist, würde ich gerne bei etwas Realem helfen. Denn das Internet ist nur ein Medium. Es ist nur dazu da, zwei Punkte zu verknüpfen, den Nutzer mit dem Gegenüber. Deswegen hoffe ich – wenn das hier geschafft ist und ich Geld habe –, etwas in der echten Welt machen zu können. Zum Beispiel in West-China eine Grundschule eröffnen, wo Freiwillige aus den USA oder Europa als Lehrer unterrichten. Ich würde dort nur sehr gute Bildungsressourcen nutzen. Damit nicht nur in den großen Städten Kinder die Möglichkeit haben, eine hochwertige Bildung zu erhalten.

Danach würde ich gerne mit meiner Familie um die Welt reisen. Und mir mit ihr gemeinsam anschauen, was die Leute überall so machen.

DIE TOCHTER AUS REICHEM HAUS
创二代

Auf dem Parkplatz vor den Nobel-Shoppingmalls in Hangzhou nahe Shanghai parken schon mal mehrere Millionen Euro nebeneinander. Maserati, Lamborghini, Ferrari, Mercedes-Spezialausführungen – Autofans bekommen hier manchmal fast mehr zu sehen als beim Genfer Autosalon. Ein paar Jungs, coole Sonnenbrillen, schlichte weiße Klamotten, steigen lässig ein und lassen die Motoren aufheulen. Sie sind vielleicht Anfang 20, wenn überhaupt.

Hangzhou gehört zu den Städten der Küstenprovinzen, die nach den Wirtschaftsreformen und Privatisierungen der 80er-Jahre einen unglaublichen Aufschwung erlebt haben. Entsprechend gibt es viele Millionäre – und Kinder, die in unvorstellbarem Reichtum groß geworden sind.

»Fuerdai«, die »Zweite Generation der Reichen«, nennen sie die Medien. Der Begriff ist so etwas wie ein Schimpfwort geworden. Das mag an einer gehörigen Portion Neid liegen. Vor allem aber an einigen verzogenen Neureichen-Kindern, die immer wieder für Schlagzeilen sorgen.

Ein »typischer« Fuerdai wirft mit Geld um sich und glaubt, alles und jeden kaufen zu können. Mal postet er auf Weibo, wie er zum Spaß Geldscheine verbrennt, oder er wirft die Scheine im Restaurant um sich, weil er sich an dem Anblick erfreut, wie alle sich nach dem Geld bücken. Er fährt illegale Autorennen in der Stadt, bei denen Unbeteiligte ums Leben kommen, und versucht nach so einem Unfall, die Polizei mit seiner Herkunft einzuschüchtern oder mit Geld zu bestechen. Er bucht ganze Bordelle für sich und seine Freunde oder verbreitet Fotos von seinem Hund, der goldene Apple-Uhren um die Pfoten trägt. Das alles sind Beispiele, die wirklich vorgekommen sind.

Jiang Xiaoying hasst es, mit solchen Leuten in einen Topf geworfen zu werden. Die 23-Jährige kämpft gegen das Image der verantwortungslosen Neureichen-Jugend, die sich nur über das Geld ihrer Eltern definiert. Sie selbst kommt auch aus einer sehr erfolgreichen Unternehmerfamilie. Ihr Vater hat den Milchtee-Konzern Xiangpiaopiao gegründet, der in China so bekannt ist wie die großen Biermarken in Deutschland. 1,3 Milliarden Getränke werden nach Konzernangaben pro Jahr verkauft. Die leeren Getränkepackungen würden aneinandergereiht ein Vielfaches des Erdumfangs ergeben, heißt es in einer Pressemitteilung. Xiaoyings Vater beschäftigt mit seiner Firma inzwischen etwa zehntausend Mitarbeiter.

Xiaoying will aber nicht nur als Tochter aus reichem Hause wahrgenommen werden, sondern sich auch selbst als Unternehmerin beweisen. Sie hat eine eigene Firma gegründet und will damit zeigen, dass sie Verantwortung übernehmen kann. Ihr Unternehmen setzt auf eine Art des Reisens, die in China noch wenig verbreitet ist: Camping. Ihr Internet-Portal E-Luying vermittelt Campingausrüstung, Campingreisen und Wohnmobile. Vieles, räumt sie jedoch ein, ist ihr dabei leichter gefallen, weil sie aus einer reichen Familie stammt. Allein ihre Schulkarriere unterscheidet sich von der vieler Chinesen. Stupides Pauken kennt sie nicht. Sie war auf einer speziellen Schule, die Studienplätze ohne die generelle Universitätsaufnahmeprüfung vermittelt. So war ihr es möglich, einen Platz an der renommierten Zhejiang-Universität zu bekommen, ohne die Gaokao-Prüfung durchlaufen zu müssen, die für so viele junge Chinesen ein Albtraum ist.

Die Büroräume ihrer kleinen Firma sind hübsch, Schieferplatten am Boden, viel naturbelassenes Holz. Das soll ausdrücken, erklärt sie, dass ihre Firma den Kunden Naturverbundenheit vermitteln will; manchmal durch Aufenthalte im einfachen Zelt, manchmal im Komplettpaket mit Feriencamp, luxuriöser Hütte und Vollpension.

Die Atmosphäre unter den Mitarbeitern scheint entspannt, alle geben sich lässig, wie man es sich in einem amerikanischen Start-up vorstellt. Eine Gruppe Zwanzigjähriger steht scherzend in einer Ecke, manche rauchen, einige lachen. Xiaoying steht mittendrin. Schlichte Klamotten, kaum Make-up, nichts verrät, dass sie die Chefin und Besitzerin ist. Das Vermögen ihrer Familie stellt sie bewusst nicht zur Schau. Im Anschluss an unser Gespräch stürzt sie sich sofort in das nächste Meeting.

Ein Bild, wie es sich vielleicht der Club Relay wünscht, der die Kinder der vermögenden Unternehmensgründer miteinander in Kontakt bringt. Der Club will ihr Image in der Öffentlichkeit verbessern und den Schlagzeilen über die »verzogenen reichen Sprösslinge« etwas entgegensetzen. Auf Club-Veranstaltungen geht es oft um Unternehmensstrategien, aber auch um Wohltätigkeit und soziales Engagement. Viele der jungen Reichen fahren auf Ausflüge in die armen Provinzen, um dort Spenden zu verteilen. In solchen Clubs wird auch versucht, den Begriff »Fuerdai« zu ersetzen – nicht mehr die »Zweite Generation der Reichen« soll es heißen, sondern die »Zweite Generation der Unternehmensgründer«. Viele Eltern hoffen, dass ihre Kinder durch die Clubs mehr Interesse an der Arbeit im elterlichen Unternehmen bekommen. Denn mit der Nachfolge, so berichten Medien, haben viele ein Problem.

Zahlreiche Kinder, die auf teuren Universitäten im Ausland studiert haben, wollen am Ende die Firma der Elterngeneration nicht weiterführen. Manchen ist nach ihrem Auslandsaufenthalt die chinesische Geschäftswelt fremd geworden, in der Beziehungen zu lokalen Behörden und Parteiorganisationen immer noch wichtig sind. Andere zweifeln an der Zukunftsfähigkeit des Geschäftsmodells in der sich wandelnden Wirtschaft oder können sich nicht vorstellen, mit ihren Eltern zusammenzuarbeiten. Manche haben sich vielleicht auch nie Gedanken gemacht, woher der Wohlstand ihrer Familie eigentlich kommt.

Xiaoying will auch in diesem Sinn ein Vorbild sein. Eines Tages, wenn sie mit ihrer Firma genug Erfahrung gesammelt hat, meint sie, kann sie sich vorstellen, in den Konzern des Vaters einzusteigen. Bis dahin will sie ihren eigenen Weg gehen. Zu unserem Gespräch in einem der schlichten Konferenzräume serviert sie Milchtee, natürlich von der Fima der Eltern. »Ein neues Produkt«, kommentiert Xiaoying, »ist noch nicht auf dem Markt.«

Chefin zu sein, das fühlt sich nicht schlecht an! Unsere Firma ist zwar nicht so groß, aber trotzdem ist es ein tolles Gefühl, dass so viele Leute zusammen an einer Sache arbeiten. Am Anfang waren wir nur in einer kleinen Garage, wie Google. Jetzt haben wir das große Büro, 300 Quadratmeter, fünfzig Mitarbeiter. Wenn wir uns an den Anfang zurückerinnern, dann denken wir, ›wow, wir haben echt was geschafft!‹ Aber natürlich ist es noch nicht genug. Unsere Firma soll noch sehr groß werden. Vielleicht so wie Airbnb. Wir wollen international werden. Ich denke, dass wir die Firma auf die Weltbühne bringen können, sodass uns jeder kennt.

Dass ich aus einer Unternehmerfamilie komme, hat mich schon beeinflusst. Als ich klein war, habe ich immer gehört, wie meine Eltern über ihre Geschäfte gesprochen haben. Aber an der Uni oder als ich noch jünger war, wollte ich nicht, dass andere Leute wissen, dass ich aus einer Unternehmerfamilie komme. In China nennen wir das ›Fuerdai‹. Ich hasse dieses Wort. Ich habe versucht zu verheimlichen, dass mein Vater der Gründer von Xiangpiaopiao ist. Jeder in China kennt Xiangpiaopiao. Ich wollte nicht, dass andere das wissen. Denn ich arbeite wirklich hart. Wenn sie gewusst hätten, wer mein Vater ist, dann hätten sie gesagt: ›Du hast das alles nur wegen ihm geschafft.‹ Aber in Wirklichkeit habe ich meinen Vater nie um Hilfe gebeten!

Seit ich mein Studium beendet habe, alleine lebe und meine eigene Firma habe, versuche ich nicht mehr, es zu verheimlichen. Wenn die Leute ›Tochter von Xiangpiaopiao‹ hören, wissen sie, dass mein Vater wirklich viel erreicht hat. Sie erkennen seine Leistungen an. Und ich bin sehr stolz auf ihn. Mein Vater ist wirklich toll, er ist mein Idol. Und das spornt mich an, noch besser zu werden. Deswegen denke ich heute nicht mehr, dass es schlecht ist, ›Tochter von Xiangpiaopiao‹ genannt zu werden.

Früher wurden wir meist ›Fuerdai‹ genannt, die ›Zweite Generation der Reichen‹, heute nennen sie uns oft ›Chuang'erdai‹, die ›Zweite Generation der Unternehmensgründer‹. Wenn ich Meldungen über reiche Kinder lese, die mit ihren Luxusautos Rennen veranstalten und dabei Unfälle verursachen, ärgere ich mich. Denn es sind nur sehr wenige, die sich so aufführen. Die Medien bauschen das auf, sodass die Leute denken, alle Kinder aus reichen Familien wären so. Ich finde das unfair, wirklich unfair. Ich kenne viele Leute, die genauso sind wie ich und sehr hart arbeiten. Eigentlich haben wir sogar viel mehr Stress als andere Kinder; Kinder, die aus normalen Familien kommen. Wenn die etwas gut machen, dann sagen die Leute: ›Wow, du bist super, du bist besser als deine Eltern.‹ Für uns dagegen ist es schwer, sehr schwer, besser als unsere Eltern zu sein. Aber wir müssen.

Die Schule, auf der ich war, ist sehr international ausgerichtet und legt den Schwerpunkt auf eine umfassende Bildung. Es ging nicht nur um Prüfungen wie an anderen Schulen. Ich hatte dort die Möglichkeit, zur Uni zu gehen, ohne den Gaokao machen zu müssen. Unsere Schule führt Gespräche mit den Unis und schlägt Studenten vor, die sehr talentiert sind. Diese Schüler sind überdurchschnittlich gut in ihren Fähigkeiten, zum Beispiel beim Lernen, in der Kommunikation oder bei etwas anderem. Ich finde, der Gaokao ist eine ziemliche Zeitverschwendung. Man verbringt ein Jahr ausschließlich damit, alles zu wiederholen. Ich dagegen musste nicht ein Jahr Zeit verschwenden und konnte viele andere Dinge lernen. Ich habe wirklich viel gemacht, zum Beispiel ehrenamtlich gearbeitet und außerdem ein kleines Unternehmen gegründet, ein Wohltätigkeitsunternehmen. Für mich war es definitiv besser, das letzte Schuljahr auf diese Art zu nutzen. Aber die Anforderungen an mich, die keinen Gaokao gemacht hat, waren noch höher als an die Leute, die die ganze Zeit nur lernen, lernen, lernen. Die Anforderung an unsere Kreativität war sehr hoch. Aber wir wurden auch stark gefördert, zum Beispiel konnten wir an vielen Austauschprogrammen teilnehmen.

Bei einem solchen Austausch habe ich auch zum ersten Mal gezeltet, das war in Frankreich. Am Wochenende ist unsere Gastmutter mit uns auf einen Campingplatz gefahren. Dort waren sehr viele Familien, die Kinder konnten einfach so herumlaufen. Die Eltern haben sich unterhalten oder geschlafen, alle wirkten sehr glücklich. Das fand ich super. Später auf der Uni wollten meine

Freunde und ich dann auch mal zelten und haben festgestellt, dass man nirgends Campingausrüstung mieten konnte. Kaufen war uns zu teuer. Wir haben uns dann gedacht, dass es bestimmt viele Leute gibt, denen es so geht wie uns. Man will zelten gehen, aber kann keine Ausrüstung leihen, will aber auch nicht selbst eine kaufen. Wir haben daraufhin unsere Stipendien zusammengelegt und drei Ausrüstungen gekauft. Zwei Tage haben wir bei Hangzhou am Xijing-Berg gezeltet. Wir haben gegrillt, sind auf den Berg gestiegen und haben Tee gepflückt. Dann haben wir den ganzen Abend Spiele gespielt.

Danach haben wir die drei Ausrüstungen vermietet und damit etwas Geld verdient. Mit dem Geld haben wir weitere Ausrüstungen gekauft. Innerhalb eines Jahres hatten wir mehr als hundert. Die Leute, die sich unsere Campingsachen geliehen haben, haben uns dann immer öfter gefragt, wo man denn gut zelten könnte. Aber das wussten wir selbst nicht. Also haben wir im Internet für sie gesucht. Dabei ist uns aufgefallen, dass viele Informationen veraltet waren. Also sind wir während der Sommersemesterferien überall in der Gegend um Hangzhou herumgefahren und haben nach entsprechenden Orten gesucht. Natürlich solche, wo es sicher ist. Nicht irgendwo in den Bergen oder so. Also Zeltplätze, wo es sanitäre Anlagen gibt und auch jemand da ist, der aufpasst. Diese Orte haben wir gesammelt und daraus dann eine Webseite gemacht. Das war der Prototyp unserer jetzigen Webseite. Dort konnten die Leute einen Zeltplatz reservieren und gleichzeitig unsere Ausrüstung mieten.

Also, ein Vorbild – ich verehre den Apple-Gründer Steve Jobs. Weil er Sachen gemacht hat, die die Welt verändert haben. Ich selbst werde zwar wahrscheinlich nicht die Welt verändern, aber ich glaube, den Unternehmern meiner Generation geht es nicht mehr nur darum, Profite zu machen. Wenn es ums Geldverdienen geht, dann wäre es besser, in einer großen Firma zu arbeiten, als selbst ein Unternehmen zu gründen. Aber wir können Werte schaffen und den Menschen helfen, ihr Leben zu verändern, ihr Leben schöner zu machen. Das ist ein Wert, der im Unternehmertum liegt. Das ist das, was Steve Jobs gemacht hat. Er hat unser Leben schöner gemacht, unser Leben verändert. Deswegen verehre ich ihn. Diese Philosophie steckt auch in unserem Campinggeschäft und im Milchteekonzern meines Vaters.

Wir hoffen, dass wir durch unser Geschäft nicht die ganze Welt, aber zumindest das Leben unserer Kunden verbessern können. Zum Beispiel ermuntern wir die Leute dazu, beim Campen das Handy wegzupacken, sodass alle mehr miteinander reden und sich austauschen. Damit sich die Kommunikation in der Familie verbessert. Das ist ein Wert, den wir unseren Kunden geben. Die meisten Kinder wachsen heute in der Stadt auf und haben keine Gelegenheit, die Natur zu erleben. Viele haben nicht mal die Möglichkeit, den Sternenhimmel zu sehen.

Dass die Wirtschaft im Moment nicht mehr so stark wächst, wird sicherlich auch Einfluss auf unser Unternehmen haben. Zum Beispiel, wenn wir investieren wollen. Wenn es der Wirtschaft schlechter geht, werden Investitionen schwieriger. In unserem Vertrieb haben wir allerdings im Moment nicht den Eindruck, dass es sich sehr stark auswirkt. Weil die Leute trotzdem Ausflüge machen wollen, weil sie trotzdem übers Wochenende wegfahren. Die Freizeit- und Tourismusbranche wird von der Regierung gefördert. Sie möchte, dass die Menschen mehr mit ihrer Freizeit anfangen, dass sie raus gehen, sich vergnügen. Früher sind die Leute nur bei längeren Urlauben verreist, aber jetzt machen immer mehr Menschen auch Wochenendausflüge in die nähere Umgebung, nach dem Motto: ›In der Nähe der Stadt zurück in die Natur.‹

Aber trotzdem machen wir uns Gedanken wegen des schlechten Wirtschaftswachstums. Vielleicht befinden wir uns erst am Anfang dieser Entwicklung, vielleicht wird es in Zukunft noch schwieriger für die Wirtschaft. Der Arm-Reich-Unterschied ist natürlich auch ein Problem. Er kann sogar so weit führen, dass die öffentliche Sicherheit gefährdet ist. Das ist wirklich ein großes Problem und ich hoffe, dass es so schnell wie möglich gelöst wird. Aber wie man das lösen soll, weiß ich natürlich auch nicht!

Wir können vor allem mehr Jobmöglichkeiten schaffen. Wir als Unternehmer. Unsere Firma ist noch klein und kann nicht so viel beitragen, aber die Firma meines Vaters zum Beispiel stellt viele Leute aus armen Gebieten ein, gibt ihnen einen Job und ein Gehalt. Ansonsten kann ich auch nichts machen. Ich kann nur das tun. *[lacht]*

Für die Zukunft wünsche ich mir, dass unsere Firma weiter expandiert. Die Tourismusindustrie ist ein sehr großer Markt und wir sind im Moment nur ein kleiner Teil davon. Das soll sich ändern.

Was die Firma meines Vaters angeht, weiß ich noch nicht, welche Rolle ich später spielen werde. Auf jeden Fall möchte ich etwas zu dem Unternehmen meines Vaters beitragen. Denn es braucht die Ideen und das Wissen der jungen Generation. Und ich weiß, was die junge Generation denkt. Irgendetwas werde ich in der Firma machen. Aber ich weiß noch nicht genau was.

DIE BÜRGERIN ZWEITER KLASSE
弱势群体

Prüfungsungerechtigkeiten

Universitäten bevorzugen Studenten aus der eigenen Stadt oder Provinz: Sie brauchen keine so hohe Punktzahl in der Aufnahmeprüfung, dem Gaokao. Kinder in den Metropolen mit Top-Universitäten sind deshalb im Vorteil, Auswärtige benachteiligt. Auf der Internetplattform Weibo kursierte dieser Witz:

In Peking: »Papa, ich habe im Gaokao 530 Punkte, 53 mehr, als ich für eine Top-Uni brauche.« – »Gut gemacht, mein Sohn. Komm, wir fahren für einen Kurztrip nach Shanghai.«
   In der Provinz Shandong: »Papa, ich habe im Gaokao 530 Punkte, 20 zu wenig für eine der mittleren Universitäten.« – »Du bist einfach nicht intelligent genug ... zieh los und werde Wanderarbeiter in Shanghai!«
   In Shanghai: »Papa, ich habe nur 330 Punkte. *[Das reicht hier nicht für die Uni.]* Schick mich ins Ausland zum Studieren.« – »Okay, mein Sohn. Mach einen Master in Betriebswirtschaft, komm zurück und hilf mir im Unternehmen. Ich bekomme dieses Jahr neue Wanderarbeiter aus Shandong.«

Fast hätten wir das Klingelschild übersehen. Um zu der Organisation zu kommen, für die Yao Ruhui arbeitet, muss man an einem kleinen, unscheinbaren Eingang haltmachen. Links und rechts sind teure

Restaurants, in denen schick gekleidete Chinesen Pizza essen. Das schmale Gebäude dazwischen betreten hingegen vor allem Kinder aus Familien, die sich so etwas nicht leisten können.

Mit dem Aufzug geht es in den sechsten Stock. Die Fahrstuhltür öffnet sich, wir machen einen Schritt nach vorne – und stehen mitten im Musikunterricht. Ein junger Lehrer bringt drei Schülern Ukulelespielen bei. »You are my Sunshine«, singt er vor, die Schüler spielen mit. Blechern und noch unsicher klingen die Saiten dazu. Die Wände sind voll mit Bildern und Fotos von Kindergruppen, die Regale voller Bastelmaterial, Bücher und Spielsachen. Aus der kleinen Kochecke kommt eine junge Frau in Jeansjacke und Snoopy-Pulli auf uns zu.

»Willkommen«, sagt sie auf Englisch. Ruhui ist 24 Jahre alt. Früher hat sie die Nachmittags- und Wochenendbetreuung der Organisation Jiuqian als Schülerin besucht. Nach ihrem Soziologie-Studium kehrte sie zurück, um als Betreuerin zu arbeiten.

Alle hier sind Kinder von Wanderarbeitern und damit in Shanghai Bürger zweiter Klasse. Ihre Eltern sind aus den armen Provinzen in die Stadt gekommen. Sie sind zwar als Arbeitskräfte willkommen, nicht aber als neue Bürger. Und sie haben nicht die gleichen Rechte wie die Alteingesessenen.

Um das zu verstehen, muss man erklären, was der Hukou ist, die sogenannte Haushaltsregistrierung. Jede Familie wird an einem bestimmten Ort registriert und kann sich nicht einfach ummelden. Ursprünglich sollten dadurch Wanderungsbewegungen kontrolliert und Slums vermieden werden. Für Wanderarbeiter wird das Hukou-System aber zum Problem. Der Anspruch auf Sozialleistungen, Gesundheitsversorgung und insbesondere den Schulbesuch besteht grundsätzlich nur am ursprünglichen Wohnort, auch wenn die Familie schon lange woanders lebt.

Die Eltern stehen dann vor der Wahl. Entweder sie lassen ihre Kinder auf dem Dorf bei Verwandten oder Großeltern zurück. 60 Millionen sogenannter »Left-Behind-Children« – »Zurückgelassene Kinder« – soll es mittlerweile geben. Oder sie nehmen ihre Kinder mit und bekommen Schwierigkeiten, wenn der Sohn oder die Tochter das Schulalter erreicht.

Wie Ruhui. Als Tochter von Wanderarbeitern durfte sie zuerst keine öffentliche Schule besuchen, weil ihre Familie nicht offiziell in

Shanghai registriert war. Mittlerweile wurden in vielen Metropolen zumindest die Grund- und Mittelschulen geöffnet. Spätestens mit 15 Jahren geht es für die meisten Kinder aber zurück in den Heimatort, um die Oberstufe zu besuchen. Denn nur dort dürfen sie den Abschluss machen. Weil ihre Eltern meist in der Stadt Geld verdienen müssen und nicht mit den Söhnen oder Töchtern zurückkehren können, werden die Wanderarbeiterkinder oft alleine zurückgeschickt. Meist kommen sie in billigen Internaten unter, die sich die Eltern gerade noch leisten können. Die Bedingungen sind oft sehr einfach, die Lehrer sehr streng. Auch Ruhui hat so etwas erlebt, für sie war es eine schwierige Zeit.

Wenn die Kinder später zurück in die Städte und auf eine Universität wollen, brauchen sie ein viel höheres Prüfungsergebnis als die Einheimischen. Das liegt daran, dass die Hochschulen Bewerber aus den eigenen Provinzen oder Städten bevorzugen. Weil die Top-Unis in den Metropolen liegen, müssen die Kinder von dort keine so hohe Punktzahl erreichen wie die Kinder von außerhalb, die aber oft zugleich eine schlechtere Schulbildung bekommen haben.

»Die meisten Wanderarbeiterkinder sehen sich als chancenlos«, meint Zhang Yichao, der Jiuqian gegründet hat. »Die Motivation zu lernen ist viel niedriger.« Da sei es besser, den Kindern zu zeigen, dass man sich andere Wege suchen kann, meint Zhang. Er ist Ende dreißig, steckt in einem Kapuzenpulli und trägt Turnschuhe. Er hat die Organisation gegründet, als er noch Philosophiestudent war. Die Kinder kommen nach der Schule und am Wochenende. Dabei geht es nicht darum, den Schülern bei den Hausaufgaben zu helfen. Sie bekommen vor allem Musik- und Kunstunterricht, dazu Sport, Englisch, ein wenig Geografie und ein paar Computerkenntnisse beigebracht.

»Unterricht heißt für sie meist: auswendig lernen«, sagt Zhang. »Bei uns sollen sie hingegen neugierig werden und lernen, selber zu denken.« In der Kunst, zum Beispiel, gebe es nicht nur eine richtige Antwort. Und sie sei eine gute Ausbildung für die Gefühle. »Wenn man Rückschläge einstecken muss, gibt man nicht so leicht auf, weil man weiß, dass es auch noch diese schönen Dinge gibt.«

Die gleichen Chancen wie ihre Shanghaier Altersgenossen hätten die Wanderarbeiterkinder sowieso nicht, sagt Zhang. Die Grund- und

Mittelschulen, die mittlerweile Wanderarbeiterkinder aufnehmen, stecken sie meist in separate Klassen. Das Niveau ist dort niedriger. Die Kinder sind meist aus sozial schwächeren Familien, haben eine schlechtere Vorbildung und ihre Eltern oft keine Zeit, mit ihnen zu lernen.

Zhang nennt ein Beispiel aus dem Stadtteil Pudong: Bei einer Englischprüfung erreichte in der Wanderarbeiterklasse der Beste etwas mehr als 60 Punkte – so viel wie der Schlechteste in der Shanghaier Klasse. Ist an einer Schule der Anteil der Auswärtigen hoch, wollen Shanghaier Eltern ihre Kinder nicht mehr dort hinschicken. Es ist ein ähnliches Phänomen, wie in manchen deutschen Städten, in denen Eltern Schulen mit einem hohen Migrantenanteil meiden.

Die wenigsten Jiuqian-Kinder schaffen es auf die Uni. Ruhui ist eine Ausnahme. Sie hat an einer Universität in Hefei, der Hauptstadt ihrer Heimatprovinz Anhui, studiert. Ein paar andere haben mit Hilfe ausländischer Geldgeber Stipendien für Schulen im Ausland bekommen.

Die meisten aber gehen hinterher auf eine Berufsschule, und Zhang sieht das als Erfolg. »Sie suchen sich etwas, das sie interessiert. Einer ist jetzt Technischer Assistent bei BASF, ein anderer Bäcker in einem Vier-Sterne-Hotel. Das ist bereits ein Aufstieg. Sonst ist es oft so, dass die Kinder nach der Schule den gleichen Hilfsarbeiterjob machen wie ihre Eltern.«

Um wirklich Abhilfe zu schaffen, sagt Zhang, müsse mehr in die Schulen auf dem Land investiert werden. »Wenn arme Kinder keine Chancen bekommen, kann das zu einer Krise in der Gesellschaft führen«, meint er. »Vor allem, wenn die Wirtschaft nicht mehr so schnell wächst wie früher.«

Die Unterschiede zwischen Arm und Reich werden in China immer größer. »Viele der Mittelschichtkinder kennen nur ihre eigene Welt. In einer Klasse haben sich die Schüler neulich gewundert, dass nicht alle Familien in den Ferien ins Ausland verreisen«, sagt Zhang. Er selbst will zumindest Brücken bauen. Ihm schwebt eine Begegnungsstätte vor, in der Kinder wohlhabender Eltern mit Kindern aus Wanderarbeiterfamilien gemeinsam etwas unternehmen und Zeit verbringen. Damit die Wohlhabenden, die später Führungspositionen übernehmen, zumindest einen Eindruck vom Leben der »anderen« bekommen.

Ruhui war eine der ersten Schülerinnen, die von Jiuqian Unterstützung bekommen hat. Sie kennt Situationen, in denen sie Trost brauchte und es keinen gab. Nun will sie selbst den Schülern eine Stütze sein. Immerhin haben es die Kinder heute etwas besser als sie selbst damals. Die Regierung hat das Hukou-System gelockert und angekündigt, es weiter zu reformieren. Vielleicht ein Zeichen der Hoffnung für die Kinder von Jiuqian.

» Ich komme aus einem Dorf in der Nähe von Bengbu in Anhui. Meine Eltern sind 1999 nach Shanghai gekommen. Das heißt, mein Vater war schon früher hier, schon vor meiner Geburt. Er hatte eine kleine Fahrradwerkstatt. Meine Eltern betreiben die Werkstatt heute noch, allerdings ist daraus mittlerweile ein richtiger Laden geworden, wo sie auch Fahrräder und Ersatzteile verkaufen. 1999, als ich sieben war, ist die restliche Familie ihm dann nach Shanghai gefolgt. Ich kann mich nicht mehr genau erinnern, wie das damals war. Es gab sehr viele Autos auf den Straßen, das weiß ich noch. Da, wo wir gewohnt haben, lebten fast nur Menschen aus anderen Gegenden Chinas, zu Shanghaiern hatte ich kaum Kontakt.

Ich bin auf eine Grundschule für Wanderarbeiterkinder gegangen. In der dritten Klasse habe ich Herrn Zhang kennengelernt. Er war damals Student an der Fudan-Universität und hatte gerade zusammen mit ein paar Kommilitonen Jiuqian gegründet. Ich bin dann immer nachmittags zum Spielen und Lernen dorthin gegangen.

Nach der sechsten Klasse sind die meisten Schüler aus unserer Wanderarbeiterschule entweder in ihre Heimat zurückgekehrt, um dort weiter zur Schule zu gehen, oder sie haben die Schule einfach abgebrochen, um hier in Shanghai mit dem Arbeiten anzufangen.

Herr Zhang hat uns damals gesagt, dass wir eigentlich auch in Shanghai auf die öffentliche Schule gehen dürften, und bei verschiedenen Schulen angefragt. An einer durften schließlich neun von uns die Aufnahmeprüfung für die Mittelstufe machen. Wir sind alle durchgefallen, weil wir in unserer Grundschule so schlechten Unterricht bekommen hatten. Zum Beispiel haben uns die Lehrer bei Klassenarbeiten immer die Antworten gesagt.

Aber Herr Zhang hat nicht locker gelassen, er hat immer weiter versucht, die Verantwortlichen in der öffentlichen Schule zu überzeugen. Am Ende haben sie sich bereit erklärt, die drei Besten von uns aufzunehmen. Ich war gerade die Drittbeste.

Auf die öffentliche Schule zu kommen, hat sich für uns angefühlt, als hätten wir die Aufnahmeprüfung für die Universität geschafft! Es war dort vollkommen anders als auf unserer Wanderarbeiterschule. Sehr ordentlich, alle haben Schuluniformen getragen. Der Unterricht war auch anders. Aber den stärksten Eindruck hat auf mich gemacht, wie sauber es war und dass es überall Pflanzen gab. Unsere Wanderarbeiterschule war im Vergleich ziemlich heruntergekommen. Die Schulgebühren an der öffentlichen Schule waren auch niedriger.

Die meisten Kinder auf der Schule kamen aus Shanghai. In einer Klasse waren ungefähr 30 Schüler, davon drei oder vier von außerhalb. Wir waren alle Freunde, damals war das alles ganz in Ordnung. Später kamen immer mehr Auswärtige an die öffentlichen Schulen, was dazu führte, dass die Klassen aufgetrennt wurden, in Klassen für Shanghaier und Klassen für Auswärtige. Sie wurden auch räumlich getrennt, zum Beispiel in verschiedene Stockwerke gelegt. Das wird auch heute noch so gemacht. Ich finde das ziemlich schlimm. Weil die Lehrer die Schüler unterschiedlich behandeln, der ganze Unterricht wird anders abgehalten. Es ist häufig so, dass die Eltern aus Shanghai, sobald sich an einer Schule viele Schüler von außerhalb anmelden, für ihre Kinder eine bessere Schule suchen.

Mir hat es damals an der Schule sehr gut gefallen, ich wäre gerne länger dort geblieben. Aber weil ich in Shanghai ja nicht in die Oberstufe gehen durfte, haben mich meine Eltern schon nach der siebten Klasse auf ein Internat in unserer Heimat geschickt.

Mein älterer Bruder war auch auf dem Internat. Jedes zweite Wochenende hatten wir frei und verbrachten die Zeit bei Verwandten in der Nähe. Unsere Eltern haben wir nur noch in den Sommer- und Winterferien gesehen.

Ich habe meine Eltern sehr vermisst. In dem Internat waren hauptsächlich Schüler wie ich, unsere Eltern waren allesamt weit weg. Abends vor dem Schlafengehen oder auch mitten in der Nacht haben immer viele Kinder geweint. Weil sie Heimweh hatten. Manche haben auch im Unterricht geweint. Wir waren ja alle noch ziemlich jung. Und so weit weg von den Eltern, wir mussten alles selber machen. Alle hatten Heimweh, ich auch. In der Oberstufe wurde außerdem der Stress immer größer. Vor dem Gaokao hatten wir alle das Gefühl, verrückt zu werden.

Später habe ich dann in Hefei Soziologie studiert. Für Leute von außerhalb ist es sehr schwierig, auf eine Uni in Shanghai zu kommen. Mit meiner Gaokao-Punktzahl hätte ich in Shanghai nur auf eine sehr schlechte Uni gehen können, deswegen habe ich mich für eine Uni in unserer Provinz entschieden.

Als ich klein war, wusste ich, dass ich als Wanderarbeiterkind ungerecht behandelt wurde, aber ich habe mich deswegen nicht geärgert. Ich war eher ein bisschen enttäuscht und habe mich etwas verloren gefühlt. Ja, Diskriminierung gibt es, aber nicht so direkt, nicht so offensichtlich. Aber man kann sagen, dass die Zukunft der Wanderarbeiterkinder in diesem Bildungssystem geopfert wird. Manche Eltern haben vielleicht Beziehungen, kennen Leute und können dadurch ihre Kinder auf etwas bessere öffentliche Schulen schicken. Aber wenn sie in die siebte oder achte Klasse kommen, dann haben sie trotzdem das Problem: Man muss sich entscheiden, ob man auf eine Berufsschule gehen will oder den Gaokao für den Weg zur Uni anstrebt. Wer sich für den Gaokao entscheidet, muss zurück in seine Heimat.

Wir bei Jiuqian meinen, dass die Schüler nicht unbedingt auf eine Uni gehen müssen. Denn die Uni ist nicht der einzige Weg in ein besseres Leben. Wir wünschen uns, dass die Schüler ihre eigenen Talente und Stärken entdecken, dass sie etwas finden, das sie gut können. Man kann sich auch selbst fortbilden. Früher hatten wir einige Fälle, wo Schüler zurück in ihre Heimat gegangen sind, zum Beispiel nach Anhui. Dort machen jedes Jahr über eine halbe Million Schüler den Gaokao und wollen auf die Uni. Dadurch ist es sehr, sehr schwer, einen Studienplatz zu bekommen. Viele können nur auf sehr schlechte

Unis gehen, was die spätere Jobsuche weiter erschwert. Besonders zurück nach Shanghai zu gehen, ist dann nahezu unmöglich.

Das, was ich als Kind bei Jiuqian gelernt habe, hat mir sehr geholfen. Vor allem hat sich mein Englisch stark verbessert und mein Hobby, Bücher zu lesen, wurde kultiviert. Außerdem habe ich gelernt, wie man mit anderen Menschen kommuniziert und Verantwortung in der Gesellschaft übernimmt.

Jiuqian war damals noch nicht so groß wie heute. Herr Zhang und seine Kommilitonen hatten eine kleine Wohnung bei uns im Viertel angemietet. Es gab dort Computer und Bücher, so wie hier jetzt auch. Wir konnten Filme gucken und interessante Dinge lernen. Am besten hat mir damals gefallen, wenn jemand mit uns zusammen gespielt hat. Und die Veranstaltungen, die organisiert wurden, zum Beispiel eine Schatzsuche im Park oder Herbstreisen. Außerdem fand ich es toll, verschiedene Freiwillige kennenzulernen. Sie waren alle sehr aktiv und haben sich sehr um uns gekümmert. Es war toll, mit ihnen zusammen zu sein.

Heute hier zu arbeiten, empfinde ich als eine sehr sinnvolle Tätigkeit. Ich habe das Gefühl, dass ich etwas bewirke. Den Schülern Chancen eröffne. Sie kommen hierher und können etwas lernen. Aber die Arbeit ist auch ziemlich stressig. Viele Schüler sind orientierungslos, wenn sie in die siebte oder achte Klasse kommen. Sie suchen dann vielleicht draußen nach noch aufregenderen Dingen und wollen nicht mehr hierher kommen, um zu lernen. Dann muss ich mir etwas überlegen, damit sie bleiben. Das setzt mich sehr unter Druck. Außerdem sind die Schüler ziemlich frech, das bereitet mir Kopfschmerzen. Und dann spielen sie immer mit ihren Handys und sitzen die ganze Zeit mit gesenktem Kopf auf ihren Stühlen. Ich muss sie davon abhalten, damit sie lesen oder andere, sinnvollere Spiele spielen.

Herr Zhang hat das früher alles geschafft. Er kann die Schüler dazu bringen, alles Mögliche zu machen, er kann sie von etwas faszinieren. Ich bin darin nicht so gut. Deswegen fühle ich mich manchmal gestresst und frage mich, ob ich wirklich die Richtige für diesen Job bin.

Manchmal wollen die Eltern nicht, dass die Kinder herkommen. Zum Beispiel, wenn sie ihre Hausaufgaben nicht fertig gemacht haben. Manche Eltern haben auch nicht genug Zeit, sich um ihre Kinder zu kümmern. Aber das ist natürlich gerade der Grund, warum diese Kinder zu Jiuqian kommen. Manchmal entstehen Konflikte, weil wir bei Jiuqian die Kinder anders erziehen als die Lehrer in der Schule. Auch die Eltern haben manchmal andere Vorstellungen. Die meisten sind allerdings ziemlich kooperativ – weil es Jiuqian schon so lange gibt und sie sehen, was schon alles erreicht wurde.

Früher haben sich die Eltern mehr Sorgen gemacht, ob sich das, was die Kinder hier machen, negativ auf ihre Schulleistungen auswirken könnte. Ob es Zeitverschwendung ist. Weil es nicht so viel mit den Lehrinhalten in der Schule zu tun hat. Das hat sich geändert. Die meisten Eltern finden es gut, wenn ihre Kinder hier fröhlich spielen und etwas Stress abbauen können.«

DIE AKTIVISTIN

活动家

Wenn sich hunderte Millionen Menschen zur gleichen Zeit aufmachen, um quer durch China zu reisen, dann ist Frühlingsfest, das chinesische Neujahr, das einen ähnlichen Stellenwert hat wie Weihnachten in Deutschland. Die Familie kommt zusammen, es gibt Essen, bis die Bäuche platzen, Geschenke und sogar Feuerwerk.

Für manche sind die Festtage aber ein Spießrutenlauf. Wer Ende zwanzig oder Anfang dreißig ist und nicht verheiratet, auf den prasseln Fragen nieder: »Warum hast du keinen Freund?« – »Was ist los?« – »Wann heiratest du endlich?« – »Hast du gesehen, wie glücklich xy aus der Nachbarschaft ist?« Meist beteiligt sich die ganze Großfamilie daran, den Sohn oder die Tochter zum Heiraten zu bewegen.

Coby findet das die Hölle. Und sie hat viele Freunde und Freundinnen, die das ebenso erleben. Sie arbeitet für eine NGO und engagiert sich für Frauenrechte. Deshalb lag es für sie nahe, auch gegen den »Heiratszwang« eine Aktion zu starten. Sie hat sich mit Gleichgesinnten zusammengeschlossen. Gemeinsam nannten sie sich »Fanbihun Lianmeng«, die »Allianz gegen den Zwang, heiraten zu müssen«, und riefen eine kleine Plakatkampagne ins Leben. Das Geld dafür sammelten sie auf einer Crowdfunding-Plattform von Spendern ein.

Innerhalb kurzer Zeit kamen umgerechnet mehrere tausend Euro zusammen. An einer der belebtesten U-Bahnstationen in Peking brachten sie daraufhin zu den Feiertagen ein großes Plakat an mit einem Appell an die Eltern: »Liebe Mutter, lieber Vater, macht euch keine Sorgen. Die Welt ist groß und es gibt so viele Arten zu leben.

Auch das Singledasein kann Glück bedeuten.« In China ist der letzte Satz für viele eine Provokation.

Eltern erwarten traditionell, dass ihre Kinder wiederum Kinder bekommen, die dann die Familienlinie fortsetzen. Das gilt als normal. Wer sich anders verhält, ist abnormal. Entsprechend steigt der soziale Druck, dem die Eltern in der Nachbarschaft oder innerhalb der eigenen Familie ausgesetzt sind, wenn ihre Kinder dem Bild nicht entsprechen. Kinder, die nicht heiraten, gelten auch als undankbar den Eltern gegenüber, als schlecht erzogen.

Oft werden Eltern selbst aktiv, wenn ihr Nachwuchs auch nach mehreren Jahren keinen Partner nach Hause bringt. In Parks sind immer wieder Mütter und Väter mit Schildern zu sehen, auf denen sie die Vorzüge ihrer Tochter oder ihres Sohnes anpreisen. Daneben gibt es natürlich zahlreiche Dating-Dienste im Internet und professionelle Heiratsvermittler, die eine lange Tradition in China haben. Wer trotzdem mit Anfang dreißig immer noch unverheiratet ist, gilt als Übriggebliebener oder Übriggebliebene und hat sein Lebensziel verfehlt.

»Am Ende habe ich dann einfach der Hochzeit zugestimmt, um meine Ruhe zu haben«, den Satz haben wir öfter, auch von jungen Chinesen gehört. Die Scheidungsrate ist in den vergangenen Jahren gestiegen. In manchen Großstädten wird inzwischen jede dritte Ehe geschieden. Der Heiratsdruck treibt auch junge Schwule und Lesben in eine heterosexuelle Ehe, die meist unglücklich endet (Siehe auch Kapitel *Die Schwulen*, ab Seite 177).

Kein Wunder, dass es auf der Internetseite Taobao, dem chinesischen Pendant zu eBay, mittlerweile Angebote von Frauen und Männern gibt, die zum Frühlingsfest vor der Familie den Freund oder die Freundin spielen. Andere erfinden Ausreden, warum sie nicht an dem Fest teilnehmen können.

Coby wollte das alles nicht, sondern hat versucht, mit ihren Eltern zu reden und mit der Kampagne eine öffentliche Diskussion anzustoßen. Doch das Thema scheint so tief im Denken der Elterngeneration verhaftet zu sein, dass sie auf viele Widerstände stieß.

Selbst die Staatssicherheit meldete sich bei ihr. Ein Zeichen dafür, wie empfindlich die Behörden auf alles reagieren, was öffentliche

Aufmerksamkeit erregt. Das hatte Coby bereits früher erlebt, als sie sich mit mehreren Mitstreiterinnen für Frauenrechte, Gleichberechtigung und gegen häusliche Gewalt engagierte. Die Gruppe besetzte Herrentoiletten, verteilte in blutigen Brautkleidern Flyer gegen Gewalt in der Ehe und setzte auf zahlreiche andere Aktionen, die immer wieder von den Medien aufgegriffen wurden. Mehrere Aktivistinnen wurden daraufhin festgenommen, was wiederum internationales Aufsehen erregte.

Dabei hat sich der Staat die Frauenrechte eigentlich selbst auf die Fahnen geschrieben. In der Realität bekleiden aber nur wenige Politikerinnen hohe Ämter. Häusliche Gewalt gilt oftmals als Problem, das eine Familie selbst zu lösen hat. Auch in Schulen und Universitäten berichten junge Frauen von Diskriminierung. Wer gut ausgebildet ist, scheint dennoch eine Chance im Berufsleben zu haben. In der Wirtschaft schaffen es im internationalen Vergleich viele Frauen in Führungspositionen.

Mit ihrer Aktion gegen den Heiratsdruck ging es Coby auch darum, ihre eigene Situation zu ändern. Sie hat Psychologie studiert und ist dadurch eigentlich gut vorbereitet auf Gespräche mit ihren Eltern. Aber genauso, wie man nicht ein »bisschen schwanger« sein kann, ist es auch bei der Frage »Heiraten oder nicht?« schwierig, einen Kompromiss zu finden.

Meine Eltern sind ziemlich konservativ. Nachdem ich meinen Uniabschluss gemacht hatte, haben sie immer nachdrücklicher versucht, mich zum Heiraten zu bringen. Andere Leute erleben das auch. Kurz vor dem Frühlingsfest ist es am schlimmsten. Egal, ob ich selbst oder meine Freunde, wir alle werden dann noch stärker zum Heiraten gedrängt als sonst. Bei mir ist es so, dass meine Eltern ununterbrochen Druck machen. Sie weinen, dann versuchen sie es mit Gefühls-Kidnapping, sagen zum Beispiel, ›du hast keinen Respekt vor uns, du bist egoistisch.‹ Einige meiner Freunde mussten sich ständig mit potenziellen Heiratskandidaten treffen. Das Extremste, was ich gehört habe, war, dass Eltern damit drohten, sich zu erhängen. Normalerweise üben sie aber einfach nur Druck aus. Reden die ganze Zeit auf dich ein. Solange ich studiert habe, war es okay, nicht zu heiraten, da sollte ich mich ja aufs Studium konzentrieren. Aber danach ging das nicht mehr. ›Ist der Sohn erwachsen, nimmt er sich eine Frau, ist die Tochter erwachsen, wird sie verheiratet‹, so lautet ein Sprichwort. Besonders Frauen, die über 25 sind, gelten als sogenannte ›Shengnü‹, als ›Übriggebliebene‹, dann wird der Druck von zu Hause nochmal größer.

Ich habe mir ziemliche Sorgen gemacht. Letztes Jahr war ich mal kurz zu Hause während irgendwelcher Feiertage. Da haben mein Vater und meine Mutter und sogar meine Oma mit mir darüber gesprochen und gesagt: ›Such dir schnell einen Freund, heirate doch endlich. Guck doch, die anderen Leute, die sind doch so und so und so.‹ Mein Vater hat sogar drei Freunde nach Hause eingeladen. Die haben mich auch alle gefragt: ›Warum heiratest du nicht? Warum suchst du dir keinen Freund? Hast du vielleicht psychische Probleme?‹ Ich dachte: ›Mist, das ist echt zu heftig. Wie soll das erst zum Frühlingsfest werden?‹ Dann sind es nicht nur die Eltern, sondern auch noch alle möglichen Verwandten und Bekannten, die ankommen und fragen. Eigentlich interessiert es die nicht wirklich, aber mit ihren Fragen setzen sie dich weiter unter Druck und gehen dir auf die Nerven. Ich habe mir also überlegt, dass ich dieses Jahr zum Frühlingsfest auf jeden Fall mit meinen Eltern darüber sprechen sollte.

In Peking haben wir einen Kreis von Leuten, mit denen wir oft zusammensitzen und diskutieren. Frauen vor allem, nur wenige Männer. Wir machen gerne verrückte Aktionen, zum Beispiel haben wir mal einen Flashmob gegen den Heiratsdruck in der U-Bahn organisiert. Bei unserer letzten Aktion haben wir gedacht, dass es ja ganz lustig sein könnte, Werbeplakate zu drucken. Das Ziel war, mehr Leuten bewusst zu machen, dass manche Jugendliche ständig zum Heiraten gedrängt werden. Es sollte ein Weg sein, um mit der Gesellschaft zu kommunizieren. Aber so eine Werbung ist sehr teuer, und wir haben alle nicht so viel Geld. Deswegen haben wir uns entschieden, das Geld per Crowdfunding einzusammeln. Das ist in China im Moment sehr verbreitet, besonders für gemeinnützige Projekte. Es ging alles echt schnell. Einen Monat vorher hatten wir überlegt, die Aktion anzugehen, so richtig darum kümmern konnte sich aber niemand, weil wir alle viel mit unseren Jobs zu tun hatten. Trotzdem wollten wir es am Ende unbedingt durchziehen. Wir haben es dann tatsächlich innerhalb von einer Woche geschafft, das Geld zusammenzubekommen. Ungefähr 400 Leute haben Geld gegeben, sogar einige Ausländer waren dabei.

Schon während des Crowdfundings haben wir große Aufmerksamkeit auf uns gezogen und Interviews für chinesische und ausländische Medien gegeben. Wir haben auch einen Weibo-Account zu der Aktion erstellt und viele Leute, sowohl Medien als auch Unterstützer, die selbst zum Heiraten gedrängt wurden, haben uns darüber kontaktiert. Zum Beispiel eine Frau, die schon seit zehn Jahren von ihren Eltern unter Druck gesetzt wird. Sie hat uns geschrieben, dass sie sehr froh über die Aktion ist. Sie hat schon mit allen möglichen Mitteln versucht, sich dem Druck ihrer Eltern zu widersetzen. Wir haben das zum Anlass genommen, eine WeChat-Gruppe zu gründen, in der alle ihre Geschichten und Erfahrungen austauschen können. In dieser Gruppe sind jetzt schon über 200 Leute. Da ist wirklich ein Zusammengehörigkeitsgefühl entstanden, alle tauschen sich aus.

In der Gesellschaft hat die Aktion natürlich auch Diskussionen ausgelöst. Eigentlich kommt dieses Thema jedes Jahr wieder. Aber es ist das erste Mal, dass es Crowdfunding gegen Heiratsdruck gab. Außerdem war es das erste Mal, dass eine Meinung gegen den Mainstream so sichtbar gemacht worden ist.

Manche Medien haben uns kritisiert, dass wir einen Haufen Geschrei um Nichts machen würden und gesagt, ›eure Eltern wollen doch nur das Beste für euch.‹ Aber es gab Diskussionen. Das finde ich eine sehr gute Sache. Wir finden alle, dass das Echo sehr gut war, die Aktion hat auf jeden Fall den gewünschten Effekt erzielt.

Meinen Eltern hatte ich von der Plakataktion nichts erzählt. Kurz vor dem Frühlingsfest hat mich ein Dokumentarfilmer gefragt, ob er mich nach Hause begleiten und den Prozess filmen könne, wie ich mit meinen Eltern spreche. Ich dachte, ›hey, das ist eine gute

Gelegenheit.‹ Eigentlich ist die Kommunikation mit meinen Eltern nicht besonders gut. Ihr versteht das vielleicht nicht, aber in chinesischen Familien wird über viele Dinge nicht offen gesprochen, vieles wird verdrängt. Bei mir zu Hause ist es besonders heftig. Ich rede sowieso schon nicht viel mit meinen Eltern, wie soll ich da den Mund aufmachen und anfangen zu erzählen? Das ist wirklich schwierig. ›Wenn der Regisseur mitkommt, ist das vielleicht eine Gelegenheit‹, dachte ich mir und sagte zu. Aber in Wirklichkeit war ich nicht sicher, ob das gutgehen oder ob mein Vater nicht total wütend werden würde. Er ist sehr streng.

Gleich als ich nach Hause kam, hat mein Vater mich auf unsere Plakataktion angesprochen. Er meinte: ›Ich weiß, dass du das gemacht hast.‹ Ich habe ihn dann gefragt, wie er es findet. ›Ach, das führt doch sowieso zu nichts‹, hat er gesagt, ›ihr seid doch nur eine Minderheit. Ja, vielleicht habt ihr ein paar Leute gefunden, die eurer Meinung sind, aber trotzdem seid ihr eine Minderheit. Ihr werdet nichts ändern können.‹ Mein Vater meinte auch, er würde mich nicht unter Druck setzen. Wenn ich nicht heiraten wolle, dann solle ich es eben bleiben lassen. Er war irgendwie hilflos. Meine Mutter und meine Oma haben geweint und mir vorgeworfen, dass ich egoistisch sei. ›Es ist nicht gut, wie du lebst.‹ Sie haben es nicht akzeptiert. Damit war der Kommunikationsversuch gescheitert.

Allerdings war zum Frühlingsfest auch viel los. Deswegen haben wir nicht nochmal darüber gesprochen und das Thema beiseitegeschoben. Der Regisseur hat ein paar Szenen gedreht, wie wir uns unterhalten, und ist wieder abgereist.

Ich glaube, zwischen den Kindern und ihren Eltern ist nicht der Generationsunterschied das Problem, es ist eher die Kommunikation. Die Eltern von Menschen in meinem Alter meinen oft, sie sollten für ihre Kinder alle möglichen Entscheidungen treffen. Sie meinen, sie hätten das Recht, über das Leben des Kindes zu bestimmen. Sie meinen, alles was sie sagen, ist richtig, alles was wir sagen, ist falsch. Durch diese Einstellung wird es schwierig, überhaupt zu kommunizieren. Sie können vieles einfach nicht verstehen. Im besten Fall sagen sie am Ende hilflos, ›na gut, dann ist es eben so.‹ Aber sie verstehen es nicht. In manchen Familien können die Kinder mit ihren

Eltern reden, sich unterhalten, aber das Verstehen ist schwierig. Ich weiß nicht, wie es bei jüngeren Leuten ist. Bei denen, die nach '95 geboren sind. Wahrscheinlich gibt es keinen großen Unterschied. Wir sind von klein auf so erzogen worden. Unsere Eltern sind noch viel stärker von klein auf so erzogen worden. Kommunikationsverhalten ist nur sehr schwer zu ändern.

Für Chinesen spielt die Familie traditionell eine große Rolle. Wenn man nicht heiratet und eine Familie gründet, dann fehlt etwas. Das Leben ist nicht vollständig. Wobei der Druck bei Männern nicht so groß ist, bei Frauen ist er weitaus größer. Wenn Frauen in ein bestimmtes Alter kommen, ab etwa 25, und nicht verheiratet sind, dann werden sie als wertlos angesehen. ›Du bist eine, die keiner will.‹ Sie werden als ›Shengnü‹, als ›Übriggebliebene‹, abgestempelt. Wenn man homosexuell ist, gilt man sowieso schon als unnormal. Wenn man dann auch nicht heiratet, ist man noch unnormaler.

Die Idee von den Shengnü wird sogar von Regierungsstellen gefördert. Sie wollen das traditionelle Modell der Familie aufrechterhalten. Sogar ein Abgeordneter aus dem Volkskongress hat so etwas gesagt wie, ›die Frauen sollen im Haushalt sein und nicht rausgehen.‹ Die Regierung sieht das so. Aber in der Gesellschaft wird es auch immer schlimmer. Wenn die Leute das Wort Frauenrechte hören, dann meinen sie, ›wieso, sexuelle Belästigung wird doch strafrechtlich verfolgt!‹ Sehr witzig. Es wird nicht besser, eher schlimmer. Ich glaube, was die Regierung für Frauenrechte tut, reicht absolut nicht aus. Im Gegenteil, sie machen ja sogar Politik gegen die Frauenrechte. Das ist das größte Problem. Nicht mal Projekte gegen sexuelle Belästigung unterstützen sie. Die Regierung bekämpft ununterbrochen Organisationen, die sich für Frauenrechte einsetzen. Alle, von denen sie denken, dass sie die Stabilität gefährden oder sonst eine Bedrohung darstellen könnten, werden verfolgt.

Ob ich noch bei anderen Aktionen mitgemacht habe? Wird euer Buch auf Chinesisch oder auf Deutsch erscheinen? *[lacht]* 2012 habe ich angefangen, an Frauenrechtsaktivitäten teilzunehmen. In China gibt es einen lockeren Zusammenschluss von Leuten, die sich ›Frauenrechts-Aktionsgruppe‹ nennen. Sie machen verschiedene ... wie soll ich es nennen ... Frauenrechtsaktivitäten? Zum Beispiel Herrentoiletten besetzen. Oder Aktionen gegen sexuelle Belästigung, zum Beispiel in Bussen Aufkleber verteilen, oder in der U-Bahn irgendwelche Aktionskunst gegen Gewalt oder Belästigung, um Frauenrechte und Gleichberechtigung voranzubringen. Ich habe an vielen solchen Sachen teilgenommen. Auch bei Aktionen für die Rechte von Homosexuellen mache ich mit, aber vor allem engagiere ich mich für Frauenrechte. Von 2012 bis 2014 war es noch ganz okay. Da wurden einige von uns lediglich zum ›Tee trinken‹[12] vorgeladen.

Letztes Jahr im März wollten wir dann mit ein paar Leuten in Bussen eine Aktion gegen sexuelle Belästigung starten, ein paar Zettel verteilen. Fünf junge Frauen aus unserer Gruppe wurden damals festgenommen. Sie waren 37 Tage im Gefängnis. Nach chinesischem Recht darf man maximal 37 Tage lang festgehalten werden, danach braucht es eine offizielle Anklage. Aber sie hatten nicht genügend Beweise. Außerdem haben sich nationale und internationale Unterstützer für sie eingesetzt, sodass sie am Ende freigelassen wurden. Seitdem sind Frauenrechte ein sehr viel empfindlicheres Thema geworden. Dieses Jahr wollten wir neben dem Anti-Heiratsdruck-Crowdfunding eigentlich auch noch eine Crowdfunding-Aktion gegen sexuelle Belästigung starten, wurden dann aber von den Behörden gestoppt. Sie haben uns beobachtet und uns dann an der Aktion gehindert. Auch Frauenrechtsorganisationen werden stärker überwacht, besonders als jetzt die Lianghui, die zwei Kongresse, getagt haben.

Ursprünglich waren Frauenrechte kein sensibles Thema. Aber seitdem die fünf Aktivistinnen letztes Jahr festgenommen wurden, stehen sie unter starker Beobachtung, weil sie alle Kontakte zu internationalen NGOs und Bürgerrechtlern hatten. Die Regierung bekämpft schon seit 2012 viele NGOs. Einige Nicht-Regierungs-Organisationen, vor allem Organisationen für Arbeiterrechte, werden permanent plattgemacht.

---

12 Vorladung zum »Tee trinken« – Bezeichnung für ein informelles Gespräch mit den Sicherheitsbehörden, oft mit Ermahnungen verbunden.

Andererseits hat die Festnahme der Frauen auch dazu geführt, dass die Frauenrechtsbewegung viel mehr Aufmerksamkeit bekommen hat. Es gibt seitdem eine stärkere Vernetzung. Daher hatte das Ganze auch sein Gutes.

Das wollte ich noch erzählen: Einen Tag vor dem Start unserer Anti-Heiratsdruck-Aktion habe ich einen Anruf bekommen. Ich war zu dem Zeitpunkt gerade in Guangzhou. Der Anrufer wusste meinen Namen, hat direkt gefragt, bist du die und die? Ob ich eine spezielle ... wie hat er es genannt? Nicht Crowdfunding, nicht Werbeaktion ... ich glaube Aktivität ... er hat gefragt, ob ich eine Aktivität plane. Ich habe so getan, als wüsste ich von nichts, und habe Nein gesagt. Er hat immer weiter geredet und gesagt, dass wir doch zum Crowdfunding aufgerufen hätten und dass wir das lassen sollten. Was wir denn eigentlich vorhätten und so weiter. Er hat noch wirklich lange über alles Mögliche geredet. Am Schluss habe ich gesagt, dass wir einfach nur ein paar Leute sind, die sich gerne unterhalten, und er doch selber im Internet gucken soll. Er hat dann wirklich nachgeschaut und mich wieder angerufen. Ich war total genervt. Eigentlich war nichts zu befürchten, meine Freunde meinten auch, ›das ist nichts.‹ Sie wollten uns vielleicht daran hindern, die Aktion zu machen. Aber sie wollten uns nicht festnehmen oder so was. Von meinen Freunden habe ich nichts gesagt, ich war ja sowieso nicht in Peking. Er meinte dann, er will sich mit mir treffen. Ich habe gesagt, dass ich nicht in Peking bin. Dann wollte er wissen, ob ich wirklich nicht in Peking sei. ›Wir kennen deine Adresse‹, hat er gesagt. Ich habe dann gefragt, wer er sei und warum er meine Adresse kenne. Dann habe ich mein Handy ausgeschaltet. Danach haben wir die Aktion wie geplant gemacht und wurden auch nicht weiter gestört. Wahrscheinlich ist denen dann auch aufgefallen, dass das Ganze überhaupt keine große Sache war. Aber man wird eben behelligt.

Angst habe ich eigentlich nicht. Nicht bei so einer Aktion. Aber wenn es persönlich gegen mich gerichtet wäre, dann hätte ich Angst. Und sensiblere Sachen habe ich nicht gemacht. Eigentlich ist es okay. Manchmal ist gerade das, was man nicht weiß, beängstigend.

Woher meine Energie für diese Dinge kommt, weiß ich auch nicht genau. Am Anfang dachte ich einfach, ich will was machen. Da habe ich nicht drüber nachgedacht, woher die Energie kommt. Später habe ich dann an vielen Diskussionen teilgenommen, wo alle Leute über solche Themen sprechen, zum Beispiel über ihre eigenen Lebenserfahrungen und was für eine Verbindung sie zur Frauenbewegung haben. Dabei fällt einem auf, dass es im eigenen Leben immer wieder Momente gibt, in denen man sich sehr bedrückt fühlt. Du weißt, dass vieles nicht so läuft, wie es sein sollte. Wenn du dann das, wogegen du kämpfen willst, zu deinem eigenen Leben in Beziehung setzt, dann findest du die Energie. Dann denkst du, ja, genau das will ich machen. So ungefähr ist das.«

Foto Vorderseite: Leslie und Yuantan bei unserem Gespräch in Shanghai

DIE SCHWULEN

同性恋者

Leslie und Yuantan sind »tongzhi« – was eigentlich »Genossen« bedeutet. Doch die beiden sind keine strengen Parteigänger. Die Umgangssprache hat den Begriff umgemünzt. Er wird als Synonym für »schwul« verwendet, auch wenn viele junge Leute mittlerweile das englische Wort »gay« benutzen.

Für ihre sexuelle Orientierung haben Leslie und Yuantan schwere Kämpfe ausgefochten, die ganz unterschiedlich ausgegangen sind. Ihre Generation geht zwar viel offener mit dem Thema um. Aber in der Gesellschaft und vor allem in vielen Familien haben es Schwule und Lesben immer noch sehr schwer.

Viele leben ihre sexuelle Orientierung deshalb immer noch heimlich aus. Nach Schätzungen heiraten etwa 80 Prozent der homosexuellen Männer trotz ihrer sexuellen Neigung eine Frau. Meist steckt dahinter der enorme Druck der Familie. Nach dem traditionellen konfuzianischen Weltbild ist das Leben eines Menschen erst dann komplett, wenn er geheiratet und einen Nachkommen gezeugt hat. Erst dann geben sich viele Eltern zufrieden. Wenn sie feststellen, dass sich ihr Kind gleichgeschlechtlich orientiert, steht die Sorge im Mittelpunkt, dass niemand die Familienlinie fortsetzt.

Leslie hatte Glück. Seine Eltern haben seine Homosexualität akzeptiert. Geholfen haben dabei die Pläne, die er zusammen mit seinem Partner hat. Yuantan hingegen hat mit seinen Eltern gebrochen. Beide sind zum Studium nach Shanghai gekommen und engagieren sich für die Rechte von Schwulen und Lesben. In ihrer Generation trauen sich immer mehr Homosexuelle, offen über ihre Situation zu sprechen. Vor unserem Gespräch haben sich beide nicht gekannt. Ihre Generation hat viel gekämpft, um zumindest in den großen Städten ihre sexuelle Orientierung leben zu können. Geholfen hat dabei sicherlich das Internet. Zahlreiche Schwulen- und Lesbenorganisationen sind dort aktiv und versuchen aufzuklären. Die Organisation PFLAG zum Beispiel bringt Eltern homosexueller Kinder miteinander ins Gespräch und verbreitet Videos, in denen Eltern vorgestellt werden, die ihre Kinder so akzeptieren, wie sie sind. Andere Aktivisten setzen sich für die gleichgeschlechtliche Ehe in China ein. Immer wieder versuchen schwule oder lesbische Paare, eine Ehe beim Standesamt zu beantragen, um Aufmerksamkeit auf das Thema zu lenken. Aber rechtliche Regelungen für gleichgeschlechtliche Partnerschaften gibt es nicht. Manche Paare heiraten deshalb symbolisch im Ausland, anerkannt wird diese Eheschließung in China nicht.

Im Internet ist gleichgeschlechtliche Liebe kein Tabu mehr, anders als in Zeitungen und im Fernsehen. Dabei ist Homosexualität seit 1997 nicht mehr strafbar, seit 2001 gilt sie nicht mehr als psychische Krankheit.

In der Familie müssen viele Homosexuelle dennoch schwere Kämpfe ausfechten. Einige schwule Männer gehen deshalb Scheinhochzeiten mit lesbischen Frauen ein – Xinghun – »Heirat pro forma« wird das genannt. Die Internetseite Chinagayles.com gibt an, zehntausende solcher »Schein-Paare« vermittelt zu haben. Beide »Ehepartner« können ihr Leben mit ihrem jeweiligen gleichgeschlechtlichen Partner fortführen und trotzdem dem Druck der Familie entkommen, so die Idee.

Andere Homosexuelle gehen trotzdem eine Ehe mit einer heterosexuellen Frau ein, ohne ihr etwas über die eigene sexuelle Orientierung zu verraten. Wie Cheng Li, den wir tags zuvor getroffen hatten. Er ist 38 und steht vor einem Scherbenhaufen. Seinen Entschluss, eine Frau zu heiraten, ohne ihr etwas von seiner Homosexualität zu erzählen, bereut er zutiefst. »Ich hatte mich damals gerade von meinem Partner getrennt, mir ging es nicht gut«, erzählt er unter Tränen. »Meine Familie hat außerdem immer größeren Druck ausgeübt, damit ich endlich heirate. Irgendwann denkst du, wenn ich das mache, sind zumindest meine Eltern glücklich und die Verwandtschaft lässt mich in Frieden.« Er bekam mit seiner Frau ein Kind. Kurz darauf fand sie per Zufall Chatprotokolle von Gesprächen mit seinem früheren Partner auf seinem Handy. »Sie war am Boden zerstört.« Li bricht die Stimme, wenn er davon erzählt. Es folgte die Scheidung. Als Li seiner Mutter alles erklären wollte, verstand sie ihn nicht. »Sie kannte das Wort Homosexualität gar nicht, sie ist vom Dorf. Erst als ich gesagt habe, ich liebe Männer, war ihr alles klar – und sie ist hysterisch geworden.« Seine Ex-Frau ist mit dem Sohn in eine andere Stadt gezogen. Sie sagt, er habe ihr Leben zerstört. Solche Tragödien sind nicht selten. Es gibt sogar einen Begriff, mit dem Soziologen Frauen bezeichnen, die unwissentlich schwule Männer heiraten: Tongqi – »Homo-Ehefrauen«.

Für Menschen in Lis Generation war es früher sehr schwierig, überhaupt die eigene Homosexualität zu erkennen. »Ich habe irgendwo ein Buch darüber gefunden – da habe ich erst verstanden, was mit mir los war.«

Die »Generation Internet« von Leslie und Yuantan hat es leichter, für Aufklärung zu sorgen. Für die beiden ist auch eine heterosexuelle Scheinheirat keine Option – auch wenn sie unter ihren Altersgenossen immer noch vorkommt.

Leslie

2013 habe ich auf einer Party einen Mann kennengelernt. Wir haben uns sehr gut unterhalten, er hat mich dann später zu sich nach Hause eingeladen. Da ist mein erstes Mal passiert. Mir ist danach erst bewusst geworden, dass ich früher schon Fantasien über Männer gehabt hatte. Vorher war mir das nicht ganz klar gewesen, ich kannte nicht mal das Wort ›homosexuell‹. In meiner Heimat im Südwesten Chinas wissen die Leute relativ wenig über Homosexualität, deswegen hatte ich damals keine Ahnung. Ich hatte auch vorher nie einen Freund gehabt. Letztes Jahr im Dezember hatte ich mein Coming-out. Weil ich mich in jemanden verliebt hatte. Im Sommer habe ich ihm dann sogar einen Heiratsantrag gemacht.

Wenn man Anfang 20 ist, fangen viele Eltern an zu fragen, ob man eine Freundin hat. Als meine Eltern mich gefragt haben, habe ich zuerst lange mit der Antwort gezögert. Damals war es so, dass ich mich sehr nach meinem Freund gesehnt habe, wenn ich mal eine Woche von ihm getrennt war. Also dachte ich irgendwann, dass man seine Gefühle zum Ausdruck bringen sollte, wenn man sich so nach jemandem sehnt.

Ich wollte daher gerne für die Beziehung zu meinem Freund den Segen meiner Familie haben. Deshalb rief ich letztes Jahr im Dezember irgendwann mitten in der Nacht meine Eltern an und sagte es ihnen. Mein Vater hat sich damit arrangiert. Er hat mir ungefähr einen Monat später, nach einem sehr langen Gespräch, gesagt, ich hätte das Recht, mir mein Glück selbst zu wählen. Meine Mutter hat mich erst mal nicht unterstützt. Das hat sich erst später geändert, als wir über Kinder gesprochen haben.

Seit meinem Coming-out gab es immer wieder kleine Familientreffen, das Leben ist normal weitergegangen. Mein Freund war mit bei meinen Eltern und ich bei seinen. Eigentlich ist er ein sehr traditioneller Chinese. Aber bei seinen Entscheidungen und seiner Liebe ist er sehr mutig. Er hat Anfang 2014 durch eine Leihmutterschaft ein Kind bekommen. Nachdem es geboren war, hat er es weiterhin abgelehnt, eine Frau zu heiraten, aber auch nicht gesagt, dass er schwul ist. Im Juni 2014 haben wir uns dann zufällig kennengelernt und irgendwann beschlossen, zusammenzubleiben. Wir sind schließlich sogar zusammengezogen. Diesen Sommer wollen wir auf die Philippinen fahren und dort heiraten.

In der Liebe haben wir beide Verantwortungsbewusstsein. Das ist für uns das Wichtigste. Er ist auch ein sehr direkter Typ. Als er meinen Eltern gesagt hat, dass er für mich sorgen will, war das wie eine Art Überfall. Meine Eltern haben sich nicht dazu geäußert. Sie haben das weder offen abgelehnt noch anerkannt. Erst als ich meiner Familie gesagt habe, dass wir heiraten wollen und ich auch ein Kind durch eine Leihmutterschaft bekommen will, war alles okay.

Damit war im Prinzip das Problem der Fortführung der Familienlinie geklärt und es gab keine Hindernisse mehr.

Eine Xinghun, eine Scheinheirat mit einer lesbischen Frau, wie es manche Leute machen, wäre für mich nie eine Option gewesen – und es war ja auch gar nicht nötig. Wie gesagt, zu Anfang meines Coming-outs war meine Familie nicht ganz einverstanden. Aber nachdem ich von meinen Plänen einer Leihmutterschaft erzählt hatte, war es okay.

Chinesen meinen eben, dass die Zeugung von Nachkommen die Fortführung des eigenen Lebens ist. Deswegen hatte ich diesen Wunsch ganz einfach damit befriedigt, dass ich meinen Eltern gesagt habe, dass ich ein Baby haben werde – und zwar so schnell wie möglich; sie waren sehr dankbar dafür, dass sie ein Enkelkind bekommen werden. Meine Eltern würden es nicht wollen, dass ich eine Scheinehe eingehe. Ihnen geht es darum, dass ich ein Kind habe. Allerdings sind die Kosten für eine Leihmutterschaft[13] sehr hoch. Es geht nur, wenn man Ersparnisse hat. Ansonsten gibt es noch die Adoption. Aber erstens ist das in China für Homosexuelle nicht erlaubt und zweitens herrscht in China die Einstellung vor, dass ohne die Blutsverwandtschaft keine ausreichende Bindung an die Familie vorhanden ist. Viele Eltern würden das also nicht akzeptieren.

Bei meinen Freunden hatte ich schon früher mein Coming-out. Im Juni 2014 gab es eine Aktion der LGBT-Gruppen (**L**esbian, **G**ay, **B**isexual, **T**ransgender) in Shanghai, das »Pride Festival«. Da habe ich auch mitgearbeitet. Ich habe mit vielen Eltern von Homosexuellen gesprochen und ihnen erklärt, dass das nichts ist, was wir uns aussuchen, sondern dass wir von Geburt an anders sind als andere Menschen. An dem Abend habe ich dann auf WeChat eine Gruppe mit allen meinen guten Freunden gegründet und es ihnen gesagt. Wir haben lange darüber gesprochen. Ich habe ihnen zum Beispiel erklärt, dass ich schon als Kind einen eher weiblichen Charakter

---

13 Leihmutterschaft, also eine Frau eine fremde, im Labor befruchtete Eizelle austragen zu lassen, ist in China nicht erlaubt. Einige Chinesen gehen deshalb ins Ausland, zum Beispiel in die USA, wo eine Leihmutterschaft legal ist.

hatte. Manche Freunde haben es akzeptiert, die meisten aber nicht. Einige haben deswegen den Kontakt zu mir abgebrochen.

Auch vielen Homosexuellen, die ich in der NGO betreut habe, ging es so: Nach dem Coming-out wird man nicht unbedingt von allen akzeptiert. Deswegen kann es passieren, dass das Thema danach nie wieder angesprochen wird. Das Coming-out erfüllt dann nicht das, was der Betroffene sich vorgestellt hat, dass er sein wahres Ich ausleben kann. Am Ende gründen viele Männer wegen der traditionellen chinesischen Vorstellungen dann doch eine Familie. Sie heiraten eine Frau und bekommen Kinder. In meinem Bekanntenkreis gibt es viele solcher Fälle. Und es gibt auch viele Schwule, die nie ein Coming-out haben.

Vor allem in kleinen und mittelgroßen Städten, die noch rückständiger sind, findet Homosexualität im Prinzip nur im Verborgenen statt und wird kaum gezeigt. Nicht so wie bei uns jetzt hier. Die allermeisten Homosexuellen in China überlegen sich, es ihren Eltern zu sagen, weil sie von ihnen akzeptiert werden wollen. Sie machen sich aber auch Sorgen darüber, dass es andere Verwandte erfahren, weil damit dann die ganze Familie unter großem sozialen Druck stehen würde. Alle hätten Schuldgefühle. Am Ende gehen deshalb viele Homosexuelle nicht offen mit ihrer sexuellen Orientierung um. Viele entscheiden sich, in größere Städte zu gehen, wo die LGBT-Szene weiter entwickelt ist, um dort langfristig zu leben.

Außerdem sind sich viele Menschen in China einfach nicht sicher, ob sie eigentlich homosexuell sind oder nicht. Das liegt daran, dass die sexuelle Aufklärung absolut nichts taugt. Es wird kaum offen über Sexualität gesprochen. Im Prinzip gibt es lediglich einen einzigen Zusammenhang, in dem über Homosexualität geredet wird, und das ist HIV. Das führt sogar so weit, dass viele Menschen glauben, dass Homosexualität selbst eine Krankheit ist.

Man muss den Menschen, auch in den kleinen und mittelgroßen Städten, klar machen, was Homosexualität eigentlich ist. Man muss ihnen erklären, dass es sich zwar um eine kleine Zahl von Menschen handelt, aber dass es eine ganz normale Erscheinung ist. Das ist meiner Meinung nach wichtiger, als jetzt schon in China für das Recht auf eine gleichgeschlechtliche Ehe zu kämpfen.

Was mein eigenes Leben betrifft, wünsche ich mir, dass mein

Partner und ich in noch mehr Situationen des öffentlichen Lebens Vertraulichkeiten zeigen können, so wie ein normales Ehepaar. Ich hoffe nur, dass wir nicht diskriminiert werden.«

Yuantan

» Ich habe 2007 oder 2008 für mich akzeptiert, dass ich schwul bin. Das war in der sechsten oder siebten Klasse. Damals war Yaoi[14] ziemlich beliebt. Damit bin ich auch in Kontakt gekommen und mir ist es dadurch allmählich klar geworden. Allerdings sind die Männer in den Yaoi-Comics natürlich anders als echte Homosexuelle. Dass ich selbst schwul sein könnte, stand für mich zuerst noch nicht richtig fest. Es war mehr so ein Gefühl, anders zu sein. Mein Coming-out hatte ich dann in der zehnten Klasse. Damals dachte ich, wenn ich mich jetzt nicht oute, wird es später sehr schwierig. Es hat allerdings sehr heftige Reaktionen in der Schule ausgelöst. Auch meine Eltern haben meine Homosexualität nicht so richtig akzeptiert.

Heute denke ich, dass mein Coming-out nicht notwendig gewesen wäre. Ein Freund von mir meint, dass das Coming-out in einigen westlichen Ländern eher Teil einer politischen Bewegung ist. Aber in China ist es noch keine Bewegung. Es ist im Moment einfach ein Kampf, den jeder für sich alleine kämpft. Auf der Uni war es hingegen nicht so schwierig, angenommen zu werden. Auch weil ich eine ziemlich entschlossene Einstellung habe. Ich habe jetzt zwei Freunde. Beide sind jüngere Kommilitonen. Wir führen offene Beziehungen und würden so etwas wie heiraten gar nicht wollen.

Selbst meinen Eltern hätte ich nichts sagen müssen. Ich hätte einfach darauf bestehen können, keine Ehe einzugehen. Meinen Partnern geht es genauso. Wir haben zu unseren Eltern einfach nicht so ein enges Verhältnis. Ich gebe meinen Eltern nur das Recht, Bescheid zu wissen, nicht das Recht zu entscheiden.

---

14 Yaoi: Japanisches Comic- und Animationsfilmgenre, dabei geht es um romantische und sexuelle Beziehungen zwischen Männern. Die Geschichten richten sich eigentlich an ein weibliches Publikum.

Meine Eltern wollen mir sehr nahe sein und sagen, sie wollen nur das Beste, aber ich bin nicht in der Lage, ihre Fürsorge nachzuempfinden. Ich fühle mich sehr unwohl, empfinde fast eine Art Ekel. Ich kann diese Art von sonst woher kommender Fürsorge einfach nicht annehmen. Für mich ist das schwer zu ertragen. Ich möchte davor fliehen. Ich glaube auch nicht, dass sich das in Zukunft nochmal ändern wird. Ich habe keine Gefühle für sie. Deswegen ist es mir egal. Ich will lieber meine eigenen, echten Beziehungen aufbauen, die aus meinem eigenen Empfinden heraus entstehen. Die Kommunikation mit meinen Eltern war ganz in Ordnung, solange es nicht um irgendwelche sensiblen Themen ging. Ich konnte mit ihnen scherzen und so. Aber sobald ich über meine wahre Stimmung sprechen wollte oder darüber, dass mir das Verhältnis zu ihnen Unwohlsein bereitet, haben sie sich sofort aufgeregt. Dann haben wir uns gestritten, manchmal sogar geschlagen. Das war keine normale Kommunikation. Nur oberflächliche Harmonie. Mich zum Heiraten zu bringen, haben sie schließlich aufgegeben. Sie wollen trotzdem, dass ich Kinder kriege. Aber das will ich nicht.

Viele Leute an meiner Uni haben zwar schon in ihrem Freundeskreis oder sogar bei ihren Geschwistern ihr Coming-out gehabt, aber sie würden es nie ihren Eltern sagen. Und irgendwann geben sie dem Druck nach und heiraten eine Frau.
 Ich hatte, wie gesagt, in der Oberstufe ein vollständiges Coming-out. In Kleinstädten kann die Ausgrenzung in der Schule sehr heftig sein. Viele Leute sind gegenüber allen, die anders sind, sehr feindselig. Zum Beispiel gegenüber meiner Tischnachbarin in der Schule. Sie hatte mehrere Freunde in der Mittelstufe und ist vielleicht mit einigen ins Bett gegangen. Danach wollte kein Mädchen aus unserer Klasse mehr etwas mit ihr zu tun haben. Weil ich schwul bin, haben sich die Jungen aus unserer Klasse zusammen am Schultor aufgestellt und »dumme Fotze« gerufen und mich mit allen möglichen Sachen beworfen. Gegenüber Leuten, die sexuell einer besonderen Gruppe angehören, wird sehr schnell eine feindselige Haltung eingenommen, es gibt keine Toleranz. In meiner Heimat ist das überall so. Das ist nur schwer zu ändern.

Alle möglichen Verwandten sind zu uns nach Hause gekommen und haben gefragt, wann ich heiraten werde oder ob ich eine Freundin habe. Aber ich kann ihnen nicht die Wahrheit sagen, denn dann wäre der soziale Druck für meine Eltern sehr groß. Ich möchte ihnen deswegen auch nichts schuldig sein. Deswegen habe ich mich letztlich entschieden, möglichst weit weg zu gehen und nicht mehr zurückzukehren. Ich glaube, viele Homosexuelle machen das so.

Ich denke, dass HIV und Homosexualität in China oft miteinander verbunden werden, hat zwei Seiten. Wenn es die HIV-Prävention nicht gäbe, wäre es oft sehr schwer, Schwulen-Organisationen zu gründen. Viele müssen immer noch den Weg über HIV wählen, um überhaupt existieren zu können. Einige meiner Freunde an der Uni haben die Erfahrung gemacht, dass sich die Behörden nicht mit dem Thema Homosexualität beschäftigen wollen. Sie akzeptieren nur Themen, bei denen es um HIV-Prävention geht. Deswegen wird dieser Kanal genutzt, ansonsten würde vielleicht gar nicht darüber gesprochen werden.

Meine Identität als Homosexueller spielt für mein Leben eine große Rolle. Zumindest hat sie wohl zum Teil schon den Verlauf meines Lebens verändert. Den Kontakt zu meinen Eltern habe ich abgebrochen. Was die Zukunft angeht, möchte ich mich mehr gemeinnützig engagieren. Was mein eigenes Leben angeht, denke ich: ›What ever.‹«

DER JOURNALIST

记者

Zensur im Internet

Etwa 12 % der Posts auf der Social-Media-Plattform Weibo werden nach einer Untersuchung der Universität Hongkong wieder gelöscht. Seiten wie Freeweibo, die mit dem China Media Project der Universität zusammenarbeiten, zeichnen die gelöschten Posts auf und veröffentlichen sie auf ihrer Seite. Auch der Internetdienst China Digital Times mit Sitz in den USA konzentriert sich auf Themen, die der Zensur zum Opfer fallen. Die Seiten sind in China blockiert, können aber mit einem Zugang über spezielle VPN-Verbindungen sichtbar gemacht werden. Viele prominente Blogger haben sich zurückgezogen, weil sie mittlerweile wegen »Verbreitung von Gerüchten« angeklagt werden können. Seitdem ist die Internet-Plattform WeChat beliebter geworden, dort chattet man in kleineren Gruppen.

»Unserer Familienname heißt ›Partei‹« stand auf dem Willkommensplakat des zentralen staatlichen Fernsehsenders CCTV. »Mit absoluter Loyalität bitten wir sie: Überprüfen sie uns!« Der hohe Gast sollte nichts zu kritisieren haben. Da wollte die Leitung des Senders in vorauseilendem Gehorsam sicher sein.

Präsident Xi Jinping ging Anfang 2016 auf Inspektionstour durch drei staatliche Medienhäuser. Zuvor hatte er die Parole ausgegeben, dass Journalisten künftig stärker der Partei dienen müssten. Marxistische Schulungen sollen die Redaktionen wieder auf den richtigen Weg bringen, um sich »der absoluten Autorität der Partei zu unterwerfen und ihre Einheit zu wahren«. Das Internet und die sozialen Medien hat die KP unter Xi bereits stärker zensiert. Beobachter fürchten, dass nun der Journalismus an der Reihe sein könnte, der sich in den vergangenen Jahrzehnten Freiheiten erkämpft hat. »Die Medien müssen auf Linie mit den Massen sein«, lautet eine weitere Parole, die damit einen alten Begriff aus der Mao-Zeit aufwärmt. Den Willen der Massen kennt natürlich vor allem die Partei.

Zheng Qiang zuckt mit den Schultern, wenn er so etwas hört. Der 26-Jährige arbeitet als Reporter für ein privates Printmedium. »Auf Linie mit den Massen ...?«, überlegt er. »Ich verstehe eigentlich nicht, was damit gemeint ist. Die älteren Kollegen vielleicht. Für mich sind das Parolen wie aus einer Maschine. Das kann man nicht richtig ernst nehmen.«

Ernst nehmen muss Zheng Qiang allerdings die Zensur, die er bei seiner täglichen Arbeit erlebt. Die privaten Zeitungen und Zeitschriften trauen sich zwar mittlerweile mehr, denn nur so können sie Leser gewinnen und sich finanzieren. Aber trotzdem müssen sie auf der Hut sein. Viele Geschichten werden erst mal nur recherchiert. Danach sieht man weiter. Das unterscheidet Qiangs Meinung nach die privaten von staatlichen Medien, wie die *Volkszeitung*, die *Global Times* oder die Nachrichtenagentur *Xinhua*, die stärker von der Partei kontrolliert werden und sensible Themen erst gar nicht anfassen würden.

Allerdings steht de facto jedes Medium unter staatlicher Aufsicht. Wie weit man gehen kann, wird immer wieder neu verhandelt und hängt stark vom Rückgrat des Herausgebers sowie den jeweiligen Behörden ab. In Extremfällen müssen ganze Ausgaben von Zeitungen eingestampft werden. Onlineartikel verschwinden regelmäßig nach der Veröffentlichung und Internetsuchmaschinen finden zu bestimmten Suchbegriffen plötzlich nichts mehr. Manchmal geben die Propagandabehörden Anweisungen, wie über etwas zu berichten ist.

Journalisten der Zeitung *Nanfang Zhoumo*, übersetzt »Südliches Wochenende«, übten 2013 den Aufstand, eine der wenigen öffentlichen Protestaktionen von Journalisten. Selbst Redakteuren, die schon lange dabei waren und viel erlebt hatten, ging damals ein Eingriff der örtlichen Propagandaabteilung zu weit. Statt eines Leitartikels, in dem verlangt wurde, dass sich die Politik der Partei stärker an der Verfassung orientieren müsse, fanden die Redakteure am nächsten Tag einen Text mit einer Lobeshymne auf die Regierung vor. Die Journalisten forderten öffentlich den Rücktritt des örtlichen Propagandachefs und erhielten im Internet große Unterstützung. Am Ende einigten sich beide Seiten offenbar darauf, dass die Kontrollen künftig nicht mehr so streng gehandhabt werden sollten. Details wurden nicht bekannt. Der Vorfall dürfte an der Parteispitze aber für Unruhe gesorgt haben.

Dabei wissen die Medienhäuser, dass sie nicht zu weit gehen dürfen. Sie müssen sich selbst zensieren, um ihre Existenz nicht zu gefährden. Berichte über Proteste in Tibet oder Unruhen, die sich gegen die Zentralregierung richten, sind rote Linien, die keiner zu überschreiten wagt. Manchmal hängt es auch davon ab, welche Propagandaabteilung gerade zuständig ist. Dabei kommt den Journalisten zugute, dass die Macht der KP in dem Riesenland auf zahlreiche Provinzregierungen und Verwaltungseinheiten verteilt ist, die ihrerseits Spielräume nutzen, trotz aller Bekenntnisse zur Linie der Parteiführung in Peking. Chinawissenschaftler sprechen auch von »fragmentiertem Autoritarismus«. So lässt sich beobachten, dass der Süden und Westen Chinas oft liberaler sind als die Zentrale. Auf der anderen Seite verbieten Lokalregierungen vielleicht Berichte, die sie schlecht dastehen lassen. Und Medien in der Hauptstadt bekommen für Berichte über dieselben Themen womöglich grünes Licht von der Zentralregierung, weil sie die lokalen Behörden damit disziplinieren will.

Verschiedene Regierungsstellen haben eben verschiedene Interessen. Eine Dokumentation über Luftverschmutzung, die offensichtlich in Zusammenarbeit mit der Umweltbehörde zustande gekommen war, wurde später von der Propagandaabteilung gesperrt – nachdem sie im Internet für großes Aufsehen gesorgt hatte.

Manchmal ist es ein Spiel, manchmal kann es für Journalisten aber auch gefährlich werden. Die Organisation Reporter ohne Grenzen zählte Ende 2016 insgesamt 23 Journalisten und 84 Blogger, die im Gefängnis saßen. Einige legten über ihre Verfehlungen sogenannte Geständnisse im Fernsehen ab, die offenbar erzwungen wurden.

Reporter ohne Grenzen gibt jedes Jahr ein Länderranking zur Pressefreiheit heraus. Darin steht China auf Platz 176 von 180 Staaten. Das heißt aber nicht, dass in der Journalismus-Ausbildung nicht kräftig diskutiert wird. Besonders an den kleineren Hochschulen, erzählen ehemalige Studenten, nehmen ambitionierte Dozenten in Gesprächsrunden die Berichte aus Chinas Staatsmedien auseinander. Mancher Student ist allerdings frustriert, wenn er dann die Praxis erlebt. »Vor allem in den Staatsmedien wollte keiner ein Praktikum machen. Aber danach haben dann doch viele einen Job dort angenommen«, sagt eine Studentin. »Sie zahlen eben gut, und die Pekinger Staatsmedien bieten sogar an, dass du deinen Wohnsitz dort registrieren darfst.« Eine Wohnsitzregistrierung in der Hauptstadt, also ein Pekinger Hukou, ist viel Wert in China.

Die Journalismus-Studiengänge an den renommierten Universitäten sind oft stärker auf Parteilinie. An der Tsinghua-Universität in Peking ist der Chef der Fakultät praktischerweise der frühere oberste Zensor für die Printpresse.

Letztlich lassen sich in China aber durchaus viele interessante Artikel und Dokumentationen über aktuelle gesellschaftlichen Themen finden. An ambitionierten jungen Journalisten, die nicht nur »Herz und Zunge der Partei« sein wollen, scheint es trotz der jüngsten Kampagnen keinen Mangel zu geben.

Zheng Qiang hofft natürlich, dass die Regierung die Daumenschrauben lockert. Aber viel besser als damals in der Schule, als ein Erlebnis ihn zum Journalismus führte, sei es noch nicht geworden. Damals machten Gerüchte über Unruhen in der Nähe seines Heimatortes in Südchina die Runde – aber die Medien berichteten darüber kaum.

>> Vor elf Jahren, 2005, gab es in dem Dorf Dongzhou, in der Nähe meiner Heimatstadt, Proteste, die von der Polizei niedergeschlagen wurden. Die Regierung hatte Land beschlagnahmt, weil sie dort ein Kohlekraftwerk bauen woll-

te, die Menschen dafür aber nicht angemessen entschädigt. Außerdem sollte ein Teil der Bucht, an der Dongzhou liegt, zugeschüttet werden. Die Regierung hatte bereits an einem Berg in der Nähe mit Sprengungen begonnen, um dafür Sand zu gewinnen. Die Dorfbewohner befürchteten große Umweltzerstörungen und die Fischer hatten schlicht Angst um ihre Existenz. So kam es zu den Protesten, die mehrere Monate andauerten. Irgendwann ist die Polizei angerückt und mit Gewalt gegen die Demonstranten vorgegangen. Mehrere Menschen wurden dabei getötet und viele verletzt. Ich habe das nicht selbst miterlebt, aber ich erinnere mich noch genau an den Abend, als die Polizei in das Dorf einmarschiert ist. Ich war damals in der zehnten Klasse, meine Schule war ungefähr 25 Kilometer entfernt. Ein Mitschüler in unserem Schlafsaal, der aus Dongzhou kam, hatte einen Anruf von seinen Eltern bekommen. Sie haben gesagt: ›Kommt dieses Wochenende nicht nach Hause. Die Polizei prügelt auf die Menschen ein, sie bringen Leute um.‹ Das hat mir echt Angst gemacht.

In ausländischen Medien wurde über den Zwischenfall berichtet, aber in China hat nur die Xinhua Nachrichtenagentur eine Meldung aufgesetzt.[15] Ich dachte damals, wieso schreibt niemand darüber? Ich hatte noch keine Ahnung von Medien. Ich dachte nur, falls ich später Journalist werden sollte, würde ich darüber berichten. Aber das ist bis heute nicht möglich. Seit einigen Jahren gibt es immer wieder Proteste in dem Dorf Wukan[16]. Darüber darf im Inland immer noch nicht berichtet werden.

Die Medien in China müssen sich selbst zensieren. Jedes Medium weiß, welche Themen tabu sind. Was man schreiben darf und was nicht, bekommt man auch mit, wenn man das Internet beobachtet. Manchmal wird dort über etwas berichtet und der Beitrag kurz darauf wieder gelöscht. Oder man sieht, welche Begriffe Weibo

---

15 In der Meldung war von drei Toten und acht Verletzten die Rede. Andere Quellen gehen von mehr Opfern aus. Zwei lokale Zeitungen zitierten aus einer Erklärung der Stadtregierung, die von »gewaltsamen Angriffen einiger weniger Dorfbewohner« sprach.
16 Proteste in Wukan: In dem Dorf in Südchina kam es immer wieder zu gewaltsamen Protesten nach einem Konflikt um Landenteignungen, zuletzt im September 2016.

als sensible Wörter einstuft. Wenn du danach suchst, bekommst du die Meldung: ›Aus gesetzlichen Gründen können die Suchergebnisse nicht angezeigt werden.‹ Andere Themen werden auf Weibo heiß diskutiert, aber die Medien dürfen darüber nicht schreiben. Tabu sind zum Beispiel Proteste oder Zusammenstöße zwischen der Polizei und der Bevölkerung. In solchen Fällen meinen die lokalen Regierungen, dass das ihr Image beschädigen könnte. Weil sie es schwer vor der nächsthöheren Regierungsstelle rechtfertigen können. Dann gibt es noch Themen, wie zum Beispiel die Firewall oder VPN, darüber darf man auch nicht zu viel berichten. 2012 oder 2013 gab es mal einen »Internetunfall« in China. Etwa eine Stunde lang konnte man keine .com-Internetseiten öffnen, auch nicht Weibo. Alle dachten, dass Hacker das chinesische Internet angegriffen hätten. Aber sehr wahrscheinlich hatten in Wirklichkeit Techniker bei der Firewall einen Fehler gemacht. Vermutlich wollten sie eine bestimmte Seite blockieren, haben aber versehentlich alle Seiten mit der Top-Level-Domain .com gesperrt. Ich habe damals einen Freund gefragt, der Informatik studierte, wie das passiert sein könnte. Und habe darüber einen Blogbeitrag geschrieben. Ich wusste, dass ich diesen Beitrag bestimmt nicht würde veröffentlichen können. Ich habe es trotzdem versucht und jemanden von einer Webseite gefragt. Er hat abgelehnt.

Letztes Jahr wurde einmal ein Artikel von mir gelöscht, der schon online war. Im Dezember gab es ein sehr schweres Unglück in Shenzhen. Auf einer Mülldeponie ist es zu einem Erdrutsch gekommen, mehrere Wohnhäuser und Fabriken wurden unter einer Lawine aus Bauschutt und Schlamm begraben. Ungefähr 70 oder 80 Menschen sind dabei ums Leben gekommen. In China und im Ausland wurde darüber berichtet. Am Anfang hieß es, es sei eine Naturkatastrophe gewesen. Aber das stimmte nicht. In Wirklichkeit waren Fehler bei der Planung der Mülldeponie gemacht worden. Es waren zum Beispiel keine Abwasserrohre installiert worden. Innerhalb des Müllberges war dadurch der Wasseranteil zu hoch, sodass er leicht abrutschen konnte. Es war ein Industrieunfall aufgrund menschlichen Versagens, keine Naturkatastrophe. Von der Unfallursache hängt ab, wie die betreffenden Regierungsstellen die Untersuchungen führen müssen, in welche Richtung sie ermitteln.

Bei menschlichem Versagen werden Ermittlungen gegen die Firma und die verantwortlichen Personen eingeleitet, bei einer Naturkatastrophe nicht.

Die nationale Propagandabehörde hatte zunächst angeordnet, dass nicht weiter nach der Ursache für das Unglück gesucht werden darf. Ich selbst war nicht am Unglücksort, ein Kollege hat von dort berichtet. Ich habe aber versucht, die Hintergründe zu recherchieren, und war eine Woche lang jeden Tag draußen unterwegs, bin von einer Firma zur anderen gefahren und habe Interviews geführt. Dabei habe ich herausgefunden, dass die Firma, die den Zuschlag für den Betrieb der Mülldeponie bekommen hatte, sie in Wirklichkeit nicht selbst betrieben, sondern an Subunternehmer ausgelagert hatte. Das war illegal. Darüber habe ich einen Artikel geschrieben. Er war anderthalb Tage online, dann wurde er gelöscht. Meine Kollegen in Peking hatten entsprechende Anweisungen von der Behörde für Internetsicherheit und Information bekommen. Ich war sehr empört und fand, dass diese Sache unbedingt veröffentlicht werden müsste. Also habe ich weiter recherchiert und schrieb jeden Tag einen exklusiven Artikel. Das war wirklich ein Erfolgserlebnis. Ihr lasst mich nicht berichten, aber ich berichte trotzdem! Die anderen Artikel wurden dann nicht mehr gelöscht, weil plötzlich keine entsprechende Anordnung mehr von der nationalen Behörde kam. Unsere Zeitung sitzt in Peking und ist ein landesweites Medium. Deshalb haben die Behörden auf Provinz- oder Stadtebene keine Befugnis, uns Anweisungen zu geben.

Ein anderes Beispiel für einen gelöschten Artikel: In der Zentralregierung, im Staatsrat, werden oft Sitzungen abgehalten; Routinesitzungen des Ministerpräsidenten mit allen wichtigen Verantwortlichen der Ministerien und Kommissionen. Nach jeder Sitzung gibt es eine Pressemitteilung, bei der sie sehr genau auf die Formulierungen achten. Einmal, das war 2012, ist meinem Redakteur eine Veränderung in einer Pressemitteilung aufgefallen. In einer Formulierung über die Regulierung des Immobilienmarktes hatte sich eine Kleinigkeit in der Wortwahl geändert. Ich kann mich nicht mehr genau daran erinnern, aber vorher stand dort immer so etwas wie ›intensivere Regulierung‹ und diesmal hieß es ›angemessene Regulierung‹. Das ist nur ein Unterschied von zwei Schriftzeichen, aber daran konnte man erkennen, dass sich in der Einstellung der Zentralregierung zum Immobilienmarkt etwas geändert hatte. Für die Investoren war das eine sehr wichtige Nachricht, deswegen haben wir darüber einen Artikel geschrieben. Keinen halben Tag, nachdem wir ihn veröffentlicht hatten, wurde er gelöscht. Das heißt, man kann nicht einfach die Inhalte von Sitzungen der Zentralregierung kommentieren. Man darf nicht erklären, nicht analysieren, nichts dazu sagen. Das war das erste Mal, dass ein Artikel von mir gelöscht wurde. Damals dachte ich: ›Ups, interessant! Selbst bei diesen Dingen sind die so sensibel.‹

Vielleicht ist es ein bisschen wie ein Spiel. Die Mediengruppe, bei der ich arbeite, traut sich relativ viel. Auch die investigativen Reportagen sind sehr gut gemacht. Das Unternehmen versucht, ständig die Grenzen der Zensur auszutesten, immer noch ein Stück weiter zu gehen. Natürlich wissen sie, dass es Grenzen gibt, bei denen es dann auch um die eigene Existenz geht. Aber ansonsten versuchen sie, dieses Limit immer weiter auszureizen. Deswegen schätze ich meinen Arbeitgeber sehr. Wenn ich selbst schreibe, kann ich schreiben, was ich möchte. Die Redakteure schränken uns da nicht ein. Im Prinzip sagen sie, ›okay, dieses Thema ist interessant, wir machen das.‹ Ob man es am Ende veröffentlichen kann, ist eine andere Sache. Du gehst erst mal los und recherchierst, führst Interviews und schreibst einen Artikel. Nachdem er geschrieben ist, wird dann nochmal diskutiert, ob er veröffentlicht werden kann. So bringt es Spaß.

Ich habe auch mal mit Beamten von Propagandabehörden gesprochen, Beamten aus der Stadt Shenzhen und auch mit einigen ihrer Kollegen von Behörden auf Provinzebene. Die waren eigentlich sehr offen. Es ist nur so, dass über die Verbote nicht gemeinsam entschieden wird, sondern von irgendeiner Einzelperson gesagt wird: ›Okay, darüber darf nicht berichtet werden.‹ Deswegen können sie uns auch verstehen. Und wir können sie verstehen. Also, ich als einfacher Journalist kann die Propagandabeamten verstehen und bin mir sicher, dass sie uns auch verstehen können.

Seit Xi Jinping an der Macht ist, sind die Einschränkungen für die öffentliche Meinung und überhaupt für die ganze Gesellschaft größer geworden. Ich glaube, das hat mit seinem persönlichen Stil zu tun. Das ist zumindest meine Einschätzung. Sein Vorgänger Hu Jintao war viel moderater. Xi Jinpings Kontrollbedürfnis ist größer. Manche Leute vertreten die Meinung, dass es in Zukunft wieder besser werden wird. Ich denke, das ist sehr optimistisch. Jeder wünscht sich das. Ich kann nicht so weit in die Zukunft blicken, aber ich würde sagen, okay, vielleicht kann es sein, dass sich unsere Situation, dass sich die Pressefreiheit in zehn Jahren verbessert hat. Immerhin war bislang jede Generation etwas offener als die vorherige, etwas internationaler und liberaler in ihrem Denken. Die Wirtschaft spielt in dieser Hinsicht auch eine große Rolle. China ist 2001 der WTO (Welthandelsorganisation) beigetreten, vor fünfzehn Jahren. In dieser Zeit hat sich sehr viel verändert. Die Wirtschaft hat sich durch die internationale Öffnung stark entwickelt. Die Menschen kommen mit vielen Dingen aus dem Ausland in Berührung. Dass die Gesellschaft immer offener denkt, hat daher, meine ich, auch mit der Wirtschaft zu tun.

In den ausländischen Medien ist gerade der Streit um die Inseln im Südchinesischen Meer ein wichtiges Thema. Ich denke, in China interessieren sich vor allem Medienleute und Politiker dafür. Die meisten normalen Bürger verstehen überhaupt nicht, welche Orte das Südchinesische Meer eigentlich umfasst, wie die historischen Ursprünge sind, wo die Streitpunkte zwischen China und den anderen Staaten liegen. Aber einige besonders empörte Nationalisten schreiben im Internet Kommentare wie: ›Das Südchinesische Meer gehört China.‹ Also ganz simple Parolen, die nicht viel Sinn machen. Das heißt, selbst wenn dieses Thema in den internationalen Medien sehr große Aufmerksamkeit bekommt, gibt es in China nur wenige, die sich wirklich dafür interessieren. Interessant ist auch, dass chinesische Diplomaten und Mitarbeiter des Außenministeriums bei sensiblen Themen, egal ob es Streitpunkte wie das Hoheitsgebiet oder Menschenrechtsfragen sind, immer das Gleiche sagen: ›China ist ein gutes Land. Das Ausland soll uns nicht verunglimpfen.‹ Aber das entspricht nicht unbedingt dem, was die betreffenden Personen persönlich wirklich denken. Sie müssen nur eben in der Öffentlichkeit so reden. Daher sollten ausländische Medien solche Aussagen nicht allzu ernst nehmen.

Über unsere Generation kann man im Internet häufig lesen: ›Die jungen Leute in China sind sehr nationalistisch und hassen Japaner, Koreaner und die amerikanischen Teufel.‹ Aber eigentlich sind nur ein paar junge Menschen so. Je radikaler jemand ist, desto eher möchte er das zum Ausdruck bringen. Je neutraler man ist, desto eher denkt man, ›ich habe meine eigene Meinung, ich weiß, was da los ist, ich weiß, wer Recht hat und wer im Unrecht ist, aber ich äußere mich nicht dazu.‹ Dies ist eine Gruppe von Menschen, die man nicht ignorieren darf, die aber oft ignoriert wird.

Die Rassisten, ich nenne sie Rassisten, sind im Internet sehr aktiv. Sie schimpfen, egal, ob es um Taiwan, Hongkong, Japan oder Korea geht. Ich weiß nicht, woher das kommt. Vielleicht hat es mit ihrer Erziehung zu tun. Oder sie haben eine sehr einfache Weltsicht. Vielleicht brauchen sie auch einfach nur ein Angriffsziel, um sich abzureagieren. Deswegen tauchen im Internet viele solcher Pöbelkommentare auf. Außerdem gibt es immer wieder Proteste, bei denen es heißt, diese oder jene Unternehmen sollen raus aus China, weil sie japanisch oder amerikanisch sind. So wie im Sommer bei Demonstrationen gegen KFC und McDonald's. Das ist echt unglaublich. Es macht absolut keinen Sinn.

In der Generation unserer Eltern hat Nationalismus auch mit dem Bildungsniveau zu tun. Das Bildungsniveau unserer Eltern ist häufig relativ niedrig. Viele waren nur auf der Grundschule. Wenn diese Generation dann meint, dass das chinesische Volk sehr großartig sei, kommt das häufig daher, dass sie von offizieller Seite indoktriniert wurden und wenig hinterfragten. Oder aber es ist eine ganz schlichte Vaterlandsliebe. Sie lieben nicht unbedingt den Staat, aber das Land. Und das bezieht sich dann auf den Ort, an dem sie geboren und aufgewachsen sind. Häufig haben sie sich ihr Leben lang nur in einem Radius von ein paar hundert Kilometern bewegt. Das ist das China, das sie kennen. Sie waren nie in Peking oder in Guangzhou. Sie kennen nur diese paar hundert Kilometer, die Menschen dort, die lokalen Bräuche und Traditionen. Deswegen, denke ich, ist diese Art von Vaterlandsliebe sehr einfach und ehrlich. Aber es gibt natürlich auch Radikalere, die sagen, ›das chinesische Volk ist das beste. Die anderen sind alle schlecht.‹ Dieses Wort, das sie benutzen, ›Zhonghuaminzu‹, bedeutet so etwas wie ›alle chinesischstämmigen Menschen auf der Welt.‹ In diesem Sinn würde man den Begriff ›Deutsches Volk‹ in Deutschland wahrscheinlich nicht verwenden, oder? Aber in China wird dieser Begriff in den staatlichen Medien benutzt, da heißt es, ›das chinesische Volk ist stark, das chinesische Volk erhebt sich.‹ Die Regierung versucht mit dieser Sprache den Leuten weiszumachen, dass alle Chinesen als Nation vereinigt sind. Aber in Wirklichkeit ist das gar nicht unbedingt so, alle sollen aber denken, dass es so ist.

Ich bin in der Provinz Guangdong geboren und aufgewachsen. Guangdong grenzt an Hongkong. Deswegen haben wir schon von klein auf Hongkong-Fernsehen gesehen, TVB, ATV und so. Wir haben kaum hochchinesisches Fernsehen geschaut. Daher fand ich Hongkong schon immer gut. Aber als ich klein war, hatte ich noch keine Ahnung warum. Ich habe einfach nur im Fernsehen gesehen, wie die Leute dort leben. Über die politische Situation in China wusste ich damals noch überhaupt nichts. Ich habe nicht gedacht, ›China ist eine Diktatur, wir sollten Demokratie haben.‹ Auf diese Art habe ich Hongkong und China nicht verglichen. Es war nur einfach so, dass ich das, was ich im Fernsehen von Hongkong gesehen hatte, auch gerne haben wollte.

Demonstrationen und Proteste hat es in Hongkong schon immer gegeben, das fand ich von klein auf ganz normal. Wenn es etwas gibt, geht man auf die Straße und protestiert. Als in Hongkong 2014 die Regenschirmproteste waren, wäre ich auch gerne dorthin gefahren. Ein Freund von mir, der aus Peking kommt und in Hongkong arbeitet, fand die Hongkonger dagegen einfach nur nervig. ›Warum blockieren sie die Straßen und behindern den Verkehr? Warum behindern sie die Leute, die zur Arbeit gehen wollen?‹ Er fand, dass es keinen Grund gab, warum Hongkong gegen China protestieren sollte. Mir ist damals klar geworden, dass wir zwei vollkommen unterschiedliche Menschen sind. Zumindest, was die Sichtweise auf diese Dinge angeht. Er sieht Hongkong als ungehorsames Kind. Ich dagegen bin der Meinung, dass man demonstrieren und seine Stimme erheben sollte, um seine Rechte einzufordern.

Die meisten meiner Freunde haben mit der Regenschirmbewegung sympathisiert. Das liegt wahrscheinlich daran, dass wir alle an der Sun-Yat-Sen-Universität in Guangzhou studiert haben. Sie gilt als sehr aufgeschlossen und liberal. Die Uni pflegt viele wissenschaftliche Kontakte nach Hongkong und Übersee. Deswegen ist die gesamte Lernatmosphäre sehr offen.

Ich habe mir damals im Internet über VPN die Übertragung der Proteste angeschaut, mehrere Stunden lang. Ich weiß nicht mehr, was ich genau dabei gedacht habe, aber wenn ich mich jetzt daran zurückerinnere, denke ich, okay, angenommen, ich wäre in Hongkong, dann würde ich auf jeden Fall an solchen Demonstrationen teilnehmen. Man ist schließlich ein Teil dieser Stadt. Man realisiert, dass man ein Bürger ist, ein Mitglied der Öffentlichkeit, alle können zusammen etwas unternehmen, um die Situation zu verändern.

Später habe ich aber Berichte über Zhang Miao gelesen, eine chinesische Mitarbeiterin der deutschen Zeitung *Die Zeit*. Sie wurde festgenommen und war neun Monate in Haft, weil sie ihre Unterstützung für die Regenschirmbewegung gezeigt hatte. Auch ihr Anwalt wurde später festgenommen. Nachdem ich das gelesen hatte, dachte ich, okay, ich muss mir nochmal überlegen, ob ich wirklich an so etwas teilnehmen sollte. Vielleicht sollte ich mich zumindest verkleiden. *[lacht]* Denn schließlich lebe ich ja in China und wüsste nicht, was für Konsequenzen es hätte, wenn ich zurückkommen würde.«

HONGKONG UND TAIWAN

Foto Vorderseite: Tan Chi Wing, 譚志榮

HONGKONG

Eigentlich gehört Hongkong zu China, auch wenn die Stadt als Sonderverwaltungszone einen herausgehobenen Status hat. Aber die Regenschirmproteste 2014 haben gezeigt, wie weit sich die Stadt und der Rest des Landes auseinanderentwickelt haben. Vor allem nach dem Zweiten Weltkrieg gingen beide Seiten ganz unterschiedliche Wege. Die Volksrepublik machte eine Zeit der wirtschaftlichen, sozialen und politischen Brüche durch, die teils von Hungersnöten und Katastrophen geprägt waren. Hongkong unter den Briten erlebte einen wirtschaftlichen Aufschwung und erlangte immer größeres Selbstbewusstsein. Hinzu kamen bürgerliche Freiheiten und ein verlässliches Rechtssystem, das in Augen vieler ein Teil der »Kultur Hongkongs« geworden ist. Die junge Generation in Hongkong ist also von einer ganz anderen Geschichte geprägt als die Jugend der Volksrepublik. Wir haben Hongkong deshalb einen Sonderteil gewidmet, in dem es auch darum geht, warum viele junge Hongkonger keine Chinesen sein wollen.

Geschichte

Hongkongs Geschichte als britische Kolonie begann mit einem Krieg um Drogen. Großbritannien hatte 1839–41 gegen das chinesische Kaiserreich gekämpft, um weiterhin Opium aus Indien nach China verkaufen zu können. Nach dem Sieg fiel die Insel Hongkong an das Vereinigte Königreich, kurz da-

> rauf auch die Halbinsel Kowloon. 1888 folgte ein Mietvertrag über 99 Jahre für weitere Gebiete. Als er auslief, entschied sich Großbritannien 1997, die gesamte Kolonie zurückzugeben. In den Verhandlungen mit China kamen beide Seiten überein, dass Hongkong für eine Übergangszeit von 50 Jahren einen Sonderstatus bekommt: Die dort geltenden Bürger- und Freiheitsrechte sollen so lange erhalten bleiben.

Hongkong galt lange als Finanzmetropole, in der Menschen in weißen Hemden, dunklen Anzügen und mit kleinen Koffern ausschließlich ihren Geschäften nachgehen. Ein Bild, das allerdings längst nicht mehr stimmt und im Herbst 2014 vor der versammelten Weltpresse korrigiert wurde. Damals besetzten schätzungsweise etwa hunderttausend, vor allem junge Hongkonger über Wochen Teile der Innenstadt und forderten mehr Demokratie. Die Weltöffentlichkeit rieb sich die Augen. Hongkongs Jugend schien ihr politisches Bewusstsein gefunden zu haben. Die Polizei ging für Hongkonger Verhältnisse ungewöhnlich hart vor und versuchte, mit Tränengas die protestierenden Schüler und Studenten zu vertreiben. Die Regenschirme, die Demonstranten als Schutz vor dem Tränengas aufspannten, wurden zum Symbol und Namensgeber der sogenannten »Regenschirmproteste«.

Die Unzufriedenheit, vor allem der jungen Hongkonger, hatte bereits seit längerem zugenommen. Joshua Wong, einer der führenden Köpfe der Regenschirmbewegung, hatte im Alter von 15 Jahren eine Schülerorganisation gegründet und 2012 eine Lehrplanreform zur »patriotischen Erziehung« mit Massenprotesten und einem Hungerstreik erfolgreich bekämpft. Kern der geplanten Reform war, den Schülern Loyalität zur Kommunistischen Partei Chinas beizubringen.

Unter jungen Hongkongern wuchs derweil die Kluft zu China. Die meisten verstehen sich inzwischen als Hongkonger und nicht mehr als Chinesen. Nach Umfragen der Universität Hongkong ist die Zahl der unter 30-Jährigen, die sich mit China identifizieren, drastisch gesunken. Im Sommer 2016 sahen sich weniger als 10 Prozent der jungen Befragten als »Chinese« im weitesten Sinn an. Im Gegensatz dazu stehen die über 50-Jährigen. 44 Prozent von ihnen gaben an, stolz auf ihre chinesische Identität zu sein.

Die Haltung zu China ist damit auch zu einem Generationenkonflikt geworden. Die Elterngeneration sieht China noch als Mutterland an. Einige Familien sind in der Mao-Zeit vor Hungersnöten und der Kulturrevolution nach Hongkong geflohen und haben ihre Wurzeln in der Volksrepublik. Junge Hongkonger haben hingegen oft kaum persönliche Verbindungen nach China und werden zunehmend von der Politik Pekings abgeschreckt.

Hongkongs Grundgesetz garantiert einen hohen Grad an Autonomie sowie Bürgerrechte, Presse- und Versammlungsfreiheit, ein unabhängiges Justizwesen und eigene Sicherheitsbehörden. Vor allem im Vergleich zum Mutterland sind das viele Freiheiten – umso mehr fürchten viele Hongkonger Bürger, dass ihre Rechte untergraben werden. Dass diese Angst nicht unbegründet ist, zeigen Vorfälle aus jüngster Zeit.

So verschwanden im Jahr 2015 über Nacht mehrere Mitarbeiter eines Hongkonger Verlages, der offenbar Bücher mit angeblichen Frauengeschichten von Chinas Präsident Xi Jinping herausgeben wollte. Kurz darauf tauchten die Mitarbeiter im chinesischen Fernsehen mit »Geständnissen« auf. Auch Journalisten berichten von Einschüchterungsversuchen und zunehmender Selbstzensur in den Redaktionen. NGOs, die sich in China engagieren, erzählen hinter vorgehaltener Hand von Besuchen chinesischer Sicherheitsbeamter in ihren Hongkonger Büros.

Die Unzufriedenheit vieler junger Hongkonger hat aber auch mit der Wirtschaft zu tun. Ihre Stadt hatte in den beiden Jahrzehnten nach der Rückgabe an China schwer zu kämpfen. Als Zentrum der Banken und Finanzfonds wurde sie in den Finanzkrisen 1998 und 2008 stark gebeutelt. Hinzu kommt, dass die Stadt als Handelsdrehscheibe mittlerweile Konkurrenz von Metropolen wie Shanghai bekommen hat. Vor allem viele junge Leute sind pessimistisch und sehen sich mit schlechteren Jobchancen, steigenden Mieten und immer höheren Lebenshaltungskosten konfrontiert. Die Einkommen sind extrem ungleich verteilt, wenige Konzerne dominieren die wichtigen Immobilien- und Finanzmärkte. Das britische Wirtschaftsmagazin *Economist* bescheinigt Hongkong Vetternwirtschaft in großem Ausmaß.

Viele der Jungen verlangen deshalb einen Regierungs- und Politikwechsel. Doch den kann es ihrer Ansicht nach nur mit freien Wahlen geben. Die sind zwar in Hongkongs Grundgesetz in Aussicht gestellt, aber nur vage und ohne festen Zeitplan. Pekinger Reformvorschläge für das Wahlrecht waren bislang eher kosmetisch.

So bestimmen pekingnahe Gruppen aus Industrie- und Immobilienwirtschaft weiterhin über die Sitze von 30 der 70 Abgeordneten im Parlament. Der Hongkonger Regierungschef wird nur von Wahlmännern der Pekingtreuen bestimmt und von der chinesischen Zentralregierung bestätigt.

Während es im Grundgesetz keinen Zeitplan für die Einführung eines allgemeinen Wahlrechts gibt, steht das Verfallsdatum für Hongkongs Sonderstatus fest: 2047. Dann soll Hongkong eine »normale« chinesische Metropole werden. Die Hoffnung der älteren Aktivisten, dass bis dahin Demokratie in ganz China erreicht werden kann, teilen viele junge Hongkonger nicht. Viele haben die Hoffnung auf ein Einlenken Pekings nach den Regenschirmprotesten von 2014 aufgegeben.

Die politische Landschaft hat sich seitdem verändert. Das demokratische Lager ist gespalten. Die Grenze verläuft ungefähr zwischen alten und jungen Parteien. Auf der einen Seite stehen die alten Demokraten, die mit Peking verhandeln wollen und die Zugehörigkeit zu China grundsätzlich akzeptieren. Auf der anderen Seite stehen die jungen Parteien, die eine Zugehörigkeit zu China infrage stellen oder ablehnen.

Bei den Parlamentswahlen sind erstmals neben den traditionellen demokratischen Parteien, den Pandemokraten, auch neue Strömungen ins Parlament eingezogen: Vier junge Abgeordnete wurden gewählt, die einen radikaleren Kurs gegenüber China fordern.

Zwei der Abgeordneten[17] wurden allerdings kurz darauf nach einer entsprechenden Anweisung aus Peking vom Parlament ausgeschlossen, weil sie den Eid nicht korrekt abgelegt hätten und keine

---

17   Sixtus »Baggio« Leung und Yau Wai-ching von der Lokalisten-Partei »Youngspiration« wurden ausgeschlossen.

Treue zu China schwören wollten. Auch gegen weitere Abgeordnete sind inzwischen Ausschlussverfahren eingeleitet worden, sie waren zum Zeitpunkt der Buchveröffentlichung aber noch nicht entschieden. Befürchtungen, Hongkong könne seine Freiheiten langsam verlieren, wurden durch das chinesische Vorgehen bestärkt.

Einen großen Einfluss auf das Regierungshandeln hat die Opposition allerdings ohnehin nicht. Weil nur ein Teil der Abgeordneten frei gewählt wird, kann die Opposition die Pekingtreuen nicht überstimmen, sondern höchstens Grundgesetzänderungen verhindern. Die Entwicklung bei den jüngsten Wahlen zeigt aber, wie frustriert Hongkongs Jugend ist.

Einige Gruppen, die sogenannten Lokalisten, fordern sogar Unabhängigkeit. Allerdings ist Hongkongs Wirtschaft mittlerweile eng mit der Volksrepublik verwoben. Die Nachbarmetropole Shenzhen hat sich fast zu so etwas wie einer Zwillingsstadt entwickelt, mit zahlreichen Zug-, U-Bahn-, Bus- und Fährverbindungen. Hongkonger Geschäftsleute haben dort Unternehmen aufgebaut, Shenzhen liefert im Gegenzug Strom und Wasser. Hongkonger kaufen gerne in Shenzhen Billigwaren ein, Shenzhener in Hongkong Luxusartikel. Für Chinesen aus der Volksrepublik ist es mittlerweile viel leichter, nach Hongkong einzureisen. Wurden 1997 nur 2,3 Millionen Besuche aus China verzeichnet, waren es 2015 knapp 46 Millionen. Die meisten Besucher reisen allerdings nur für einen Tag in die Sonderverwaltungszone.

Nach Regierungsumfragen sieht eine Mehrheit der Jungen diese Öffnung kritisch. Eine »anti-chinesische Stimmung macht sich in einem Teil der Hongkonger Bevölkerung breit. Chan Kok Hin, einer der Studentenführer während der Regenschirmproteste blickt mit Sorge auf diese Entwicklung.

DER NACH-DENKLICHE AKTIVIST

民主活動家

DER NACHDENKLICHE AKTIVIST
民主活動家

Der Stadtteil Mongkok abends um halb neun. Die alten Neonreklamen werfen buntes Licht auf den Asphalt. Es ist der Nordteil der Nathan Road, die sich wie eine Hauptschlagader mitten durch das Straßengewirr der Halbinsel Kowloon bis zum Fähranleger nach Hongkong Island zieht. Ein paar neue Shoppingmalls mit Glasfassaden sind in dem alten Arbeiterviertel entstanden. Früher war es das Zentrum der einst florierenden Textilindustrie. Aus den Konsumtempeln strömen Scharen junger Menschen mit Einkaufstüten. Die tackernden Signale der Fußgängerampeln zerteilen den Verkehr.

Nur ein Straßenzug weiter wirkt der Stadtteil wie aus den Hongkong-Gangsterfilmen der 70er-Jahre: Kleine Kaschemmen mit Klapptischen, Straßenschluchten zwischen Häuserblocks mit bröckelnden Betonfassaden. Ein alter Mann mit Bart hat seinen Wahrsagerstand aufgemacht. Auf seinem kleinen Pult liegen Bücher mit alten magischen Diagrammen. Mongkok hat den Ruf, ein verhältnismäßig raues Pflaster zu sein. Während der Regenschirmproteste kam es hier zu den härtesten Auseinandersetzungen.

Etwas weiter nördlich hat Chan Kok Hin gerade Feierabend gemacht. Eigentlich studiert er noch und ist kurz vor seinem Abschluss in Soziologie, aber er hat bereits begonnen, nebenher in seinem neuen Job zu arbeiten, im Stadtteilbüro einer sozialdemokratischen Partei. Er ist einer der früheren Studentenführer aus den Tagen der Regenschirmproteste. Anders als viele seiner Mitstreiter von damals hat er allerdings keine neue Partei gegründet. Er distanziert sich von den radikalen Forderungen, die nach den Protesten laut geworden sind.

Hin ist Mitte Zwanzig, etwas untersetzt und wirkt eher gemütlich, wie einer, mit dem man sich gerne anfreunden möchte. Er macht einen ruhigen und überlegten Eindruck, wird aber fast ein wenig melancholisch, als er über die Regenschirmproteste im Herbst 2014 spricht. Hin gehört zu denen, die sich nicht gerne an die Zeit von damals erinnern. »Wir haben uns danach sehr zerstritten«, sagt er. »Das hat wirklich weh getan.«

In einer Nebenstraße führt er uns durch einen schmalen Eingang in ein dunkles Treppenhaus mit ausgetretenen Stufen. Überall hängen halb abgerissene Plakate. Ein paar Leute schaffen gerade die Ausrüstung einer Band nach draußen. Ein wackeliger Aufzug bringt uns in den achten Stock, in einen großen Raum mit alten Büromöbeln. Im hinteren Teil hat sich eine Gruppe von Menschen unterschiedlichen Alters um einen Tisch versammelt und diskutiert vor einer Flipchart-Tafel.

Hin winkt uns in eine andere Ecke, wo er es sich auf einem durchgesessenen Drehstuhl bequem macht, während wir uns auf ein abgeschabtes Ledersofa setzen.

»Der Raum gehört eigentlich zum Studentenwerk«, erklärt er. »Aber manchmal verleihen wir ihn an lokale Bürgerrechtsgruppen, wenn die sich treffen wollen.« In Kürze soll ein hoher Repräsentant aus der Volksrepublik Hongkong besuchen. Viele Protestgruppen bereiten sich vor. Hongkong hat eine lebhafte Bürgerrechtsszene.

Seit der Rückgabe von Hongkong an China vor zwei Jahrzehnten fordern Hongkonger Demokraten immer wieder freie Wahlen. Dabei verweisen sie auf ihr Grundgesetz, das nach den Verhandlungen von Großbritannien und China vor der Übergabe zustande kam. Unter anderem heißt es in Artikel 45: »Der Regierungschef soll letztlich durch allgemeine Wahlen bestimmt und von einem breit besetzten Komitee nominiert werden, wie es demokratische Prozesse verlangen.« Davon ist das derzeitige Wahlrecht aber weit entfernt. Eine Gruppe Wahlmänner aus pekingnahen Organisationen bestimmt den Regierungschef.

Die chinesische Regierung hat Hongkong mit dem Versprechen einer Wahlrechtsreform immer wieder vertröstet. 2013 wurden die

Hongkonger dazu aufgerufen, Reformvorschläge für die Wahl vier Jahre später zu machen. Parteien, Bürgerbewegungen und unabhängige Akademiker beteiligten sich – und wurden am Ende enttäuscht.

Der Gesetzentwurf aus Peking sah zwar freie Wahlen vor, aber nur unter Kandidaten, die pekingfreundliche Wahlmänner vorher aussuchen sollten. Der Aufruhr unter den demokratischen Parteien war groß. Mit ihrem Veto im Parlament lehnten sie den Vorschlag ab.

Bürgerrechtler warfen Peking Wortbruch vor. Ein paar Veteranen der Demokratiebewegung hatten bereits über Pläne für »Occupy Central«, eine Besetzung des Bankenviertels, nachgedacht, um ihrem Protest Ausdruck zu verleihen. Aber sie zögerten. Das war der Moment, in dem Hins Generation ins Spiel kam.

Ich war damals in meinem zweiten Studienjahr und gerade in die Studentenvertretung gewählt worden. Zu meinen Aufgaben gehörte die Zusammenarbeit mit dem Verbund der Studentenvertretungen der Hongkonger Universitäten, HKFS. Wir wollten unbedingt für mehr Demokratie kämpfen, aber wir hatten das Gefühl, dass die Leute von ›Occupy Central‹ nicht den Mumm hatten, ihre Pläne umzusetzen. Auch die traditionellen Parteien waren nur mit Diskussionen im Parlament beschäftigt. Manchmal hat man da das Gefühl, dass sie nur reden, aber nicht handeln.

Wir haben dann zusammen mit der Schülerorganisation Scholarism von Joshua Wong einen Streik an den Unis und Schulen ausgerufen. Irgendjemand hatte daraufhin spontan die Idee, die Regierungszentrale am Tamar-Park zu besetzen. Noch am selben Abend sind wir los. Der Plan war: Wir stürmen rein, werden von der Polizei festgenommen und kommen ins Gefängnis. Unsere Hoffnung war, dass die Bevölkerung aufgerüttelt wird und Leute auf die Straße gehen, wenn Studenten verhaftet werden.

Ich dachte, okay, ich zahle den Preis, wenn ich damit Aufmerksamkeit für unsere Sache bekomme und die Leute uns zuhören.

Wir wollten uns sozusagen dafür opfern. Wir hätten niemals erwartet, dass so viele Leute uns unterstützen und bei den Protesten mitmachen würden. Das ist alles viel größer geworden, als wir je gedacht hätten.

Die Polizei hat uns an der Regierungszentrale aufgehalten. Mehr und mehr Leute sind gekommen und haben protestiert. Die Polizei ist daraufhin auf die Demonstranten losgegangen und hat Tränengas eingesetzt. Das hat dann schließlich zu den wochenlangen Regenschirmprotesten geführt. Es gab viele Augenblicke, in denen wir Angst hatten, aber ich fand, das war es wert.

Später war ich vor allem bei der Besetzung in Causeway Bay dabei. Im Gegensatz zu den Stadtteilen Mongkok und Admiralty war es vergleichsweise sicher und ruhig dort. Trotzdem habe ich immer noch sehr eindrückliche Erinnerungen daran. Ganz unterschiedliche Leute kamen zusammen, aus verschiedenen Altersgruppen und sozialen Schichten, das war toll.

Na ja, später wurde die Situation immer schwieriger. Die Regierung versuchte, Zeit zu schinden, woraufhin die Menschen die Geduld verloren haben. Immer wieder gab es Übergriffe der Polizei, und wir machten uns Sorgen um die Demonstranten. Außerdem gab es ständig Streit darüber, wie es weitergehen sollte. Einige hatten gesagt, wir müssten Gewalt anwenden und bis zum Äußersten gehen. Andere waren der Meinung, dass wir uns an zivile Regeln und Prinzipien halten sollten.

Solche Diskussionen gab es ständig und überall. Für mich als einer der Studentenführer war es schwierig, damit umzugehen. Viele waren aufgebracht, wütend und haben sich irrational verhalten. Die Demonstranten haben angefangen, sich gegenseitig zu bekämpfen – und nicht mehr die Regierung. Und dann gab es noch Bürger, die gegen die Bewegung waren und Dinge sagten wie: ›Lasst mich in Ruhe und haltet mich nicht von meiner Arbeit ab.‹

Mitte Dezember haben wir dann aufgegeben.

Nach dem Ende der Proteste ist die Atmosphäre in der Bewegung immer schlechter geworden. Ständig griffen sich die Leute gegenseitig an. Keiner hat analysiert und nachgedacht. Alle haben sich gegenseitig die Schuld dafür gegeben, dass es am Ende nicht funktioniert hat.

Im Verbund der Studentenvertretungen waren ursprünglich acht Unis. Nach der Bewegung sind vier davon ausgetreten, weil sie glaubten, dass die Studentenführer unfähig waren und ihre Entscheidungen nicht demokratisch getroffen wurden. Aber damals war eben vieles chaotisch. Und klar, es war unsere Schuld, dass wir kein System aufgebaut haben, bei dem jeder Student und Schüler mitentscheiden kann. Aber als die Bewegung entstanden ist, hatten wir Angst, von der Regierung unterwandert zu werden. Damals haben wir tatsächlich niemandem getraut. Deshalb haben wir die Meetings nur unter uns Studentenführern abgehalten. Manchmal haben wir die richtigen Entscheidungen getroffen, zum Beispiel als wir anfangs losgestürmt sind, um den Regierungssitz zu besetzen. Später, wie gesagt, haben die Leute die Geduld verloren und sich zerstritten.

Auch Joshua Wong hat solche Anschuldigungen abbekommen. Aber er hatte Glück, dass er kein Studentenvertreter war. Er hatte ja seine eigene Organisation und war deshalb aus dem Schneider. Aber nachdem er seine Partei Demosisto gegründet hatte, haben ihn die Lokalisten angegriffen.

Zwischen den führenden Köpfen der Bewegung sind mittlerweile große Rivalitäten entstanden. Sie sind Feinde geworden. Das ist wirklich sehr traurig.

Die Ereignisse haben die Moral der Leute, die für Demokratie in Hongkong kämpfen, empfindlich getroffen. Viele meiner Freunde waren sehr traurig und depressiv, nachdem die Bewegung beendet war. Sie gingen zurück in die Schule oder an die Uni und waren sehr enttäuscht. Das war die Atmosphäre, die den Lokalisten Auftrieb gab und in der sie viele Unterstützer bekommen haben.

Die Lokalisten geben den traditionellen Parteien und den Studentenführern die Schuld am Scheitern der Bewegung. Sie hätten den falschen Kurs gewählt. Sie hätten die Bewegung von den Leuten gekidnappt. So ungefähr ist deren Meinung. Das macht mich wirklich wütend.

Die politische Landschaft in Hongkong hat sich seitdem verändert. Bei den Parlamentswahlen haben sich viele neue Leute aufstellen lassen. Es gibt mindestens zwei neue Strömungen: Die Lokalisten und die anderen Studentenführer von damals. Wenn man versucht, sie auf einem politischen Kompass einzuordnen, würde ich sagen, dass die Studentenführer eher links-liberal sind. Die Lokalisten gehören eher in die rechte Ecke. Sie rufen zu radikalen Aktionen gegen die Regierung auf. Zum Beispiel bei der sogenannten ›Fischbällchen-Revolution‹ am Chinesischen Neujahr in Hongkong. Eigentlich haben sie nur Feuer gelegt und die Polizei angegriffen. Aber sie haben eben gezielt Gewalt einkalkuliert.

Ich ordne sie rechts ein, weil sie sich nicht um die soziale Ungleichheit in Hongkong kümmern, die Vetternwirtschaft, die Landentwickler und Immobilienmogule, die mit der chinesischen Regierung zusammenarbeiten. Diese Gruppen sind das eigentliche Problem in Hongkong. Nicht für alles kann man China die Schuld geben. Vieles liegt auch an den Immobilienentwicklern, die den Markt unter sich aufteilen. Die Lokalisten denken, die Probleme lassen sich lösen, wenn Hongkong unabhängig wird. Ich glaube, immer mehr Leute haben das Gefühl, dass sie gerne unabhängig wären. Ich glaube aber nicht, dass eine Mehrheit das wirklich unterstützen würde. Viele denken, das eine Unabhängigkeit unmöglich ist, auch weil die wirtschaftlichen Verflechtungen zwischen China und Hongkong sehr eng sind.

Bei den jungen Hongkongern sind solche Ideen sehr attraktiv – aber ich weiß nicht, vielleicht liegt das auch nur daran, dass sie mit der sozialen Realität nicht zufrieden sind.

Ich finde, das Wichtigste ist, dass man die Grenzen zwischen den Menschen abbaut, um miteinander zu reden und sich gegenseitig zu verstehen. Deshalb macht es keinen so großen Sinn, darüber zu sprechen, ob Hongkong ein Teil Chinas ist oder nicht.

Außerdem, viele Hongkonger in ihren 40ern und 50ern fühlen sich als Chinesen. Sie sehen Hongkong als Teil Chinas und ihre Identität als Chinesen. Einige sind früher von China nach Hongkong geflohen. Vor allem während der Hungersnöte und der Kulturrevolution in den 50ern und 60ern sind viele durch den Grenzfluss geschwommen. Deshalb haben sie starke soziale Bindungen zu ihrer alten Heimat.

Meine Identität? Ich bin Hongkonger. Ich weiß nicht so recht, ob ich Chinese bin oder nicht.

Ich mag die chinesische Geschichte. Ich mag die chinesische Kultur. Ich mag es, chinesische Gedichte zu lesen. Wir haben auch chinesische Feiertage. Was ich nicht akzeptieren kann, ist der chinesischen Nationalismus, das kann ich auf jeden Fall sagen. Aber ich würde Chinesen nie diskriminieren. Einige Lokalisten sagen: ›Alle Chinesen sind Bastarde!‹ Sie seien wie Heuschrecken, die unsere Ressourcen plündern, und so weiter. Eine solche Fremdenfeindlichkeit ist für mich inakzeptabel.

In der Volksrepublik war ich noch nie – und jetzt, nachdem ich in der Regenschirmbewegung engagiert war, kann ich auch schlecht dorthin. Vielleicht in ein paar Jahren wieder. Ich würde mir dann gerne anschauen, wie es dort ist. Vielleicht einige Städte bereisen und aufs Land fahren, um China besser zu verstehen. Ich bin zwar gegen den chinesischen Nationalismus, aber es macht mir nichts aus, einen interkulturellen Austausch mit Chinesen einzugehen. Ich beurteile Menschen nicht danach, ob sie Chinesen sind oder was für einer Rasse oder Ethnie sie angehören, sondern nach ihren Wertvorstellungen. Das ist doch das Wichtigste.

Als Hongkong 1997 an China zurückgegeben wurde, hat die chinesische Regierung versprochen, dass sich in den nächsten 50 Jahren nichts ändern wird, dass Hongkong stark und eigenständig bleibt – aber das hat sich nicht bewahrheitet. Man kann sehen, dass die chinesische Regierung mit allen Mitteln versucht, Hongkong zu kontrollieren. Sie will die Redefreiheit immer stärker einschränken, und es wird immer schwerer, Teile unserer Kultur[18] zu bewahren.

Die Medien praktizieren immer stärker Selbstzensur. Zusätzlich gibt es Interventionen in Hongkong, wie die Entführung von Mitarbeitern eines chinakritischen Verlages (siehe Einleitung zu Hongkong, ab Seite 205), so etwas ist nicht akzeptabel, das macht mich wütend und enttäuscht mich. In Zukunft wird es immer schwieriger werden, die Autonomie Hongkongs zu bewahren.

---

18 Vor der Rückgabe Hongkongs an China wurde kaum Mandarin gesprochen. Nun gibt es Befürchtungen, dass Kantonesisch zunehmend von Hochchinesisch (Mandarin) verdrängt werden könnte. Viele fürchten auch um die Kultur der Offenheit und Liberalität in der Stadt. Siehe auch Kapitel *Der Radikale*, ab Seite 223

Deshalb ist doch die Frage am wichtigsten, wie die Menschen zusammenstehen können, um gegen die Tyrannei zu kämpfen. Und das gilt für die Zusammenarbeit der Menschen in Hongkong genauso wie für eine Zusammenarbeit zwischen den Menschen in Hongkong und der Volksrepublik.

Vielleicht wird jemand sagen: ›Ach! Du denkst wie ein Kind, du glaubst an die Leute aus der Volksrepublik – denen kann man doch nicht trauen!‹ Aber ich denke, dass das Quatsch ist! Wenn wir nicht mit immer mehr Menschen aus verschiedenen Orten zusammenarbeiten, können wir nicht erfolgreich für Demokratie kämpfen.

Die Sowjetunion hat sich schließlich auch aufgelöst. Und ich denke, eines Tages werden möglicherweise auch verschiedene chinesische Provinzen die Unabhängigkeit erklären. Oder alle sind eines Tages innerhalb einer demokratischen Republik vereint. Ich glaube, dass das möglich ist.

Meine Mutter macht sich Sorgen und sagt Dinge wie: ›Warum setzt du deine ganze Energie nicht bei deinem Studium ein und wirst Beamter, dann hast du einen sicheren Job‹ ... bla, bla, bla ... und so weiter. So etwas habe ich früher andauernd gehört. Aber ich will einfach kein Beamter sein, das ist zu langweilig und weit weg von den Werten, an die ich glaube. Mittlerweile kommt sie mir nicht mehr damit. Sie hat verstanden, dass ich mich nicht ändern werde. Vielleicht hat sie sogar akzeptiert, was ich mache. Vielleicht. Ich bin mir nicht sicher ...

Aber zumindest ist sie nicht mehr strikt gegen das, was ich tue. Auch jetzt, wenn ich für eine politische Partei arbeite, hat sie nichts dagegen. Glaube ich. Im Grunde will sie vermutlich einfach, dass mir nichts passiert. Manche haben es sehr schwer zu Hause, weil ihre Eltern die Proteste und die soziale Bewegung ablehnen. ›Ihr stört die öffentliche Ordnung, macht Ärger und löst Streit aus.‹ So denken wohl viele Eltern.

Nach der Regenschirmbewegung war ich depressiv und enttäuscht. Aber ich habe nicht aufgegeben, mich in sozialen Bewegungen zu engagieren. Ich arbeite jetzt für die Partei Neighbourhood and Workers Service Center, weil ich gerne organisiere und mit Menschen zu tun habe. Ich denke, wir müssen die Bürger in den Stadtteilen organisieren und auf einen Wechsel hinarbeiten. Wir reden mit alten Leuten in dem Viertel, in dem mein Büro ist. Ich denke, das ist wichtig, um mehr über die Hongkonger zu erfahren. Hongkonger sind nicht nur Studenten aus der Mittelschicht, die sonst keine großen Probleme in ihrem Leben haben und sich die ganze Zeit im politischen Kampf engagieren können. Manche müssen sich um ihre Kinder kümmern, arbeiten zwölf Stunden am Tag – wie kann man von denen verlangen, dass sie sich engagieren? Für solche Menschen ist es sehr schwierig. Daher ist es für uns wichtig, die Hongkonger besser zu verstehen. Nur so bekommen wir ihre Unterstützung für pro-demokratische Bewegungen. Aber es ist schwierig, den Studenten so etwas zu erklären.

Ich bin jetzt am Ende meines vierten Jahres an der Uni, danach werde ich einen Vollzeitjob haben. Deshalb kann ich so etwas sagen, aber ich denke, für einen Studenten, der mit viel Leidenschaft und Wut unterwegs ist, dem kann man es nur schwer erklären. Es dauert einfach lange, bis die Leute einander verstehen. Die Bewegung hat gezeigt, dass die Zivilgesellschaft noch nicht stark genug ist. Sie ist noch nicht genügend kooperationsbereit. Das war bei der Regenschirmbewegung ein Problem. Es stimmt nicht, dass alles, was schiefgelaufen ist, unsere Schuld war. Alle Hongkonger haben die Verantwortung, die Gesellschaft zu verändern.

Es war gut, mit euch über das alles zu reden. Normalerweise versuche ich, nicht viel über die Regenschirmbewegung nachzudenken. Der Streit danach war wirklich heftig, und es war so furchtbar, wie alle sich nur noch gegenseitig beschuldigt haben. Aber wenn man jetzt zurückschaut, war es doch ein wichtiges Ereignis, auch wenn die Bewegung mit ihren Forderungen gescheitert ist. In der Geschichte Hongkongs kann man kaum eine vergleichbare Aktion zivilen Ungehorsams finden – auch nicht in China nach 1989.«

DER RADIKALE
本土派支持者

Wohnheim auf einem Uni-Campus in Shanghai: Nach den Strapazen der Aufnahmeprüfung ziehen jeweils acht Studenten in ein Zimmer ein.

Punk-Band *Shochu Legion*

Nachtleben in den Metropolen – junge Städter auf der Suche nach Vergnügen

Wanderarbeiterkinder an einer Mittelschule – sie sind oft »Bürger zweiter Klasse«.

Die Organisation Jiuqian hilft ihnen, den Frust zu vergessen.

Zocken im Internet-Café – auf der Suche nach Ablenkung

Bauarbeiter Ou Lin vor unserem Fenster im 18. Stock

Shoppingviertel für Neureiche

Helme und Masken gegen Schlagstöcke und Tränengas – die Regenschirmbewegung 2014 in Hongkong. (Foto: Tan Chi Wing, 譚志榮)

Uni-Viertel in Taipeh

In Taiwan werden viele Traditionen gelebt – Tempelfest am Geburtstag eines Gottes.

Inszenierte Fotos sind sehr beliebt – am See bei Dali verdienen Aussteiger ihr Geld als Fotografen.

Um ein Foto in dieser Kugel machen zu können, muss man stundenlang anstehen.

Auch alte Industrieanlagen sind beliebte Fotokulissen.

Ein romantisches Fotoshooting ist ein Muss vor jeder Hochzeit.

Wer nicht zu großen Sehenswürdigkeiten fahren kann, muss sich mit der Fußgängerzone begnügen.

Weit weg von zu Hause die Freiheit genießen – zwei junge Frauen auf dem Weg zur Uferpromenade (bei Dali).

Blumen im Haar gehören für viele Besucher in Dali dazu, ...

... manche lernen in der alten Hippiestadt auch Trommeln.

Xiaoli und ihre »Regenbogenfarm«

Aufwachsen ohne Drill – Kinder in der »Heimunterrichts-Kommune«

Der Vater von Ökobauer Ning kann seinen Sohn nicht verstehen.

Auf dem Land leben oft nur noch alte Leute.

Hostel in Langmusi, Anlaufstelle für abenteuerlustige Rucksackreisende

Reisen als Form der Selbstfindung – eine Straße auf der Tibetischen Hochebene

Ältere Chinesen teilen oft nicht den Humor des Designers Luling.

Musik machen trotz Gegenwind – die Band *312* in Luoyang

Junge und Alte scheinen manchmal in unterschiedlichen Welten zu leben.

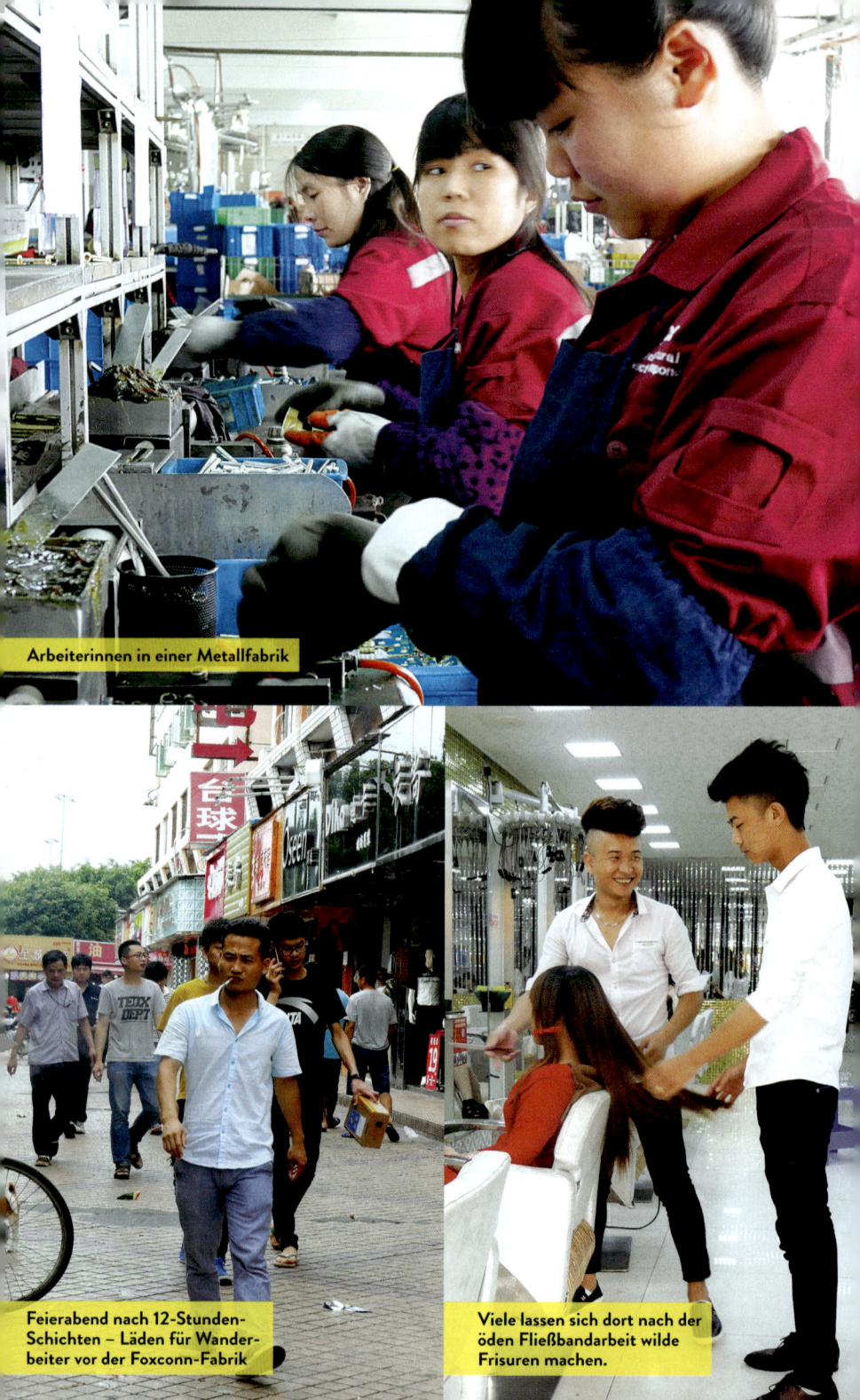

Arbeiterinnen in einer Metallfabrik

Feierabend nach 12-Stunden-Schichten – Läden für Wanderbeiter vor der Foxconn-Fabrik

Viele lassen sich dort nach der öden Fließbandarbeit wilde Frisuren machen.

DER RADIKALE
本土派支持者

Die Leitungsgruppe der Chinesischen Universität Hongkong war gerade in einem der Sitzungsräume im Bank of America Tower im Zentrum von Hongkong zusammengekommen, als auf einmal eine Gruppe von etwa 50 Leuten in den Saal stürmte. Einige trugen schwarze Masken und gerieten in ein Handgemenge mit dem Sicherheitspersonal. Einer der Wachmänner wurde mit einer blutenden Verletzung am Kopf ins Krankenhaus gebracht.

Die Eindringlinge waren Studentenvertreter und Mitglieder radikaler lokaler Gruppen. Ihre Forderung: Der Regierungschef von Hongkong dürfe nicht, wie bisher, automatisch Kanzler der Universität werden. Die akademische Unabhängigkeit sei gefährdet.

Die Universitätsverwaltung zeigte sich diskussionsbereit und lud zwei Repräsentanten der Eindringlinge in die Sitzung ein, während sich die anderen vor dem Sitzungssaal postierten. Am Ende wurde beschlossen, die Diskussion in einer Arbeitsgruppe weiterzuführen.

Einer der Anführer der Protestaktion, Ernie Chow Shue-Fung, Präsident der Studentenvertretung, äußerte sich später zu der Verletzung des Wachmanns. Physische Konflikte, sagte Ernie, halte er manchmal für unausweichlich – eine neue Tonlage in der Studentenschaft.

Ernie gehört zu den Studenten, die während der Regenschirmproteste radikaler geworden sind. Er hat sich als Angehöriger der Lokalisten in die Studentenvertretung wählen lassen. Sie verstehen sich als Hongkonger Patrioten und wollen sich vom Rest Chinas absetzen. Vor allem aber unterscheidet sie von anderen Gruppen ihr Verhältnis zur Gewalt.

Zahlreiche Parteien und Organisationen haben sich gebildet, die den Lokalisten zuzurechnen sind. Sie nennen sich zum Beispiel Youngspiration, Civic Passion und Hongkong Indigenous. Auch die Hongkong National Party gehört dazu. Die Gruppen bestanden zum Teil bereits vor der Regenschirmbewegung 2014. Sie bekamen aber danach viel Zulauf. Zählt man bei der letzten Parlamentswahl alle Stimmen in allen Bezirken zusammen, machte etwa jeder fünfte Wähler sein Kreuz bei Kandidaten dieser Gruppen, berechnete die *South China Morning Post*.

Einige Lokalisten unterhalten Online-Radiosender und Magazine. Andere versuchen, mit Aktionen auf sich aufmerksam zu machen. Zum Beispiel mit Protesten und Pöbeleien gegen Chinesen, die Mehrfach-Besuchervisa nutzen, um am Zoll vorbei Milchpulver und andere Dinge zu handeln, die dann nach Ansicht der Lokalisten in Hongkong fehlen. Zuweilen gipfeln ihre Proteste in Attacken auf Warenlager und Geschäfte, die sich z. B. auf solchen Handel konzentrieren. Auch Chinesinnen, die nach Hongkong kommen, um ihr Kind auf die Welt zu bringen, werden angefeindet. Die dort geborenen Kinder haben dann das Recht auf eine Hongkonger Aufenthaltsgenehmigung.

Überhaupt sehen die Lokalisten nicht nur die Freiheit, sondern auch die Kultur Hongkongs durch China bedroht. Sie verlangen mehr Autonomie bis hin zur Unabhängigkeit. Das Buch des führenden Lokalisten Chin Wan-Kan, *Hongkong as a City-State,* spricht sich sogar für einen eigenständigen Stadtstaat aus. Es war ein Bestseller in Hongkong und bekam den Hongkonger Bücherpreis.

Auch der beliebte Film *10 Years* thematisiert Sorgen vor einer zunehmenden Kontrolle durch China. In verschiedenen Episoden ist zu sehen, wie Hongkonger Kinder im Jahr 2025 zu Rotgardisten erzogen werden, die kantonesische Sprache unterdrückt wird und Menschen vor Selbstverbrennung als letztem Mittel des Protests nicht zurückschrecken.

Die große Distanz zwischen Hongkong und dem restlichen China ist relativ neu. Eigentlich wurden die alten chinesischen Traditionen in Hongkong sogar besser bewahrt als in Maos China. Die Schriftzeichen stammen noch aus der vorrevolutionären Zeit, Religion, Götter, Wahrsager, Fengshui – das alles konnte ohne Brüche weiterbestehen. Auch die Erziehung, das Verhältnis von Kindern und Eltern und die Suche nach materieller Sicherheit sind ähnlich wie in der Volksrepublik. Viele Nichtregierungsorganisationen aus Hongkong haben sich schon vor Jahrzehnten in China engagiert, viele politische Bürger- und Arbeiterrechtsgruppen verfolgen die Situation genau. In den 90er-Jahren konnten wir selbst viele Hongkonger Touristen sprechen, die auf dem Festland Geld spendeten und Solidarität zeigten. Damit scheint es unter vielen jungen Hongkongern mittlerweile vorbei zu sein.

Die Jungen sehen auf einmal mehr die Unterschiede: Mit der Übergabe verbreitete sich Mandarin, die chinesische Hochsprache, in der ehemaligen Kolonie, die früher nur den Dialekt Kantonesisch verwendet hatte. Es gibt nicht nur den Linksverkehr und koloniale Überreste wie die alte Straßenbahn mit Holzverkleidung, auch die Umgangsformen in der U-Bahn oder beim Schlangestehen sind anders als in der Volksrepublik. Man merkt, dass die ehemalige Kolonie schon vor Jahrzehnten zur Metropole geworden ist. Im Vergleich zu den neuen Großstädten der Volksrepublik wirkt Hongkong wie der betagte Onkel. Der Beton ist angegraut, die Menschen abgeklärter. Vor allem aber gibt es viele gesellschaftlich engagierte Gruppen. Hongkong ist zur Metropole der politischen Subkulturen geworden. Selbst der alte Kanto-Pop, der früher mit zuckersüßen Schlagertexten auf Kantonesisch von Hongkong aus die asiatische Welt eroberte, ist politisch geworden. *Erhebt die Regenschirme* wurde zur Hymne der Regenschirmbewegung. Aber auch satirische Songs, wie *Verfolgt von einer Brust* über ein Gerichtsverfahren, in dem eine Frau beschuldigt wurde, einen Polizisten bei Ausschreitungen mit ihren Brüsten behindert zu haben, machen die Runde.

Die neue Haltung zu China, die von den Lokalisten eingenommen wird, hat auch Auswirkungen auf die Opposition in Hongkong. Sie spaltet das demokratische Lager. Am Gedenktag zum Tiananmen-Massaker in Peking gehen jedes Jahr zehntausende Menschen in Hongkong mit Kerzen auf die Straße. Die Lokalisten sind nicht dabei. Das Tiananmen-Massaker sei Chinas Problem, sagen sie. Das habe mit ihnen und Hongkong nichts zu tun.

Genauso argumentiert Ernie. Auch die Regenschirmproteste sieht er in einem ganz anderen Licht als Studentenführer Hin im vorangegangenen Kapitel.

» Die Regenschirmproteste? Waren ein Rohrkrepierer. Warum sollte ich sagen, dass sie ein Erfolg waren? Sie haben einen alten Scheiß bewirkt. Nichts. Klar, es gibt da noch andere Sichtweisen. Das alte prodemokratische Lager sagt: ›Mensch, war doch toll. Die Welt hat auf uns geschaut, wir haben die Leute auf die Straße gebracht und viel Unterstützung bekommen.‹ Aber wenn man mal auf die Fakten schaut – wir haben überhaupt nichts verändert. Und die Aufmerksamkeit der Medien und die Unterstützung – das hört einfach auf. Wenn man die Unterstützung während einer Aktion hat, heißt das nicht, dass man die gleiche Unterstützung bei der nächsten Aktion bekommt. Das ist nicht wie Geld oder irgendwelche Sachen, man kann das nicht aufheben und beim nächsten Mal wieder hervorziehen.

Die sogenannten Anführer von damals, der Verbund der Studentenvertretungen und Scholarism, haben versäumt, die massiven Proteste in echten Erfolg umzumünzen. Die Regierung wurde nicht dazu gezwungen, auch nur ein einziges Zugeständnis zu machen. Weil die sogenannten Führer der Proteste zu ... na ja ... zu konservativ waren. Weil sie das Risiko gescheut haben. Das war nicht das, was wir anderen Protestteilnehmer wollten.

Eine Revolution zu machen, so eine Chance gibt es nur für einen kleinen Moment. Und wenn man diese Gelegenheit nicht ergreift, ist man zum Scheitern verurteilt.

Ich war von Anfang an dabei, gleich bei den Studentenstreiks und immer in der ersten Reihe bei den Auseinandersetzungen mit der Polizei. Ich gehörte zu den aktiven Bewachern in den Protestcamps. Viele meiner Freunde waren weiter hinten und haben sich dort um die Unterstützung gekümmert, ich habe vorne mitgekämpft.

Ursprünglich hatte ich kaum Hoffnung, dass wir die Chance haben würden, etwas zu bewirken. Ich war überhaupt seit langem sehr hoffnungslos, was die Situation Hongkongs angeht. Ehrlich gesagt, ich hätte auch nicht gedacht, dass der Studentenstreik überhaupt so viel Aufruhr erzeugen würde. Dass die Polizei uns mit Tränengas angreift, hätte ich anfangs auch nicht erwartet. Tatsächlich hat das die Regierung überhaupt erst in Schwierigkeiten gebracht. Der ursprüngliche Streik bekam dadurch eine ganz neue Qualität und wurde erst so zu einem massiven Protest.

Ich habe geschlafen, als die Tränengasattacken begannen. Nach dem tagelangen Streik war ich ziemlich erschöpft. Ich hatte nicht genügend Schlaf bekommen, nicht genug gegessen – und das bei der Hitze im Stadtteil Admiralty. Außerdem war ich erkältet. Ich bin nach Hause gegangen und habe 16 Stunden lang geschlafen. Als ich dann aufgewacht bin, habe ich den Fernseher angemacht und gedacht: ›Wow, Jesus.‹ Ich wusste, dass meine Eltern dagegen waren, aber ich bin sofort losgerannt, um zu helfen. Meine Eltern wollten mich zurückhalten, weil sie es für zu gefährlich hielten. Sie hatten Angst um mich.

In der Nacht hatte die Polizei bei den Auseinandersetzungen Fahnen hochgehalten, auf denen stand: ›Verlassen sie den Platz oder wir schießen.‹[19] Viele Bürger, auch meine Eltern, haben befürchtet, dass es ein Massaker wie damals bei den Protesten auf dem Tiananmen-Platz geben würde, diesmal in Hongkong. Deshalb haben sie versucht, ihre Kinder zurückzurufen. Alle hatten wirklich Angst.

Ich war auch besorgt, aber ich hatte keine Angst. Junge Männer denken darüber nicht so viel nach. Man denkt, es passiert, was passiert. Außerdem hatte ich viele gute Freunde, die ganz vorne in der ersten Reihe mit dabei waren. Ich konnte sie nicht im Stich lassen. Daran habe ich gedacht. In der ganzen Stadt herrschten Angst und Schrecken. In den Nachrichten konnte man das Chaos in den Straßen sehen. Es war eine schreckliche Nacht, aber – na ja, es ist ja vorbei.

Ich habe einige Leute gesehen, die von den Tränengasgranaten verletzt wurden. Es ist zwar nur Tränengas, aber die Geschosse explodieren trotzdem. Einige wurden auch durch Schlagstöcke und Pfefferspray verletzt. Die Polizei hat das Spray auf sehr kurzen Distanzen eingesetzt.

---

19 Auf den Bannern stand unter anderem auf Englisch: »Disperse or we fire.« Am Ende feuerte die Polizei Tränengasgranaten ab. Sie erklärte später, es sei nie erwogen worden, auf die Demonstranten zu schießen.

Ich dachte schon, dass sie irgendwann schießen würden. Es war zumindest sehr wahrscheinlich. Leute werden mich dafür kritisieren – aber – wenn sie tatsächlich geschossen hätten, dann hätte uns die Geschichte sofort die Antwort auf die Frage geliefert, was aus Hongkong werden wird. Ganz im Ernst, wir warten immer noch auf die Antwort, wie es in den nächsten Jahren mit Hongkong unter der Herrschaft der Kommunistischen Partei Chinas weitergehen wird. Wenn sie damals geschossen hätten – ich glaube, das hätte zu zwei sehr unterschiedlichen Ergebnissen führen können. Eines wäre ein zweites Tiananmen gewesen. Das andere Ergebnis wäre gewesen, dass Hongkong sofort das bekommen hätte, was es wollte, weil alle Hongkonger auf die Straße gegangen wären und ein Massaker durch die Polizei starken internationalen Druck ausgelöst hätte.

Es ist vielleicht nicht politisch korrekt, das zu sagen, aber wenn sie geschossen hätten, dann wäre Hongkongs Zukunft klar gewesen. Es wäre auf jeden Fall ein großer Schaden für die Kommunistische Partei und die chinesische Regierung gewesen, die dümmste Option, die sie hätten wählen können. Deshalb dachte ich damals: ›Schießt, wenn ihr Euch traut.‹

Noch vor ein paar Jahren hatten die jungen Hongkonger und ihre Eltern eine ganz ähnliche Sichtweise auf die Politik. Aber heute stehen die meisten von uns vor einem großen Konflikt mit ihren Eltern. Zum einen in der Frage, was aus Hongkong werden soll, und zum anderen, ob wir Chinesen sind oder nicht. Und – sollten wir versuchen, die Regierung zu stürzen oder einfach den Kreislauf von Protest und Verhandlungen der vergangenen zwei Jahrzehnte aufrechterhalten? Unsere Eltern stammen aus dem letzten Jahrhundert und wir Kinder sind nicht unbedingt der gleichen Meinung wie sie.

Gerade heute Morgen, als ich aus dem Haus gegangen bin, hat mein Vater mich ganz ernst bei der Hand genommen und mir diese Sachen gesagt, die viele immer wieder hören. Dass wir Chinesen sind und für Demokratie in China kämpfen müssen und so weiter. Es ist für ihn ein sehr emotionales Thema. Wenn man darüber sprechen will, zu welcher Ethnie er gehört oder was für eine Identität er hat – na ja, zugegeben, es geht da nicht um richtig oder falsch.

Es ist nicht richtig oder falsch, sich als Chinese zu fühlen. Es gibt vielleicht einfach verschiedene Standpunkte.

Wir jungen Hongkonger haben nicht die Generation der Chinesen kennengelernt, die sich in den Jahren vor dem Tiananmen-Massaker in China für Demokratie engagiert hat. Wir haben hingegen seit unserer Kindheit mitbekommen, dass die chinesische Regierung und zum Teil sogar das chinesische Volk immer mehr die Rolle von Unterdrückern einnehmen. Deshalb können wir uns kaum als Teil Chinas fühlen.

Und wenn man sich mal einfach die Fakten anschaut: Wir haben eine andere Kultur, eine andere Sprache, andere Begriffe und eine andere Vorstellung von Politik als die Chinesen. Im Grunde können wir nicht zustimmen, dass wir Chinesen sind. Aber die Generationen unserer Väter und Großväter denken an diesem Punkt ganz anders. Sie sehen sich als Chinesen. Sie sagen, wir haben chinesisches Blut, wir benutzen chinesische Schriftzeichen. Diesen Konflikt kann man nicht lösen. Weil alles so subjektiv ist, so emotional, es gibt keinen rationalen, objektiven Standpunkt, es hängt von jedem selbst ab.

Was die kulturellen Unterschiede zu China sind? Ich kann Englisch sprechen, sie nicht. Und wir haben ein anderes Verständnis von Musik und bildenden Künsten und ein anderes Verständnis von Essen und ... vielen Dingen. Besonders in der Art, wie wir denken, gibt es große Unterschiede. Wir haben das logische Denken des Westens übernommen, universale Werte, Demokratietheorie und Menschenrechte. In China gibt es das alles überhaupt nicht.

An unserer Uni haben wir etwa acht bis zehn Prozent chinesische Studenten in den Bachelorstudiengängen. Aber bei den weiterführenden Studiengängen sind es schätzungsweise 60 Prozent. Die Chinesen sind durchaus eine bestimmende Gruppe in der Universität. Eine riesige Minderheit. Es gibt viele Leute, die hier Mandarin sprechen. Auch dadurch gibt es Konflikte.

Hier an der Uni sind wir nicht die einzige Studentenvertretung, die in diesem Jahr zu den Wahlen angetreten ist. Eine weitere hat sich zur Wahl gestellt. Dabei ging es vor allem um die Frage, wie wir zu den Studenten aus der Volksrepublik stehen. Wir haben eine radikalere Position. Und das hat – natürlich – zu einer großen Ablehnung unter den chinesischen Studenten geführt. Ich habe neulich ein Gespräch mit einem Vertreter der chinesischen Studenten geführt. In einigen Punkten sind wir uns einig. Etwa, dass man den Anteil chinesischer Studenten nicht erhöhen und dass man in Hongkong Kantonesisch respektieren und lernen sollte.

Aber wenn es darum geht, wer Chinese ist und ob China unsere Kultur in Hongkong unterdrückt, da haben wir unterschiedliche Ansichten. Wir sprechen viel darüber. Ich habe es sogar geschafft, einen oder zwei von ihnen zu überzeugen. Ich glaube, dass viele chinesische Studenten gar nicht mitbekommen, dass Unterdrückung in Hongkong stattfindet. Einige Menschen aus der Volksrepublik sind an diesem Punkt sehr nationalistisch. Viele scheinen unsere Kultur in Hongkong nicht akzeptieren zu wollen. Das kann ich nicht tolerieren.

Ich meine – wenn man nach Deutschland einwandert, muss man doch auch einen Integrationskurs besuchen, oder? In Hongkong gibt es das nicht. Wenn du unsere Kultur nicht magst und sie nicht respektierst, warum kommst du dann überhaupt hierher? Nennt mich einen Faschisten, aber ich werde nicht diejenigen willkommen heißen, die unsere Kultur nicht respektieren.

Die Studenten, die unsere Kultur in Hongkong kennenlernen wollen, sich für Kantonesisch interessieren und sich an unsere Werte anpassen, nehme ich gerne auf. Ich finde es toll, wenn jemand etwas über die Ideen von Demokratie und politischer Reform in Hongkong lernen will. Aber wenn man sich mal die Masse anschaut – will die Mehrheit der Chinesen wirklich Demokratie? Oder wollen sie stattdessen lieber Wirtschaftswachstum? Ich persönlich glaube Letzteres.

In der Volksrepublik war ich nur ein paar Mal. Mit meinem Vater Golfspielen auf der Insel Hainan und einige Male in Shenzhen, einfach für Tagestrips, sowas. Und zwei Mal auf organisierten Reisen. In Guangdong und in Shanghai.

Ich war überrascht, als ich die Einheimischen getroffen habe. Sie hatten keine Ahnung von Tiananmen und anderen Tragödien des Widerstandes. Politische Bewegungen in China kennen sie nicht. Oder Konflikte in der Führung der Kommunistischen Partei. Sie denken sehr einfach und sagen: ›Ach, die Kommunistische

Partei macht einen guten Job. Sie hat uns ein großes Wirtschaftswachstum beschert.‹ Andere sagen vielleicht: ›Ja, finde ich auch, aber sie sollten sich mehr um die Armen kümmern.‹ Sie sind einfach so naiv und unwissend im Bezug auf die politische Situation in China. Es sind eben einfache Leute, das meine ich damit. Ich habe damals vor allem mit älteren Chinesen geredet. Leute in ihren 30ern, 40ern und 50ern. Ich weiß, dass es auch in China junge Leute gibt, die Reformen wollen. Aber ich glaube, das ist eine extreme Minderheit.

Man sollte sich von der linken Idee verabschieden, dass die Leute in China Unterdrückte sind, die für Demokratie kämpfen. Es sind einfache Leute, die ein besseres Leben für sich und ihre Kinder wollen. Und ob es einem gefällt oder nicht – sie wollen Demokratie nicht so dringend wie wir.

Im Moment wird der Konflikt zwischen Lokalisten und den alten Prodemokraten Tag für Tag heftiger. Der Hauptgrund ist, dass das prodemokratische Lager darauf besteht, dass es nur *ein* China geben darf. Sie haben in den 80er- und 90er-Jahren gesagt, dass wir und die Chinesen zur gleichen Nation gehören und wir uns vereinigen sollten, um gegen die Kommunistische Partei zusammenzustehen. Wir sollten die Rahmenbedingungen von ›Ein Land, zwei Systeme‹ akzeptieren und versuchen, die Demokratie in China weiterzuentwickeln. Am Ende sollte es das Ziel sein, dass Hongkong und China beide demokratisch sind.

Die Lokalisten denken hingegen – quatsch, wir müssen nicht Chinesen sein und wir müssen auch nicht die Verantwortung für sie tragen. Es ist ihre eigene Aufgabe, für Demokratie zu kämpfen. Wir sind nur 7 Millionen, wie sollen wir uns für 1,3 Milliarden verantwortlich fühlen?

Viele in der alten Generation sind bereit, mit der chinesischen Regierung zu kooperieren. Aber die Lokalisten glauben nicht daran, dass das etwas bringt. Ich meine, die alten Hongkonger Politiker machen das seit 30 Jahren – aber wir sehen keine Verbesserung. Im Gegenteil, die Situation wird immer schlechter. Deshalb glaube ich, dass die alten Demokraten in Hongkong in einer Sackgasse stecken.

Die Kommunistische Partei hat angefangen, die Zügel anzuziehen, und die alten gewaltlosen Proteste scheinen nicht mehr zu funktionieren. Deshalb sind wir bereit, weiter zu gehen und auch direkt Gewalt anzuwenden. Die Generation meiner Eltern hätte sich nicht gegen die Polizei gewehrt. Na ja, wir sind noch nicht so weit wie in der Ukraine. Aber wir fangen an, auf unsere Art zurückzuschlagen. Wir aus der jungen Generation wollen unsere Kraft verwenden, um die Regierung zu bedrohen und die Macht der Kommunistischen Partei über Hongkong zu stürzen. Wir sind bei den Protesten zu mehr bereit. Das ist ein Unterschied. Wir denken, dass der Weg der friedlichen Proteste nicht funktioniert.

Früher haben wir uns in Hongkong nie gegen die Polizei gewehrt, wir haben sie machen lassen. Aber unsere Generation denkt anders. Sie ist einfach hoffnungslos. Erstens im Bezug auf die politische Situation in Hongkong. Zweitens mit Blick auf die eigene Zukunft. Viele sehen, dass es für sie immer schwieriger wird, sozial aufzusteigen. Die kapitalistische Wirtschaft in Hongkong hat sich schon sehr lange entwickelt. Man kommt in dem System kaum mehr nach oben. Die meisten Karrierechancen und Geschäftsmöglichkeiten haben bereits die Generationen vor uns unter sich aufgeteilt.

Wir wollen deshalb einen kompletten Wechsel im System in Hongkong, um genau das zu ändern. Unabhängigkeit könnte eine Möglichkeit sein. Das muss man sehen. Aber dann sollte es nicht so sein wie 1997, als Großbritannien und China über das Schicksal von Hongkong entschieden haben. Diesmal sollte die Zukunft nur von Hongkonger Bürgern gestaltet werden. Deshalb müsste ein Referendum abgehalten werden, damit wir selbst unsere Zukunft bestimmen können: Weiter ›Ein Land, zwei Systeme‹ oder Unabhängigkeit oder eben andere Alternativen.

Wegen dieser Unterschiede vertieft sich der Konflikt immer weiter. Für mich als Lokalist ist es oft sehr schwer an der Uni. Wir werden beschuldigt, beschimpft und attackiert, jeden Tag. Aber wir müssen einfach weiterkämpfen.

Ich bin nicht unbedingt optimistisch, dass wir mit unserer Strategie Erfolg haben werden. Aber der Weg der alten Parteien hat jedenfalls nicht funktioniert. Es ist wie der Einsatz bei einem

Glücksspiel, du hoffst auf den Jackpot. Wer weiß. Die USA haben den Fall der Sowjetunion auch nicht vorhergesehen. Vielleicht gibt die Geschichte uns ja eine Chance.«

Hongkong sollte nach der Rückgabe an China in den Augen der Regierung in Peking eigentlich einmal als Vorbild dienen: Dafür, dass es möglich sei, ein Teil der Volksrepublik zu sein, vom Wirtschaftswachstum zu profitieren und trotzdem politische Freiheiten zu leben. Die Botschaft war vor allem an Taiwan gerichtet: Unter der Maßgabe »Ein Land – zwei Systeme« müsse doch die Insel für eine Wiedervereinigung mit dem Festland bereit sein.

Das hat jedenfalls nicht funktioniert. Im Gegenteil: Hongkongs junge Aktivisten tauschen sich mit jungen Taiwanern über die Organisation von Protestbewegungen aus, die sich letztlich gegen Peking richten.

Als »Rot-China« und »National-China« wurden die Volksrepublik und Taiwan noch im Kalten Krieg bezeichnet – Begriffe, die längst veraltet sind. War in Taiwan unter der älteren Generation eine Wiedervereinigung mit dem Festland vor Jahrzehnten noch ein Thema, so will heute so gut wie niemand mehr etwas davon wissen. Besonders in der jungen Generation sehen sich die meisten als Taiwaner – auch wenn ihr Land von nur wenigen Staaten anerkannt wird. Viele fürchten außerdem eine zu große Abhängigkeit von China, das Taiwan als sein Territorium ansieht.

Dabei sind die wirtschaftlichen Verflechtungen und sozialen Verbindungen in den vergangenen Jahren immer enger geworden. Viele Studenten aus der Volksrepublik kommen nach Taiwan. Die junge Generation kann sich also viel direkter austauschen als früher. Zugleich machen sich viele junge Taiwaner immer mehr Sorgen um ihre Zukunft.

TAIWAN

Geschichte Taiwans

Taiwan gehörte seit dem 17. Jahrhundert zum chinesischen Kaiserreich. 1895 wurde die Insel japanische Kolonie. Mit der Niederlage Japans im Zweiten Weltkrieg ging Taiwan an die damalige Republik China. Mao Zedongs Kommunisten riefen kurz darauf auf dem Festland die Volksrepublik aus, ihre Gegner flüchteten nach Taiwan. China sieht die Insel deshalb als abtrünnige Provinz an. Das demokratisch regierte Taiwan ist de facto unabhängig, aber auf Druck Chinas nur von wenigen Ländern anerkannt.

Auch als 16-jähriges Popsternchen kann man plötzlich in einen großen politischen Shitstorm geraten. In Ringelsöckchen und mit Teddy im Arm posierte Chou Tzu-yu mit ihren Girl-Band-Kolleginnen aus Japan und Südkorea für eine Fernsehshow. Vier Mädchen der Pop-Band *Twice* lagen in einem rosa Stockbett und schwenkten kleine Fähnchen in den Farben ihrer Herkunftsländer. Chou Tzu-yu wedelte mit einer taiwanischen Fahne.»Ich komme aus Taiwan«, stellte sie sich vor. Dieser Satz hätte sie fast die Karriere gekostet.

China sieht Taiwan als abtrünnige Provinz an. Ein Internet-Mob deutete die Fahne der 16-Jährigen als Zeichen des Separatismus. Chinesische Fernsehanstalten begannen, die Girlband aus ihren Shows zu streichen. Tzu-yus Management zog die Notbremse, um den riesigen chinesischen Musikmarkt nicht zu verlieren.

»Ich bin Chinesin«, verkündete sie kurz darauf schwarz gekleidet vor einer Videokamera. »Ich entschuldige mich bei allen, deren Gefühle ich verletzt habe«, sagte sie reuig und verbeugte sich tief. Das Publikum in Taiwan war entsetzt. Einige versuchten, mit Satire zurückzuschlagen. Auf Facebook wurde ein Wettbewerb ausgerufen mit der Frage: »Aus welchen Gründen entschuldigst du dich bei China?« In Anspielung auf die chinesischen Umweltprobleme gingen unter anderem Entschuldigungen für den blauen Himmel in Taiwan ein.

Die Episode zeigt, wie sensibel die Beziehungen zwischen Taiwan und China geworden sind. Beide Seiten haben sich nach einer Phase der Annäherung wieder stark auseinandergelebt. 95 Prozent der Menschen in Taiwan gehören zur Ethnie der Han-Chinesen genauso wie die Bevölkerungsmehrheit auf dem Festland. Aber als gemeinsame chinesische Nation sehen sich inzwischen so wenige Taiwaner Bürger wie noch nie in der jüngeren Geschichte. Nach Umfragen der Taiwanese Public Opinion Foundation im Sommer 2016 fühlen sich mittlerweile 80 Prozent der Menschen ausschließlich als Taiwaner, nur knapp neun Prozent als Chinesen und etwa sieben Prozent als Menschen mit gemischter Identität.

Zugleich stemmt sich die Regierung der Volksrepublik mit allen Mitteln gegen eine formelle Unabhängigkeitserklärung der Insel. Tausende Raketen seien für einen solchen Fall auf dem Festland einsatzbereit, heißt es aus Peking. Die Drohungen wurden wieder lauter, nachdem die neue taiwanische Regierung die bisherige diplomatische Kompromissformel »Es gibt nur ein China« nicht wiederholte.

Um diese Formulierung zu verstehen, muss man sich die neuere chinesische Geschichte kurz vor Augen führen: Nach dem Zweiten Weltkrieg stürzten Maos Kommunisten die Republik China auf dem Festland und riefen die Volksrepublik aus. Die alte Regierung unter der Nationalpartei Kuomintang verschanzte sich auf Taiwan, um von dort aus die Rückeroberung zu planen.

Sie verhängte auf Taiwan das Kriegsrecht und herrschte mit diktatorischen Vollmachten. Die Jugend wurde von der Kuomintang gedrillt, der chinesische Nationalismus jedem Bürger eingebläut und die Rückeroberung Chinas zum obersten Ziel ausgerufen. Durch die

Unterstützung der USA vertrat die geflohene Regierung der alten Republik China auf Taiwan sogar noch bis in die 70er-Jahre Gesamtchina bei den Vereinten Nationen. Erst in den 90ern stellte sich eine neue Führungsgeneration in Taiwan den Realitäten, ließ die Rückeroberungspläne fallen und leitete demokratische Reformen ein.

Aus dieser Zeit stammt der Kompromiss mit dem ehemaligen Bürgerkriegsgegner, ein diplomatischer Kunstgriff, um die festgefahrene Front in Bewegung zu bringen: Beide Seiten einigten sich darauf, dass es nur ein China gibt – aber die Frage, wer es repräsentiert, wird ausgeklammert.

Der Kompromiss ermöglichte taiwanische Investitionen in einer damals noch wirtschaftlich zwergenhaften Volksrepublik. Taiwanische Geschäftsleute bauten mit ihrem Know-how auf dem Festland Unternehmen und Produktionshallen auf und betreiben sie bis heute. Der Apple-Zulieferkonzern Foxconn ist so ein Beispiel[20].

Je mehr die Bedeutung der chinesischen Wirtschaft weltweit zunahm, desto kleiner wurden aber das wirtschaftliche Gewicht und die Verhandlungsspielräume Taiwans. Der taiwanische Präsident Ma Ying-jeou von der Nationalpartei Kuomintang versuchte 2008, die wirtschaftliche Integration mit der Volksrepublik voranzutreiben, um die heimische Wirtschaft zu stimulieren.

Touristengruppen des ehemaligen Bürgerkriegsgegners durften erstmals in großer Zahl Taiwan besuchen, Studenten aus der Volksrepublik in Taiwan studieren. Freihandelsverträge öffneten den taiwanischen Markt, machten das Land nach Ansicht von Kritikern aber auch erpressbar. 41 Prozent der taiwanischen Ausfuhren gehen mittlerweile direkt nach China – wenn man Hongkong hinzurechnet, sind es fast zwei Drittel. Im Gegensatz dazu spielt Taiwan für chinesische Exporte kaum eine Rolle. Abkommen mit anderen Staaten gegen Chinas Willen zu schließen, ist oft schwierig für Taiwan, wenn Peking sein außenpolitisches Gewicht in die Waagschale wirft.

Kulturell verbindet beide Seiten eigentlich viel. Ihre Bürger sprechen Hochchinesisch oder lernen es in der Schule. Der lokale taiwanische Dialekt ist derselbe wie direkt gegenüber an der Küste des Festlandes. Taiwanische Popmusik, Filme und Kultur waren lange der

---

20 Siehe auch Kapitel *Der Arbeiterdichter,* ab Seite 373

Taktgeber für Moden in der Volksrepublik. Selbst die traditionellen Schriftzeichen, die in Taiwan verwendet werden, sind auf dem Festland wieder beliebt. Auch andere alte chinesische Traditionen wurden auf der Insel bewahrt. Buddhismus und Daoismus werden immer noch in zahlreichen Tempeln und auf schrillen Festivals gelebt. Zu den Geburtstagen von Göttern verbrennen Gläubige manchmal so viel spezielles »Papiergeld«, dass ganze Stadtteile von Rauchschwaden eingenebelt werden. Weil Menschen aus allen Regionen Chinas im Bürgerkrieg nach Taiwan geflohen waren, findet man dort auch fast alle regionalen Küchen des Festlandes wieder.

Die chinesischen Traditionen haben sich in Taiwan also durchaus erhalten, allerdings haben sich Politik und Gesellschaft in eine andere Richtung als auf dem Festland entwickelt. Viele Parteien, Bürgerrechtsgruppen und Organisationen sind seit der Demokratisierung in den 90er-Jahren in Taiwan aktiv. Die Gesellschaft wird von engagierten und streitbaren Bürgern geprägt, die ihrer Regierung kritisch auf die Finger schauen.

Von einer Wiedervereinigung mit China will in Taiwan inzwischen kaum jemand mehr etwas wissen. Der größte Teil der Generation, die selbst vom Festland vor Mao geflohen ist, lebt nicht mehr. Nach Umfragen würden viele am liebsten die alte »Republik China« auf Taiwan, wie es immer noch offiziell heißt, zu Grabe tragen und sich formell als unabängiger Staat Taiwan ausrufen. Die Angst vor Pekings Reaktion ließ die Regierungen bisher lieber im Status quo verharren. Aber vielen jungen Taiwanern reicht das nicht mehr.

Der »große Bruder« wird aus ihrer Sicht immer aufdringlicher und mächtiger. Im Frühjahr 2014 rebellierten taiwanische Studenten deshalb gegen eine weitere wirtschaftliche Annäherung an die Volksrepublik und gingen zu Hunderttausenden auf die Straße. Eine Generation, die bislang nicht im Ruf stand, besonders politisch zu sein, besetzte auf einmal das Parlament und brachte die Regierung in die Defensive. Die sogenannte »Sonnenblumenbewegung« läutete letztlich auch einen Politikwechsel ein und wirbelte das bisherige Parteiensystem durcheinander. Dass ihr Engagement eine solche Umwälzung herbeiführen würde, haben viele Beteiligte von damals, wie die Studentenführerin Tseng Po-yu, nicht erwartet.

DIE POLITIKERIN
政治家

Tseng Po-yu war eines der Gesichter der Sonnenblumenbewegung. Junge Taiwaner, vor allem Schüler und Studenten, hielten im Frühjahr 2014 das Parlamentsgebäude über Wochen besetzt. Anlass war der Streit über ein neues Freihandelsabkommen mit China, das die Regierung gegen alle Widerstände durchsetzen wollte. Die damals 22-jährige Studentin erklärte über Wochen in Pressekonferenzen und Fernsehstudios die Forderungen der Demonstranten und sprach über die Situation im besetzten Gebäude.

Eine paar hundert junge Aktivisten, zu denen Po-yu gehörte, hatten am Abend des 18. März die Volksvertretung gestürmt. Eine riesige Welle der Solidarität setzte ein. Tausende junge Taiwaner strömten hinzu. Die Polizei versuchte, das Gebäude zu räumen. Die Fernsehbilder von Wasserwerfereinsätzen gegen gewaltlos protestierende Studenten sorgten für noch mehr Aufruhr.

Als ein Blumengeschäft Sonnenblumen an die Demonstranten verteilte, war der Name für die Proteste gefunden. Er sollte an frühere »Blumenproteste« anknüpfen: die Demokratiebewegung der »Wilden Lilie« in den 90er-Jahren.

Die Besetzung dauerte insgesamt 24 Tage. Auf dem Gelände entstanden Essensausgaben, Krankenstationen, Pressezentren, Übersetzer hielten sich bereit, es gab Rechtsberatungen, Diskussionsforen, Performancekunst und Filmvorführungen. Ordner sorgten dafür, dass kein Chaos entstand, die herbeigeschafften Toilettenhäuser in Ordnung waren und der Müll sauber getrennt wurde. Nach Ende der Aktion hinterließen die Demonstranten einen besenreinen

Plenarsaal. Die jungen Besetzer lieferten damit ein diszipliniertes Bild ab, als einige Abgeordnete in ihren Sitzungen.

Das Parlament in Taiwan ist oft eine Bühne für theatralische Schaukämpfe, die manchmal in Handgreiflichkeiten enden. Die beiden großen, verfeindeten politischen Lager stehen sich unversöhnlich gegenüber: Auf der einen Seite die Nationalpartei Kuomintang, die früher autoritär regierte und ihre Wurzeln auf dem chinesischen Festland hat, und auf der anderen Seite die Demokratischen Fortschrittspartei (DPP), die aus der taiwanischen Bürgerrechtsbewegung hervorgegangen ist. Selbst im Angesicht der Götter herrscht zwischen den Politikern beider Lager offenbar für keinen Moment Frieden. »An religiösen Feiertagen kommen die Führer der beiden großen Parteien zu strikt getrennten Zeiten«, erzählt uns ein Tempelvorsteher. »Sonst gibt es Streit.«

In der Generation der über 40-Jährigen spielt es für die politische Orientierung oft noch eine große Rolle, ob jemand aus einer alteingesessenen taiwanischen Familie stammt oder ob seine Vorfahren 1949 mit der Kuomintang am Ende des chinesischen Bürgerkriegs auf die Insel geflohen sind.

In Tseng Po-yus Generation ist die Herkunft hingegen meist unbedeutend. Auch sie selbst weist solche Denkmuster zurück, obwohl ihre Familiengeschichte und ihr politisches Bewusstsein von dem Konflikt geprägt wurden.

Ihr Großvater war ein Opfer der Kuomintang-Diktatur. Die Partei verfolgte nach ihrer Ankunft in Taiwan 1949 alle, die sich ihr in den Weg stellten. Sie kam nach dem verlorenen Bürgerkrieg auf dem Festland mit einem Heer abgekämpfter Soldaten über das Meer und begann, Ressourcen für die Rückeroberung Chinas zu konfiszieren. Für viele Taiwaner wirkten die Neuankömmlinge wie Besatzer.

Der Unmut entlud sich in Aufständen, die ohne Gnade blutig niedergeschlagen wurden. Aus dieser Zeit rühren die tiefen Gräben in der politischen Landschaft. Doch viele der jungen Generation wollen diese zweipolige politische Welt hinter sich lassen. Es ist nicht mehr ihr Konflikt. Sie sorgen sich mehr um das Verhältnis zu China, um ihre Freiheit – und um ihre wirtschaftliche Zukunft.

»In China sagen junge Leute: ›Ich plane dieses oder jenes Start-up!‹«, sagt ein taiwanischer Freund, der vor kurzem seinen Uni-Abschluss gemacht hat. »Aber in Taiwan fragen sich alle: ›Was zum Teufel soll ich überhaupt machen, um Geld zu verdienen?‹« Die Löhne sind in den vergangenen Jahren kaum gestiegen, die Wirtschaft ist immer wieder in die Rezession gerutscht. Die großen taiwanischen Elektronikfirmen wie Asus und Acer produzieren längst in China, wo die Konkurrenz immer größer wird. Zugleich wächst die Angst, dass China über die Wirtschaft immer mehr Einfluss auf die taiwanische Politik gewinnt.

Es war diese Furcht, die im Frühjahr 2014 letztlich zur Sonnenblumenbewegung führte. Die Regierung des Kuomintang-Präsidenten Ma Ying-jeou hatte versucht, sich China weiter anzunähern und dadurch wirtschaftliche Vorteile zu sichern. Im Gegenzug sollten Gedanken über eine Unabhängigkeit Taiwans keine Rolle mehr spielen.

China und Taiwan schlossen in seiner Amtszeit zahlreiche Freihandelsabkommen. Millionen Besucher vom Festland ließen die Tourismusbranche aufblühen. Taiwanische Firmen bekamen leichteren Zugang zum chinesischen Markt. Für kleinere Betriebe war das nicht immer positiv – in einigen Bereichen sahen sie sich einer neuen Billigkonkurrenz aus China ausgesetzt.

Die taiwanische Regierung wollte noch weiter gehen und hatte mit China in geheimen Gesprächen ein Abkommen über eine Marktöffnung im Servicebereich ausgehandelt, das sogenannte CSSTA-Papier. 64 Bereiche der taiwanischen Wirtschaft sollten für chinesische Investoren geöffnet werden, darunter Telekommunikation, Bau, Kultur, Finanzen und Gesundheit. Die Opposition befürchtete, dass China dadurch noch mehr Einfluss bekommen könnte.

Die Regierung erklärte sich nach heftigen Diskussionen im Parlament dazu bereit, das CSSTA-Papier Absatz für Absatz mit den Abgeordneten durchzugehen und zu ratifizieren. Bereits nach der Hälfte der Anhörungen erklärte die Kuomintang jedoch, dass Änderungen doch nicht möglich seien und dass das Abkommen nun in Kraft treten solle.

Die Opposition und zahlreiche Bürgerrechtsgruppen waren in Aufruhr. Tseng Po-yu hatte sich damals bereits in der Organisation Jugend der Schwarzen Insel gegen das Abkommen engagiert. Sie und ihre Mitaktivisten entschieden sich dann für eine Protestaktion, die schließlich zur Sonnenblumenbewegung führte.

Die Regierung verschob schließlich die Abstimmung über den Freihandelsvertrag und versprach weitere Anhörungen. Am Ende wurden diese aber nicht mehr durchgeführt, und die Kuomintang verlor bei der folgenden Parlaments- und Präsidentenwahl.

Für viele junge Taiwaner waren die Sonnenblumenproteste ein politischer Reifeprozess. Als Angehörige der »Erdbeer-Generation« waren die Jungen oft verunglimpft worden. Sie seien verwöhnt und hätten nicht gelernt, mit Schwierigkeiten umzugehen. Nun hatten sie auf einmal der Politik ihren Stempel aufgedrückt. Neue Parteien gingen aus der Sonnenblumenbewegung hervor, die bei den folgenden Wahlen ins Parlament einzogen, unter ihnen die Partei eines Death-Metal-Sängers. Tseng Po-yu ging ebenfalls in die Politik.

» Mein Weg in die Politik war etwas ungewöhnlich. In unserer Familie wurde lange Zeit überhaupt nicht über Politik gesprochen. Das lag daran, dass mein Opa Opfer des Weißen Terrors war. Er war sehr lange im Gefängnis. Als junger Mann galt er in unserem Heimatdorf als Intellektueller, weil er die Oberschule abgeschlossen hatte. Er hat den Leuten im Dorf Unterricht gegeben. Damals war das Bildungsniveau sehr niedrig. Er wurde fälschlicherweise beschuldigt, kommunistisches Gedankengut zu verbreiten. Das war streng verboten, man wurde dafür sofort festgenommen. Mein Opa war daraufhin sehr lange im Gefängnis. Um ihn frei zu bekommen, hat meine Familie die Behörden bestochen. Dafür mussten sie viel Land verkaufen, meine Familie war damals recht wohlhabend. Danach war das Thema Politik in meiner Familie tabu. Politik galt als gefährlich.

Das alles passierte lange, bevor ich geboren wurde. Aber auch als ich noch klein war, hat bei uns niemand über Politik geredet. Bis ich ungefähr in der sechsten Klasse war. Damals kam die DPP an die Regierung und hat Opfer des Weißen Terrors entschädigt. Allerdings waren die Entschädigungen sehr gering. Eines Tages haben wir plötzlich 3.000[21] Taiwandollar bekommen und einen Brief, in dem stand, dass mein Opa unschuldig war. Mein Opa lebte zu dieser Zeit schon nicht mehr. In meiner Familie gab es tatsächlich niemanden mehr, der wusste, was ihm passiert war. Nicht mal mein Vater wusste Bescheid. Er war noch ein kleines Kind, als mein Opa ins Gefängnis kam. Mein Opa hatte nie darüber gesprochen, weil er es als Schande empfand. Erst durch die Entschädigung haben wir von all dem erfahren. Mein Vater war total schockiert, dass er überhaupt nichts davon gewusst hatte. Er hat damals angefangen, sich mit der Geschichte Taiwans zu beschäftigen, Politiknachrichten zu lesen und an Demonstrationen teilzunehmen. Davor hatte er sich nie für Politik interessiert. So hat sich die Haltung unserer Familie komplett verändert.

Wir haben jeden Tag Nachrichten geschaut und diskutiert, meine Eltern haben mich nach meiner Meinung gefragt. Ich wurde ermutigt zu rebellieren. Manchmal mussten wir uns zum Beispiel in der Schule vor dem Bild Sun Yat-sens[22] verbeugen. Das habe ich nicht gemacht. Ich habe auch die Nationalhymne nicht gesungen. Weil unsere Nationalhymne eigentlich das Parteilied der Kuomintang ist. Meine Lehrer haben daraufhin bei uns zu Hause angerufen und meinen Eltern gesagt, dass ihr Kind nicht gehorchen würde. Die Reaktion meiner Eltern war eindeutig, sie fanden mein Verhalten in Ordnung. So wurde ich schon von klein auf dazu gebracht, mich mit Politik und Rebellion zu beschäftigen.

Als ich in der sechsten Klasse war, ging ich auf meine erste Demonstration. Mein Vater hatte mich mitgenommen. In der Mittelschule und in der Oberstufe habe ich dann oft an Protesten teilgenommen. Später auf der Uni habe ich mich in vielen Organisationen engagiert.

Dann kam die Sonnenblumenbewegung. Ich war damals gerade der Gruppe Jugend der Schwarzen Insel beigetreten. Sie hatten sich

---

21 3000 TWD – entsprechen heute 88 Euro, auch damals eher ein symbolischer Betrag.
22 Sun Yat-sen, Gründer der Republik China (1912), auf die sich die Kuomintang beruft.

schon länger gegen das CSSTA-Freihandelsabkommen engagiert, aber die bisherigen Aktionen hatten kaum Beachtung gefunden. Erst als wir im März 2014 vor dem Parlament protestierten und es schließlich besetzt hielten, hat die Sache große Aufmerksamkeit bekommen.

Die gesamten Sonnenblumenproteste kamen für uns alle sehr unerwartet. Als wir das Parlament besetzt hatten, dachten wir, die Aktion würde nur einen Tag dauern. Wir hatten uns schon darauf vorbereitet, dass die Polizei am nächsten Morgen das Gebäude räumen würde und wir uns vor Gericht würden verantworten müssen. Aber dann, später am Abend, ungefähr drei, vier Stunden, nachdem wir das Gebäude besetzt hatten, sind wir in den ersten Stock gelangt. Von dort oben haben wir gesehen, dass die ganze Straße voller Menschen war. Das hat mich sehr bewegt. So viele Menschen waren bereit, sich für die Sache zusammenzutun. In diesem Moment wussten wir gar nicht so genau, wie wir weitermachen sollten. Wir hatten keine Ahnung, wie man politische Verhandlungen führt. Aber so viele junge Leute, sogar Schüler waren da draußen, das war toll! Nur weil uns so viele Menschen unterstützt haben, konnten wir die Bewegung überhaupt 24 Tage lang fortführen, fast einen Monat. Das hatten wir alle nicht erwartet.

Zu Beginn der Parlamentsbesetzung kannten sich die meisten Leute nicht. Wir hatten uns überhaupt nicht organisiert, keine Aufgaben verteilt. Aber jeder wollte gerne einen Beitrag leisten. Deswegen haben einige angefangen, Müll einzusammeln. Anderen ist aufgefallen, dass es kein Wasser mehr gab und alle Durst hatten. Die sind dann los und haben Wasser gekauft. Andere haben bemerkt, dass kein Platz mehr zum Durchgehen war. Die haben dann Wege freigehalten. Das ging alles ganz automatisch. Mich hat das sehr beeindruckt. Die Leute in Taiwan haben schon einen Ordnungssinn. Wir mussten niemanden zwingen oder antreiben, etwas zu tun. Das zeigt, dass in Taiwan so etwas funktioniert. Niemand hat sich gestritten oder Ärger gemacht. Alles war sauber und ordentlich. Wenn Leute ihre Meinung gesagt haben, war das immer sehr rational, sehr vernünftig. Erst als wir schon zehn Tage im Parlament waren, haben wir angefangen, Aufgaben zuzuteilen. Das war dann auch mehr so, dass wir die Leute, die sowieso schon eine bestimmte Arbeit gemacht hatten, ein bisschen organisiert haben. Das war ein sehr interessanter Selbstorganisationsprozess. Viele wollten einen friedlichen Protest. Aber es gab Gruppen, die radikaler vorgehen wollten. Darüber wurde während der Bewegung viel diskutiert. Und auch danach. Es ist Blut geflossen. Als nach der Parlamentsbesetzung am 23. März auch noch der Regierungssitz besetzt und einen Tag später mit Gewalt geräumt wurde, sind viele Studenten verletzt worden. Bei anderen Auseinandersetzungen wurden auch Polizisten verletzt.

Ich bin mir bis heute nicht sicher, wie ich das sehen soll. Es gab eine Gruppe von Leuten, die alle Entscheidungen getroffen hat. Aber ist das gut? Darauf habe ich noch keine Antwort gefunden. Es sind so viele Leute gekommen, 500.000[23], aber nur fünf oder zehn Leute haben die Entscheidungen getroffen. Und diese Leute wurden nicht demokratisch gewählt, wir waren nur zufällig zuerst da. Warum waren diese zehn Leute der Meinung, dass die Bewegung auf jeden Fall friedlich sein sollte? Warum konnte nicht jeder Teilnehmer selbst über die Erscheinung dieser Bewegung entscheiden?

Später hat sich die Frage nach einem radikaleren Kurs aber nicht mehr wirklich gestellt. Denn nach der Besetzung des Regierungssitzes gab es kaum mehr Leute, die einen radikaleren Protest befürwortet hätten. Vermutlich, weil wir gesehen haben, dass der Preis sehr hoch gewesen wäre. Und für die weitere Protestaktion wäre es ebenfalls nicht von Vorteil gewesen.

Nach dem Ende der Sonnenblumenproteste hatte ich das Gefühl, dass sie vollkommen gescheitert waren. Wir hatten nichts erreicht, die Bewegung hatte zu nichts geführt.[24] Ich war unglaublich enttäuscht. Ich war damals so deprimiert, dass ich eine Zeit lang nicht am normalen Leben teilnehmen konnte. Ich bin sehr lange in mich gegangen, habe mich gefragt, was wir falsch gemacht hatten, an

---

23 Die Polizei ging bei der größten Kundgebung von mehr als 100.000 Demonstranten aus, TV-Stationen berichteten von bis zu 700.000.
24 Erst sah es damals so aus, als würde Präsident Ma seinen Kurs beibehalten können, deshalb war Po-yu zunächst enttäuscht. Das Abkommen wurde später jedoch nie ratifiziert. Daher hatte die Bewegung letztendlich doch Erfolg.

welcher Stelle etwas schiefgelaufen sein könnte. Am Ende bin ich zu dem Schluss gekommen, dass wir nichts falsch gemacht hatten. Das eigentliche Problem war, dass unser politisches System noch nicht offen genug ist, um Forderungen einer solchen Bewegung oder überhaupt Stimmen aus der Bevölkerung aufzunehmen. Daher habe ich gedacht, dass der erste Schritt eigentlich politische Reformen sein müssen. Das ist nicht nur mir aufgefallen, vielen jungen Leuten ist das klar geworden. Deswegen gab es bei den Wahlen im letzten Jahr plötzlich so viele neue Parteien. Und so viele neue Kandidaten.

Ich habe mich für die Grünen entschieden, weil mir die Grundsätze der Partei gefallen. Gewaltfreiheit, Vielfältigkeit, soziale Gerechtigkeit, Unterstützung der Schwachen. Daneben gibt es noch einen weiteren wichtigen Grund. Um es etwas offener zu sagen: Bei einigen der neuen Parteien standen vor allem die Kandidaten im Vordergrund, weniger die Ideen und Konzepte. Unsere Kandidaten sind keine Stars. Alle arbeiten sehr ernsthaft an diesen Dingen. Das fand ich attraktiv.

Nachdem die Sonnenblumenproteste zu Ende waren, hielt ich sie ja zuerst für komplett gescheitert. Aber später ist mir dann klar geworden, dass sie in mancher Hinsicht doch erfolgreich waren. Wir haben es geschafft, die politische und gesellschaftliche Atmosphäre zu verändern. Früher haben sich viele junge Leute überhaupt nicht für Politik interessiert. Viele Taiwaner haben Protestbewegungen negativ gesehen. Sie meinten, dass die Leute grundlos Aufruhr machen und völlig übertriebene Forderungen haben. Seit der Sonnenblumenbewegung werden Protestbewegungen vollkommen anders wahrgenommen. Deswegen denke ich heute, dass wir in dieser Hinsicht doch Erfolg hatten. Vor allem die Einstellung vieler junger Leute hat sich verändert.

Von meiner Identität her sehe ich mich als Taiwanerin. Vielen jungen Leuten, die ich kenne, geht es so. Leute, die ein bisschen älter sind als ich, also Anfang dreißig, sehen sich vielleicht noch als ›Huaren‹, Chinese im ethnischen Sinn. Aber als ›Zhongguoren‹, als Staatsangehöriger Chinas, sehen sich nur sehr wenige. Ich fühle mich als Taiwanerin. Auch wenn ich im Ausland bin.

Damit es den Menschen in Taiwan besser geht, brauchen wir China gegenüber eine klare Position. Meiner Meinung nach muss diese Position unsere Souveränität garantieren. So gesehen finde ich, dass wir unabhängig sein sollten. Wenn wir nicht offiziell unabhängig sind, werden wir ständig von China beeinflusst, behindert, unterdrückt werden. Zum Beispiel kann Taiwan wegen China nicht der Weltgesundheitsorganisation[25] beitreten. Das ist wirklich übertrieben.

Aber ich denke, dass Tsai Ing-wen, die neue Präsidentin, nicht einfach sagen kann: ›Wir wollen unabhängig sein.‹ So einfach geht das nicht. Auch weil wir tatsächlich sehr enge Handelsbeziehungen mit China haben, auf die wir angewiesen sind. Deswegen würde es nicht funktionieren, jetzt auf der Stelle unabhängig zu werden und die Beziehungen abzubrechen. Ich glaube, das muss ein allmählicher Prozess sein. Man muss sehr genau schauen, auf welche Art man eine Unabhängigkeit verhandeln und wie man international anerkannt werden kann.

Klar reden wir mit Chinesen, die nach Taiwan kommen, über Politik! Auf der Uni hatte ich ein paar chinesische Kommilitonen. Ich habe sie auf Demos mitgenommen. Weil sie in China sowas nicht erleben können. Am Anfang haben manche nicht verstanden, was da vor sich geht. Oder sie fanden es sehr chaotisch. Einige von ihnen haben eine ganz andere Meinung zu Politik und Gesellschaft als wir. Aber manche Chinesen ändern ihre Meinung hier in Taiwan komplett. Ich finde das gut. Das ist ein gesunder, beidseitiger Austausch. Deswegen rede ich mit Chinesen über Politik.

Manchmal kommt es auch zu Streit darüber, ob wir nun eigentlich Taiwan sind, ob wir unabhängig sind oder ein Teil Chinas. Aber ich finde, solche politischen Meinungsverschiedenheiten sind ein Teil des Austauschs. Manche Chinesen sagen zum Beispiel: ›Wenn China eines Tages demokratisch ist, hat Taiwan doch keinen Grund mehr, unabhängig sein zu wollen.‹ Was ich ihnen darauf antworte? Ich sage dann, dass ich mir für die Chinesen sehr wünsche, dass

---

25 Da Taiwan von den meisten Ländern nicht als Staat anerkannt ist, kann es auch nur eingeschränkt in Organisationen der UN teilnehmen. Meist versucht China, das zu blockieren. Siehe auch Glossar: SARS-Epidemie

China demokratisch wird. Aber China und Taiwan haben sich so unterschiedlich entwickelt, auch kulturell, dass eine Wiedervereinigung auch dann nicht sinnvoll wäre. Dadurch, dass Chinesen nach Taiwan kommen, haben wir die Möglichkeit zu diskutieren. Ansonsten gibt es ja kaum Gelegenheit zum Austausch. Deswegen finde ich das sehr gut.

Manche Taiwaner, die wie ich eine Unabhängigkeit befürworten, finden, dass zu viele chinesische Studenten hierher kommen. Aber ich finde das in Ordnung. Ich mache mir eher Sorgen darüber, dass zu viele Chinesen zum Arbeiten oder als Touristen nach Taiwan kommen. Weil Taiwan viele Ressourcen auf sie verwendet. Ich denke, das hat die Regierung des früheren Präsidenten Ma Yingjeou zu verantworten. Er hat den Fokus komplett auf China gelegt. Er hat China quasi zum einzigen Handelspartner Taiwans gemacht. Das macht mir wirklich Sorgen. Ob sich das verbessern wird, wenn die neue Regierung an der Macht ist, werden wir noch sehen.

Nach China reisen kann ich nicht, weil ich keine Einreisegenehmigung bekomme. Wenn man oft an gesellschaftlichen Bewegungen teilgenommen hat, bekommt man die nicht. Wenn ich hinfahren würde, könnte ich vielleicht nicht zurückkommen. Als ich klein war, war ich auch nie da, nur einmal in Hongkong. Das ist schade, eigentlich.

In Zukunft möchte ich weiter in der Politik bleiben. Ich habe recht viele Stimmen erhalten, auch wenn es nicht genug waren, um ein Mandat zu bekommen. Im Moment arbeite ich in der Presseabteilung der Stadtregierung von Taipeh. Ich möchte lernen, wie dort Entscheidungen getroffen werden. In der Vergangenheit haben wir draußen gestanden und gesagt, was alles schlecht läuft. Aber nachdem wir in das System eingetreten sind, müssen wir schauen, wie wir es verändern können. Das möchte ich lernen.

2018 möchte ich mich wieder zur Wahl aufstellen. Aber ich muss nicht unbedingt ein politisches Amt erhalten. In der Politik gibt es auch viele andere Jobs. Zum Beispiel als Referentin oder Beraterin. Da kann man ebenfalls die Richtung politischer Entscheidungen beeinflussen. Diese Arbeit würde mir gefallen.«

DER STUDENT VOM FESTLAND
大陆大学生

Foto Vorderseite: Uni-Campus in Taipeh

DER STUDENT VOM FESTLAND

大陆大学生

Wen Long hat manchmal das Gefühl, zwischen allen Fronten zu stehen. In seiner Heimat China sieht er viele politische Probleme. Er mag keine Staatspropaganda und hasst die Internetzensur. Den chinesischen Nationalismus in der Volksrepublik hält er für eine Folge von Gehirnwäsche. Aber hier in Taiwan, findet er, behandeln sie ihn oft, als sei er für das alles verantwortlich. »Ich will hier nur studieren«, sagt der 25-jährige angehende Kommunikationswissenschaftler. Aber im täglichen Leben, erzählt Long, werde er oft diskriminiert – als sei er die Vorhut einer chinesischen Besatzungsarmee.

Jahrzehntelang herrschte absolute Funkstille zwischen China und Taiwan. Es gab keine direkte Postverbindung, ganz zu schweigen von Flügen oder Schiffsverkehr. Erst seit 2008 erlaubt Taiwan, dass chinesische Touristen – in großer Zahl – die Insel besuchen dürfen. Im Jahr 2015 waren es etwa vier Millionen. Begegnungen tragen in der Regel zur Völkerverständigung bei. Das ist sicherlich auch in Taiwan so. Aber wenn Reisegruppen in großer Zahl irgendwo einfallen, sorgt das fast überall auf der Welt für Schwierigkeiten und Vorbehalte. In diesem Fall kam hinzu, dass sich, trotz der gemeinsamen kulturellen Wurzeln, die sozialen Verhaltensregeln auf beiden Seiten zum Teil sehr unterschiedlich entwickelt haben.

Vor allem Angehörige der älteren Generation der Volksrepublik verhalten sich in der Öffentlichkeit manchmal sehr unbekümmert und pragmatisch. Dass Säuglinge zum Urinieren über einen Mülleimer gehalten werden, kommt vor. Und beim Frühstück im Hotel kann ein Ei schon mal über dem Boden gepellt werden. Auch in China wird über ein solches Verhalten diskutiert. In Taiwan sorgt das für Schlagzeilen und Kopfschütteln über das Benehmen der Verwandten von »drüben«. Manche Taiwaner beklagen sich außerdem über die Einstellung einiger Besucher.

Vor ein paar Jahren interviewten wir eine chinesische Touristengruppe im neuen Wahrzeichen der Hauptstadt Taipeh, dem pagodenförmigen Wolkenkratzer Taipei 101. Ein 42-Jähriger aus der chinesischen Provinz Anhui genoss gerade auf der Aussichtsplattform im 89. Stockwerk den Sonnenuntergang über der Stadt. Ja, es gefalle ihm gut in Taipeh, sagte er begeistert. Alles sei sehr geordnet, das Essen lecker, die Menschen sehr höflich. Als wir sagten, dass wir aus Deutschland kämen, breitete er die Arme aus. »Na dann, herzlich willkommen in China!«

Taiwanische Freunde stoßen an dieser Stelle der Geschichte meist einen spitzen Schrei aus. Aber es wäre falsch, allen Chinesen, die Taiwan besuchen, zu unterstellen, dass sie mit der Einstellung »Schön ist's bei uns« durch das Land reisen. Auch vom Verhalten deutscher Reisegruppen am Mittelmeer lässt sich ja nicht auf das Betragen eines jeden einzelnen Italienurlaubers schließen. Und nicht jeder Deutsche mit einer Familiengeschichte von Flucht und Vertreibung verhält sich in Polen diplomatisch. Aber viele Taiwaner berichten von heftigen Diskussionen mit Besuchern aus der Volksrepublik, wenn es um das Thema geht: Ist Taiwan nun ein abtrünniger Teil Chinas oder ein eigenes Land? Mancher Taiwaner hat das Gefühl, dass da der Gast gleich die Wohnung des Gastgebers für sich beansprucht.

Es wäre allerdings nicht fair, das Verhältnis von Taiwan und China nur auf diese Aspekte zu reduzieren. Der chinesische Besucheransturm der letzten Jahre hat Taiwans Wirtschaft geholfen. Und viele chinesische Touristen sind sehr neugierig auf die politische Situation und die bürgerlichen Freiheiten. Auch den tausenden Studenten aus China geht es so, die sich jedes Jahr an Universitäten in Taiwan einschreiben.

Es ist vor allem die sogenannte »Soft Power«, die Taiwan mit seinen 27 Millionen Einwohnern der Regierung über 1,3 Milliarden Chinesen entgegenzusetzen versucht. Neben den Touristen sollen eben auch chinesische Studenten die demokratischen Verhältnisse erleben – in der Hoffnung, dass sich das vielleicht langfristig auf das Denken in der Volksrepublik auswirkt. Außerdem hat die Insel auf dem Festland einen guten Ruf. Produkte »Made in Taiwan« gelten als qualitativ hochwertig. Taiwan ist außerdem seit langem Schrittmacher in der Popkultur der chinesischen Welt. Taiwanische Musiker, wie Jay Chou, haben einen Status wie Michael Jackson. Taiwanische Schlagersänger waren Pioniere, die Chinas Musikmarkt nach der strengen Mao-Zeit aufmischten – und damit so etwas wie Botschafter der Insel. Letztlich gilt Taiwans exportorientierte Wirtschaftspolitik als ein Vorbild für Chinas Wirtschaftsreformen .

Nach dem Machtwechsel bei der jüngsten Präsidentenwahl hat der Besucherstrom aus der Volksrepublik jedoch abgenommen. Präsidentin Tsai Ing-wen von der Demokratischen Fortschrittspartei (DPP) hat das Ruder übernommen und versucht, sich aus der Umarmung des großen Bruders zu lösen – sehr zum Missfallen der Regierung in Peking.

Der chinesische Student Wen Long macht sich deswegen Sorgen. Nicht, weil er glaubt, Taiwan müsse unbedingt ein Teil Chinas sein. Aber er fürchtet, dass er in die Mühlen der großen Politik gerät und vielleicht am Ende nicht weiter in Taiwan studieren darf.

Ich war früher noch nie in Taiwan. Vor zwei Jahren, als ich mit meinem Master begonnen habe, bin ich zum ersten Mal hergekommen. Zuerst dachte ich, dass alles ja ähnlich ist wie bei uns. Erst nach einer Weile sind mir die Unterschiede aufgefallen. Am meisten beeindruckt hat mich die Freiheit, die die Menschen hier haben.

Über viele Themen, die in China tabu sind, findest du hier offen zugängliche Informationen: über das Tiananmen-Massaker, die Kulturrevolution, die Falun-Gong-Bewegung und so weiter. Die Leute hier wissen vieles, von dem manche junge Leute in China keine Ahnung haben. Wer in China nicht technisch entsprechend ausgerüstet ist und kein VPN hat, um ›über die große Firewall zu klettern‹, weiß vieles einfach nicht. Klar, es stimmt nicht unbedingt alles, was geschrieben wird. Aber man kann offen darüber diskutieren. Das ist ein großer Unterschied. Wenn du in China darüber öffentlich sprichst, riskierst du Ärger mit der Polizei.

Was die Mentalität angeht, sind wir uns recht ähnlich. Auch hier machen sich viele Sorgen um ihren Job, ihre Zukunft, die hohen Wohnungspreise. Anders ist aber, wie junge Taiwaner über ihre Regierung denken und reden. Besonders über die Vorgängerregierung der Kuomintang wird geschimpft. Die hat ja auch deshalb verloren, weil sie von jungen Menschen keine Stimmen mehr bekommen hat. Jungen Taiwanern ist Politik nicht egal, das ist vielleicht der Hauptunterschied.

In China kümmert sich die junge Generation nur um ihre Jobs, ihre Karriere, darum, wie viel Geld sie verdient, und um ihr Privatleben. Und viele denken, dass das, was die Regierung macht, immer richtig ist. In der Schule wird gesagt, dass China ein starkes, mächtiges Land sein wird; vielleicht die Nummer eins in der Welt. Einige meiner alten Klassenkameraden glauben das, und wenn sie im Ausland sind, meinen sie zeigen zu müssen, wie stolz sie auf unser Land sind.

Ich habe die Präsidentenwahl in Taiwan erlebt. Das war sehr interessant, vor allem der Wahlkampf. Ich hatte das Gefühl, für die Kandidaten war das manchmal wie ein Schauspiel. Einige haben auf der Rednertribüne dem Publikum irgendwelche politischen Versprechen gemacht. Aber dabei ging es offensichtlich nur darum, die anderen Kandidaten anzugreifen. Eigentlich war klar, dass die Versprechen unrealistisch sind. Mir ist auch aufgefallen, dass viele Medien sehr parteiisch sind, entweder für die Kuomintang oder die DPP.

Ich denke, der neue politische Kurs in Taiwan wird vieles schwieriger machen. Die Kuomintang hat jetzt keine Macht mehr und unter der DPP werden die Beziehungen zwischen China und Taiwan auf jeden Fall schlechter werden. Was Taiwan dann am Ende davon hat ... ich bin da eher skeptisch.

Manche, vor allem DPP-Anhänger, reden ja davon, dass Taiwan seine Unabhängigkeit erklären sollte. Aber das macht keinen Sinn.

Die ganze Wirtschaft, der Handel, alles baut auf die Beziehungen mit China auf. Allein nachdem die DPP die Regierung übernommen hat, ist die Zahl der chinesischen Touristen dramatisch zurückgegangen. Manche Leute, die von den Touristen lebten, mussten ihr Geschäft aufgeben.

In China denken viele Menschen, dass wir uns mit Taiwan wiedervereinigen sollten. Aber das ist nicht fair, finde ich. Die Gesellschaft in Taiwan ist demokratisch und frei, aber für China wäre es noch ein langer Weg. Ich persönlich denke, es wäre am besten, den Status quo beizubehalten, alles zu lassen, wie es ist. Das ist im Großen und Ganzen eine Win-Win-Situation.

Bei den Protesten der Sonnenblumenbewegung ging es ja auch um die Verträge zwischen China und Taiwan. Ich war damals noch nicht hier, aber Kommilitonen haben mir davon erzählt. Außerdem habe ich in China eine VPN-Verbindung benutzt, um die Internetzensur zu umgehen und darüber zu lesen.

Ich finde es mutig, dass die Leute das Parlament besetzt haben und auf die Straße gegangen sind. Das ist, was freie Bürger tun sollten, für ihr Recht kämpfen. Auch meine chinesischen Kommilitonen wurden damals aufgefordert, sich das zumindest anzuschauen. Aber die meisten hatten Angst vor Spionen aus China oder davor, dass ihr Foto am Ende im Internet auftauchen könnte und sie dann zu Hause Probleme bekommen würden.

Na ja, trotzdem glaube ich, dass die taiwanische Regierung damals eigentlich keine andere Wahl hatte, als die Verträge auf den Weg zu bringen. Sie benachteiligen vielleicht einige Taiwaner. Aber im Großen und Ganzen hätten sie der Wirtschaft in Taiwan geholfen.

Über die Sonnenblumenbewegung habe ich mit meinen Freunden in China nicht so viel diskutiert. Eher über die Regenschirmbewegung, also die Proteste in Hongkong. Damals wurde in den Mainstream-Medien in China kaum darüber berichtet. Es gab ein paar Kommentare, in denen es hieß, dass die Proteste von den USA, dem Dalai Lama oder so unterstützt würden. Das wurde einfach nur verbreitet, um den Menschen in China Sand in die Augen zu streuen. Von meinen Freunden, die für Online-Medien arbeiten, habe ich gehört, dass Kommentare, in denen die Wahrheit zu lesen war, sofort gelöscht wurden.

Ein paar meiner Freunde wissen Bescheid, was passiert ist, es sind hauptsächlich Leute, die für die Medien arbeiten. Aber sie würden nie mit Kollegen oder so darüber diskutieren, weil sie fürchten, dass ihnen das gefährlich werden könnte. Aber die meisten normalen Bürger haben keinen Zugang zu solchen Nachrichten und denken, die Hongkonger sollten nicht kämpfen, sondern sich den Entscheidungen der KP fügen.

Warum ich mich entschieden habe, nach Taiwan zu kommen? Ich hatte keine andere Wahl. Mein großer Plan ist, später im Ausland zu leben. Deshalb habe ich versucht, nach meinem Bachelor an eine Uni in Hongkong, Australien oder Großbritannien zu kommen, aber das hat nicht geklappt. Deshalb habe ich ein Jahr ausgesetzt, um einen Job zu finden, und wurde Forschungsassistent an einer Universität in Hongkong.

Schließlich ergab sich die Möglichkeit, hierher zu kommen und einen Master zu machen. Einige Kommilitonen von mir waren bereits in Taiwan und haben gesagt, dass die Bedingungen hier sehr gut seien. Es gibt einige Chinesen hier an der Uni. In meinem Journalismus-Kurs kommen von 26 Teilnehmern vier aus China.

Aber es gibt hier auch negative Seiten. Ich hatte nach einer Weile manchmal das Gefühl, diskriminiert zu werden. Vorgestern, zum Beispiel, war ich mit einem Freund etwas essen. Am Nebentisch saßen zwei taiwanische Studenten. Als sie unseren Akzent gehört haben, hat einer gesagt – ›1426‹ – das sind die gleichen Silben wie ›Festlandchinesen fahrt zur Hölle‹. Er hat das seinem Freund zugeflüstert, aber ich konnte ihn deutlich verstehen. Ich finde so etwas furchtbar. Andere Kommilitonen haben immer wieder auf China geschimpft und gesagt, dass wir Chinesen versuchen, Taiwan in der UN an den Rand zu drängen und zu isolieren.

Auch an der Uni gibt es Ungerechtigkeiten. Andere internationale Studenten können sich für Stipendien bewerben und arbeiten, aber wir dürfen das nicht. Gleichzeitig sind unsere Studiengebühren doppelt so hoch. Ich kann das ja schon verstehen, es gibt politische Gründe. Aber ich persönlich kann doch nichts dafür.

In China später als Journalist zu arbeiten, ist schwierig. Wie gesagt, es gibt da viele Einschränkungen. Außerdem war ich früher mal Praktikant bei einem Online-Medium und für Berichte aus dem Ausland verantwortlich. Das hat mir nicht besonders gefallen. Ich habe Tag und Nacht gearbeitet. Das war sehr anstrengend.

Außerdem steht man als junger Mensch in China unter hohem Erfolgsdruck und in einem heftigen Wettbewerb um Jobs. Deshalb will ich später lieber im Ausland leben. Da können es dann auch meine Kinder besser haben. Der Plan ist, dort an einer Uni einen höheren Abschluss zu machen und dann Arbeit zu finden. Vielleicht etwas, das mit Informationstechnologie und Journalismus zu tun hat, Datenanalyse für Online-Unternehmen zum Beispiel.

Wenn junge Chinesen sozial aufsteigen wollen, müssen sie sehr viel dafür opfern. Manche versuchen, unbedingt an der Uni weiterzukommen, und bekommen mit dreißig dann endlich ihren Doktortitel. Und dafür haben sie sich in der ganzen Zeit in irgendein Fach und irgendwelche Forschungen reingekniet, in irgendein Feld, dass sie eigentlich gar nicht interessiert. Auch private Dinge haben sie dann meistens vernachlässigt, haben keine Frau oder Freundin. Sie hoffen aber, mit dem Abschluss einen guten Job zu finden und reich zu werden. Ein paar wenige sind dann tatsächlich sehr erfolgreich, die meisten aber nicht.

Die Jungs und Mädchen, die von ihren reichen Eltern in die USA geschickt werden, um dort zu studieren, haben dagegen viel weniger Druck. Sie müssen sich in der Schulzeit nie groß Gedanken machen, ob sie in der Abschlussprüfung gut abschneiden, weil sie ja sowieso in den USA an die Uni gehen. Sie kommen dann auf irgendeine berühmte Universität, machen dort einen Abschluss, finden damit einen Job und haben in ihren Zwanzigern bereits ein hohes Gehalt, besonders im IT-Bereich, in Jura oder vielleicht als Zahnärzte.

Deshalb wollte ich nach Großbritannien oder Australien. Der Plan war, meinen Master und meinen Doktor zu machen und dann dort zu leben. Deshalb habe ich auch erst gar nicht nach einem Job in China gesucht.

Ich finde, ich habe bereits viel geopfert, um voranzukommen. Einige meiner früheren Klassenkameraden sind nur auf mittelmäßige Colleges gekommen und verdienen jetzt sehr wenig. Sie können sich kein Leben in Peking oder Shanghai leisten. Deshalb müssen sie in den kleineren, weniger entwickelten Städten bleiben und dort zurechtkommen.

Ich finde, das ist nicht fair. Sie hatten nicht die gleichen Chancen wie die Leute, die in den großen Städten geboren wurden. Im Ausland, glaube ich, sind die Chancen besser verteilt. Und der Wettbewerb um die Jobs ist nicht so hart. Deshalb will ich weg.

Meine Mutter ist mit meinen Zukunftsplänen nicht einverstanden. Aber ich werde sie schon überzeugen. Ich bin in einer Kleinstadt geboren. Junge Leute, die Jobs oder einen guten Uniabschluss haben, sind in die Großstädte gegangen, nach Peking, Shanghai, Shenzhen. Sie arbeiten dort fast ununterbrochen und kommen nur selten nach Hause, vielleicht zum Chinesischen Neujahr. Wenn ich im Ausland bin, kehre ich vielleicht auch nur zum Chinesischen Neujahr zurück. Es ist also eigentlich das Gleiche – so versuche ich, sie zu überzeugen.

Mein Vater unterstützt mich da mehr. Er sagt, sie haben hart gearbeitet und auf viel verzichtet, um für meine Studiengebühren und für meinen Lebensunterhalt aufkommen zu können. Er sagt, er kann auch noch mehr Abstriche machen, wenn es dafür seinen Enkeln besser geht. Das zeigt vielleicht auch die Liebe meiner Eltern.

Na ja, jetzt mache ich erst mal in Taiwan meinen Abschluss. Manchmal wird ja hier gesagt, die Leute aus China seien viel fleißiger, bekämen bessere Noten und würden den Taiwanern die Plätze wegnehmen. Aber meiner Erfahrung nach stimmt das nicht.

Als ich hierher kam, war ich aufgeregt und dachte, ich müsste auf jeden Fall fleißig studieren, aber einige taiwanische Kommilitonen waren trotzdem besser als ich. Dann habe ich noch mehr gearbeitet, und am Ende des Semesters war ich der Drittbeste im Kurs. Aber taiwanische Studenten sind auch sehr gut und arbeiten auch sehr hart, nur sie geben es nicht zu.

Nach dem Semester sind zum Beispiel alle Klassenkameraden zusammengekommen, um zu feiern, bis morgens um 4 Uhr. Auf einmal sind die Wecker an vielen Handys meiner taiwanischen Kommilitonen losgegangen – weil das die Zeit ist, zu der sie normalerweise aufstehen, um ihren Studientag zu beginnen. Keiner hat das vorher gesagt – und keiner von den Chinesen ist so früh aufgestanden. Da war ich etwas schockiert.

Ich finde, China sollte demokratischer werden und Bürgerrechte respektieren. Und den Leuten die Möglichkeit geben, ihr Leben zu genießen. In China gibt es viele Ungerechtigkeiten. Viele Leute werden reich und gehören dann zur neuen Mittelklasse oder Oberschicht. Aber die meisten normalen Chinesen leben immer noch in den unteren Schichten. Das müsste sich ändern.

Und um Probleme zu lösen, sollte man nicht so vorgehen wie die chinesische Regierung und versuchen, Dinge zu vertuschen und die Menschen mit einem riesigen Sicherheitsapparat zu unterdrücken. Die Leute sollten das Recht haben zu sagen, was sie wollen und was sie brauchen, um die Situation zu ändern.

Im Moment machen meine chinesischen Kommilitonen und ich uns allerdings vor allem Sorgen über das politische Verhältnis zwischen China und Taiwan. China setzt Taiwan unter Druck. An der Küste ist jede Menge Militär stationiert und Peking will die DPP dazu bringen, dass sie die Vereinbarung von 1992 anerkennt, die Ein-China-Vereinbarung[26]. Falls China und die DPP tatsächlich in Konflikt darüber geraten, werden wir vielleicht nach China zurückgeschickt. Dann verlieren wir nicht nur die Chance, hier etwas zu lernen. Auch die ein oder zwei Jahre, die wir in das Studienprogramm hier investiert haben, wären vergebens gewesen, wenn wir deshalb am Ende keinen Abschluss bekommen.«

---

26 Ein diplomatischer Kompromiss. Beide Seiten erkennen an, dass es nur ein China gibt, egal, wer es repräsentiert. Im Umkehrschluss gilt das als Absage an eine taiwanische Unabhängigkeitserklärung.

Wir haben in China immer wieder junge Leute aus der Generation von Wen Long getroffen, die zumindest Verständnis dafür äußerten, dass Taiwan eine Wiedervereinigung ablehnt. Das hieß zwar nicht unbedingt, dass sie eine Unabhängigkeit befürworteten, aber sie konnten Taiwans Befürchtungen, seine Freiheiten zu verlieren, zumindest nachvollziehen.

Ganz andere Erfahrungen haben wir mit Chinesen in ihren 30er, 40ern und 50ern gemacht. »China muss unter einem Herrscher vereint sein!«, hieß es oft, selbst von Leuten, die sich sonst sehr kritisch über die Kommunistische Partei äußerten. Eine Ansicht, die auch mit der chinesischen Geschichte zu tun hat. Zeiten, in denen das chinesische Reich in verschiedene Teile zerfiel, gelten in den Geschichtsbüchern als Zeiten der Schwäche. Auch deshalb waren Plakate mit martialischen Soldatenbildern und der Aufschrift »Wir müssen unbedingt Taiwan befreien!« in der Mao-Ära präsent.

Wie empfindlich die Taiwan-Frage auch heute noch ist, zeigt sich an den verärgerten Reaktionen aus Peking nach den ersten Kontakten zwischen der taiwanischen Regierung und dem neuen US-Präsidenten Trump. Der US-Präsident stellte dabei das »Ein-China-Prinzip« infrage und damit eine Anerkennung Taiwans in Aussicht. Möglicherweise beabsichtigte er aber auch, Peking vor Verhandlungen über die Wirtschaftsbeziehungen mit den USA unter Druck zu setzen. Inzwischen ist er zwar wieder zurückgerudert. Die Frage, wie es Taiwan und China miteinander halten, dürfte aber auf jeden Fall die junge Generation auf beiden Seiten künftig noch stärker beschäftigen als bisher.

DIE RUCKSACK-REISENDE

背包客

Foto Vorderseite: Straße auf der Tibetischen Hochebene

DIE RUCKSACKREISENDE
背包客

Per Anhalter nach Lhasa, der Hauptstadt des Autonomen Gebietes Tibet – das ist Duorous Traum. Begeistert lauscht die 24-jährige Studentin in der Jugendherberge in Langmusi, in der sie gerade arbeitet, den Geschichten der anderen jungen Rucksackreisenden. Der junge Feuerwehrmann, der abends immer Gitarre spielt und ziemlich gut singen kann, ist hierher getrampt. Er sagt, das sei kein Problem. Viele, die nach Lhasa wollen, machen einen Abstecher in den kleinen Bergort in Westchina.

Aber Duorou traut sich nicht so richtig, per Anhalter weiterzufahren, nicht alleine, nicht als Frau. Noch nicht, wie man jetzt schon verraten kann.

Denn wir haben Duorou zweimal getroffen. Einmal in der Jugendherberge und dann ein halbes Jahr später, als sie nach ihrer monatelangen Reise wieder zurück an ihrem Studienort angekommen war. Früher wollte sie mal zum Militär, war aber nicht genommen worden. Die Erlebnisse auf ihrer Reise haben dann ihr Weltbild verändert.

Vielen ging es so, die für einige Zeit unterwegs waren und die wir in der Jugendherberge gesprochen haben. Manche hatten ihren Job gekündigt, andere legten ein Urlaubssemester ein oder hatten gerade ihren Abschluss gemacht. Dass überhaupt so viele junge Chinesen auf diese Art alleine reisen, ist ein relativ neues Phänomen. Noch vor Jahren hatte kaum einer gewagt, den direkten Weg von der Schule über die Universität in einen Job zu verlassen. Bei den meisten, die wir unterwegs gesprochen haben, waren die Eltern nicht damit einverstanden oder wussten nichts davon.

Lhasa ist in China mittlerweile ein beliebtes Reiseziel, nicht nur für junge Chinesen. Nach Schätzungen besuchen pro Jahr bis zu acht Millionen chinesische Touristen die tibetische Hauptstadt. Das ist ziemlich viel im Vergleich zu den gut drei Millionen Einwohnern der Region. Ausländer dürfen sich inzwischen nur noch in Reisegruppen bewegen. Seit den Ausschreitungen in Lhasa 2008 sind die Polizeikontrollen verstärkt worden. Chinesische Touristen berichten von Scharfschützen, schwer bewaffneten Polizeieinheiten und Videoüberwachung. Manche äußerten sich nachdenklich über das, was sie dort erlebt haben.

In Langmusi hatte Duorou Zwischenstation gemacht. Sie durfte umsonst dort wohnen, im Gegenzug half sie beim Putzen und Betten machen. Viele Hostels beschäftigen inzwischen solche Freiwilligen, die eine Weile bleiben. Dourou genoss es, auf Menschen zu treffen, die so dachten wie sie. Jeden Abend saß sie mit den anderen Reisenden in der gemütlich eingerichteten Lobby, spielte Karten und sammelte Geschichten und Tipps für ihre Weiterreise.

Teil I

Ich bin erst seit ein paar Tagen hier. In einer Woche möchte ich weiter nach Chengdu und von dort nach Lhasa. Eigentlich würde ich gerne über den G318, den Sichuan-Tibet-Highway, nach Lhasa trampen. Aber alleine traue ich mich das nicht. Wahrscheinlich fahre ich mit der Bahn. Viele junge Leute reisen jetzt nach Tibet, viele reisen allein, so wie ich. Entweder schwänzen sie die Uni oder fahren los, nachdem sie die Uni abgeschlossen haben. Manche haben auch schon ein paar Monate gearbeitet und dann gekündigt, um zu reisen.

Ich habe mich für ein halbes Jahr vom Studium beurlauben lassen. Als ich auf die Uni gekommen war, fühlte ich mich irgendwie so leer und wusste nicht, was ich eigentlich machen sollte. Viele meiner Kommilitonen hingen den ganzen Tag nur im Wohnheim rum und spielten Computerspiele. Oder sie gingen trinken, shoppen oder zum Karaoke. Aber damit füllt man nur kurz diese Leere, es gibt einem nur vorübergehend das Gefühl, dass man tatsächlich etwas macht. Na ja, jeder ist anders. Eine Freundin von mir führt noch immer so ein Leben und ist dabei glücklich, aber ich fühlte mich damals sehr leer. *[lacht]* Man muss seine seelischen Bedürfnisse befriedigen und da hat jeder seine eigene Art. Ich war innerlich nicht zufrieden, deshalb bin ich losgefahren. Hier bin ich jetzt glücklich. Auch wenn ich nicht viel Geld habe und die Bedingungen nicht so gut sind, bin ich doch zufrieden und das ist das Wichtigste.

Meine Eltern finden es nicht gut, dass ich jetzt hier umherreise. Wenn andere Leute sie fragen, was ich mache, erzählen sie nichts davon, sondern sagen, dass ich studiere. Sie finden das, was ich mache, wirklich nicht gut. Ich glaube, im Ausland sind die Eltern verständnisvoller. Sie finden alles in Ordnung, solange ihr Kind glücklich ist. In China ändert sich das langsam, junge Eltern denken auch eher so wie im Westen. Aber in der Generation meiner Eltern waren viele nicht auf der Uni, sie sind sehr konservativ. Sie wollen, dass du fleißig studierst, einen guten Job findest, einen guten Ehemann, eine Familie gründest und viel Geld verdienst. Wenn sie andere Kinder sehen, die eine Auszeit nehmen und reisen, dann sagen sie: ›Oh, das ist aber toll, das ist aber mutig!‹ Aber wenn das eigene Kind so etwas machen will, dann heißt es, ›das geht nicht, du musst ordentlich arbeiten.‹

In China ändert sich vieles von Generation zu Generation. Früher waren die Leute sehr arm, viele konnten es sich nicht mal leisten, zur Schule zu gehen. Damals hat natürlich niemand überhaupt ans Reisen gedacht. Es ging es nur darum, genug zu essen zu haben und warm genug gekleidet zu sein. Heute haben die meisten Menschen diese grundlegenden materiellen Bedürfnisse befriedigt und fangen an, sich über ihre geistigen Bedürfnisse Gedanken zu machen. Meine Oma zum Beispiel hat meine Mutter so erzogen: ›Es reicht, wenn ich dir etwas zu essen und zum Anziehen gebe.‹ Um die seelischen Bedürfnisse hat sie sich kaum gekümmert. Und so haben meine Eltern auch mich erzogen. Deswegen mache ich ihnen manchmal ein kleines bisschen Vorwürfe. Weil sie mich nie gefragt haben, was ich eigentlich denke, was ich fühle. Bevor ich losgefahren bin, habe ich mit meiner Mutter darüber gesprochen und ihr gesagt, dass ich manchmal etwas enttäuscht von ihr bin, weil sie mich immer nur unter Druck setzt und mich nie fragt, was ich möchte. Ich habe ihr gesagt: ›Du weißt gar nicht, was ich eigentlich will, und fragst mich auch nie danach. Um das, was ich denke und fühle, hast du dich nie wirklich gekümmert. Mit meinen Problemen bin ich nie zu euch gekommen, sondern habe sie immer selbst gelöst.‹ Meine Mutter hat darüber nachgedacht und es verstanden. Meine Eltern sagen jetzt eben, mach das, was dir Spaß bringt, Hauptsache, du bist glücklich. Irgendwie bleibt ihnen auch nichts anderes übrig.

Ich telefoniere jeden Tag mit meinen Eltern, auch wenn ich an der Uni bin. Für sie ist es nicht einfach, alleine ohne Kind zu Hause zu sein. Immer, wenn ich sie besuche und wieder abreise, weint meine Mutter. Normalerweise sehe ich sie nur zweimal im Jahr. Von meinem Studienort brauche ich 19 Stunden mit der Bahn in meine Heimatstadt, das ist ziemlich unpraktisch. Wenn ich alleine wäre und nicht an meine Eltern denken müsste, könnte ich mir auch vorstellen, einfach hier in Langmusi zu bleiben. Ich würde ein bisschen jobben und den ganzen Tag mit netten Leuten zusammen sein. Aber ich muss dafür sorgen, dass meine Eltern ein gutes Leben haben, wenn sie alt sind. Dass sie glücklich sind und genügend Geld zur Verfügung haben. Deswegen will ich mir nach der Uni einen möglichst guten Job suchen, damit ich sie versorgen kann. In China ist der Familiensinn eben ziemlich stark.

Warum so viele junge Leute nach Lhasa fahren? Lhasa ist ein sehr heiliger Ort. Wenn man dort ist, rüttelt einen das vermutlich seelisch sehr auf, man wird sich vielleicht bewusst, wie klein und unbedeutend man selber ist. Das ist nicht so wie in anderen chinesischen Städten. Wenn man zum Beispiel nach Kunming fährt, dann geht man dort in die Kneipen und das war's. Ich glaube auch, dass die Menschen in Tibet sehr einfach und ehrlich sind. Die meisten auf jeden Fall. Es gibt nur wenige schlechte, solche, die unser Land spalten wollen. Das sind Extremisten. So wie der IS oder einige Uiguren in Xinjiang. Aber auch unter den Muslimen gibt es viele gute Menschen. Ich finde, China ist im Vergleich zum Ausland insgesamt sehr friedlich. Wenn ich in den Nachrichten lese, dass in England eine Bombe in einer U-Bahn explodiert oder in den USA ein Flugzeug entführt wird, dann denke ich mir.: ›Solche Sachen passieren hier nicht.‹ Die meisten Tibeter sind außerdem sehr gutmütig. Ich denke, wenn man dorthin fährt, muss man ihre Traditionen und ihren Glauben respektvoll behandeln. Ich hoffe auch, dass ich in Lhasa mehr über Buddhismus lernen werde. Bislang habe ich mich noch nicht so viel damit beschäftigt, aber immer, wenn ich diesen Dingen begegne, verhalte ich mich sehr respektvoll und sage im Geist: ›Buddha behüte uns.‹

Eine Freundin von mir hat ein halbes Jahr in Lhasa in einem Hostel gejobbt. Sie sagt, dass sie dort die beste Zeit ihres Lebens verbracht hat. Jeden Morgen nach dem Aufstehen ist sie eine Gebetsrunde um einen Tempel gelaufen. Abends auch. Nachmittags hat sie in der Sonne gesessen und sich mit den Einheimischen unterhalten. Dadurch ist sie innerlich sehr ruhig und ausgeglichen geworden, wie Wasser, ganz ruhig. Als sie mit der Bahn nach Hause gefahren ist und in Xining viele Menschen zugestiegen sind, ist sie plötzlich zusammengebrochen. Sie hat die ganze Fahrt nur noch geweint. Weil von einem Moment auf den anderen diese friedliche, ruhige Zeit zu Ende war. Dieses Leben war plötzlich wieder vorbei.

Ich fühle mich hier auch schon viel besser. Es ist viel ruhiger als in der Stadt, wo es so viele Menschen gibt, die ständig hin und her rennen und im Stress sind. Die Landschaft ist auch sehr schön und ich habe schon viele nette Leute kennengelernt. Wie lange ich reisen werde, weiß ich noch nicht. Erst mal bis zum Frühlingsfest. Dann fahre ich nach Hause und sehe weiter. Wenn ich bis dahin noch Geld habe, fahre ich wieder los.«

Ein halbes Jahr später treffen wir Duorou wieder. Sie ist zurück von ihrer Reise und wieder an der Universität in einer der großen Städte an der Ostküste. Nebenher hat sie noch einen Teilzeitjob. Die Reise hat sie verändert. Sie wirkt noch selbstbewusster. Die Geschichten sprudeln geradezu aus ihr heraus. Sie hat viel nachgedacht in den letzten Monaten – und unterwegs ihren Freund kennengelernt, mit dem sie jetzt zusammenwohnt. Gemeinsam planen sie bereits die nächste Reise. Aber zunächst erzählt sie, wie es nach unserem letzten Treffen in dem Bergort Langmusi weiterging.

Teil II

Von Langmusi bin ich nach Lanzhou gefahren und von dort mit dem Zug weiter nach Lhasa. Aber als ich dort ankam, dachte ich: ›Das ist nicht das Tibet, das ich mir vorgestellt hatte!‹ Ich hatte das Gefühl, dass alles extrem kommerzialisiert war. Zum Beispiel am Jokhang-Tempel[27], da war alles voller Stände, die Touristenkrempel verkauften, so ein Zeug, das man echt nicht mehr sehen kann. Überall lief laute Musik. Das war nicht das, was ich mag, ich fand es echt abstoßend. Mir hat es die ganze Zeit über in Lhasa nicht besonders gefallen.

Später ist dann eine Freundin, die ich vorher kennengelernt hatte, auch nach Lhasa gekommen. Sie meinte: ›Lass uns doch nach Nyingchi[28] fahren.‹ Und ich habe gesagt: ›Okay, machen wir.‹ Also sind wir los. Je weiter wir uns von Lhasa entfernt hatten, desto mehr veränderte sich die Umgebung entlang der Straße. Es wurde immer ursprünglicher. Unterwegs sind wir einmal eine weite Strecke mitten durch das Gebirge gelaufen. Zu beiden Seiten waren hohe Berge und tiefe Täler, in der Ferne schneebedeckte Gipfel. Wir sind einfach immer weiter, immer weiter gelaufen. Dabei habe ich eine innere Ruhe verspürt. Neben uns am Straßenrand liefen kleine Zie-

---

27 Jokhang-Tempel: wichtiges tibetisches Heiligtum im Zentrum von Lhasa
28 Nyingchi: Stadt im Südosten Tibets

gen und kleine Schweine herum. Tibetische Großmütter mit ihren Gebetsmühlen sind uns entgegengekommen. Ich dachte, ›oh, das ist das Tibet, wie ich es mir vorgestellt hatte!‹

Wir haben uns hauptsächlich mit Trampen fortbewegt. Wenn wir zu einem Dorf kamen, haben wir als Erstes die Gebetsfahnen gesehen. Wir haben uns sehr aufgehoben und vertraut gefühlt. Die Leute waren alle sehr freundlich. Wenn wir jemanden nach dem Weg gefragt haben, hat er uns gleich hingebracht. Die kleinen Kinder haben uns angelacht. Wir dachten die ganze Zeit, ›oh, hier ist es wirklich schön.‹

Als wir wieder zurück in Lhasa waren, fand ich es weiterhin sehr kommerzialisiert, vor allem tagsüber. Abends sind wir immer die Gebetsrunde um den Jokhang-Tempel gelaufen. Dabei hat sich in mir eine innere Ruhe ausgebreitet und ich habe über Dinge nachgedacht, die ich früher gemacht habe, oder Dinge, die ich Zukunft machen will. Tagsüber haben wir uns in die Sonne gesetzt und gelesen. Ich dachte, ›wow, das Leben ist so ...‹ – ich weiß gar nicht, wie ich das sagen soll, also nicht so wie jetzt, wo ich in die U-Bahn und zur Arbeit hetze. Die Zeit dort war vollkommen sorglos und unbeschwert. Ich dachte, dass es am Jokhang-Tempel immer so sein sollte wie am Abend, wenn nicht alle so einen Riesenlärm und Trubel machen. Drinnen haben die Leute ganz ruhig gesessen und buddhistische Schriften gelesen. Draußen sind sie mit der Gebetsmühle in der Hand um den Tempel gelaufen.

In Lhasa gibt es einfach viel zu viele Touristen. Aber man sollte einen Ort nicht verurteilen, nur weil er sich weiterentwickelt. Alle Städte in China werden allmählich modern. Das ist unvermeidbar und richtig so, das ist nichts, wofür man einen Ort verurteilen sollte. Man kann nicht sagen, andere Städte dürfen sich entwickeln, aber dieser eine Ort soll so bleiben wie er vor 30 Jahren war. Nein, dort soll es auch KFC und McDonald's geben. Das ist mir später klar geworden.

Als wir getrampt sind, haben uns einmal Leute aus einer Autokolonne mitgenommen, vier Autos waren das. An dem Tag hatten wir ewig lange an der Straße gestanden. Wir waren wirklich im Nirgendwo, kein Dorf, kein Laden in der Nähe. Dann hat einer der Wagen angehalten. Sie wollten zu dem gleichen Ort wie wir. Der Fahrer sah ein bisschen aus wie einer von der Mafia. Er hat uns gefragt: ›Mädchen, wie lange wollt ihr dort bleiben?‹ Ich habe gesagt: ›Zwei, drei Tage.‹ Er meinte: ›Dann können wir euch doch auf dem Rückweg wieder mitnehmen.‹ Wir waren zwei Tage und zwei Nächte mit ihnen unterwegs. In der ersten Nacht sind wir über den Tongmai gefahren, das ist eine schmale Straße durch extrem unwegsames Gebiet im Gebirge. Die Straße ist voller Risse und Löcher und so schmal, dass es ständig Staus gibt, weil zwei Autos nicht aneinander vorbeikommen. Mitten in der Nacht sind wir in einem solchen Stau steckengeblieben, wir kamen einfach nicht mehr voran. Wir standen in einer komplett verlassenen Gegend an einem Abhang. Außer uns beiden waren nur Männer dort, irgendwelche Lkw-Fahrer und so. Aber ich hatte überhaupt keine Angst. Wir haben uns einfach hingesetzt und den Sternenhimmel angeschaut. Diesen Augenblick werde ich nie vergessen. Wir hatten den ganzen Tag nichts gegessen, saßen einfach dort und haben die Sterne angeschaut. Wir haben überhaupt nicht daran gedacht, dass uns jemand etwas antun könnte. Bevor wir nach Tibet gefahren sind, hatten wir geglaubt, dass Trampen sehr gefährlich sei und wir das auf keinen Fall machen würden. Aber dann haben wir es gemacht und gemerkt, dass alle Leute sehr vertrauenswürdig waren. So ein Gefühl hatte ich früher fast nie. Wenn man sonst mit Fremden zusammen ist, muss man immer überlegen, ob sie gefährlich sein könnten. Aber dieses Gefühl hatten wir überhaupt nicht. Wir dachten nur, ›ach, jetzt stecken wir im Stau, diese Menschen sind hier und alles ist gut.‹

Später habe ich dann noch mit unserem Fahrer geflirtet; *[lacht]* mit dem, der ein bisschen wie von der Mafia aussah. Er war viel jünger, als ich gedacht hatte, nur zwei Jahre älter als ich. Aber er war nur sechs Jahre zur Schule gegangen und musste dann schon anfangen zu arbeiten. Aber ich fand, dass er echt Charakter hatte. Wenn man lange in der Stadt gelebt hat und eine etwas konservativere Frau ist, dann ist es eigentlich undenkbar, dass man von sich aus anfängt, mit einem Mann zu flirten. Aber als ich auf der Reise unterwegs war, habe ich irgendwann gedacht, ich brauche mich überhaupt nicht mehr um diese Dinge zu scheren. Ich kann einfach das tun, wozu ich Lust habe. Obwohl ich ihn kaum kannte, habe ich dann einfach zu ihm gesagt: ›Bruder, du siehst echt gut aus.‹ Danach ist aber nichts weiter passiert. Auf jeden Fall habe ich mich in dieser Zeit einfach sehr wohl gefühlt. Ich bin auf keine hohen Berge im Himalaja gestiegen oder irgend so etwas, aber wenn ich jetzt daran zurückdenke, war das eine sehr friedvolle Zeit. So etwas erleben Chinesen nur sehr selten.

Einmal waren meine Freundin und ich in einem Teehaus, neben uns saßen zwei alte Tibeterinnen. Wir konnten uns nur mit Lauten und Gesten verständigen, weil sie überhaupt kein Chinesisch sprachen. Sie haben uns einige von ihren selbstgemachten Teigtaschen geschenkt. Als wir unseren Buttertee ausgetrunken hatten, haben sie uns auch noch von ihrem nachgeschenkt. Früher hätten wir in so einer Situation ›danke, danke‹ gesagt und das Essen später weggeworfen. Weil man Angst hat, dass da irgendetwas drin sein könnte, Gift zum Beispiel. In China gibt es viele junge Frauen, die entführt und in arme Dörfer verschleppt werden. Dort werden sie an Männer verkauft, die keine Frau haben. Diese Dörfer sind so abgelegen, dass man es nicht schafft, von dort zu fliehen.

Es gibt einige Entwicklungen, durch die die Menschen in China sehr gleichgültig geworden sind. Wenn jemand auf der Straße hinfällt, traut sich niemand, ihn zu stützen. Es ist nicht so, dass die Leute nicht helfen wollen, aber es gab ein paar Fälle, wo ältere Frauen mit Absicht jemanden angestoßen haben und sich dann fallen ließen. Dann wollten sie eine Entschädigung. Deswegen traut sich niemand mehr zu helfen. Oder einmal habe ich ein Video im Internet gesehen, da haben Leute ein Experiment mit versteckter Kamera gemacht. Sie haben auf der Straße ein kleines Kind herumlaufen lassen, das dann von einem Mann gepackt und mitgenommen wurde. Niemand hat eingegriffen. Niemand hat dem Kind geholfen. Alle dachten, ›das ist nicht meine Sache, das geht mich nichts an.‹ Niemand kümmert sich darum, aus Angst, am Ende noch selbst Probleme zu bekommen.

Eigentlich spielt in China Höflichkeit traditionell eine sehr große Rolle. Man möchte für andere Menschen etwas Gutes tun, anderen Leuten helfen. Aber weil solche Dinge passieren, werden die Leute allmählich gleichgültig. Deswegen bin ich manchmal wirklich verzweifelt. Neulich habe ich einen Artikel gelesen über eine junge Frau, die ihre Mutter ins Krankenhaus gebracht hat. Normalerweise muss man eine Wartenummer ziehen, aber dann gibt es da diese Menschen, die alle Wartenummern aufkaufen und für viel Geld an die Wartenden weiterverkaufen. Die stecken mit der Krankenhausverwaltung unter einer Decke, das heißt, Mitarbeiter des Krankenhauses tragen die Verantwortung dafür. Himmel, das ist echt furchtbar! Wenn ich solche Nachrichten lese, frage ich mich schon, ob es wirklich gut ist, dass es nur eine Partei gibt. Wenn es zum Beispiel, wie in den USA, zwei Parteien gäbe, die darum konkurrieren, den Posten des Präsidenten zu stellen, dann könnte man für einen Skandal die regierende Partei verantwortlich machen. Deswegen frage ich mich, ob es wirklich gut ist, dass wir ein Einparteisystem haben. Sind wirklich alle politischen Entscheidungen richtig, die die Partei trifft?

Und diese ganze Korruption. Selbst ein kleiner Beamter kann Millionen Yuan an Bestechungsgeldern kassieren. Sind solche Probleme nicht im System begründet? Jetzt gibt es zwar eine Antikorruptionskampagne der Regierung, aber die schaffen es doch überhaupt nicht, das Problem wirklich zu bekämpfen. Ich habe das selbst erlebt. Als ich klein war, hatte ich eine Freundin, deren Eltern Beamte waren. Die haben unglaublich viele Geschenke bekommen. Heutzutage ist es schon so, dass, wenn ein Kind in die Grundschule kommt und die Eltern den Lehrern keine Geschenke machen, sich die Lehrer einfach überhaupt nicht um das Kind kümmern.

Oh, wie bin ich denn jetzt auf dieses Thema gekommen? Wir wollten doch über Tibet sprechen! Also, Tibet ist so groß, es gibt so viele Orte, an denen ich noch nicht war. Deswegen wollen mein Freund ich nochmal hinfahren, wenn sich eine Gelegenheit ergibt. Ich war zum Beispiel am Yanghu- und am Namcuo-See. Wenn man dort ist, denkt man, wow, so ein schöner Ort. So schön, dass ich denke, ich halte das nicht aus, ich muss mich hinknien. So ein Gefühl ist das.

Einmal ist etwas Besonderes passiert. Das war, als ich nach Nepal weiterreisen wollte. Ich musste erst mit dem Bus von Lhasa nach Shigatse fahren. Dann von Shigatse zum Grenzübergang.

Die Busfahrt nach Shigatse sollte eigentlich fünf Stunden dauern. Aber es hatte ein Erdbeben gegeben und überall auf der Straße lagen große Steine von den Erdrutschen. Deswegen hat die Fahrt am Ende zwölf Stunden gedauert. Ich war die einzige Chinesin in dem Bus, alle anderen waren Tibeter. Es waren hauptsächlich Männer, nur ein paar alte Frauen. Die meisten konnten kein Chinesisch. Der Bus sollte eigentlich mittags ankommen, aber abends um sieben oder acht Uhr waren wir immer noch unterwegs. Es war schon dunkel. Ich habe echt Angst bekommen. So sehr, dass ich mich zu Tode erschreckt habe, als mich jemand angelächelt hat. Dann ist ein tibetisches Mädchen zu mir gekommen. Sie konnte nicht sehr gut Chinesisch, aber sie hat mich gefragt: ›Schwester, hast du Angst?‹

›Ja, ein bisschen.‹

›Ich setze mich zu dir, du brauchst keine Angst zu haben.‹

Puh, ich war so erleichtert, dass jemand bei mir war! Sie hat dann die ganze Zeit mit mir geredet. ›Schwester, weißt du was, meine Freundin arbeitet in Lhasa als Tellerwäscherin, aber ich muss zurück nach Hause und kann nicht bei ihr bleiben.‹

›Warum musst du nach Hause?‹

›Ich muss zurück und mich um meinen kleinen Bruder kümmern.‹

›Gehst du denn nicht zur Schule?‹

›Meine Eltern lassen mich nicht in die Schule. Wir haben nicht genug Geld. Deswegen muss ich nach Hause und auf meinen Bruder aufpassen. Außerdem will ich auch gar nicht in die Schule.‹

Das hat sie mir erzählt. Sie war echt süß. Dann hat sie sich eine Zigarette angezündet. Da war ich überrascht. In China rauchen ja sowieso kaum Frauen und sie war erst dreizehn! Sie meinte: ›Schwester, weißt du, heute, als ich aus Lhasa weggefahren bin, habe ich ewig geweint.‹

›Warum?‹

›Weil ich mich von meiner Freundin trennen musste. Sie arbeitet dort sehr hart, ich wollte sie nicht alleine lassen.‹

Ich dachte in dem Moment, wow, so eine tiefe Freundschaft. Wenn ich mich von Freunden verabschiede, dann würden wir nicht weinen.

Und sie redete ununterbrochen weiter: ›Schwester, ich bringe dir bei, wie man Mond auf Tibetisch sagt. Schwester, das und das.‹ Dann ging es irgendwann weiter. Nachdem wir über einen hohen Berg gefahren waren, kamen wir auf eine große, weite Ebene. Darüber stand ein riesiger Mond, das war unglaublich schön. Nach einiger Zeit steckten wir wieder fest. Der Bus hatte sich in einer Kuhle festgefahren. Es ging nicht mehr vor und nicht zurück. Alle sind ausgestiegen. Ich wusste nicht, was ich machen sollte.

Das Mädchen sagte: ›Schwester, was stehst du da noch? Komm her und hilf, die Steine wegzuräumen.‹ Alle haben Steine weggeräumt und den Bus zusammen rausgeschoben. Kurz danach ist der Bus wieder steckengeblieben, wieder sind alle ausgestiegen und haben Steine weggeräumt. Wenn das Chinesen gewesen wären, hätten alle nur dagestanden und geguckt. Aber die Tibeter haben einfach gemeinsam angepackt, obwohl sie niemand angeleitet hat.

Das Mädchen hat immer gerufen: ›Hier ist noch ein Stein, hier ist noch ein Stein, kommt rüber.‹ Und alle haben Ketten gebildet und sich die Steine weitergereicht. Die Tibeter sind wirklich sehr solidarisch.

Das gefällt mir sehr. Die Familie des Mädchens lebt unter schwierigen Bedingungen. Ihre Eltern sind Wanderarbeiter, sie sieht sie nur einmal im Jahr. Ich habe ihr meinen ganzen Proviant geschenkt. Sie wollte die Sachen nicht mal selber essen, sondern hat sie aufbewahrt, um sie ihrem Bruder mitzubringen.

Wenn ich jemand kennenlerne, ist es mir ziemlich egal, wie lange er zur Schule gegangen ist. Viel wichtiger finde ich, dass jemand gutherzig und ehrlich ist und weiß, was Dankbarkeit bedeutet. Es gibt so viele Menschen, die auf der Uni waren und trotzdem immer nur an den eigenen Vorteil denken. Mit solchen Leuten möchte ich nichts zu tun haben. In China gibt es ein altes Sprichwort: ›Am Anfang ist das Wesen des Menschen gut.‹[29] Wenn jemand sich diese Gutherzigkeit bewahrt, dann lohnt es sich, mit ihm befreundet zu sein.

In Shigatse habe ich mich mit drei Leuten getroffen, die ich früher auf der Reise kennengelernt hatte. Wir sind zusammen weiter nach

---

29 Zitat der ersten Zeilen des »Drei-Zeichen-Klassikers«, 13. Jahrhundert

Nepal gefahren. Von Shigatse mussten wir erst mit dem Bus in ein Dorf fahren. Aber wir hatten die falschen Fahrkarten gekauft, deswegen wollte uns der Busfahrer irgendwann nicht weiter mitnehmen. Wir haben daraufhin versucht zu trampen, aber alle Leute, die anhielten, wollten von jedem von uns 50 Yuan. Für zehn Kilometer Strecke! Wir haben angeboten, dass wir zu viert 50 Yuan zahlen, aber das wollten sie nicht. Ich weiß nicht, was da los war, warum die Leute plötzlich so komisch waren. Am Ende haben wir dann doch die 200 Yuan gezahlt. Am nächsten Tag wollten wir von dem Dorf aus weiter zur Grenze, das waren nochmal 27 Kilometer. Ein Auto für uns vier sollte 400 Yuan kosten. Wir haben gesagt, ›wir geben euch 200, okay?‹, aber sie wollten nicht. Wir waren so wütend, dass wir die ganzen 27 Kilometer dann gelaufen sind. Mir sind fast die Beine abgefallen! Zwischendrin haben wir nur einmal fünf Minuten Pause gemacht, weil wir Angst hatten, dass wir es vor Einbruch der Dunkelheit nicht schaffen würden und dann keinen Platz zum Schlafen hätten. Wir sind immer weiter, weiter, weiter. Unser Gepäck war schwer. Als wir nicht mehr konnten, haben wir uns Musik angemacht und sind zu dem Rhythmus weitergegangen.

Irgendwann haben wir in der Ferne ein Schild mit der chinesischen Flagge gesehen, die fünf Sterne auf rotem Grund. Endlich hatten wir es geschafft! Ich hätte heulen können, als ich die Soldaten der Volksbefreiungsarmee gesehen habe. Wir haben uns zu den Soldaten gehockt und die haben uns Wasser gegeben. Endlich waren wir da. Ich konnte wirklich nicht mehr. In meinen Schuhen hatte sich ein Stück Metall gelöst, meine Füße waren aufgerissen und ganz blutig. Aber meine Reisebegleiter haben sich gut um mich gekümmert. Einer von ihnen hatte zwischendurch meinen Rucksack getragen, hinten auf dem Rücken seinen eigenen, vorne meinen, sodass er gar nichts mehr sehen konnte. Irgendwann wollte ich aber auch nicht mehr, dass jemand anderes mein Gepäck trägt. Dann habe ich es wieder selbst genommen. Ein anderer hat mir seine Badelatschen gegeben, als meine Schuhe kaputt waren. So sind wir einen Schritt nach dem anderen weiter gelaufen.

An der Grenze bemerkt man gleich, dass Nepal sehr arm ist. Hier der chinesische Teil des Grenzübergangs: total luxuriös. Gegenüber auf der nepalesischen Seite: ein kleiner Tisch, drei nepalesische Polizisten. Daneben noch ein kleines Häuschen, das aber zusammengestürzt war, vielleicht durch ein Erdbeben. Sie haben uns in ein kleines Zelt gebracht, um unsere Papiere zu prüfen.

Hinter der Grenze haben wir wieder versucht zu trampen, aber niemand hat uns mitgenommen. Irgendwann hat jemand angehalten, der Geld wollte. Aber wir hatten kaum mehr etwas, wir mussten erst mal in die Hauptstadt zu einer Bank kommen. Später, als es schon dunkel war, hat uns dann jemand geholfen, ein Auto anzuhalten, einen Pick-up. Wir haben hinten auf der Ladefläche gesessen. In Nepal sind die Straßen total schlecht, aber ich war so glücklich! Haha, Nepal, ich bin da! Endlich hatten wir es geschafft, endlich mussten wir nicht mehr laufen. Wir waren so froh! Wir haben die ganze Zeit gesungen. Wir saßen hinten auf der Ladefläche, ein Schlagloch nach dem anderen, unsere Hintern taten weh, aber wir waren so glücklich.

In Nepal war es sehr schön. Am ersten Tag in Kathmandu waren wir in einem kleinen Laden. Ich habe eine Tasche gesehen und gefragt, wie teuer die sei. Der Verkäufer hat einen Preis genannt, und ich habe gesagt, ›das geht nicht, viel zu teuer, viel zu teuer‹, und ihm einen sehr niedrigen Preis genannt. Während der Preisverhandlung meinte er plötzlich: ›Ich schenke dir die Tasche.‹

Und ich: ›Hä, was?‹

›Free, free!‹

›Warum, why?‹

›Weil ich dein Lächeln mag. Dein Lächeln ist wirklich schön.‹

So etwas würde in China nie passieren! Obwohl die Nepalesen so arm sind, schenken sie dir noch etwas!

Mit meinen drei Begleitern war es auch sehr nett. Es waren drei Jungs, die ich in Lhasa kennengelernt hatte. Wir haben auch jetzt noch Kontakt und schreiben uns oft über WeChat. Wenn man unterwegs ist, lernt man viele Leute kennen. Mit manchen reist man vielleicht nur einen Tag zusammen und hört danach nichts mehr voneinander. Aber zu anderen habe ich jetzt noch Kontakt.

Dann war ich noch in Bangkok, da hat es mir aber nicht so gut gefallen. Viel zu hektisch und viel zu viele Menschen! Und viel zu heiß. Thailand hat mir insgesamt nicht so gut gefallen. Ich bin dann nach Laos weitergefahren. Dort habe ich mich mit meinem Freund getroffen und wir sind zusammen weitergereist.

Mein Freund und ich hatten uns in Lhasa kennengelernt. Er hatte in dem Hotel, in dem ich gewohnt habe, als freiwilliger Helfer gearbeitet. Das war ein kleines Haus mit drei Stockwerken. Im dritten Stock gab es eine Dachterrasse, da konnte man in der Sonne sitzen und lesen. Am ersten Tag, als ich dort saß, haben wir nicht miteinander geredet. Aber nach ein paar Tagen hat er mich angesprochen, und wir haben angefangen, uns zu unterhalten. Am Anfang über ganz normale Dinge, welches Sternzeichen man ist, woher man kommt und solche Sachen. Ich hatte nicht gedacht, dass ich mit ihm zusammen sein würde. An dem Tag, als ich nach Shigatse weiterfahren wollte, musste ich morgens um sieben los, in Lhasa war es noch dunkel. Alle haben noch geschlafen. Aber er war aufgestanden und hat mich zum Bus gebracht. Danach haben wir uns immer wieder auf WeChat geschrieben – und irgendwann waren wir zusammen. Also, eigentlich wussten wir gar nicht, wie der andere wirklich ist, wir hatten ja fast nur digital kommuniziert. Aber als wir uns später in Laos wiedergesehen haben, haben wir gemerkt, dass wir ganz gut zusammen passen. Ich bin zum Beispiel ziemlich launisch. Ich flippe echt leicht aus und rege mich auf. Er ist nicht so, er ist sehr ausgeglichen. Er sagt dann immer: ›Komm, lass doch, du brauchst dich nicht aufzuregen.‹

Seit ein paar Monaten wohnen wir jetzt hier zusammen. Am Anfang war es etwas schwierig. Er hatte keinen Job und die ganze Last lag auf mir. Er hatte so gut wie gar nichts mitgebracht, deswegen musste ich ihm erst mal Klamotten und Schuhe kaufen. Ich war für das ganze Finanzielle verantwortlich, das hat mich ziemlich gestresst. Jetzt ist es viel besser. Er hat jetzt auch einen Job. Er verdient zwar nicht viel, aber das finde ich nicht schlimm. Solange ich weiß, dass er sich anstrengt und fleißig arbeitet, ist das für mich okay.

Meine Eltern wollten, dass ich mich von meinem Freund trenne, weil er die Schule abgebrochen hat und nicht zur Uni gegangen ist. Seine Eltern haben nicht viel Geld. Aber mir ist das nicht so wichtig. Jeder Mensch soll sein Leben auf seine Art leben. Ich habe nicht so hohe Ansprüche an andere Leute. Weil ich an mich selbst auch nicht so hohe Ansprüche habe. ›Was du selbst nicht wünschst, tue nicht anderen an‹, das ist ein altes Sprichwort.

Viele meiner Kommilitonen haben zum Beispiel immer das neueste iPhone und finden es komisch, dass ich immer noch mit diesem alten Handy rumlaufe. Aber ich lege keinen Wert auf diese Dinge. Wenn ich sehe, wie teuer ein iPhone ist, denke ich: ›Mein Gott, mit dem Geld könnte man ein Flugticket sonst wohin kaufen oder so und so lange irgendwo reisen.‹

Überhaupt, mit Geld kann man in China fast alle Probleme lösen. Und mit Beziehungen. Jemand überfährt ein Kind, wird aber nicht bestraft, weil er Beziehungen hat. Oder jemand wird verdächtigt, ein Mörder zu sein. Wenn seine Familie kein Geld und keine Beziehungen hat, um irgendetwas zu unternehmen, dann wird er hingerichtet. Und danach stellt sich heraus, dass er unschuldig war. Viele Kinder von hohen Beamten sagen: ›Mein Vater ist der und der, du kannst mir nichts anhaben.‹ Oder die Fuerdai, die Kinder aus extrem reichen Familien.[30] Die machen lauter schlimme Sachen. Die Leute hassen die Fuerdai immer mehr. Deswegen frage ich mich, wann sich das ändern wird? Ich selbst kann es nicht ändern, aber wann wird es sich ändern? Ich mache mir wirklich Sorgen um mein Land. Am Anfang dachte ich noch: ›Wenn in den Medien über so etwas berichtet wird, dann ändert sich was.‹ Aber in Wirklichkeit ist es so: Bei der ersten Meldung regen sich die Leute noch furchtbar auf. Dann wird wieder und wieder berichtet, und irgendwann sind die Leute müde und haben sich daran gewöhnt. Deswegen glaube ich nicht, dass sich etwas ändern wird. Unsere Gesellschaft wird immer ungerechter. Ich habe immer weniger Hoffnung. Wir mögen unser Land sehr, wir lieben unser Land. Aber wir mögen nicht unbedingt die Partei. Wir mögen nicht dieses gesellschaftliche Klima, das sie herbeigeführt hat. Aber wir lieben unser Land. Deswegen schmerzen uns diese Erscheinungen sehr. Und wir hoffen, dass wir das ändern können.

Auf der Reise habe ich mich einmal mit einem Ausländer unterhalten. Er hat mich gefragt, ob ich schon mal in Tibet war, ich

---

30 Siehe auch Kapitel *Die Tochter aus reichem Haus,* ab Seite 143

habe Ja gesagt. Er meinte dann: ›Ihr Chinesen hindert Tibet an seiner Entwicklung. China ist dafür verantwortlich, dass die Religion in Tibet allmählich verloren geht. Ihr solltet Tibet unabhängig werden lassen.‹ Ich habe damals gesagt: ›Tibet ist ein untrennbarer Teil unseres Landes. Es gehört zu China, wieso sollte es unabhängig sein?‹

Diese Ideologie ist uns von klein auf eingetrichtert worden. Schon in der Grundschule geht das los. ›Die Partei ist gut. Die Partei führt uns in ein neues Leben. Die Partei ist dies, die Partei ist das.‹ Wir werden permanent gehirngewaschen, von klein auf.

Aber wenn du dir deine eigenen Gedanken machst oder mit Meinungen aus dem Ausland in Berührung kommst ... – gut, vielleicht wird im Ausland manchmal wirklich mit Übertreibungen Angst verbreitet. Aber die KP ist nicht so perfekt, wie im Inland behauptet wird. Sie hat bestimmt auch ihre schlechten Seiten. Das, was dieser Ausländer über Tibet gesagt hat – kann es nicht vielleicht doch sein, dass er Recht hat? Die Partei sagt uns immer: ›Tibet gehört zu China, Tibet gehört zu China.‹ Aber wie es in Wirklichkeit ist, das wissen wir überhaupt nicht. Auch bei der Befreiung Tibets, wurden den Tibetern viele Dinge angetan. All das wird nicht erwähnt. Wir lernen nur, dass die Kommunistische Partei so viel Gutes für Tibet getan hat, so viel Gutes. Am heftigsten war die Gehirnwäsche in der Mittelschule. Damals hätten wir niemandem erlaubt, etwas Schlechtes über unser Land zu sagen. Das liegt auch an den Schulbüchern. Über die Kulturrevolution stehen dort zum Beispiel nur ein, zwei Sätze, danach geht es direkt weiter mit der Lobhudelei. In den Medien ist es genauso. Es wird immer nur berichtet, wie gut es den Chinesen geht, wie glücklich sie leben. Das ist alles Gehirnwäsche.

Ich glaube, vor allem die jungen Leute in den Städten machen sich mehr Gedanken als früher. Ich würde sagen, allmählich ist es so, dass ein Großteil der Chinesen die Partei nicht mehr wirklich unterstützt. Es gibt viele, die sich fragen, ob es nicht besser wäre, zwei Parteien zu haben. Aber solche Meinungen werden von der Partei unterdrückt. Wer weiß schon, was das Richtige ist, wer weiß, wie es mit zwei Parteien wäre? Wir sind nicht in der Lage, das zu ändern. Immerhin kann man in China darüber diskutieren, in Nordkorea würde man sofort erschossen werden.

Meine Mutter zum Beispiel, sie wurde sehr stark gehirngewaschen. Sie findet immer noch, dass die Partei gut ist. Sie ist allerdings auch kaum mit Ansichten aus dem Ausland in Berührung gekommen. Vielleicht wird sich alles irgendwann ändern, wenn es mehr Menschen bewusst wird. Es ist eine Frage der Erziehung, wahrscheinlich wird es mehrere Generationen dauern. In der Generation meiner Eltern haben die meisten keine höhere Bildung bekommen. Aber heute gehen immer mehr junge Leute auf die Uni, deswegen wird die Zukunft vielleicht besser werden.

Wenn man so reist wie ich, hat man hinterher nichts Materielles gewonnen, nimmt aber geistig eine Menge mit. Vor der Reise war ich sehr deprimiert. Ich habe sogar an Selbstmord gedacht. Ich dachte, ich habe immer nur alles so gemacht, wie meine Eltern es wollten. Ich habe nichts Eigenes. Mein Leben war wirklich deprimierend. Jeden Tag bin ich aufgestanden, zum Unterricht gegangen, nach dem Unterricht hab' ich Nachhilfe gegeben. Dann ging ich schlafen. Das hat sich jeden Tag wiederholt. Ich habe mich gefragt, was für einen Sinn so ein Leben eigentlich hat. Ich habe viel über alles nachgedacht. Am Ende dachte ich, dass ich nicht mehr weiterleben will. Jetzt geht es mir viel besser.

Vor der Reise gab es viele Dinge, die ich mich zu denken, aber nicht zu tun getraut habe. Oder Dinge, die ich mich zu denken, aber nicht zu sagen getraut habe. Zum Beispiel, wenn mich jemand schlecht behandelt hatte, dann war ich nach außen trotzdem weiter sehr freundlich. Obwohl ich ihn in Wirklichkeit total ätzend fand. Aber wenn man auf so einer Reise unterwegs ist, dann tut man einfach das, was man möchte. Wenn man jemanden blöd findet, geht man eben und hat einfach nichts mehr mit ihm zu tun. Es gibt dann nicht mehr dieses ›ich möchte eigentlich dies, aber mache trotzdem das‹. Ich habe einfach nur noch das getan, was ich selbst wollte. Allein deswegen hat es sich echt gelohnt. Außerdem habe ich viele Menschen kennengelernt. Manche Leute fragen mich: ›War es das wert, dein Studium auszusetzen und zu reisen?‹ ›Ja‹, sage ich dann, ›ich bereue es nicht. Ich würde es wieder so machen.‹ Es ist auf jeden Fall eine Erfahrung. Manche Freunde sagen auch: ›Das will ich später auch mal machen.‹ Doch sie sagen immer später, später, aber wann soll das denn sein? Wenn man sich etwas überlegt hat, dann muss man es einfach machen. Man muss einfach seinen Mut zusammennehmen und es machen, egal welche Folgen es haben wird. Oder nicht? Wenn du es nicht probierst, wirst du nie wissen, wie es ist.

Am Anfang, als ich die Idee hatte zu reisen, habe ich immer überlegt, was meine Eltern dazu sagen werden. Ob es sich nicht schlecht auf mein Studium auswirken würde. Ich habe mir zu viele Gedanken gemacht. Jetzt denke ich, es war gut so, es hat sich wirklich gelohnt.

DIE PLASTIKBLUMENKINDER
塑料花嬉皮士

Erst gegen Mittag baut Zheng Song seinen kleinen Stand an der Straßenecke in der Altstadt von Dali auf. Alles andere wäre viel zu früh, sagt er. Der 25-Jährige ist mit seiner Freundin Xiaoxiao seit ein paar Jahren unterwegs, immer auf Reisen. Ihre Jobs haben sie aufgegeben. Song hat als Schweißer in einer Firma für Klimaanlagen gearbeitet. Xiaoxiao war früher Buchhalterin. Jetzt verkaufen sie selbstgemachten Schmuck und bunte Fransenkleider an inländische Touristen, die den ganzen Tag über das Kopfsteinpflaster an den alten traditionellen Häusern mit Kunsthandwerksläden, Bars und Cafés vorbeiziehen.

Dali liegt im Südwesten Chinas, in der Provinz Yunnan, die an Vietnam und die Autonome Region Tibet grenzt. Vor zwanzig Jahren war der Ort noch ein beliebtes Reiseziel für ausländische Hippies. Es ging gemütlicher zu als im restlichen China, die Atmosphäre war entspannter und die Volksgruppe der Bai vermietete gerne ihre alten Häuser. Dass das Klima hier günstig für Marihuana-Pflanzen ist, dürfte auch eine Rolle gespielt haben. Die Zeiten der Hanfjünger sind allerdings längst vorbei. An sie erinnert nur noch ein Straßenzug mit dem Namen »Ausländer-Straße«, in der Reisegruppen sich noch immer auf die Suche nach ein paar Westlern als Fotomotiv machen.

Mittlerweile sind Dali und ähnliche Orte in Yunnan Anziehungspunkte für junge chinesische Aussteiger, Leute wie Zheng Song und Xiaoxiao, die mit wenig Geld ein entspanntes Leben führen wollen. Das Klima ist angenehm. Die Luft und das Wasser sind sauber, die großen Industriezentren weit weg, die Behörden nicht so streng. Viele Künstler und Alternative haben sich hier angesiedelt und probieren neue Lebensstile aus. Manche Städter von der Ostküste sind hierhergekommen, um ein Café aufzumachen und dem Trubel zu entfliehen. Andere haben kleine Kommunen gegründet.

In den letzten Jahren sind Orte wie Dali zudem als Touristenziel immer beliebter geworden. Man sieht dort, wie in China eine Modewelle schnell mal zu einem Tsunami anwachsen kann. Busse liefern inzwischen Scharen von Reisegruppen ab, die dann mit Elektrowagen durch die Altstadt gekarrt werden. Millionen Besucher werden inzwischen verzeichnet. Mehr und mehr Bars mit Lasershows und Moderatoren in Glitzeranzügen machen auf. Tagestouristen strömen durch die Stadt auf der Suche nach Mitbringseln: Plastikblumenkränze, Batikkleider, Trommeln – oder CDs, die den Soundtrack zur Stadt liefern sollen. Rund um den Erhai, den großen See, an dem Dali liegt, haben sich Filmstars Häuser gekauft. Die Gentrifizierung ist im vollen Gang, die Wohnungspreise schnellen nach oben.

Aber es gibt auch noch die kleinen Cafés mit Gitarrenspielern und Bücherecken und die jungen Aussteiger, die versuchen, ein eigenständiges Leben zu führen.

Xiaoxiao: »Warum wir in Dali sind? Uns gefällt es hier eben. Schöne Landschaft, nette Leute, gute Luft. Als wir vor drei Jahren losgereist sind, war Dali unsere erste Station. Danach sind wir weiter nach Lhasa. Zum Leben ist Dali besser. Lhasa liegt zu hoch. Die ultraviolette Strahlung ist dort stärker.

Der Platz hier ist gemietet, wir zahlen dafür Geld. Das Material für den Schmuck, die Steine und Drähte, kaufen wir im Internet und machen die Armbänder dann selbst. Das Geld reicht zum Leben. Ein bisschen können wir auch sparen. Die Lebenshaltungskosten sind hier viel niedriger als in der Stadt. Wir bauen normalerweise nachmittags den Stand auf. Junge Leute sind eben faul, wir schlafen gerne länger. Unsere Sachen kaufen vor allem Touristen, die in Reisegruppen hierher kommen. Sie sind meistens auch erst gegen Abend hier in der Altstadt unterwegs. Tagsüber machen sie irgendwelche Ausflüge. Das Wichtigste ist, dass wir hier kaum Stress haben. Es ist einfach sehr entspannt. Obwohl sich die Atmosphäre in Dali verändert hat. Es ist jetzt nicht mehr so schön wie am Anfang. Vor zwei Jahren war es noch wie in einer Utopie. Jetzt sind viele nicht mehr da, die früher hier einen Stand hatten.«

Zheng Song: »Am Anfang unserer Reise waren wir zehn Tage in Dali und haben Freunde getroffen, die hier einen Stand hatten. Wir fanden, dass diese Art zu leben, ganz entspannt ist. Jedenfalls nicht so stressig wie in der Stadt. Deswegen sind wir zurückgekommen. Die Atmosphäre gefällt uns, sehr liberal und tolerant. Jeder wird so akzeptiert, wie er ist. Total entspannt.

Du kaufst dir mit ein paar Leuten Bier, baust deine Sachen auf und sitzt einfach gemütlich mit den anderen herum. Was du verkaufen kannst, verkaufst du. Den Rest schmeißt du weg.«

Xiaoxiao: »Ach, komm, das war in den letzten zwei Jahren so. Jetzt nicht mehr.«

Zheng Song: »Ja, stimmt schon. Früher haben die Leute hier einen Stand aufgemacht, um ein bisschen Geld zum Leben zu haben, sich eine entspannte Zeit zu machen, einfach abzuhängen. Jetzt geht es vor allem um Profit. Dalis Charakter hat sich komplett verändert.«

Xiaoxiao: »Die Leute vom Ordnungsamt haben sich früher nicht um uns gekümmert. Man konnte einfach überall an der Straße seinen Stand aufmachen. Man musste keine Gebühr zahlen. Keiner kam groß mit Vorschriften. Da war alles noch freier. Jetzt muss man Geld zahlen, und den Leuten wird ein Platz zugewiesen.«

Zheng Song: » Trotzdem sind immer noch viele hier, die einfach in den Tag hineinleben. Die anders drauf sind. Ich glaube, generell denken die jungen Leute jetzt anders. Viele wollen zumindest für eine Zeit dem Druck entfliehen. Deswegen kündigen sie ihre Jobs, kommen hierher, ändern ihr Leben. Dann gehen sie wieder zurück und suchen sich Arbeit.

Wir sind an diesem Punkt anders als frühere Generationen, zum Beispiel als die in den 80ern Geborenen. Die waren in unserem Alter schon reifer. Wir sind von der Einstellung her jünger. Vor zehn Jahren haben sich junge Leute erst mal einen Job gesucht, eine Familie gegründet. Erst nachdem sie sich ein stabiles Leben aufgebaut hatten, fingen einige vielleicht an, sich zu amüsieren. Erst die Arbeit, dann der Spaß. Bei uns ist es genau umgekehrt, wir haben erst mal Spaß. Was danach kommt, überlegen wir uns später.«

Xiaoxiao: »Unsere Freunde und früheren Kollegen zu Hause beneiden uns alle. Sie würden es auch gerne so machen wie wir. Aber wegen allem Möglichen können sie nicht. Arbeit, Eltern und so. Unsere Eltern sind eher locker drauf.«

Zheng Song: »Ja, etwas liberaler. Klar, meine Eltern sagen schon, dass ich endlich heiraten soll und so, aber da höre ich nur mit einem Ohr zu. Heute sind die Eltern nicht mehr so wie früher. Es gibt jetzt viele junge Leute, die erst später heiraten. Deswegen fangen die Eltern nicht mehr so früh an, ihre Kinder zum Heiraten zu drängen. Sie verstehen das. Ich habe direkt nach der Uni angefangen zu arbeiten. Nach zwei Jahren habe ich gekündigt, weil ich keine Lust mehr hatte. Immer nur arbeiten, keine Freizeit. Ich bin dann mit ein paar Leuten mit dem Fahrrad von Chengdu nach Lhasa gefahren. Dabei habe ich mich ins Reisen verliebt.

Danach bin ich aber erst mal wieder zurück nach Hause und dort eine Zeit lang geblieben. Als ich wieder los wollte, habe ich im Internet nach einem Reisepartner gesucht und Xiaoxiao kennengelernt. Wir haben uns in Dali verabredet und sind dann zusammen nach Lhasa, getrampt und zu Fuß. Weil ich mal eine andere Fortbewegungsmethode ausprobieren wollte. Auf dem Weg haben wir immer wieder unseren Stand aufgebaut und Sachen verkauft.

In Lhasa fanden wir es nicht so ideal, die Atmosphäre war nicht so gut. Wir hatten uns auch zu sehr ans Unterwegssein gewöhnt. Sobald wir länger irgendwo waren, sind wir gleich wieder unruhig geworden. Deswegen sind wir immer weitergefahren. Wir sind dann noch mit Freunden nach Xinjiang gereist. Danach sind wir wieder hier gelandet.«

Xiaoxiao: »Wir wollen noch bis Ende des Jahres hier bleiben und dann weiterreisen. Ins Ausland, weil wir beide noch nie im Ausland waren. Erst mal nach Nepal oder Thailand, das ist nicht so weit. Weiter haben wir noch nicht geplant.«

DER FOTOGRAF

摄影师

> **Besondere Modestile in China**
>
> **Xiaoqingxin:** Wörtlich übersetzt: »jung, rein, frisch«, die Kleidung ist hell, schlicht, meist aus Naturfaser; steht für einen künstlerischen, alternativen Lebensstil.
>
> **Fugu:** »Retro«-Petitcoats und Pünktchenkleider, Stil der westlichen 50er- und 60er-Jahre
>
> **Minguofeng:** Kleidung im Stil der 30er-Jahre, die Zeit der »Republik China«, Stehkragen und traditionelle Qipao-Kleider
>
> **Sen Nü:** »Waldfrauen«, kommt aus Japan, weite, oft erdfarbene Kleidung; »feenhafter« Stil
>
> **Shamate:** Wilde Frisuren, bunt gefärbte Haare, schrille Kleidung; manchmal punkähnlich; gilt als Stil von Angehörigen »niederer Schichten«. Der Name ist vom Englischen »smart« abgeleitet.

Freiheit und Abenteuer zu erleben, ist eine Sache. In den sozialen Netzwerken entsprechende Fotos posten zu können, eine andere. Aber für viele junge Chinesen mindestens genauso wichtig. Für sie bietet Huang Lanlan seine Dienste an. Er gehört zu den Fotografen, die für Kurzurlauber Erinnerungsfotos machen. Es sind aufwendige

Aufnahmen. Für mehrere hundert Euro am Tag wird Lanlan gebucht. Dann geht es los mit Visagistin und Fahrer. Im weißen Kleid auf einem Tisch mit Sonnenblumen am Strand, der Blick schweift bedeutungsschwanger in die Ferne – das ist eines der beliebten Motive am Erhai-See bei Dali; oder mit Blumenkranz in einer Plexiglaskugel sitzend, die an einer Stange am Seeufer hängt. Wer keinen Fotografen bucht, kann dort auch selbst Fotos machen.

Ein Geschäftsmann hat einen ganzen Fotokulissen-Park aufgebaut. Weiße Tische, die Plexiglaskugel und sogar ein Türrahmen stehen dort herum, und die Hobbyfotografen warten in langen Schlangen darauf, ihren Freund oder ihre Freundin ablichten zu können. Viele junge Frauen haben sich extra dafür schick gemacht und gleich einen ganzen Make-up-Koffer mitgebracht.

Manche ziehen sich für die Fotos auch nach besonderen Modestilen an, zum Beispiel »Xiaoqinxin«, ein Stil, der aus Japan und Korea kommt (siehe Kasten). Andere lassen sich in Lederkleidung auf einem Motorrad ablichten. Oder beim vermeintlichen Trampen, in lasziver Pose am Straßenrand, der Wind streicht durch das Haar, die Sonnenstrahlen streifen das Gesicht. Notfalls kann Lanlan auch mit Photoshop nachhelfen, das ist im Preis inbegriffen.

»Dali ist ein Traum. Man ist hier so frei und offen«, schreibt eine junge Chinesin auf der Social-Media-Plattform Weibo unter ihr weichgezeichnetes Foto, das sie mit ausgebreiteten Armen in einem weißen Kleid am See zeigt.

»Es gibt zwei Arten von Reisenden«, hören wir immer wieder von Leuten, die schon lange in Dali leben. »Die einen bleiben lange an einem Ort und wollen etwas Neues kennenlernen. Die anderen haben nur ein paar Tage Zeit und wollen vor allem Fotos und Mitbringsel, damit sie zu Hause damit angeben können.«

So will sich Lanlan nicht über seine Kundschaft äußern. Schließlich ermöglicht sie ihm, hier in Dali zu leben. »Hier bist du freier«, sagt er. »Du kannst dem Druck zu Hause entfliehen, zumindest für eine Weile.«

Das Geld reicht für eine kleine Wohnung, in der er auch die Fotos bearbeitet. Außerdem spart er etwas für seine eigenen Reisen. Die sind dann allerdings länger als nur ein paar Tage. Viele junge Fotografen leben so. Lanlan ist Mitte zwanzig. Seine Eltern wollen, dass er zurück nach Hause kommt und endlich heiratet. Bei diesem Thema wird Lanlan schweigsam. Er liebt es, in den Teehäusern auf den Hügeln von Dali zu sitzen. »Viele Freunde sind schon weg, wieder zu Hause«, sagt er. »Irgendwann wird der Druck zurückzugehen sehr groß.«

» Ich bin vor einem Jahr nach Dali gekommen. Vorher habe ich als Bauingenieur gearbeitet, ungefähr ein Jahr lang, direkt nach der Uni. Dann hatte ich keine Lust mehr. Es war langweilig, sehr eintönig, jeden Tag das Gleiche. Ich hatte auch immer nur mit denselben Leuten zu tun. Mit zehn, fünfzehn Kollegen saß ich zusammen im Büro. Deswegen wollte ich raus. Zu neuen Orten fahren, andere Leute kennenlernen, andere Kulturen erleben. Warum ich Bauingenieurwesen studiert habe? Wohl wegen meiner Eltern. Man findet leicht eine Stelle und hat ein gesichertes Einkommen. Die meisten Eltern in China sehen das so. Sie wollen, dass ihr Kind ein geregeltes Leben hat, einen guten Job. So ist das eben.

Meine Eltern waren am Anfang dagegen, dass ich hierher nach Dali gehe. Aber weil sie jeden Tag über WeChat von mir hören, ist es ganz okay. Sie sind beruhigt. Sie finden es zwar immer noch nicht gut, aber sie sagen nichts mehr.

Letztes Jahr bin ich mit Freunden durch Westchina gereist. Von Sichuan nach Gansu, dann durch Xinjiang, Tibet und von dort nach Yunnan. Zwei Monate lang. Wir sind getrampt. Das war eine interessante Erfahrung, aber auch sehr anstrengend. Weil man viel Gepäck tragen muss, Isomatte, Schlafsack und so. Jeden Tag sind wir ungefähr zehn Kilometer gelaufen. Trampen ist im Nordwesten nicht so leicht, weil wenig Verkehr ist. Und die meisten Autofahrer wollen nicht so gerne Männer mitnehmen.

Was mir an Dali gefällt? Vielleicht das Wetter. Und das ganze Flair und die Kultur sind ziemlich einzigartig für China. Alternativ, anders als der Mainstream. Deswegen kommen viele junge Leute hierher, besonders Individualisten. Leute, die ihren eigenen Kopf haben.

Ich würde sagen, die Leute hier sind einfach anders drauf. Sie rennen nicht irgendwelchen Sachen hinterher. Sie verfolgen nicht so genaue Pläne. Kein Streben, kein Verlangen. Nicht so wie in den Städten, wo man eine Wohnung haben muss, ein Auto, eine Frau, eine Familie. Das ist das Ideal der meisten. Hier geht es darum, sich jeden Tag satt zu essen und irgendetwas zu machen, das einen interessiert, zum Beispiel Kunsthandwerk oder Fotografieren, so wie ich. Oder Musik, so etwas. Etwas Eigenes. Die ganze Atmosphäre ist anders.

Es gibt aber nicht so viele Leute, die langfristig hier bleiben. Viele suchen sich für ein paar Monate einen Job, arbeiten irgendwo als freiwillige Helfer oder als Bedienung im Restaurant. Sie wollen sich vergnügen und dann zum nächsten Ort weiterziehen, nach Yangshuo oder Lijiang.

Meine erste Kamera habe ich mir in der Schule gekauft. Als ich angefangen habe zu arbeiten, habe ich mir eine bessere gekauft und sehr viel fotografiert. Jetzt habe ich das zu meinem Job gemacht. Ich kann ganz gut davon leben. Ich verdiene sogar etwas mehr als bei meiner Arbeit als Bauingenieur. Aber das Wichtigste ist, dass ich freier bin.

Meine Kunden sind fast ausschließlich zwanzig- bis dreißigjährige Frauen aus den großen Städten. Die meisten haben ungefähr eine Woche Urlaub. Sie bleiben zwei, drei Tage hier in Dali, dann fahren sie weiter nach Lijiang oder Shangrila. Sie wollen besondere Fotos, Bilder, die ihren Charakter zeigen. Wenn sie eher fröhlich und extrovertiert sind, wollen sie entsprechende Bilder machen. Manche, die sehr offen sind, wollen auch etwas privatere Fotos. Andere, die introvertierter sind, machen vielleicht stimmungsvollere Bilder. Es kommt auf ihr Gefühl an. Ich fotografiere so, wie sie es gerne möchten.

Die jungen Leute wollen individuelle Fotos. Nicht so wie die Älteren früher. Die fahren mit einer Reisegruppe, im Bus. Dann steigen sie kurz aus, machen schnell ein paar Bilder und fahren weiter zur nächsten Sehenswürdigkeit.

Ich glaube, die Frauen in Ostasien legen mehr Wert auf ihr Äußeres als die in Europa oder Amerika. Vielleicht weil sie dadurch mehr Beachtung bekommen. Bei uns ist die Gesellschaft eben noch stärker von Männern dominiert, deswegen versuchen die Frauen, sich möglichst hübsch und attraktiv für die Männer zu machen. Meine Kundinnen finden mich im Internet über Weibo oder Douban. Die Kleidung für die Fotos bringen sie selbst mit, aber wir besprechen vorher, was geeignet ist.

Meistens machen wir die Aufnahmen am Ufer des Sees. Wir mieten ein Auto mit Fahrer. Eine Stylistin und ein Assistent sind auch dabei. Dann fahren wir zusammen los und machen die Bilder. Am Erhai-See ist es eigentlich überall ganz schön. Wenn es der Kundin irgendwo gefällt, halten wir an und machen Fotos. Ein besonders beliebter Ort ist die Terrasse eines bekannten Cafés in Shuanglang. Da gibt es einen weißen Tisch und eine weiße Bank, direkt am Ufer. Alles wirkt sehr sauber und rein. Da gehen viele hin, um sich fotografieren zu lassen. Wir fahren aber auch zu Orten, die nicht so touristisch sind, die niemand kennt. Die Art der Bilder ist sehr von Japan und Korea beeinflusst. Xiaoqingxin, japanisch eben. Dieser Stil ist besonders beliebt. Es gibt aber noch andere beliebte Modestile.

Die meisten Männer lassen sich nicht so gerne fotografieren. Außer für die Hochzeitsfotos. Das ist ein großer Markt in China.[31] Im Ausland gibt es das nicht, glaube ich, da werden nur am Tag der Hochzeit Bilder gemacht.

Privat fotografiere ich etwas andere, alternativere Sachen. Am liebsten fotografiere ich auf der Straße. Dort sind die Dinge am authentischsten, am natürlichsten. Ich muss die Leute auch nicht anleiten, damit sie eine bestimmte Position einnehmen. Sobald eine Szene da ist, drücke ich auf den Auslöser.«

---

31 In China ist es üblich, dass Paare vor der Hochzeit Fotos vor romantischen Kulissen machen lassen. Manche fahren sogar ins Ausland, um sich zum Beispiel vor dem Eiffelturm ablichten zu lassen, andere suchen stimmungsvolle Orte in der Heimat auf. Oft werden für die Bilder auch verschiedene Kostüme angezogen, zum Beispiel traditionelle chinesische Kleidung. Das Album mit den Fotos wird dann auf der Hochzeitsfeier herumgereicht. Die Feiern finden oft in Restaurants statt. Die Fotosessions liefern hingegen romantischere Aufnahmen für die Traumhochzeit.

DIE FREIWILLIGEN VON DER REGENBOGEN-FARM

彩虹农场志愿者

Foto Vorderseite: Liqi und Roga beim Unkrautjäten

DIE FREIWILLIGEN VON DER REGENBOGENFARM
彩虹农场志愿者

»Mädels«, der Bauer in der blauen Maojacke klingt väterlich, »ihr könnt Frühlingszwiebeln einfach nicht für fünf Yuan das Pfund verkaufen. Sie kosten maximal zwei Yuan. Keiner kauft sie für fünf Yuan.« Liqi und Roga stehen mit einem kleinen Korb an der Ecke des Bauernmarktes von Dali. Es fällt sofort auf, dass sie nicht zu einer der Bauernfamilien gehören, die hier Gemüse verkaufen. Sie sind mit Anfang zwanzig die jüngsten weit und breit und ihre Gesichter kein bisschen vom Wetter gezeichnet. Roga hat sich außerdem eine Ukulele um den Hals gehängt. Ihre Kleidung sieht eher nach einer Wanderung aus als nach Feldarbeit. »Biogemüse von der Regenbogenfarm« haben die beiden Mädchen auf ein Stück Karton gekritzelt. »Die Zwiebeln sind aber gesund, ohne Chemie«, versucht Roga, den Alten zu überzeugen. Er schüttelt nur den Kopf. »Zwiebeln kosten zwei Yuan.«

»Wir sind einfach mal losgezogen, um zu sehen, wie die Leute reagieren«, erklären die beiden später, als wir sie ansprechen. Sie studieren eigentlich an einer Universität in Shanghai und haben ein Urlaubssemester eingelegt. Während ihre Altersgenossen vom Land in die Städte drängen, wollten sie das Dorfleben kennenlernen, von dem sie als Stadtkinder keine Vorstellung hatten. Dafür reisen sie durch den vergleichsweise weniger entwickelten Westen Chinas und besuchen kleine Ökofarmprojekte, um als freiwillige Helfer zu arbeiten.
Ihre Einladung für einen Besuch auf der Regenbogenfarm, wo sie momentan aushelfen, nehmen wir gerne an. Wir tauschen unsere

WeChat-Kontaktdaten aus und sie schicken uns gleich eine Karte mit den entsprechenden Koordinaten.

Zwei Tage später schauen wir dort vorbei. Ohne Handy-Karte wäre der Ort sicherlich schwer zu finden gewesen. Auf einem schmalen Pfad geht es am Ortsrand von Dali durch Gemüsefelder hindurch, bis wir nach einer Dreiviertelstunde vor einem Holzgatter stehen. »Regenbogenfarm« hat jemand auf ein Holzschild geschrieben. Dabei ist »Farm« schon fast zu viel gesagt: Eine kleine Hütte, dahinter ein paar Beete, ein Pferd, ein Geflügelgatter, ein kleiner Teich. Dazwischen laufen ein paar junge Leute hin und her, sägen, hämmern oder schaufeln. Ein Hund begrüßt uns, gleich dahinter kommt Xiaoli auf uns zu, einfacher Pulli, Zopf. Sie ist die Chefin des Farmprojekts.

Mit Mitte zwanzig ist sie nach Dali gekommen und hatte zunächst einen Pizzaladen eröffnet. Seit zwei Jahren versucht sie nun, nebenher etwas Biogemüse anzubauen. »Mir geht es eher darum, dass Leute zusammenkommen und über unsere Umwelt und unsere Ernährung nachdenken«, sagt sie. Eine Art Kulturzentrum mit Diskussionen, Kunstperformances und Musik schwebt ihr vor. Gerade zeigen zwei Helfer, die vor ein paar Tagen angekommen sind, was sie bei anderen Öko-Farmprojekten gelernt haben. Sie sprechen über Permakultur, nachhaltige Landwirtschaft und legen ein Hochbeet an.

Danach wärmt Xiaoli für alle in der Hütte Suppe und Dampfbrötchen auf. Roga und Liqi haben heute Unkraut gejätet und die Toilette fertiggestellt. Es ist eine Art Kompost-Plumpsklo. »Das haben wir unterwegs auf einer anderen Farm gesehen«, erzählt Roga. »Wir sind so froh, dass wir losgezogen sind. So etwas lernst du auf keiner Uni.«

Roga: »Ich wollte mir einfach mal anschauen, wie es in China auf dem Land ist. Ich bin in der Stadt aufgewachsen und mag das Stadtleben nicht besonders. Auch das Leben an der Uni finde ich nicht so attraktiv. Deswegen wollte ich weg. In der Stadt gibt es kaum Bäume,

Vögel oder Blumen. Auf dem Land wacht man morgens auf, hat Sonne, Berge und Flüsse, Vogelgezwitscher, Blumenduft, kleine Straßen. Die Leute grüßen sich. In der Stadt sind sich alle Menschen fremd. Im Dorf läuft man sich ein paar Mal über den Weg, grüßt sich und schon ist man vertraut. Die zwischenmenschlichen Beziehungen sind ganz natürlich, das finde ich sehr angenehm.«

Liqi: »Ich interessiere mich für Kunst. Ich dachte, dass ich mir irgendwann in einer Stadt ein kleines Stück Land mieten, etwas anpflanzen und Kunst machen könnte. Dann ist mir allmählich aufgefallen, dass ich das Dorf wirklich liebe. Die Lebenskraft der Natur. Jeder Mensch ist bei der Geburt mit der Natur verschmolzen, deswegen mag ich dieses Gefühl, auf dem Land zu sein.«

Roga: »Anfang März sind wir losgefahren. Zuerst waren wir in einem Dorf in der Nähe von Kunming. Dort gibt es eine Gruppe, die heißt ›Hangzhou Perma‹, sie setzen sich für die Verbreitung der Permakultur in China ein. Bei ihnen haben wir gelernt. Auch wie man alte Häuser renoviert. Wir sind zufällig darauf gekommen, Freunde hatten uns die Gruppe empfohlen. Wir konnten dort umsonst wohnen und essen.«

Liqi: »Wir haben im Dorf gewohnt. Das war genau das Leben, das wir uns vorgestellt hatten. Dort waren auch noch viele andere Freiwillige aus allen Ecken Chinas. Lauter junge Leute unter dreißig. Wir haben alle zusammen gewohnt, haben alles Mögliche zusammen unternommen. Das war echt toll. So ein Gemeinschaftsgefühl ist wirklich schön.«

Roga: »Wir haben viel gelernt. Zum Beispiel über die Prinzipien der Permakultur und wie man Hochbeete anlegt; auch Hausbau mit natürlichen Materialien, also Lehm, Reisstroh oder Erde. Lehm kann man zum Beispiel zerstoßen und erneut verbauen, das ist sehr nachhaltig.«

Liqi: »Dieses Kreislaufsystem. Zum Beispiel unsere Exkremente, Sachen die wir nicht mehr brauchen, die kann man zurück in dieses große System führen. Wir haben früher schon gedacht, dass uns das in der Stadt nicht gefällt. Man kauft so viel, schmeißt so viel weg und weiß nicht, wohin mit dem Abfall. Vielleicht haben wir uns schon immer nach so einem Leben gesehnt, aber waren damit noch nie in Berührung gekommen. Jetzt haben wir es kennengelernt. Es gibt Leute, die bereits so etwas machen, das ist toll.«

Roga: »Seit wir diese Leute kennengelernt haben, ist uns erst klar geworden, dass man so viele Dinge ausprobieren kann. Es gibt in China viele Menschen, die etwas Neues machen, Dinge, die uns gefallen. Zum Beispiel Waldorf, ökologische Landwirtschaft, natürlicher Hausbau auf dem Dorf. Für all diese Dinge interessieren wir uns. Je mehr du kennenlernst, desto klarer wird dir das. Deswegen werden wir nach unserer Station hier vielleicht in ein anderes Dorf weiterziehen.«

Liqi: »Erst seit wir unterwegs sind, ist uns bewusst geworden, dass es so viele Menschen gibt, die das machen. Am Anfang dachten wir noch, es sind nur wenige. Aber jetzt haben wir so viele Gleichgesinnte getroffen, haben gesehen, dass so viele Ideen und Konzepte schon umgesetzt werden.«

Roga: » Meine Kommilitonen finden es super, dass wir losgezogen sind. Sie sagen alle, dass sie mich beneiden. In meinem Freundeskreis gibt es aber auch welche, die komisch finden, was ich mache.«

Liqi: »Sie verstehen überhaupt nicht, warum man aufs Land gehen will, warum man sich selbst quälen sollte. Aber wir versuchen, es ihnen zu erklären.«

Roga: »Einige sehen ein Urlaubssemester als Zeitverschwendung an. Ich glaube, der größte Teil der Studenten geht immer noch den vorgegebenen Weg. Sie machen das, was ihnen gesagt wird. Aber ich weiß jetzt, dass ich so ein Leben nicht mehr leben will. Ich weiß zwar noch nicht genau, wie das gehen soll. Aber seit ich unterwegs bin, finde ich es allmählich heraus.«

Liqi: »Mir geht das auch so. Ich habe auch keine Lust mehr zurückzugehen.«

Roga: »Meinen Eltern habe ich noch nicht so viel über unsere Erlebnisse hier erzählt. Aber sie wissen, dass ich unterwegs bin. Für mich ist das auch alles noch sehr neu, ich muss das erst mal selbst verarbeiten. Ich warte noch auf eine gute Gelegenheit, es meinen Eltern zu erklären. Sie meinen natürlich, dass ich ein ruhiges und normales Leben führen sollte.«

Liqi: »Meine Eltern finden es gut, wenn ich meine eigenen Entscheidungen treffe. Normalerweise unterstützen sie mich bei allem.«

»*Fast alle jungen Leute vom Land gehen in die Städte, warum, wenn es auf dem Dorf so schön ist?*«

Roga: »Vielleicht weil so viele weggehen. Sie schwimmen vielleicht einfach mit dem Strom. Hinzu kommt, dass sie auf dem Land kein Geld verdienen können. Zurzeit sind die ganzen Ressourcen, das Kapital und das Geld in den Städten konzentriert. Das ist sicher ein Aspekt, der die Leute anzieht.«

Liqi: »Außerdem glaube ich, dass es den jungen Leuten heute an einer Art Vertrauen in das eigene Dorf fehlt. Oder einer Art Entschlossenheit, in die eigene Heimat zurückzukehren und sich für die Entwicklung des Dorfes einzusetzen.«

Roga: »Außerdem ist es ja auch so: Ich bin sehr neugierig auf das Landleben, weil ich in der Stadt aufgewachsen bin. Aber die Kinder, die auf dem Land groß geworden sind, die sind natürlich auf die Welt da draußen neugierig. In der Stadt kommen sie mit vielem Neuen in Berührung. Diese ganzen Dinge, Karaoke, Geschäfte, die Wirtschaft, neue Möglichkeiten, Bildungsangebote, das alles zieht sie an.«

Liqi: »Was ich später machen will, weiß ich noch nicht. Ich studiere Kommunikation. Vielleicht werde ich etwas im Medienbereich machen. Es wird sicher auch mit Natur, Nachhaltigkeit und Umweltschutz zu tun haben. Vielleicht auch mit Kunst, um diese Ideen zum Ausdruck zu bringen. Zum Beispiel mit Malen oder kleinen Dingen, die man selbst macht.«

Roga: »Es gibt viele Berufe, die ich nicht kenne. Solange es meinen Ansichten entspricht, würde ich alles ausprobieren. Vielleicht in einer NGO, Sozialarbeit oder Pressearbeit. Oder auch im Bildungsbereich. Ich weiß noch nicht, ob ich später in der Stadt oder auf dem Land leben will. Mal schauen. Früher mochte ich die Stadt überhaupt nicht, aber jetzt denke ich, dass man die Städte auch besser machen kann. Es gibt zwar viele schlechte Aspekte, aber man muss nicht unbedingt alles ablehnen. Man kann dort auch leben und sein eigenes Ding machen.«

Liqi: »Ich mag lieber eine natürliche Umgebung. Wenn man den städtischen Stand der Technik hier im Dorf haben könnte, würde ich auf jeden Fall auf dem Land leben wollen.«

Roga: »Ja, stimmt, wenn alle Dörfer ein öffentliches WLAN haben, dann wird ganz China und überhaupt die ganze Welt ein anderer Ort sein. *[lacht]* Ich glaube, allmählich wird sich was ändern, auch in den Städten, die Umweltverschmutzung und so. Immer mehr Menschen werden diese Probleme bewusst, weil heute die Verbreitung und der Austausch von Informationen sehr einfach ist. Alle wissen, wie die Realität aussieht. Das wird sich allmählich auch auf die politischen Entscheidungen auswirken. Es ist nur eine Frage der Zeit. Wenn man ein Problem löst, taucht vielleicht das nächste auf. Aber die Menschen sind ständig dabei, Probleme zu lösen.«

Farmbesitzerin Xiaoli: »Ich bin seit fünf Jahren in Dali. Einmal bin ich zufällig mit dem Fahrrad hier an dem Grundstück vorbeigefahren und fand es echt schön. Dann habe ich es gemietet. Damals habe ich noch nicht daran gedacht, hier einen Bauernhof zu eröffnen, ich fand es nur einfach schön und wollte gerne in dem Haus wohnen. Aber dann kamen immer mehr Freunde hierher und meinten, dass ich doch mit dem Land etwas machen sollte. Also habe ich mit dem Bauernhof angefangen. Am Anfang habe ich einfach irgendwelches Gemüse angebaut, um es selbst zu essen. Mir ist aufgefallen, dass die Einheimischen extrem viele Pestizide benutzen und das Gemüse im Abwasser waschen, bevor sie es verkaufen. Auf dem Markt kaufe ich deshalb gar kein Blattgemüse mehr.

Die Einheimischen meinten zuerst: ›Du schaffst es nicht, hier etwas anzubauen, du wirst kein Geld verdienen.‹ Dann haben sie mein Unkraut verbrannt. Ich hatte ziemlich viel Unkraut gesammelt, um es zu kompostieren, aber sie haben es – puff! – einfach angezündet. Daraufhin haben wir uns gestritten. Aber es sind im Grunde gute Menschen, sie wollten mir nur helfen. Sie dachten, ich sei sehr bemitleidenswert und hätte keine Einkünfte. Aber ich habe ihnen eines nach dem anderen erklärt. Es ist unmöglich, ihnen große Weisheiten vorzutragen, das würden sie nicht verstehen. Ich muss es ihnen Stück für Stück erklären und zeigen. Sie akzeptieren meine Ansichten mittlerweile immer mehr.

Ich verkaufe das Gemüse für fünf Yuan, pro Portion. Ich wiege das nicht ab, also nicht ein Pfund für fünf Yuan oder so. Für fünf Yuan bekommst du genug, um dich satt zu essen, genug, dass es für die Familie reicht. Auf dem Markt würde diese Menge ungefähr zwei, drei Yuan kosten. Eigentlich ist mein Preis sehr günstig, das Gemüse ist nur doppelt so teuer wie auf dem Markt. Ich habe hohe Arbeitskosten. Ehrlich gesagt, bekomme ich durch den Verkauf die Ausgaben nicht wieder rein. Aber ich will es langsam angehen. Ich möchte nicht, dass das Gemüse ein Luxusartikel ist. Ich möchte, dass es jeder essen kann. Für fünf Yuan können es sich die Leute noch leisten, für zehn Yuan wäre es zu teuer.

Die Leute verstehen mittlerweile, warum mein Gemüse mehr kostet. Weil ich sehr viele Sachen von Hand mache. Unkraut jäten zum Beispiel. Insekten befallen das Gemüse, es bekommt Krankheiten. Wenn man Pestizide benutzt, kann man viel mehr produzieren, außerdem sieht das Gemüse schöner aus. Mein Gemüse ist hässlich. Die Leute wollen kein hässliches Gemüse. Aber sie haben es jetzt verstanden – zumindest die Einheimischen, die mir hier helfen. Letztes Jahr habe ich Raps angebaut und Öl daraus gepresst. Auf dem Markt kostet Rapsöl normalerweise sieben Yuan pro Pfund, ich habe es für fünfzehn verkauft. Alle sind hierher gekommen, um mein Öl zu kaufen. Weil es wirklich gut schmeckte. Deswegen haben sie den Preis akzeptiert. Es sind so viele Leute gekommen, am Ende musste ich Kunden sagen, dass es ausverkauft ist, weil ich ja auch ein bisschen für mich selbst behalten wollte.

Ich habe keine Ahnung von Landwirtschaft, aber ich probiere es aus, ich lerne. Beim ersten Mal hatte ich die Gurken und Tomaten zur falschen Zeit angepflanzt, dann wurden sie vom Regen zerstört. Das ist alles Erfahrung. Jede Pflanze hat ihre eigene Zeit. In China gibt es etwas, das nennt sich ›24 Jahresabschnitte‹, eine Art Bauernregel. Ich habe angefangen, das zu beachten. Als ich diese Regel noch nicht kannte, habe ich die Sachen einfach irgendwann angepflanzt. Ich dachte, dass alles irgendwie wächst. Am Ende sind die Pflanzen dann eingegangen. Oder sie sind gewachsen, bildeten aber keine Früchte aus. Jetzt pflanze ich nach den Jahresabschnitten, respektiere die Natur.

Ich schaue mir Videos im Internet an und lese Bücher. Am wichtigsten ist das, was mir Freunde beibringen, die Freiwilligen, die herkommen, um zu helfen. Weil ich hier Permakuktur betreibe, zieht das viele Leute an. Ich bin ziemlich arm. Ich kann den Leuten, die mir helfen, kein Gehalt zahlen. Aber die Leute kommen von selbst, das nennt sich das Gesetz der Anziehungskraft. Sie zeigen mir verschiedene Dinge, die ich noch nicht kenne. Zum Beispiel die beiden, die heute Nachmittag das Hochbeet angelegt haben. Das hatte ich vorher nur in einem Buch gesehen, aber ich wusste nicht, wie man es genau macht. Das ist wirklich fantastisch. Vorgestern kamen sie plötzlich hier vorbei und meinten, dass sie das können und es mir zeigen würden.

Wenn ich alles gelernt habe, werde ich es meinen Eltern beibringen. Sie bauen auch Gemüse an, in Shandong, aber sie benutzen Pestizide. Meine Eltern unterstützen mich, sie wissen aber auch, dass es sehr hart für mich ist. Die jungen Leute aus meinem Heimatdorf sind alle weggegangen, um woanders zu arbeiten. Es sind nur noch alte Leute dort.

Ich glaube, dass die Landwirtschaft auf kleinen Höfen in China trotzdem eine Zukunft hat. Europa und die USA haben ja schon die Industrialisierung und das Zeitalter der Massenproduktion durchlaufen. China hinkt im Vergleich etwas hinterher, aber hier geht es auch voran. Ich glaube, dass es in China in fünf oder zehn Jahren so sein wird wie heute in Europa oder den USA, dass es ebenso viele kleine Bauernhöfe und natürliche Landwirtschaft geben wird.

Ich habe Schmuck-und Modedesign studiert, das hat mit Landwirtschaft überhaupt nichts zu tun. Aber ich mag die Erde, den Boden. Das sind alles sehr reale Sachen. Ich bin betrübt über den Zustand der Landwirtschaft in China. Auch über die Regierung. Sie erkennt eine Leistung, wie die, die ich hier erbringe, nicht an und unterstützt so etwas nicht. Der Regierung geht es nur um große Prestigeprojekte.

Aber ich glaube, es ist eine Frage der Zeit. Ich schätze, in zehn Jahren wird sie es verstanden haben. Mich beeindruckt, dass es in China so viele junge Menschen gibt, die so etwas wie ich hier machen. Deswegen kann uns der Staat egal sein. Die Leute, die in den 80ern und 90ern geboren sind, beschäftigen sich mit diesen Fragen. Die vor 1980 Geborenen interessiert das nicht. China hat sich so weit entwickelt, dass es den Menschen nicht mehr an Nahrung und Kleidung mangelt und sie sich auch über andere elementare Dinge keine Gedanken mehr machen müssen. Jetzt erst fangen sie an, sich mit Fragen gesunder Ernährung zu beschäftigen. Früher dachten alle nur, ›ich will Fleisch essen, ich will Austern essen‹, jetzt sagen die Chinesen, ›ich will gesund essen.‹

Ich hoffe, dass ich bald das Gemüse, das ich hier anbaue, für die Pizza in meinem Laden verwenden kann. Ich habe Pizzabacken von einem Italiener gelernt. Ich habe auch drei Ziegen. Es wäre schön, wenn ich in einem halben Jahr anfangen kann, Milch zu produzieren und daraus Käse zu machen. Der soll dann auch auf die Pizza. Auch der Salat, in Zukunft soll das alles von meiner kleinen Farm kommen.

Ich wünsche mir, dass hier jedes Stück Erde gesund ist. Und dass mein Einkommen reicht, um die Ausgaben für den Bauernhof zu decken Wenn es einmal so weit ist, dann möchte ich meine Erfahrungen mit anderen teilen. Ich kann die Leute aus Dali hierhin einladen und wir könnten uns über gesunde Sachen und gute Anbaumethoden austauschen.«

DIE HEIMUNTERRICHTS-KOMMUNE
在家上学

Ein paar Tage später hörten wir, dass es in einem Dorf in der Nähe von Dali noch eine Art Kommune gab. Oder besser: Mehrere lose Gemeinschaften von Eltern, die Alternativen zu den staatlichen Schulen suchten. Viele, hieß es, lebten in alten Bauernhäusern, die sie selbst renoviert hätten. Es waren Städter, die aufs Land gezogen waren. Auch die kleine Tongtong war mit ihrer Mutter aus der Industriemetropole Guangzhou hergekommen und wuchs nun mit Garten, Hühnern und einem eigenen Spielplatz auf. Aber wir sollten sie erst etwas später kennenlernen.

Mit einem Taxi machten wir uns zunächst auf den Weg in das Dorf. Der Ort lag nicht weit entfernt von einer mehrspurigen Schnellstraße. Ein schmaler Weg führte durch Felder an zahlreichen neuen, zweistöckigen Häusern vorbei. Die meisten Bauern waren in die Nähe der Straße gezogen und hatten sich mit Geld, das sie durch Verpachtungen oder Arbeit in den Städten verdient hatten, ein neues Heim gebaut. Unser Fahrer nahm Kurs auf eine kleine Siedlung. Wir ließen uns an einem restaurierten Torbogen absetzen und gingen zu Fuß weiter. Es war der Zugang zum alten Dorf. Schmale gepflasterte Gassen verzweigten sich dahinter.

Der größte Teil des alten Dorfs war verlassen. Einige Häuser hatte jemand offensichtlich renoviert. Doch je weiter man in die alte Siedlung hineinging, desto verfallener sahen die Gebäude aus. Der Regen hatte den lehmartigen Putz von den Mauern gespült und die

Natursteine darunter zum Vorschein gebracht. Aus den alten Dachschindeln wuchsen Grashalme und kleine Büsche. Mauern waren eingestürzt oder von Kletterpflanzen überwuchert. Die engen, gepflasterten Gassen erinnerten an alte Bergsiedlungen in den Alpen.

»Die Bauern interessieren sich nicht mehr für die alten Häuser«, hatte uns eine Bekannte erklärt, die vor Jahren nach Dali gezogen war. »Verkaufen dürfen sie nicht, weil die Häuser ihnen zugeteilt wurden – und sie zu vermieten ist oft schwierig.«

Dieses Problem war uns auch schon in anderen Dörfern aufgefallen. Es hat mit der Landreform nach der kommunistischen Revolution 1949 zu tun. Die Gutshäuser der wohlhabenderen Bauern wurden aufgeteilt. Ärmere Familien bekamen in den ehemaligen Herrenhäusern ein oder zwei Zimmer. Mittlerweile waren die meisten Familien jedoch ausgezogen, weil sie in den Städten genug Geld verdient hatten, um sich im neuen Teil des Dorfes ein eigenes Haus zu bauen. Die alten Gutshäuser verfielen. »Wenn du von außerhalb kommst und so etwas mieten willst, müssen sich alle, die früher dort zusammen gewohnt haben, einigen. Und das ist meist schwer. Die Familien haben so lange so eng nebeneinander gelebt, dass sie oft zerstritten sind«, erzählte unsere Bekannte.

Nur wenige alte Bewohner waren zurückgeblieben – wie die drei Frauen, die wir in einem Innenhof beim Gemüseputzen antrafen. »Diese alte Hütten sollen schön sein?«, eine der alten Bäuerinnen lachte uns aus. »Wenn es regnet, tropft es von der Decke, im Winter ist es kalt, die Mäuse laufen herum und wir haben kein Bad. Renovieren?«, sie schüttelte den Kopf und wies uns zurecht. »Neue Häuser sind gut. Diese alten Dinger hier – ich hasse sie, ehrlich gesagt.«

Für ein paar Häuser im Dorf hatten sich dennoch Liebhaber gefunden – Familien, die ein alternatives Leben suchten und ihren Kindern eine andere Umgebung und Bildung bieten wollten als in der Stadt auf staatlichen Schulen.

Deswegen war auch Yuan Hui mit ihrer Tochter Tongtong hergezogen. Hui hatte für eine pädagogische Hochschulzeitschrift gearbeitet und kannte die Vor- und Nachteile des Bildungssystems. Ihre Tochter wollte sie nicht dem Druck der staatlichen Schule aussetzen. Weil sie nicht genügend Geld hatte, um Tongtong auf eine Privatschule oder ins Ausland zu schicken, beschloss sie, nach Dali zu ziehen und ihre Tochter dort selbst zu unterrichten.

Ein radikaler Schritt. Denn eigentlich besteht in China Schulpflicht. In einigen Regionen tolerieren die Behörden allerdings bislang die selbst unterrichtenden Eltern. Daran hat auch die öffentliche Aufmerksamkeit durch Berichte in lokalen Zeitungen noch nichts geändert. Wissenschaftler schätzen die Zahl der Familien, die ihre Kinder zu Hause unterrichten, auf etwa 18.000 – es ist also eine kleine Minderheit. Vielleicht drücken Chinas Behörden deshalb ein Auge zu, vor allem in entlegeneren Regionen. »Wenn du in Guangzhou mit deiner Tochter tagsüber durch die Stadt gehst, fragen dich alle, warum sie nicht in der Schule ist. Aber hier kümmert sich keiner darum«, sagt Hui.

Die Eltern in Dali sind nicht die einzigen in China, die nach Bildungsalternativen suchen. Und diese Alternativen gibt es durchaus. Zum Beispiel in Form zahlreicher Privatschulen. Einige bereiten die Kinder zielgerichtet darauf vor, ihren Abschluss im Ausland zu machen, um dann direkt auf einer ausländischen Universität studieren zu können. Dafür müssen chinesische Studenten inzwischen nicht einmal mehr das Land verlassen. Beispielsweise betreibt die Universität New York seit ein paar Jahren einen eigenen Campus in Shanghai.

Auch die Zahl der Waldorfschulen hat zugenommen, wobei nicht alle Schulen, die sich so bezeichnen, auch zertifiziert sind. Manche sind Selbsthilfeprojekte engagierter Eltern und vom Staat nicht anerkannt. Vor allem der Gedanke, Kindern mehr Freiheiten zu lassen, kommt aber bei immer mehr Familien an. »Wir versuchen, die Kinder zu guten Lernern zu erziehen«, drückte es ein Vater in Dali aus. »Damit sie später selbständig werden.« Der Preis dafür: Die zu Hause unterrichteten Kinder haben keinen offiziellen Schulabschluss. Das Gleiche gilt für die Kinder, die eine der nicht anerkannten Waldorfschulen oder andere nicht anerkannte Privatschulen besuchen.

Mit Hilfe von Freiwilligen renovierte Hui vor ein paar Jahren eines der alten Bauernhäuser, zu dem ein riesiger Garten gehört. Tongtong hat in diesem Garten einen eigenen Sandkasten, eine Schaukel und eine kleine Seilbahn. Ihre Mutter pflanzt Kräuter und Gemüse an, außerdem hält sie ein paar Hühner und Enten. Im Sommer verdient sie etwas Geld, indem sie Sommercamps für Stadtkinder veranstaltet, die hier im Dorf und in den nahen Wäldern die Natur erfahren sollen. Ihre Tochter unterrichtet sie zum größten Teil selbst. Dafür hat Hui Lehrbücher gekauft und sucht Material im Internet. Als wir sie besuchen, haben sich gerade mehrere Familien versammelt. Fast alle kommen aus der Mittelschicht der großen Metropolen.

Ein Duft von frischem Gebäck durchzieht das Haus. »Die Kinder dürfen demnächst einen Ausflug machen«, erzählt ein Vater. »Damit sie lernen, dass man nicht alles geschenkt bekommt, haben wir mit ihnen Brot gebacken, und sie verkaufen einen Teil auf dem Markt.« Hui reicht uns Tee. Tongtong spielt mit den anderen Kindern. Sie wirkt sehr aufgeweckt und selbstbewusst.

»Auswanderungsland Dali«, so bezeichnen die versammelten Eltern die Region. »Alle, die es sich nicht leisten können, ins Ausland zu gehen, aber anders leben wollen, kommen hierher«, erklärt eine Nachbarin, die schon länger da ist. Ihr kleinstes Kind, der Sohn, greift neugierig nach den leeren Teetassen, die auf dem Tisch stehen. Keiner in der Runde sagt etwas, als er mit ihnen spielt. In den meisten anderen Familien wäre er wohl längst zurechtgewiesen worden. Die Nachbarin versucht, wie Hui, die Kinder alternativ zu erziehen – manchmal, sagt sie, weiß sie aber auch nicht so genau, wie diese Erziehung aussehen sollte.

Yuan Hui: »Die Kinder, die hier in Dali zu Hause unterrichtet werden, wachsen alle sehr frei auf. Ihre Eltern lehnen die traditionellen chinesischen Erziehungsmethoden ab, dieses autoritäre System, in dem die Kinder ständig kontrolliert und unter Druck gesetzt werden. Sie orientieren sich an Konzepten aus dem Westen, nach denen man die Kinder respektiert, die Kinder annimmt, wie sie sind, so wie zum Beispiel in der Waldorferziehung bei euch in Deutschland.

Chinesische Kinder sind heute sehr orientierungslos. Warum das so ist? Weil sie kein Selbstvertrauen haben. Von klein auf wachsen sie zu Hause in einem patriarchalischen Familiensystem auf und werden ständig kontrolliert. In der Schule folgt das nächste autoritäre System, dort müssen sie widerspruchslos auf die Lehrer hören. Wenn sie danach auf die Uni gehen, werden sie von ihren Eltern bei der Studienfachwahl beeinflusst. Deswegen haben sie nie erfahren, was Freiheit ist, haben nie ihr eigenes Ich entdeckt. Haben sie irgendeinen Wunsch für ihr Leben? Haben sie irgendetwas, wonach sie in ihrem Leben streben? Sie wissen nicht, was sie selbst wollen.«

Nachbarin: »Ihr seid nun schon einige Zeit hier. Bestimmt ist euch aufgefallen, dass die Kinder in China anders sind als im Ausland. Das hängt mit dem repressiven Erziehungssystem zusammen. Es betont den Staat, die Gemeinschaft, die Familie, aber nicht den Einzelnen, das Individuum. Der Einzelne darf sich nicht gegen die Gesellschaft stellen, nicht gegen die Eltern, nicht gegen die Lehrer. In manchen Familien mag es entspannter zugehen, das hängt natürlich von der Einstellung der Eltern ab. Manche sind nicht so diktatorisch. Besonders wir jungen Eltern sind heutzutage vergleichsweise aufgeklärt. Aber in der Schule ist es auf jeden Fall so. Man muss den Lehrern gehorchen. In China heißt es: Wenn die Kinder mit sechs, sieben Jahren in die Schule kommen, hat jedes Kind noch individuelle Eigenschaften, seinen eigenen Kopf. Aber nach sechs Jahren Erziehungsgehirnwäsche in der Grundschule, nach sechs Jahren ständigem Zwang, gehorchen zu müssen, sind neun von zehn Kindern nach dem gleichen Muster geformt. Das ist wirklich beängstigend, vor allem, weil die Kinder aus diesem Muster nur schwer wieder herauskommen. Wir haben das an uns selbst gesehen. Und wir haben gedacht, dass es unserer Tochter auf der öffentlichen Schule genauso ergehen wird. Das hätten wir nicht gewollt. Die Erziehungsmethoden in der Schule lassen sich nicht ändern. Zu Hause kann man die Kinder noch anders erziehen. Aber sobald sie in die Schule kommen, verbringen sie die meiste Zeit dort. Gerade die Kinder, die anders sind, die ihren eigenen Kopf haben, werden zur Zielscheibe der Lehrer. Je mehr Charakter, je mehr eigene Meinung ein Kind hat, desto mehr wird es unterdrückt. Wenn ihr in China Drittklässler interviewen würdet, dann würdet ihr merken, dass sieben oder acht von zehn das Lernen hassen. In den höheren Klassenstufen sind es noch mehr.

Besonders in den sechs Jahren Mittel- und Oberstufe, wenn sie häufig auch noch in der Schule wohnen, leben sie sehr abgeschottet und werden streng beaufsichtigt. In der Teenagerzeit verändert sich das Denken der Kinder am stärksten, und ausgerechnet in dieser wichtigen Phase werden sie am heftigsten unterdrückt. Deswegen fühlen sich viele so sehr befreit, wenn sie auf die Uni kommen, dass sie sich gehenlassen und überhaupt keine Lust mehr haben zu lernen.«

Yuan Hui: »Meine Tochter war in Guangzhou zwei Jahre auf einer öffentlichen Schule. Es war sogar eine recht gute Schule. Aber trotzdem, auch dort musste sie sehr viele Hausaufgaben, Tests und Prüfungen absolvieren, und die Kinder wurden danach ziemlich schnell in entsprechende Schubladen gesteckt. Eigentlich ist meine Tochter in der Schule ganz gut zurechtgekommen, aber weil meine frühere Arbeit mit Bildung zu tun hatte, konnte ich fast sehen, wie sie später sein würde, wenn sie weiter in diesem Bildungssystem groß werden würde.«

Nachbarin: »So ging es mir auch, ich habe mir sehr viele Gedanken darüber gemacht, was für eine Zukunft unsere älteste Tochter haben würde. Sie ist neun und war nie auf einer öffentlichen Schule. Ein paar Jahre haben wir sie zu Hause unterrichtet. Dann haben wir sie doch auf die Waldorfschule in Dali geschickt. Das Problem: Die Schule ist nicht staatlich anerkannt, sie hat keine Zulassung. Und die Kosten sind sehr hoch, mehrere zehntausend Yuan im Jahr. Aber uns bleibt nichts anderes übrig. Weil ihre Geschwister noch klein sind, ist es für uns sehr schwer, die mentale und physische Energie aufzubringen, um unsere Älteste weiter zu Hause zu unterrichten. Die Waldorfschule finden wir ganz in Ordnung, das Konzept ist gut. Aber die Kosten sind immens. Auch, weil so eine Art von Schule keinerlei Unterstützung bekommt, weder vom Staat noch von irgendwelchen Organisationen oder durch Spenden.«

Yuan Hui: »Ich werde wohl nicht darauf warten können, dass es in China Reformen gibt und ich meine Tochter doch noch auf eine öffentliche Schule schicken kann. Deswegen kümmere ich mich jetzt erst mal um die Entwicklung ihrer geistigen Fähigkeiten, dass sie frei und respektiert aufwächst und nicht unterdrückt wird. Sie soll nicht in dieser normierten Erziehung, dieser Fließbanderziehung ein Mensch ohne Charakter werden.

Überlegungen wie, ›sie braucht Bildungsabschlüsse, um eine Arbeit zu finden‹, habe ich aufgegeben. Solche Sorgen habe ich nicht mehr. Ich erziehe sie so, dass sie einen unabhängigen Geist entwickelt, damit ihre Wert- und Weltvorstellungen gefestigt sind, wenn sie in das Alter für die Mittelschule kommt. Wenn sie dann ein Lebensziel hat, muss sie selbst dafür kämpfen. Wenn sie zum Beispiel Tänzerin werden möchte, muss sie sich selbst in dieser Richtung anstrengen. Ich mache das nicht so wie die Eltern früher, die ihren Kindern den Lebensweg vorgegeben haben. Ich versuche nur, ihr eine gute Ausgangsbasis zu schaffen.

Wenn ihr fragt, welche Wünsche ich habe, dann kann ich das klar beantworten. Wenn sich das Erziehungssystem in China nicht ändert, dann wünsche ich mir, dass meine Tochter später im Ausland auf eine Uni gehen kann. Aber ich weiß im Moment noch nicht, ob das finanziell möglich sein wird.«

Nachbarin: »Ich weiß, wie es mir selbst ergangen ist. Seit ich Mutter bin, habe ich den starken Wunsch, dass meine Kinder den Weg, den ich gegangen bin, nicht wiederholen müssen. Ich war eine brave Schülerin, ein braves Kind. Ich bin sehr geregelt und ›wohlerzogen‹ aufgewachsen. Ehrlich gesagt, bin ich ziemlich unsicher bei Fragen der Erziehung meiner Kinder. Wir sind aus der Großstadt hierhergekommen, weil es mein größter Wunsch war, dass meine Kinder näher zur Natur aufwachsen. Damit sie einen offenen Geist entwickeln. Ich denke auch, dass wir auf Reformen in China nicht warten können. Denn das würde bedeuten, dass ich die Zukunft meiner Kinder opfere. Der Einsatz wäre zu hoch, ich traue mich nicht, darauf zu wetten. Ich hoffe, dass meine Kinder später ins Ausland gehen können und dort erleben, was gute Bildung ist. Aber meine Tochter wird keinen offiziellen Schulabschluss haben. Das ist schon ein großes Problem, denn es ist überhaupt nicht klar, ob die Kinder später ohne offiziellen Abschluss von einer Schule im Ausland aufgenommen werden.«

Yuan Hui: »Dass wir hier in Dali auf diese Weise leben können, liegt auch daran, dass die zuständigen Behörden uns bislang tolerieren. Das gibt uns die Freiheit, diesen Weg zu gehen. Auf der anderen Seite ist aber auch niemand für uns zuständig, niemand unterstützt uns. Es ist nicht so wie beim Homeschooling in den USA, wo es spezielle Unterrichtsmaterialien gibt und die Qualität des Unterrichts geprüft wird.«

Nachbarin: »In den USA ist diese Form des Unterrichts anerkannt, legal, das ist ganz wichtig.«

Yuan Hui: »Stimmt. In den USA kann man trotzdem noch die Aufnahmeprüfung für eine Uni machen oder jederzeit den Weg auf einer öffentlichen Schule fortsetzen.

In Dali gibt es zwei Gruppen von Leuten: Die einen wollen später ins Ausland gehen und haben die finanziellen Mittel dafür. Die anderen haben diese Mittel eben nicht. Es gibt auch keine Organisationen, die dir helfen, das Kind zu Hause zu unterrichten. Deswegen nehmen die Eltern einfach irgendwelche Unterrichtsmaterialien. Für Mathematik zum Beispiel suche ich in Singapur nach Lehrbüchern, für Chinesisch nehme ich ein herkömmliches Buch. Aber das alles ist keine Garantie für die Wissensvermittlung.«

Nachbarin: »Es hat kein System.«

Yuan Hui: »Ja, es hat kein System. Außerdem kann nicht eine Mutter oder ein Vater der Lehrer für sämtliche Fächer sein. Manche Eltern können vielleicht gut Englisch, dann können sie das Kind in Englisch unterrichten. Aber auf keinen Fall können sie auch noch alle anderen Fächer unterrichten.

Deswegen brauchen wir dringend Hilfe. Die Regierung kümmert sich bis jetzt nicht darum. Wir tasten uns nur Schritt für Schritt vorwärts, wir wissen nicht, wie steinig der Weg noch ist, der vor uns liegt.«

Nachbarin: »Allein hier im Dorf sind es zwischen hundert und zweihundert Leute wie wir.«

Yuan Hui: »Eigentlich gibt es Heimunterricht überall in China, in jeder Stadt. In Dali ist der Anteil sicherlich am höchsten. Außerdem kommen aus dem ganzen Land Leute hierher. Aber alle haben sehr unterschiedliche Vorstellungen. Manche Eltern mögen zum Beispiel die Waldorfideen und haben sich zusammengeschlossen. Andere Eltern unterrichten ihre Kinder überhaupt nicht, die Kinder lernen nur, wenn sie Lust dazu haben. Solche Eltern gibt es auch. Dann gibt es auch welche, die die chinesischen Klassiker, die traditionelle Kultur unterrichten. Je nachdem, welchem Erziehungskonzept die Eltern anhängen, suchen sie die Unterrichtsmaterialien für die Kinder aus. So ist die Situation, es ist sehr zergliedert. Es ist nicht so, dass alle zusammen an einem gemeinsamen Ziel arbeiten.«

Jeder versucht also selbst, den Unterricht für seine Kinder zurechtzuschneidern, das machen Yuan Hui und ihre Nachbarin immer wieder deutlich. Dabei kommen viele Eltern im Internet auch mit Lehrmaterial in Berührung, das von christlichen Gruppen in den USA herausgegeben wird. Die Bücher sind aufwendig gestaltet. Was die Naturwissenschaften angeht, wird dort allerdings zum Teil die Evolutionstheorie in Zweifel gezogen. Yuan Hui versucht immerhin, verschiedene Lehrmaterialen zu mischen.

Im Laufe unserer Diskussion ist es dunkel geworden und die anderen Eltern verabschieden sich nach und nach. Wir setzen uns mit Yuan Hui in die Küche, die oft auch das Klassenzimmer für ihre Tochter Tongtong ist. Auf dem Tisch steht ein großer Globus. Tongtong nimmt sich ein English-Übungsbuch und blättert darin, während ihre Mutter weiter über ihren Unterricht erzählt.

Yuan Hui: »Morgens um halb sieben stehen wir auf, dann machen Tongtong und ich etwas Sport. Wir laufen bis zu einem kleinen Bach in der Nähe und machen dort am Ufer Dehnübungen. Wenn wir wieder zu Hause sind, bereiten wir das Frühstück vor. Dann füttern wir die Hühner, die Katzen und die Hunde.«

Tongtong: »Das Frühstück mache ja wohl ich!«

Yuan Hui: »Stimmt, Tongtong macht das Frühstück und ich füttere die Tiere. Bei euch im Ausland ist es vielleicht normal, dass Kinder im Haushalt mithelfen oder sich um die Haustiere kümmern. In China ist das anders. Als ich zum Beispiel letztes Jahr das Sommercamp gemacht habe, fanden viele der Kinder, dass Tongtong echt viel kann. ›Sie kann kochen! Sie kann den Hund füttern! Sie kann so viele Arbeiten im Haushalt erledigen!‹ Wir Eltern in Dali erziehen die Kinder so, dass sie ein vollwertiges Mitglied im Haushalt sind und eben auch einen Teil der Hausarbeit übernehmen. In der Stadt sieht man es selten, dass Kinder solche Fähigkeiten haben.

Um neun fangen wir mit dem Unterricht an. Normalerweise machen wir zwei Stunden am Vormittag und eine Stunde am Nachmittag. Nachmittags um drei, vier Uhr kommen dann andere Kinder vorbei und sie gehen zusammen zum Sport oder machen etwas anderes draußen.

Schaut, das hier sind unsere Lehrbücher. Diese Reihe hier, *Alpha Omega Homeschooling,* habe ich ausgesucht, weil ich Christin bin. Christliche Freunde haben mir das empfohlen. Die Bücher kommen aus den USA und sind dort ziemlich beliebt. Es soll das Beste sein. Aber es ist auf Englisch. Mein Englisch ist nicht so gut, deswegen kann ich Tongtong nicht in so hohem Tempo mit diesem Buch unterrichten. Für den Chinesischunterricht benutze ich klassische chinesische Werke, zum Beispiel das *Daodejing* von Laozi oder Reime für Kinder aus der Tang- und Songzeit. Die chinesische Schriftsprache ist wunderschön. Ich finde, dass meine Tochter, falls sie später mal ins Ausland gehen sollte, mit unserer chinesischen Kultur vertraut sein sollte. Deswegen bringe ich ihr auch diese Sachen bei.

Für Mathematik habe ich auch chinesische Lehrbücher. Allerdings geht es bei chinesischen Schulbüchern vor allem darum, Aufgaben zu lösen. Sie machen weniger Spaß als ausländische Bücher. Weil Mathe an sich schon etwas öde ist, habe ich jetzt auch ein koreanisches Lehrbuch ausgesucht.

Außerdem habe ich eine App zum Englischlernen heruntergeladen. Ich würde sagen, Tongtongs Englischkenntnisse sind nicht schlechter als die von Gleichaltrigen, die zur Schule gehen. Eher etwas besser.

An den Wochenenden treffen wir uns zusätzlich in einer kleinen Gruppe und lesen gemeinsam die Bibel auf Englisch. Ich hoffe, dass Tongtong möglichst schnell Englisch lernt, damit sie später auch Unterrichtsmaterialien im Internet benutzen kann. Lernen muss nicht unbedingt in der Schule stattfinden oder im Klassenzimmer. Es gibt so viele Ressourcen im Internet.

Nachdem wir nach Dali gezogen waren, hatte ich eine Zeit lang das Gefühl, dass wir hier noch weniger Zeit hatten als vorher, obwohl ich gar nicht mehr zur Arbeit ging. Die sozialen Kontakte waren einfach zu viel. Es gibt hier so viele Angebote, dass man sich überlegen muss, was man wirklich will. Man kann nicht an allen Veranstaltungen teilnehmen. Es gibt wirklich alles, Lesegruppen, Teekunstseminare, man kann Musikinstrumente lernen, Kunsthandwerk und vieles mehr. Zusätzlich ist ständig noch hier eine Party und dort eine Party. Wenn man überall hingeht, hat man irgendwann gar keine Zeit mehr. Deswegen habe ich mich jetzt eingeschränkt. Und ich setze Grenzen, es können nicht mehr alle jederzeit einfach hier vorbeikommen. Heute waren nun gerade ein paar Familien hier, weil Freitagnachmittag ist. Wir haben uns in dieser Gruppe zusammengeschlossen, um uns gegenseitig zu helfen. Seit ich hier bin, habe ich gelernt, wie man Kohl einlegt, Kuchen backt, alles Mögliche zu Essen zubereitet. Früher in Guangzhou haben wir immer in der Mensa gegessen, wir haben da sogar gefrühstückt, weil wir auf dem Campus gewohnt haben. Als ich nach Dali kam, dachte ich, dass ich ein möglichst autarkes Leben führen möchte. Vorher hatte ich überhaupt keine Ahnung, wie man etwas anpflanzt, aber jetzt kann ich Gemüse, Mais und Weizen anbauen. Ich weiß, wie man Hühner, Katzen, Hunde und Enten hält. Ich genieße dieses Leben wirklich sehr.«

DIE ÖKOBAUERN

有机农民

Eigentlich müssten die Wangs eine glückliche Familie sein. Sie leben das traditionelle chinesische Ideal, Konfuzius hätte seine Freude daran gehabt. Drei Generationen sind unter einem Dach vereint: Großvater, Großmutter, Sohn, Schwiegertochter und die kleine Enkeltochter. Sie bewohnen ein kleines Haus mit Innenhof im ländlich geprägten Dengfeng in Zentralchina. Aber es gibt Probleme. Sohn Wang Ning hat eine Frau aus dem Ort geheiratet und studiert – so weit, so gut. Dass er nach dem Studium wieder zurückgekommen ist, kann sein Vater akzeptieren. Aber dass sein Sohn angefangen hat, als Bauer zu arbeiten, obwohl die Familie doch so viel investiert hat, damit er Karriere machen kann, das kann Vater Wang nicht nachvollziehen. Aber es ist noch schlimmer: Sein Sohn ist Ökobauer, macht alles von Hand, zieht mit der Harke übers Feld, wie damals kurz nach der Revolution. Wang versteht die Welt nicht mehr.»Der hätte schon längst Verwaltungsvorsitzender sein können – hunderttausend Leute unter sich!«, schüttelt er den Kopf.»Und was macht er – er gräbt die Erde um!«

Sohn Ning schweigt dazu. Xiao Feng, die Schwiegertochter, versucht, dagegen zu halten:»Dafür ist alles, was du hier isst, sehr gesund.«

»Jaja, gesund«, murmelt der alte Wang, bevor er ausholt und zu seinen Lieblingsthemen kommt: der großen Politik, Geschichten aus der Zeit Maos, die damaligen Parteiintrigen, der Streit um die Nachfolge des großen Vorsitzenden. Er liebt es, Besuchern kleine Vorträge darüber zu halten, steht auf, spricht in verteilten Rollen, flüstert mal, ruft dann wieder laut, spielt einen Beamten, der beim Anruf der Anti-Korruptionsermittler zusammenzuckt. Großvater Wang ist für Besucher ein großartiger Unterhalter. Aber mit seinem Sohn spricht er kaum.

»Meistens gibt es irgendwann Streit«, erzählt Xiao Feng. »Immer über das, was wir hier machen.«

Trotzdem wollen Ning und Xiao Feng dabei bleiben. Wer in China Öko-Landwirtschaft für den inländischen Markt betreibt, zumal hier in der ländlich geprägten Provinz Henan, der braucht Durchhaltevermögen. Auf Verständnis der anderen Bauern braucht man nicht zu hoffen. »Die halten uns entweder für komplett bekloppt oder für Betrüger«, sagt Ning, »weil wir alles von Hand machen und keine Chemie einsetzen. Und weil unser Gemüse und Getreide bis zu zehn Mal teurer ist. Aber dafür ist es gesund.«

Eine Tatsache, die in den großen Städten durchaus geschätzt wird. Viele Bürger trauen ihrem Essen nicht mehr. Bei einer Umfrage in den Metropolen hatten gut 70 Prozent der Befragten Zweifel an der Lebensmittelsicherheit. Dazu beigetragen haben etliche Lebensmittelskandale, vom verseuchten Milchpulver über belasteten Reis bis zu Melonen, die mit Wachstumsmitteln vollgepumpt waren. Den Einsatz von Chemie und Medikamenten sehen die Verbraucher aus der Mittelschicht zunehmend kritisch. Deshalb kommen auch immer wieder Städter vorbei, um sich die Felder von Wang Ning anzuschauen: Studenten, Praktikanten, Leute, die mithelfen wollen. Ein Gästezimmer richtet er gerade ein. Das Interesse ist da. Auch nahe der großen Metropolen Peking und Shanghai haben junge Chinesen kleine Öko-Höfe gegründet, die sie mit solidarischer Landwirtschaft betreiben. Man bezahlt einen bestimmten Betrag im Jahr und bekommt dann regelmäßig Ware. Das Misstrauen gegenüber Biosiegeln ist groß. Kunden, die auf Bioware Wert legen, kaufen deshalb gerne direkt beim Erzeuger. Als für die gesamte Nahrungsmittelproduktion relevant kann man diese Bewegung allerdings noch nicht ansehen, die Biowirtschaft ist immer noch eine winzige Nische.

Für Ning und Xiao Feng besteht ein wichtiger Teil ihrer Arbeit aber auch darin, ein Bewusstsein für nachhaltige Landwirtschaft bei ihren Mitmenschen zu wecken. »Hier in der Gegend sagen die Leute, dass ihnen ökologisch erzeugte Produkte zu teuer seien«, sagt Xiao

Feng. »Aber für alles Mögliche geben sie viel Geld aus. Wir versuchen, die Leute aufzuklären, verschenken etwas, erzählen ihnen, wie viel gesünder Lebensmittel ohne Pestizide sind – und am Ende kauft der eine oder andere. So ändert sich über die Jahre vielleicht auch die Lebenseinstellung der Menschen.«
»Vor dreißig Jahren hatten wir in China nichts zu essen«, fügt Ning lakonisch hinzu. »Und jetzt essen wir Gift.«

Die Felder von Ning und Xiao Feng sind etwa eine halbe Stunde von ihrem Haus entfernt. Wir fahren mit dem Auto durch kleine Ortschaften und über holprige Straßen. Immer wieder ist der Boden aufgerissen, Maschinen wühlen nach Kohle, Steinen und Sand. Rohre durchziehen die Landschaft. Wer hier Ökobauer sein will, muss viel aushalten.

»Der Fluss trocknet manchmal aus«, sagt Xiao Feng. »Die ganze Gegend verbraucht zu viel Wasser. Und manchmal ist alles voller Schaum, der kommt aus den Abwasserrohren dort drüben. Und da hinten, bei den Kohlemeilern, wenn du da mit dem Fahrrad vorbeifährst, bist du hinterher schwarz.«

Verschmutztes Wasser und verseuchter Boden werden zunehmend zum Problem in China. Auch wegen des großen Einsatzes von Insekten- und Unkrautvernichtungsmitteln. Genaue Daten hält die Regierung unter Verschluss, aber mindestens 20 Prozent des Ackerlandes, heißt es in Zeitungsberichten, sollen sehr stark belastet sein. Was macht man da als Ökobauer? »Wir lassen die Felder eine Weile brach liegen, damit sich die Erde erholt. Und wir lassen chemische Mittel einfach weg«, sagt Ning schulterzuckend.

Immerhin liegen ihre Felder abseits der Industrieanlagen. Je näher wir kommen, desto kleiner werden die Dörfer. Ein paar Höfe aus Ziegelsteinen – dazwischen Fabrikruinen. Zur Zeit der Planwirtschaft wurden hier noch Lebensmittel weiterverarbeitet, nach den Marktreformen galten die Firmen als unrentabel. Auch mit der kleinbäuerlichen Landwirtschaft, wie sie hier betrieben wird, kann man nur wenig verdienen.

Deshalb arbeiten in der Gegend kaum noch junge Leute als Bauern, wie ein Dorfvorsteher bestätigt. Wir treffen ihn, als wir an einer kleinen Getreidemühle halten, in der Ning und seine Frau ihren

Weizen mahlen lassen. Der Weg in die Städte ist für die jungen Menschen vom Land bislang eine Einbahnstraße. Wer zurückkommt und Bauer wird, ist in den Augen der anderen ein Verlierer. Offen bleibt die Frage, wer ansonsten künftig die Felder bestellen soll.

Das beschäftigt auch die Regierung. Lokale Verwaltungen präsentieren stolz die wenigen Fälle, in denen junge Chinesen, meist mit Uniabschluss, versuchen, Landwirtschaft zu betreiben. Von »Xinnongmin«, den »Neuen Bauern«, ist da die Rede. Vielleicht der Beginn einer neuen Sichtweise in der jungen Generation. Oft experimentieren sie mit Kooperativen und neuen Vermarktungsmethoden. Der Verkauf über das Internet ist dabei wichtig, auch für Ning und Xiao Feng.

Mit ihrem Projekt schmückt sich auch die Verwaltung von Dengfeng. Das staatliche Lokalfernsehen hat über sie berichtet. Eine offizielle Plakette weist sie als junge Unternehmensgründer in der Landwirtschaft aus, sie hängt an dem kleinen Schuppen neben ihren Feldern. In dem windschiefen Gebäude haben sie anfangs gewohnt. Zwei Zimmer, Koch- und Waschgelegenheit sind im Freien. Wenn viel zu tun ist, schlafen sie manchmal immer noch hier. Die Bauern ringsherum wundern sich. Von dem Geld, das sie in den Städten erarbeitet haben, bauen sich viele große, moderne Häuser. Auf die Idee, freiwillig in so eine Hütte zu ziehen, kommt keiner.

Auf den Feldern steht gerade der Weizen. Der Lärm der Stadt ist weit weg.

Bäuerin Xiao Feng

»Hier auf diesem Feld bauen wir dieses Jahr eine spezielle Weizensorte mit hohem Eiweißgehalt an, die ist vor allem in Guangdong beliebt. Die Leute dort essen gerne diese Nudeln, die nicht so leicht brechen. Der Weizen macht nicht so viel Arbeit, den kann ich auch mal eine Woche lang alleine lassen. Um Gemüse muss man sich jeden Tag kümmern.

Dieses Unkraut hier wächst vor allem auf Weizenfeldern. Wenn es zu hoch wird und dem Weizen die Sonne nimmt, ziehen wir es raus. Ansonsten kümmern wir uns nicht darum. Wir haben gelernt, dass die Pflanzen vor allem Sonnenlicht brauchen, nicht so sehr den Boden. Wenn wir das Unkraut jäten müssen, kommen vier, fünf Leute zur Hilfe, wir stellen uns dann nebeneinander auf und jeder ist für eine Reihe zuständig. Die Leute im Dorf wissen, dass wir nie Pestizide benutzen, deswegen nehmen sie das Unkraut mit und verfüttern es an ihre Tiere.

Eine Zeit lang haben wir dort drüben in dem kleinen Häuschen gewohnt. Wir haben jeden Tag auf dem Feld gearbeitet. Abends waren wir so müde, dass wir uns nur noch ausruhen konnten. Aber es war sehr schön. Allerdings ist es nicht so, wie sich die Leute das Leben in den Feldern vorstellen. Im Winter ist es hier sehr kalt und im Sommer sehr heiß. So heiß, dass wir nicht schlafen konnten.

Die Leute aus dem Dorf hielten uns für total bescheuert. Sie meinten: ›Den Acker zu bestellen, lohnt sich doch gar nicht mehr. Wir machen das alle nicht mehr, was kommt ihr dann hierher und fangt damit an?‹ Was wir ihnen geantwortet haben? ›Die Art, wie ihr Sachen auf den Feldern anbaut, mögen wir nicht, wir können das nicht essen. Aber es gibt Leute, die mögen, was wir anbauen. Wirtschaftlich gesehen denkt ihr vielleicht, dass das, was wir hier machen, ein bisschen verrückt ist – aber wir finden, dass wir etwas Sinnvolles tun.‹ Normalerweise erklären wir auch gar nicht viel. Die interessiert sowieso nur, ob man damit Geld verdient. Wenn es Geld bringt, dann meinen sie, dass es sich lohnt. Wenn es kein Geld bringt, lohnt es sich nicht.

Ich denke, wenn man Landwirtschaft betreibt und das nur von der wirtschaftlichen Seite her betrachtet, dann lohnt es sich wirklich nicht. Aber wenn man die wirtschaftlichen Faktoren beiseitelässt, dann ist Landwirtschaft sehr interessant. Man pflanzt ein Weizenkorn und bekommt eine Weizenähre, man pflanzt eine Erdnuss und bekommt eine Erdnusspflanze. Diese Freude kann einem keine andere Art von Arbeit geben. In anderen Bereichen packt man diese und jene Ressource zusammen und hat am Ende ein Produkt.

In der Landwirtschaft ist das anders, sie gibt dir mehr: diese wundersame Kraft der Erde. Bei der Arbeit auf dem Feld denkt man an nichts anderes. Wenn wir hier draußen etwas essen, haben wir größeren Appetit als zu Hause. Weil die ganze Umgebung viel offener und weiter ist.

Natürlich verdienen wir nicht so viel Geld, wie wir es in anderen Berufen könnten. Wir haben auch noch keine Rücklagen erwirtschaftet. Das hier zu machen, ist schon schwierig. Jedes Mal, wenn wir im Juni die Pacht für die Felder zahlen müssen, jedes Mal, wenn jemand für uns Unkraut jätet, denken wir, ›oh, jetzt müssen wir schon wieder zahlen.‹ Wir sind dieses Jahr ungefähr plus/minus Null rausgekommen. Das heißt, wir verdienen durch den Boden kein Geld. Aber er gibt uns sehr viel Lebensweisheit. Wir haben einige unserer früheren Lebensgewohnheiten geändert. Wie gehen mit Problemen anders um. Ich glaube jetzt an den Satz: ›Alles regelt sich von selbst am besten.‹ Die Dinge passieren einfach aus einer natürlichen Kraft heraus. Wenn man keine Landwirtschaft betreibt und in einer großen Stadt arbeitet, verdient man vielleicht viel Geld. Aber man gibt alles in der Stadt aus. Weil man eine Wohnung kaufen und den Kredit abbezahlen muss. Und man verbringt seine ganze Zeit im Verkehr. Wenn man in der Stadt lebt, schafft man fast gar nichts. An einem kleinen Ort wie hier muss man sich keine Gedanken über Stau machen. Man steht morgens auf, erledigt etwas, erledigt noch etwas. So schafft man an einem Tag vielleicht zehn verschiedene Dinge. Morgens füttert man die Hühner, dann wässert man das Gemüse, nachmittags kann man Gemüse ernten, ein Buch lesen, etwas kochen. Aber wenn man in einer großen Stadt wie Peking lebt, dann braucht man vielleicht schon einen ganzen Tag, nur um etwas bei der Bank zu erledigen, weil man einen halben Tag dahin unterwegs ist und den anderen halben Tag in der Schlange steht. In so einem kleinen Ort wie hier muss man sich auch keine Gedanken darüber machen, wie man sich gibt oder ob man jemanden stört. Du stehst morgens auf und bist gleich im Einklang mit der Natur.

Ich komme selbst aus einer Bauernfamilie, meine Eltern haben auch noch Land. Die Familie von meinem Mann hatte, als er drei, vier Jahre alt war, kein Land mehr. Aber er hat sich schon immer für

Landwirtschaft interessiert, obwohl er in der Stadt aufgewachsen ist. In den Ferien war er oft bei Verwandten auf dem Dorf und hat bei der Feldarbeit geholfen. Als Kind findet man es auf dem Land natürlich schön. Aber nachdem er angefangen hatte, wirklich selbst in der Landwirtschaft zu arbeiten, hat er gemerkt, dass es anders ist, als er es sich vorgestellt hatte. Landwirtschaft ist eine sehr mühsame und anstrengende Arbeit. Jetzt gibt es im ganzen Dorf keine jungen Leute mehr, die in der Landwirtschaft arbeiten. Wenn wir hier mal Studenten zum Helfen oder als Praktikanten haben, dann sagen die Leute aus dem Dorf: ›So was sieht man heute nirgendwo mehr, so viele junge Menschen auf dem Feld!‹ Die meisten Leute in meinem Alter arbeiten irgendwo in der Fabrik oder in einer Firma. Zu Hause auf dem Dorf körperlich zu arbeiten, das machen nur noch Fünfzig-, Sechzigjährige.

2008 haben wir mit der Biolandwirtschaft angefangen. Wir waren ein Jahr lang als Praktikanten auf dem Bauernhof ›Kleiner Esel‹ in Peking, dort wird Solidarische Landwirtschaft betrieben. Damals war das in China noch ziemlich neu. Nach dem Praktikum dachten wir, ›ökologische Landwirtschaft ist so toll.‹ Wir wussten, dass wir Dinge aßen, die sehr gesund sind – gleichzeitig war uns bewusst, dass unsere Eltern Erzeugnisse essen, die sehr ungesund sind. Obwohl meine Eltern ja selbst Land besitzen. Deswegen haben wir uns entschlossen zurückzukommen und ihnen dieses gesunde Konzept beizubringen. Am Anfang waren unsere Eltern dagegen, dass wir Bauern werden, aber jetzt haben sie sich damit abgefunden. Sie wollen zwar nicht, dass wir Landwirtschaft betreiben, aber na ja. Mein Schwiegervater spricht kein Wort über Dinge, die mit Landwirtschaft zu tun haben. Er will davon auch nichts hören. Er mag Politik. Er meint, dass junge Leute ehrgeizig sein sollen. Sie sollen Beamte werden und Geld verdienen. Er findet, dass wir keine Ziele, keinen Ehrgeiz haben. Wir aber wissen, dass diese ganzen Vorstellungen nur Verarschung sind. Das Wichtigste ist doch, das eigene Leben selbst zu bestimmen. Wir wollen auf keinen Fall das Leben unserer Eltern leben, wir wollen auch nicht das Leben anderer Leute leben. Immer heißt es: ›Du musst das so und so machen, damit es meiner Vorstellung entspricht. Früher habe ich mich dem gefügt und versucht, es den Leuten recht zu machen. Erst seit ich Landwirtschaft betreibe, habe ich verstanden, dass jeder nach seiner eigenen Auffassung leben sollte. Egal wie. Egal, ob andere das richtig oder falsch finden. Man muss es nur selbst richtig finden.

Wir haben aber auch Kompromisse gemacht. Eigentlich wollten wir kein Kind bekommen. Dann haben unsere Eltern gesagt, dass sie uns ohne Kinder nicht mehr hier wohnen lassen würden. Na ja, wir haben dann doch eine Tochter bekommen, das ist auch schön. Aber jetzt wollen sie unbedingt noch einen Enkelsohn. ›Die Ein-Kind-Politik ist vorbei, da ist das doch kein Problem‹, sagen sie. Aber wir sind schon sehr beschäftigt und wollen kein zweites Kind. Wir werden an diesem Punkt auch nicht nachgeben. Du kannst nicht immer noch einen Kompromiss machen und noch einen und noch einen, nur damit die anderen glücklich sind.

Zu einigen Dingen, die wir machen, sagen unsere Eltern: ›Warum macht ihr das denn?‹ Wir sagen ihnen dann: ›Ihr seid schon über sechzig. Als ihr jung wart, habt ihr auch alles Mögliche anders gemacht. Wir sind jetzt jung, wir können doch nicht mit zwanzig, dreißig das gleiche Leben führen wie ihr mit fünfzig, sechzig.‹ Jeden Tag nach dem Frühstück spazieren gehen, dann irgendwo Schlange stehen, wo Werbung für Gesundheitsprodukte gemacht und irgendwelcher billiger Krempel verschenkt wird, um die Leute anzulocken. Mit so was können wir doch nicht unsere Zeit verschwenden! Wir finden, dass unser Leben sehr wertvoll ist. Unsere Eltern oder überhaupt die meisten alten Leute haben vor allem Angst vor dem Tod. Deswegen versuchen sie mit allen Mitteln, gesund zu bleiben. Alles dreht sich nur um die Gesundheit. Und warum Gesundheit? Damit sie noch länger leben können. Aber da stimmt doch was nicht! Sie haben keine Lebensqualität. Jeder Tag ist gleich, jedes Jahr ist gleich. Alles wiederholt sich immer und immer wieder. Ich finde, das ist das größte Problem der alten Menschen in China. Sie haben alle Angst vor dem Tod, aber denken nicht daran, dass sie jetzt ein Leben haben. Sie versuchen nicht, ihr Leben vielfältig und interessant zu verbringen. Stattdessen machen sie jeden Tag die gleichen Dinge. Frühstück, Mittag, Abendessen. Hauptsache, sie wachen am nächsten Tag wieder auf. Hauptsache sie können sagen, ich bin wieder ein Jahr älter geworden, ich habe noch ein Jahr länger gelebt.

Wir sind anders. Wir haben ein Ziel und versuchen es zu erreichen. In diesem Prozess verändert sich vielleicht noch alles Mögliche, aber das ist egal, es kann ruhig Änderungen geben. Weil wir darüber sowieso keine Kontrolle haben. Die Voraussetzung ist, dass wir das Richtige tun, dass wir ein sinnvolles Leben führen. Wir machen uns auch keine Sorgen über das, was später sein wird. Mein Mann sagt oft, dass man über die Dinge in der Zukunft nicht zu reden braucht. Wir müssen nur wissen, dass das, was wir jetzt machen, richtig ist. Wenn man das Richtige tut, braucht man keine Angst vor Schwierigkeiten zu haben.

Erst muss man das Gemüse anbauen, dann kann man sich darüber Gedanken machen, wie man es verkauft. Wenn man es nicht verkaufen kann, kann man sich überlegen, wie man es verschenkt. Wenn man es nicht verschenken kann, kann man es als Dünger verwenden. Man gibt es der Erde zurück, denn daraus ist es ja gewachsen. Es gehört der Erde, nicht uns.

Letztes Jahr haben wir mit einer großen Maschine den Mais geerntet, dabei sind viele Maiskörner auf dem Feld liegen geblieben. Die Leute aus dem Dorf haben gesagt: ›Ach, diese Kinder sind echt dumm, lassen so viel Mais auf dem Feld liegen und sammeln ihn nicht ein.‹ Dann hat später jemand anderes gesagt: ›Das gehört nicht uns, das gehört der Erde.‹ Wir fanden eigentlich auch, dass wir schon genug genommen hatten. Schließlich war der Mais noch in unserer Erde, er hatte sich ja nicht in Luft aufgelöst. Nach einiger Zeit haben die Maiskörner gekeimt und sind hoch gewachsen. Den Leuten aus dem Dorf hat es so in der Seele wehgetan, dass sie es kaum ausgehalten haben: ›So viele Maiskörner sind noch in der Erde und keimen und ihr kümmert euch nicht darum!‹ Später, als es dann sehr kalt wurde, sind die Pflanzen erfroren und so zu Dünger geworden. Aber sie waren immer noch auf unserem Feld. Ihre Substanz war ja nicht verloren! Sie haben alles der Erde zurückgegeben.

So denken wir jetzt auch über dieses Stück Land. Bei der Weizenernte achten die Leute aus dem Dorf auf den kleinsten Krümel: ›Ich muss jede Weizenähre vom Feld mitnehmen, es darf keine liegen bleiben. Weil sonst die Vögel kommen. Dann muss man sie verscheuchen, damit sie nichts davon essen. Wir haben alles angebaut, deswegen müssen wir auch alles ernten und mitnehmen.‹

Mir ist klar geworden: Uns zwingt niemand, das Land zu bebauen, aber die Vögel müssen leben. Wenn wir alles wegnehmen, dann wird es keine Vögel mehr geben. Wir Menschen können nur dann etwas essen, wenn wir die Felder bestellt haben. Aber der Vogel isst einfach, wenn er essen will. Wir können nicht unsere Maßstäbe an einen Vogel anlegen. Die Felder sind Teil der Natur, deswegen kann der Vogel alles nehmen.

Schaut, das hier sind unsere Erdbeeren. Ich versuche, sie ebenfalls möglichst natürlich wachsen zu lassen. Ich dünge sie nicht, und nur wenn zufällig gerade die Bewässerungsanlage hier ist, bekommen sie Wasser. Ich ernte nur so viele, wie wir zu Hause essen können. Ich könnte auch Marmelade kochen und verkaufen, aber das ist mir zu anstrengend. Deswegen habe ich meinen Freunden gesagt, dass sie sich auch welche pflücken können. Dieses Jahr sind es weniger Pflanzen, weil sich die Leute aus dem Dorf welche ausgegraben haben. Aber das finde ich auch gut, so können noch mehr Menschen Erdbeeren essen. So ist alles in seinem natürlichen Zustand. Wenn sie wachsen, dann ernte ich welche. Die, die ich nicht ernte, essen vielleicht andere, und wenn sie nicht geerntet werden, bleiben sie trotzdem in diesem Stück Erde.

Solange ich die Kraft habe, werde ich das hier weitermachen, bis zu dem Tag, an dem ich es nicht mehr kann. Und die Probleme, die dazwischen auftreten, die kann man alle lösen. So ist das Leben sehr unbeschwert. Wir denken nicht so viel nach wie die Alten, die uns ständig fragen: ›Geht das hier überhaupt? Bringt das Geld? Habt ihr was verdient?‹ Wir sagen dann: ›Das haben wir nicht ausgerechnet.‹ Mein Gott, immerhin machen wir jeden Tag etwas, arbeiten hart, um das alles hier zu schaffen. Wenn es genug Geld bringt, sodass wir davon leben können, schön. Wenn es nicht genug Geld zum Leben bringt, dann leben wir doch trotzdem, oder? Wir können vielleicht nicht die ganzen Dinge kaufen, die alle haben wollen, aber wir existieren. Wenn wirklich nichts mehr geht, dann können wir auch auf der Straße Müll sammeln gehen. Wir haben zwei Hände, wir können alles Mögliche machen. Irgendwie können wir uns ernähren. Wichtig ist, wie wir unseren Geist ernähren. Darüber macht sich die heutige Gesellschaft keine Gedanken. Die Leute sagen immer: ›Erst wenn man viel Geld verdient hat, ist man erfolgreich. Wenn du ökologische Landwirtschaft betreibst und damit Geld verdienst, dann hat es eine Zukunft. Aber wenn es kein Geld bringt, dann ist es nicht das Richtige.‹ Ich würde auch sagen, dass Landwirtschaft vom wirtschaftlichen Aspekt her nicht besonders einträglich ist. Aber wenn man die ganzen anderen Dinge betrachtet, die die Landwirtschaft einem gibt, dann kann keine andere Tätigkeit mithalten.«

Bauer Wang Ning

Den Ausschlag für meine Entscheidung, ökologische Landwirtschaft zu betreiben, hat letztlich ein Unfall während meines Masterstudiums in der Stadt Ürümqi in Xinjiang gegeben. Wir haben dort viele chemische Experimente durchgeführt. Ich hatte oft Kontakt mit giftigen Substanzen, organischen Säuren und Basen, benzolartigen organischen Verbindungen zum Beispiel. Wir hatten damals nur in unseren Büchern gelesen, dass diese Stoffe giftig sind, aber wie giftig sie eigentlich sind, das wussten wir nicht so genau. Die Bedingungen im Versuchslabor waren auch nicht wirklich ideal. Die Abluftanlagen und die Ventilation haben nur sehr schlecht funktioniert.

Einmal hatte ich nicht aufgepasst und mich vergiftet. Zuerst hatte ich eine leichte Fettleber, die dann zu einer schweren Fettleber wurde. Mir ging es damals sehr schlecht. Daher habe ich beschlossen, dass ich diese Art von Landwirtschaft nicht machen will. Ich wollte eine bessere, ökologische Landwirtschaft betreiben. Damit es einem selbst besser geht und man besser leben kann.

Damals hatte gerade ein Freund von mir in Peking den Biobauernhof ›Kleiner Esel‹ gegründet. Er hat mich angerufen und gesagt: ›Wir machen ökologische Landwirtschaft, dir geht es gesundheitlich nicht gut, willst du nicht herkommen und mitmachen? Du kannst hier mitarbeiten und gleichzeitig diese ganzen guten Sachen essen.‹ In China gibt es ein Sprichwort: ›Nahrung heilt besser als Medizin.‹ Das heißt, dass Essen auch eine Art Medizin ist.

Zusammen mit meiner Frau habe ich dann ein Jahr lang auf dem Bauernhof gearbeitet. Wir haben dort vor allem Solidarische

Landwirtschaft gelernt. Der Bauernhof schließt einen Vertrag mit einem städtischen Wohngebiet, und die Einwohner nehmen die landwirtschaftlichen Produkte zu einem relativ hohen Preis ab. Dieses Modell gibt es auch in Deutschland, Japan oder den USA, überall. Wir haben das in Peking versucht und es war erfolgreich. Weil es in den großen Städten genug Menschen gibt, die sichere, gesunde Lebensmittel kaufen wollen. Auf dem Hof habe ich nur unser selbst angebautes Biogemüse gegessen. Nachdem wir ein Jahr dort gelebt hatten, war ich wieder gesund.

Wir wollten danach gerne zurück in unsere Heimat und diese Ideen umsetzen. Meine Eltern und meine Schwiegereltern leben auch noch hier in Dengfeng. Sie sind mittlerweile schon recht alt und haben alle möglichen gesundheitlichen Probleme. Deswegen wollte ich gerne genau hier ökologische Landwirtschaft betreiben, damit wenigstens unsere Familien sichere Nahrungsmittel essen können. Nachdem wir das jetzt ein paar Jahre gemacht haben, gibt es in Dengfeng und der Umgebung einige Leute, die unsere Produkte essen wollen und bereit sind, sie zu kaufen. Unseren Online-Verkauf konnten wir auch allmählich ausbauen. Wir hoffen, dass wir das in Zukunft noch besser machen können, damit noch mehr Menschen unsere Produkte essen. Denn wenn die Leute unsere Sachen kaufen, ist das letztlich die beste Unterstützung. Das klingt vielleicht komisch, aber der Konsum ist unsere Stütze, sozusagen die Aktie. *[lacht]*

80 bis 90 Prozent unserer Produkte verkaufen wir über das Internet. Auf dem normalen Markt kommen wir noch nicht so richtig an. Weil der Preis von Bioprodukten ziemlich hoch ist, kaufen sie eigentlich nur Leute in den großen Städten wie Peking, Shanghai oder Guangzhou. Dort gibt es einen Bedarf, weil es größere Bevölkerungsgruppen mit hohem Einkommen gibt.

Außerdem gibt es in China immer mehr Buddhisten. Auch sie kaufen gerne Bioprodukte, weil beim Anbau keine Pestizide verwendet und deshalb keine großen Mengen von Insekten getötet werden. Sie essen Bioprodukte, weil es der Moral ihres Glaubens entspricht. Viele unserer Kunden sind Buddhisten.

Auf dem Land und in den kleinen Städten sind hingegen die Einkommen niedriger und die Leute kommen kaum mit neuen Konzepten und Ideen in Berührung.

Natürlich gibt es viele gefälschte Bioprodukte in China. Darüber wurde schon überall in den Medien berichtet. Herkömmlich produzierte Lebensmittel werden wie Bioprodukte verpackt und dann im Supermarkt zu einem hohen Preis verkauft. Das ist natürlich sehr problematisch und liegt auch daran, dass die landwirtschaftliche Produktionskette sehr lang ist. Aber China hat in diesem Bereich vom Ausland gelernt und erste Gütesiegel ins Leben gerufen. Am Anfang haben sich viele Bauern hier im Dorf über uns lustig gemacht. Sie dachten, dass wir das auf keinen Fall durchhalten. Dann haben sie gemerkt, dass wir es allmählich schaffen. Das hat ihnen ein paar Impulse für Veränderungen gegeben. Ursprünglich dachten sie, dass es egal ist, ob sie Pestizide und chemischen Dünger verwenden. Aber einige leiden mittlerweile an chronischen Krankheiten. Dadurch ist ihnen allmählich bewusst geworden, dass es offensichtlich nicht gut ist, diese Dinge zu benutzen. Das ist ein Prozess. Man muss es ihnen langsam klarmachen. Sie müssen das allmählich begreifen. Viele Dinge dauern in China sehr lange.

Die Bauern hier aus der Gegend haben auch keine Lust, sich übermäßig viel Arbeit zu machen. Das Herstellen von Kompost, zum Beispiel, wie wir es tun, ist ihnen zu aufwendig. Ihren chemischen Dünger muss man nur auf dem Feld verteilen und schon wachsen die Pflanzen sehr schnell. Wenn man diese Dinge nicht benutzt, ist es anstrengender.

Man kann aber nicht sagen, dass diese Bauern nicht schlau wären. Viele haben ein kleines Stück Land, auf dem sie keinen chemischen Dünger und keine Pestizide verwenden. Dort bauen sie Lebensmittel für den Eigenbedarf an. Bei den Produkten, die sie verkaufen, ist es ihnen egal ...

Generell sind einem Umdenken in der Landwirtschaft viele Grenzen gesetzt. Der Hauptgrund ist, dass die Bauern in China keine gute Ausbildung haben und auch das Internet kaum nutzen. Sie haben einen recht beschränkten Horizont. Selbst wenn sie neue Konzepte kennenlernen, ändern sie nicht so leicht ihre Einstellung. Wir denken, dass mehr junge Leute zurück aufs Land gehen müssten. Sie könnten neue Ideen mitbringen und so allmählich dieses System verbreiten. Dass fünfzig-, sechzigjährige Bauern nochmal radikal umdenken, ist eher nicht zu erwarten. Sie sind eben vergleichsweise konservativ. Sie haben nicht den Wagemut der jungen Leute, sie wollen keine Veränderung.

Oft kommen Studenten auf unseren Hof, um mitzuarbeiten oder ein Praktikum zu machen. Letztes Jahr war ein Student von der Landwirtschaftlichen Universität Henan hier, der hat sich sehr für ökologische Landwirtschaft interessiert. Er hat ein halbes Jahr mitgearbeitet und geholfen, Mehl herzustellen. Am Ende hat er gesagt: ›Ökologische Landwirtschaft ist zu anstrengend!‹ Dann ist er zurück an die Uni gegangen. Und er hat recht, es ist wirklich ziemlich anstrengend. Wenn man nicht richtig Lust dazu hat, ist es schwer durchzuhalten. Es einmal zu probieren, ist ganz einfach, aber wenn man es langfristig machen will, dann ist es wirklich schwierig.

Im Internet sind wir Mitglieder einer Gruppe von ›jungen Landrückkehrern‹. Das sind Leute, die zurück ins Dorf gegangen sind und ökologische Landwirtschaft betreiben. Einmal im Jahr treffen wir uns, vorletztes Jahr waren wir in der Provinz Jiangxi bei jemandem, der Reis anbaut. Letztes Jahr haben wir uns in Peking getroffen, 60, 70 junge Leute. Manche bauen Gemüse an, andere Obst, andere Getreide, alles Mögliche. Einige brauen auch Alkohol oder stellen Essig her. Sie kommen von überall her, aus allen Regionen Chinas. Auch einige Angehörige von ethnischen Minderheiten sind dabei. Die haben zum Beispiel ganz andere, spezielle Verarbeitungsmethoden. Die jungen Leute werden gebraucht, um das alles zu bewahren. Wir ermutigen uns gegenseitig und tauschen uns über unsere Produkte aus. Und wir wärmen uns gegenseitig. *[lacht]* Es gibt nicht so viele Leute, die das hier machen. Deswegen muss man sich zusammentun.«

DER DESIGNER
设计师

DER DESIGNER

设计师

Nein, Luoyang ist nicht Peking oder Shanghai. Für jemanden, der Design studiert hat, wie Meng Luling, ist die Stadt in Zentralchina vielleicht nicht unbedingt die erste Wahl. Die großen Verlage, Werbefirmen und Internetunternehmen sind weit weg. Das jährliche Kultur-Highlight ist das große Pfingstrosen-Festival, der Stadtkern überschaubar. Luoyang liegt weit im Landesinneren und gehört zu den chinesischen Städten, die sich trotz sechs Millionen Einwohnern anfühlen wie tiefe Provinz. Daran ändert auch nicht, dass Luoyang vor vielen Jahrhunderten einmal Sitz der Kaiser war.

Meng Luling ist trotzdem in seiner Heimatstadt geblieben. »Natürlich gibt es tolle Jobs in Peking und Shanghai«, sagt er, »aber dort wartet auch niemand auf mich und der Wettbewerb ist groß. Es bringt ja nichts, wenn alle nach Peking und in die Küstenstädte strömen. Ich dachte mir, dass ich lieber hier mein eigenes Ding mache.«

Das »Ding« sind zwei Läden in der Altstadt. In einer der Straßen stehen noch viele alte Häuser, die vom Abriss verschont geblieben sind. Nicht alle sind komplett renoviert, sondern tragen tatsächlich noch die Patina der letzten Jahrhunderte. Die Straße gehört zu den Touristenattraktionen der Stadt. Nudelshops bieten lokale Spezialitäten an, Grillstände Spieße mit kleinen Skorpionen, andere Läden verkaufen Süßigkeiten, Souvenirs und Plastikpfingstrosen. Dazwischen die Läden von Luling. In einem kleinen Backsteingebäude hat er Schachteln zu einer Pyramide aufgestapelt und mit Scheinwerfern angestrahlt. Fast sieht es aus wie eine Kunstinstallation. Es sind Medikamentenpackungen, die er mit anderen Aufschriften bedruckt hat.

»Tabletten gegen Entscheidungsschwäche« oder »Gehirnkrüppel-Pillen« steht darauf. Dabei spielt Luling mit Slang-Ausdrücken und Redewendungen.

Seine Medikamentenschachteln veräppeln alte Weisheiten und Sprichwörter. Vor allem junge Kunden kaufen seine »Pillenschachteln«, die Süßigkeiten enthalten. Zwanzigjährige finden die Packungen lustig. Ältere Kunden hingegen fühlen sich manchmal provoziert.

Der Umgang unter den meisten Zwanzigjährigen ist ohnehin viel zwangloser als in der älteren Generation. Den anderen loben, sich selbst ganz klein machen, woraufhin der andere das Lob zurückweisen muss – solche Wechselspiele gehören zur traditionellen Höflichkeit und sind unter jungen Chinesen nicht mehr so ausgeprägt. Sie nehmen sich selbst nicht so ernst und verwenden gerne Slangausdrücke wie »Diaosi«, zu Deutsch »Schamhaar«. Das heißt so viel wie »Loser«. Viele bezeichnen sich gerne selbst so, »ich bin ein ganz Normaler«, soll das dann heißen, im Gegensatz zum »Gaofushuai«, dem Ideal des »großen, reichen Gutaussehenden« – dem perfekten Schwiegersohn, den sich viele Eltern wünschen.

Die Eltern von Luling wollten zuerst, dass er sich eine »richtige« Arbeitsstelle sucht. Was das mit den Medikamentenpackungen soll, haben sie nicht verstanden. Mittlerweile verkaufen sich die selbstdesignten Spaßartikel aber ganz gut. Luling hat bereits einen zweiten Laden aufgemacht, sogar mit einer kleinen Bar. Künstler und Musiker treten manchmal auf – oder Luling unterhält seine Gäste mit kleinen Zaubertricks. Seine Läden sollen noch größer werden – erzählt er, als wir am Tresen sitzen – während seine Mutter uns ein Getränk serviert, das in Luoyang Tradition hat: Tee mit Pfingstrosenessenz.

In diesem Haus hier bin ich aufgewachsen, da drüben in dem kleinen Zimmer. Letztes Jahr habe ich zuerst draußen auf der Straße einen kleinen Stand gehabt, wo ich meine Produkte verkauft habe. Angefangen habe ich mit ›Houhuiyao‹, den ›Anti-Reue-Pillen‹. In China gibt es einen Spruch: ›Auf der ganzen Welt gibt es keine Medizin gegen Reue.‹ Das bedeutet, dass man nichts bereuen soll, egal, was man macht.

Die Anti-Reue-Pillen kamen ganz gut an, deswegen habe ich noch mehr Medikamentenpackungen designt. Drinnen sind nur Bonbons, es geht um die Verpackung, die ist lustig.

Den Stand auf der Straße hatte ich vier, fünf Monate. Dann habe ich angefangen, das Haus umzubauen und zu renovieren, um einen richtigen Laden aufzumachen. Ich habe das alles zusammen mit meinen Freunden selbst gemacht; zum Beispiel hier den Putz von den Wänden genommen, der war schon ziemlich feucht. Ist eben ein altes Haus, da passiert so was häufig. Auch die Möbel haben wir selbst gebaut, die Regale da drüben und die Stühle.

Ich habe Grafikdesign studiert, Häuserrenovieren habe ich nicht gelernt. Aber ich hatte wenig Geld und wollte es deswegen selber machen. Ich habe mir alle möglichen Anleitungen und Videos im Internet angeschaut und es einfach ausprobiert.

Die finanzielle Situation meiner Familie war nie besonders gut. Deswegen musste ich mich schon immer besonders anstrengen. Jetzt bin ich auch nicht mehr ganz jung, 26, und werde demnächst heiraten. Meine Freundin und ich haben uns auf der Uni kennengelernt, wir sind schon seit sieben Jahren zusammen. Bei uns in China ist Heiraten eine sehr wichtige Angelegenheit. Da kann man nichts machen. Vielleicht ist das auf der ganzen Welt so. Wenn man heiratet, muss man eine Wohnung kaufen. Eine Mietwohnung können viele junge Leute, besonders Frauen, nicht akzeptieren. Deswegen blieb mir nichts anderes übrig. Ich musste das Haus möglichst schnell renovieren. Jetzt muss ich mich bemühen, Geld zu verdienen.

Der Laden läuft mittlerweile ganz gut. Hier an der Bar verkaufen wir Getränke, lokale Produkte aus Luoyang. Zum Beispiel Luoyang-Bier. Das schmeckt zwar nicht besonders, aber es ist eine lokale Spezialität. Diese Idee steckt dahinter. Natürlich gibt es alle möglichen Biere, die besser schmecken. Vorne im Laden verkaufen wir die Medikamentenschachteln. Zum Beispiel diese hier, die ›Partnerfindungspillen für übriggebliebene Frauen‹, Anwendungsgebiete: ›Frauen über 27 mit Uniabschluss[32] und hohem Gehalt, die noch nicht verheiratet sind.‹ Oder die Tabletten gegen Entscheidungsschwäche bei folgenden Symptomen: ›Ich kann mich nicht entscheiden! Soll ich vielleicht eine Münze werfen? Aber welche Münze? Ein Yuan oder fünf Mao?‹

Es geht um Wörter und Begriffe, die junge Leute benutzen oder die man häufig im Internet liest. Die Kunden sind alle in meinem Alter oder jünger. Sie verschenken sie an Freunde, um sich einen Spaß zu machen. Zum Beispiel hier, die ›Gehirnkrüppel-Pillen‹: Man schenkt das einem Freund und sagt damit, ›du bist krank, du brauchst dieses Medikament.‹ Das ist zum Spaß, unter Freunden geht man so entspannt miteinander um.

Meine Eltern konnten das am Anfang nicht akzeptieren. Ältere Leute verstehen diese Art von Jugendkultur nicht. Aber die jungen Leute sind anders, die Gesellschaft ist vielfältiger geworden. Junge Leute lernen durch das Internet alles Mögliche kennen, deswegen sind sie für vieles offen und finden meine Pillen lustig. Sie empfinden das nicht als Beleidigung. Aber ältere Leute sehen das vielleicht so.

Als ich klein war, gab es hier in der Altstadt noch nicht so viel Touristen. Diese Straße war damals auch schon eine Einkaufsstraße, aber für die Einheimischen. Später sind dann woanders Einkaufszentren entstanden, und viele Händler dorthin gezogen. Ersetzt wurden sie durch Künstler, Kunsthandwerker, Friseure, Menschen, die selbstgemachte Kräuterbonbons verkauft haben. Alle möglichen Restaurants. Es ist ein Ausgehviertel geworden. Und jetzt, in den letzten zwei Jahren, hat sich die Altstadt zum Touristenziel gewandelt. Diese Straße hat es immer gegeben, aber ihr Erscheinungsbild hat sich verändert.

Bestimmt wird es hier noch kommerzieller werden. Meist entwickelt sich eine Art Eigendynamik. Die Leute sehen, dass man hier mit diesen Dingen Geld verdienen kann. Dann kommen immer mehr, mieten Geschäfte und wollen auch damit Geld verdienen.

---

32 Unverheiratete Frauen, die in China als »übrig geblieben« bezeichnet werde, sind meist Städterinnen mit hoher Bildung.

Aber wenn es nur ums Geldverdienen geht, ist das sehr kurzsichtig gedacht. Wirklich Gutes kann nur entstehen, wenn man etwas aus Interesse und Spaß an der Sache macht.

Ich denke, zwischen Kultur und Kommerz gibt es schon auch Anknüpfungspunkte. Das eine geht nicht ohne das andere. Wenn etwas zu kommerziell ist, hat es keine Seele mehr. Andererseits kann sich Kultur ohne den wirtschaftlichen Aspekt nur schwer weiterentwickeln.

Einige meiner Freunde versuchen, sich ebenfalls selbst zu verwirklichen oder etwas zu machen, das sie mögen. Aber es ist nicht so einfach. Zum Beispiel wenn man malt, dann muss man schon sehr gut sein, um davon leben zu können. Ideal ist natürlich, das zu machen, wozu man Lust hat, genug Geld zum Leben zu verdienen und dabei Spaß zu haben. Ich versuche das so zu machen. Weil ich von klein auf in einer nicht so wohlhabenden Umgebung aufgewachsen bin, fürchte ich mich nicht vor schweren Zeiten. Ich überlege nicht groß, ich mache einfach weiter mit dem, wozu ich Lust habe. Aber da ist natürlich jeder anders.

In China gibt es ein Sprichwort: ›Dreißig Jahre am Ostufer, dreißig Jahre am Westufer.‹[33] Das heißt, in dreißig Jahren verändert sich ein Ort auf jeden Fall. So ist es auch mit der Altstadt hier. 30 Jahre ist dabei nur so eine Zahl, es müssen nicht unbedingt 30 Jahre sein. Wir möchten aber gerne mit der Entwicklung mitgehen und dabei die Dinge tun, die uns Spaß machen. Vielleicht wird sich diese Straße in zehn Jahren komplett verändert haben, dann gehe ich vielleicht woanders hin oder mache etwas Neues. Aber ich werde weiterhin das tun, was mir Spaß bringt.

Als ich mit der Uni fertig war, habe ich überlegt, in eine größere Stadt zu ziehen. Aber das werde ich erst mal nicht machen. Vielleicht in 20, 30 Jahren, wenn ich dann entsprechende Fähigkeiten habe und dort gebraucht werde. Aber das ist noch in weiter Ferne. In den großen Städten gibt so viele Menschen. Ob ich nach Peking

---

33 Das Sprichwort bezieht sich auf den Huanghe, den »Gelben Fluss«, der früher immer wieder seinen Lauf geändert hat, sodass ein Dorf nach dem Sprichwort mal westlich, mal östlich des Ufers lag.

oder Shanghai gehe, macht für diese Städte keinen Unterschied. Erst mal bleibe ich hier. Meine Eltern sind hier, meine Freundin. Sie wollen alle nicht weg.

Hinzu kommt noch ein anderer wichtiger Punkt: Luoyang kann natürlich nicht mit den großen Metropolen mithalten. Aber wie man sagt: ›Dreißig Jahre am Ostufer, dreißig Jahre am Westufer.‹ Luoyang war früher die kaiserliche Hauptstadt, eine der wichtigsten Stätten der Zivilisation weltweit. Aber Luoyang hat sich nicht so schnell wie andere Städte entwickelt. Dafür gibt es hier viel Kultur. Und wenn man diese Kultur begreift, dann ist Luoyang auch kein schlechter Ort zum Leben. Es gibt hier viele sehr alte historische und kulturelle Relikte und Spuren. So etwas gibt es in Peking oder Shanghai nicht. Man sagt zum Beispiel, das Laozi, der Begründer des Daoismus, auch in Luoyang war. Oder auch die großen vier Erfindungen Chinas, von denen drei mit Luoyang zu tun haben sollen. Das Schwarzpulver, die Papierherstellung ... und so.[34] In Luoyang atmet man den Duft der Geschichte. Ich persönlich mag diese ganzen Finanz- und Wirtschaftsdinge auch gar nicht so sehr. Darin bin ich nicht gut. Ich bin kreativ, gut darin, etwas Neues zu schaffen, ich mag Kultur. Deswegen passt es, finde ich, ganz gut, wenn ich hier an diesem Ort bleibe.

Dazu gibt es ebenfalls ein altes Sprichwort: ›Bei der Geburt leichter als eine Feder, beim Tod schwerer als der Berg Tai.‹[35] Damit will man die Bedeutung des Lebens ausdrücken. Wenn du geboren wirst, bist du sehr leicht, aber wenn du stirbst, hast du ein sehr hohes Gewicht. Du hast einen eigenen Beitrag zu dieser Welt, zu dieser Gesellschaft geleistet. Das ist mein Ideal. So hat das Leben einen Sinn. Wenn es keinen Sinn hat, ist es uninteressant. Ich strebe nicht nach Reichtum oder irgendwelchen großen Dingen. So lange mein Leben einen Sinn hat, ist das okay.«

---

34 Als die »vier großen Erfindungen« werden in China neben Schwarzpulver und Papier der Kompass und der Buchdruck bezeichnet.

35 Eigentlich: »Im Tod sind manche Menschen schwerer als der Berg Tai, manche leichter als eine Feder«, damit soll ausgedrückt werden, dass manche eine große Lücke hinterlassen. Das Zitat des vorchristlichen Historikers Sima Qian verband Mao in einem weit verbreiteten Text mit der Aufforderung, sich für die Mitmenschen aufzuopfern

Foto Vorderseite: Wei Yanghua, Liu Zhihui und Wang Jie spielen in der Altstadt von Luoyang.

DIE BAND
乐团

Der Glaube der Drei

In diesem Alter, in dem wir uns so verloren fühlen,
erklimmen wir die hohen Gipfel.
Die Zeit auf der Uni längst vorbei.
Der Ruf des kreisenden Adlers,
bei der Jagd ist er ganz auf sich gestellt.
Auf dem Riff stehen wir und
heißen mit der längst vergessenen Stimmung
die peitschenden Wellen willkommen.
Die alte Hütte verlassen, in der ich schon so lange lebte,
fröhlich ziehen wir drei los,
nur leichtes Gepäck auf dem Rücken.
Was kümmert es uns, wenn es kein Publikum gibt?
Schmerz und Kummer sind vergessen,
wir brauchen nur Gitarre und Trommel,
um auf die Straße der Sehnsucht zu treten,
wo wir ungezügelt singen.

Nichts kann uns aufhalten,
mein Blut kocht über,
wir glauben nur an die Musik,
nur so können wir unser Leben befreien.

Das ist der Durst nach Freiheit,
das ist der Respekt vor dem Leben.
Nur beim Reisen findet man die Melodien der Lieder,
nur mit dem Wein des Lebens können wir ausgelassen sein.

(Band *312*)

Auf einmal tauchen sie mit ihren Instrumenten in der Altstadt von Luoyang auf. Der 21-jährige Wang Jie trägt mit seiner Freundin den Verstärker, Wei Yanghua, der Bandleader, Mitte 20, die Gitarrenkoffer und der gedrungene Liu Zhihui die riesige Trommel auf seinen muskulösen Schultern. Er ist mit 31 Jahren der Älteste und zugleich der Kleinste der Gruppe. Vor einem Kiosk an der kleinen Gasse in der Fußgängerzone, nicht weit vom Laden des Designers[36], bauen sie ihre Anlage auf und fangen an zu spielen. »Chinesischer Folk«, nennt Yanghua die Musik. Die Melodien ihrer Band *312* sind angelehnt an traditionelle Lieder, die Texte stammen zum großen Teil aus Yanghuas Feder.

Liu Zhihui ist sichtlich gut gelaunt. »Es ist das Größte für mich, wenn wir zusammen losziehen«, sagt er. »Ich hatte immer den Traum, auf diese Art Musik zu machen – aber erst vor kurzem hat er sich erfüllt.«

Nur für ein paar Tage sind sie unterwegs. Aber bereits dafür musste der alte Liu bei seiner Familie große Kämpfe ausfechten. Er hat als Bauarbeiter und Paketausfahrer gearbeitet. Im Moment renoviert er Wohnungen. Musik machen – für die Familie seiner Frau ist das Zeitverschwendung. »Viele bei uns sehen das leider so und denken: ›Wenn du nicht auf einem Konservatorium studierst und zu den Besten gehörst – was soll das dann?‹«

Schnell bildet sich eine kleine Menschentraube um die drei Musiker. Ein paar Zuhörer schmeißen Geldscheine in den Gitarrenkoffer.

Als sie eine Pause machen, kommt ein alter Mann mit weißem Bart auf sie zu und klopft ihnen freudig auf die Schultern. Er sei auch Künstler, sagt er und zieht ein paar Bilder hervor. Andere Zuhörer wollen wissen, woher die Musiker kommen. »Das ist das Schöne«, sagt Yanghua. »Du triffst immer einen Haufen Leute.« Zu dritt sind sie eine eingeschworene Gemeinschaft, die sich vorgenommen hat, zusammenzustehen – auch gegen die Angriffe von Lius Frau.

---

36 Siehe Kapitel *Der Designer,* ab Seite 345

Alter Liu: »Nachdem wir gestern Abend losgefahren waren, hat meine Frau angerufen und gefragt, wo wir sind. ›Auf dem Weg nach Luoyang‹, habe ich ihr gesagt. Sie ist total ausgeflippt, hat mich echt übel beschimpft. Ich bin überhaupt nicht mehr zu Wort gekommen. Aber für die Musik mache ich alles. Sonst würde ich mich wirklich alt fühlen.«

Yanghua: »Er wollte immer Musik machen, hatte aber keine Möglichkeit dazu. Erst als wir uns kennengelernt haben, hatte er das Gefühl, Gleichgesinnte gefunden zu haben. Es gibt in Zentralchina sehr viele Leute, die Musik machen, aber davon leben können nur ganz wenige. Deswegen denken viele, wenn du Musik machen und das weiterverfolgen willst ...«

Alter Liu: »... dann bist du nicht normal!«

Yanghua: »Ja, die Leute denken, das führt zu nichts. Selbst Freunde oder Eltern sehen das so. Sie verstehen das nicht. Sie wollen, dass du etwas Handfestes machst. Wenn man Musik machen will, denken sie, ›das ist eine Sackgasse‹. Sie versuchen, dich davon abzuhalten. Er hat es mit seiner Frau wirklich schwer. Wir zwei anderen sind noch nicht verheiratet, haben keine Familie, deswegen sind wir freier.«

Alter Liu: »Die beiden überlegen sich immer alles Mögliche, um meine Frau zufriedenzustellen. Yanghua hat mittlerweile bei ihr einen besseren Stand.«

Yanghua: »Am Anfang hat ihm seine Frau den Kontakt mit uns verboten. Sie meinte, wir würden ihn auf einen schlechten Weg führen.«

Alter Liu: »Letztes Jahr zum Frühlingsfest war es am schlimmsten. Da hat meine Frau mich zu ihren Verwandten geschleppt. Sie haben einen Familienrat abgehalten. ›Du arbeitest nicht ordentlich, du verdienst kein Geld, du machst nur mit diesen Typen Musik. Kümmerst dich nicht um die Familie, kümmerst dich nicht ums

Kind.‹ Oh Mann, meine Schwiegereltern und diese ganzen Onkel und Tanten haben mir vorgehalten, wie schlecht ich bin, was ich alles falsch mache.«

Yanghua: »Er hat es echt nicht leicht, alle waren gegen ihn, seine Familie, seine Bekannten, seine Schwiegereltern.«

Alter Liu: »Das Heftigste war, dass sie sich von mir scheiden lassen wollte. Sie wollte sogar Yanghuas Gitarrenladen zerstören. ›Wenn du so weitermachst, dann schmeiße ich seinen Laden ein.‹ Uns blieb nichts anderes übrig, als ins Auto zu steigen und wegzufahren.«

Yanghua: »Aber dieses Jahr haben wir einige Anstrengungen unternommen, damit seine Familie uns beide akzeptiert.«

Alter Liu: »Der Wendepunkt kam, als meine Schwiegermutter ihre Wohnung renovieren wollte. Mein Schwager will heiraten, deswegen musste in der Wohnung viel neu gemacht werden, aber niemand hat ihm geholfen. Dann hat Yanghua mit angepackt, Sachen getragen, renoviert. Oh Mann, das war krass.«

Yanghua: »So haben wir seine Familie allmählich dazu gebracht, uns zu akzeptieren – und zu akzeptieren, dass er mit uns zusammen Musik macht.«

Alter Liu: »Ich fühle mich die ganze Zeit wie im Traum, ganz benebelt. Meine Mutter hat schon, als ich klein war, immer Volkslieder gesungen. Sie singt echt gut und wollte immer, dass ich ein Instrument lerne. Als Kind habe ich drei Jahre Keyboard gelernt. Aber dann hatte ich keine Lust mehr und wollte lieber Trompete spielen. Das habe ich mir später in der Schule selbst beigebracht. Saxophon und Klarinette habe ich auch gespielt. Ich mag diese Instrumente einfach. Aber als ich geheiratet habe, musste ich mir eine Arbeit suchen, mit der ich die Familie ernähren konnte. Dann habe ich mich als Handwerker selbstständig gemacht, habe angefangen, Wohnungen zu renovieren.

Seit ich die beiden kennengelernt habe, gefällt mir mein Leben wieder viel besser. Weil die Musik, die irgendwo tief in mir vergraben war, wieder zum Vorschein gekommen ist. Seit wir uns kennen, bin ich sehr glücklich. Die beiden ermutigen mich, spornen mich an. Wir drei sind fast wie eine kleine Familie.«

Yanghua: »Bei uns dreien ist es so: Ich bin normalerweise derjenige, der alles organisiert. Ich kümmere mich, wenn es Probleme gibt. Liu kann kochen und räumt auf. Der kleine Jie singt am besten von uns dreien. Er ist sehr musikalisch und sehr gut auf der Bühne, aber im Leben ist er wie ein kleines Kind. Er sagt immer, ich bin der Vater und Liu die Mutter. Und er selbst sei das Kind, dass sich um nichts kümmern muss. Wir drei verstehen uns wirklich gut, unsere Beziehung ist sehr harmonisch.«

Alter Liu: »Meine Frau sagt immer: ›Hau doch mit Wei Yanghua ab, zieh doch bei ihm ein.‹ Ihr bester Spruch ist: ›Ich hasse Männer, die eine Ehefrau und einen Ehemann haben.‹«

Yanghua: »Er hat im Prinzip zwei Familien. Wenn er Geburtstag hat, bekommt er zwei Kuchen, kann zweimal feiern. Ich beneide ihn darum, aber nicht im negativen Sinne. Ich freue mich für ihn. Wir drei streiten uns nur selten. Ich glaube, das liegt auch am Altersunterschied, wir sind jeweils fünf Jahre auseinander. Jeder weiß, dass man auch mal nachgeben muss.

Jie und ich haben in Xi'an studiert. Ich weiß auch nicht, warum, aber irgendwie sind wir beide dann später in Yuncheng gelandet. Jeder von uns hat dort ein Musikgeschäft, wo wir auch Gitarrenunterricht geben. Der alte Liu hatte einmal zugehört, als wir beide Musik gemacht haben und uns angesprochen. So sind wir langsam Freunde geworden und haben die kleine Band gegründet. Seitdem spielen wir zusammen. Dann hatten wir die Idee, nach Luoyang zu fahren, ein bisschen herumzukommen, Urlaub zu machen und mit unseren Auftritten das Geld für die Reisekosten zu verdienen. Wir haben das schon mal gemacht, damals sind wir nach Pingyao gefahren. Wir kennen uns erst seit einem Jahr, deswegen sind wir jetzt erst zum zweiten Mal unterwegs.«

Kleiner Jie: »Das Geld reicht für Unterkunft und Essen. Wenn's viel ist, verdienen wir 1.500 Yuan in vier Stunden. Wenn's regnet oder windig ist und wenige Menschen auf der Straße sind, dann vielleicht nur 400 Yuan in vier Stunden.«

Yanghua: »Manchmal lernen wir auch interessante Leute kennen ...«

Jies Freundin: »Mich zum Beispiel!«

Alter Liu: »Die beiden haben sich in Pingyao kennengelernt.«

Kleiner Jie: »Ja, stimmt. Dann war da noch ein Gitarrist aus dem Mittleren Osten. Den haben wir auch in Pingyao kennengelernt. Er war schon über vierzig. Ein interessanter Typ. Er ist jetzt auch in unserer WeChat-Gruppe.«

Yanghua: »Manchmal treffen wir Leute, die auch Musik machen, und spielen dann zusammen. Manche spielen zum Beispiel Bambusflöte oder andere traditionelle Instrumente. Das passt zwar nicht immer so gut, hört sich vielleicht nicht so toll an, aber es schafft eine tolle Atmosphäre. «

Alter Liu: »Im Moment ist chinesischer Folk ziemlich beliebt.«

Yanghua: »Vorletztes Jahr gab es eine Fernsehshow, da hat jemand gewonnen, der chinesischen Folk gesungen hat, dadurch ist dieses Genre auf einen Schlag sehr populär geworden. Wir mögen diese Musik auch und versuchen, mehr in dieser Richtung zu singen und zu schreiben. Unsere Lieder sind nicht so richtig professionell, aber trotzdem ganz okay. Aber unser Musikgeschmack ist natürlich unterschiedlich. Liu mag Popmusik aus den 90ern und der kleine Jie mag vor allem Rock.«

Kleiner Jie: »Ja, ich mochte schon immer Rock. Mein Idol ist Wang Feng. Aber bei den meisten Leuten in meinem Alter ist Rockmusik nicht so beliebt.«

Alter Liu: »Sie mögen, wie sagt man das? Rap.«

Yanghua: »Ich finde, chinesischer Rap ist nicht mit englischem Rap vergleichbar, es kommt einfach nicht so rüber. Hier in Zentralchina sind die Leute nicht so gebildet wie in den Küstenprovinzen oder den großen Städten. Viele haben keine Ahnung von ausländischen Bands, weil ihr Englisch so schlecht ist. Deswegen hören sie vor allem chinesische Musik, weil sie die Texte verstehen. Nur wenn man die Texte versteht, kann einen die Musik wirklich berühren. Unser Englisch ist auch wirklich schlecht. Wenn wir etwas auf Englisch singen wollen, dann können wir nur versuchen, das irgendwie zu imitieren. Wir verstehen nicht mal, was wir da eigentlich singen.«

Alter Liu: »In unseren Liedern geht es um das, woran wir drei glauben.«

Kleiner Jie: »Träume, Liebe, alles Mögliche.«

Yanghua: »Wenn die beiden eine Inspiration haben, erzählen sie mir das. Und ich schreibe dann einen Text daraus. Weil sie nicht so viel Ahnung von Musik haben. Ich habe es vergleichsweise systematisch gelernt, weil ich einen Master in Musik gemacht habe. Jie hat nur einen Bachelor. Die musikalische Ausbildung in China ist nicht so gut wie bei euch im Ausland. Was ich bei euch bewundere: Ich habe zum Beispiel in einer Fernsehshow einen Zugschaffner gesehen, der unglaublich gut Klavier spielen konnte. Bei uns in China – ich kann nur über Zentralchina sprechen – gibt es so etwas so gut wie gar nicht.

Dinge, die in den Küstenprovinzen modern sind, kommen erst später im Landesinneren an. Die Wirtschaft und der Bildungsstand hinken hier hinterher. Als in den Küstenprovinzen schon Rap gespielt wurde, kannten wir das noch kaum. Und wenn wir anfangen, uns dafür zu interessieren, haben sie an der Küste in dem Bereich schon etwas Neues geschaffen. Deswegen kommen viele bekannte Musiker aus dem Osten des Landes.«

Alter Liu: »Wir planen, noch drei Tage in Luoyang zu bleiben und dann in die nächste Stadt zu fahren. Mal sehen, ob das klappt. Ich habe wegen meiner Frau ja die größten Hindernisse zu überwinden.«

Yanghua: »Wir stoßen unterwegs natürlich auf alle möglichen Schwierigkeiten. Zum Beispiel dürfen wir nicht überall einfach Musik machen. Oder es ist mehrere Tage schlechtes Wetter. Das eine Problem ist noch nicht gelöst, da kommt schon das nächste. Aber egal, wir halten durch. Das Wichtigste ist, dass wir drei zusammen sein können. «

Eine zweite Runde wollen die drei am Abend spielen. Deshalb ziehen sie weiter, um vorher noch etwas zu essen. Der alte Liu schultert seine Trommel und Yanghua verspricht, uns später noch ein paar seiner Liedtexte zu schicken.

In einem geht es um seine erste, heimliche Liebe in der Schule, das andere Lied heißt *Der Glaube der Drei* (siehe Kapitelanfang) – eine Hymne auf ihre Freundschaft. Es ist eines ihrer Lieblingslieder.

DER MONGOLE
蒙古人

DER MONGOLE

蒙古人

Batu spielt abends Gitarre in einer kleinen Bar, abseits der Flaniermeile am Strand von Yantai, einer Stadt an der reichen chinesischen Ostküste. Die Kneipe befindet sich in einer kleinen dunklen Gasse, in der bereits das Wohngebiet mit seinen angegrauten Appartementblocks beginnt. Nur die Neonreklame weist den Weg.

Drinnen herrscht eine heimelige Atmosphäre. Gedämpftes Licht, alte Holzbänke, an den Wänden hängt ein Deko-Mix aus Kinoplakaten, Vinylschalplatten, Weihnachtskitsch und Wimpeln in den Farben aller möglichen Länder. Das Tsingtao-Exportbier verkauft der Besitzer am liebsten gleich in Sixpacks. In der Mitte der Bar befindet sich eine kleine Bühne mit Gitarrenverstärkern und Mikrofonen. Drumherum stehen Trommeln, mit denen die Gäste die Musik begleiten können. Wer will, darf auf der Bühne etwas vortragen. Liederbücher liegen bereit. Für die Gitarrenbegleitung sorgen der Besitzer oder eben Batu. Er ist Anfang dreißig, trägt die Haare in einem Pferdeschwanz und spricht mit einer sanften Stimme.

Eigentlich singt Batu aber am liebsten eigene Songs. Über seine Heimat, die Innere Mongolei, eine autonome Region im Norden Chinas, die an den selbstständigen Staat Mongolei angrenzt. Er schließt dann die Augen und scheint auf einmal weit weg zu sein. Als er eine Pause einlegt, kommen wir ins Gespräch.

Er ist ganz anders aufgewachsen als die chinesischen Freunde, mit denen wir in die Kneipe gekommen sind. Seine Kindheit hat er in einer Jurte in der Weite des Graslandes verbracht. Batu wirkt still, nachdenklich und manchmal etwas angestrengt, wenn unsere Freunde laut provokante Witze reißen. Als sie eine Tüte mit großen shrimpsartigen Schalentieren herumreichen, die sie mitgebracht haben, lehnt er ab. »Esst ihr sowas?«, fragt er uns leicht angewidert und stupst die Tüte mit den stacheligen Panzern an. An das Essen in der Küstenstadt hat er sich, auch nach all den Jahren, die er hier lebt, noch nicht gewöhnt. Er fühlt sich immer noch als Mongole. »Für mich ist Chinesisch eigentlich eine Fremdsprache wie für euch«, sagt er. Auch wenn wir seinen Akzent garantiert nicht herausgehört hätten. »Wir Mongolen sind außerdem nicht so laut und reden nicht so viel wie die Chinesen«, meint er. Trotzdem mag er die Stadt, seine Arbeit als Musiker, das Klima, das Meer.

Batus Geschichte zeigt, was im Ausland oft vergessen wird. China ist ein Vielvölkerstaat. Zwar gehören mehr als 90 Prozent zur Volksgruppe der Han, also zu den ethnischen Chinesen. Darüber hinaus gibt es aber noch mehr als 50 anerkannte Minderheiten.

Die Mongolen gehören zu den größten Minderheiten . »Es gibt nur wenige, die weggehen, um in Fabriken zu arbeiten«, erzählt Batu. »Sie würden es in dieser Umgebung nicht aushalten.« Er selbst hat sich an das Leben außerhalb seiner Heimat gewöhnt, sagt er. Allerdings war es anfangs keine freiwillige Entscheidung wegzugehen.

> Als ich klein war, haben wir im Grasland in Jurten gewohnt. Zwei, drei Familien haben dort gelebt, sonst niemand. Mittlerweile wurden Häuser gebaut, wo früher die Jurten standen. Dort wohnt meine Familie einige Monate im Jahr mit den Schafen. Aber wenn sie mit der Herde an andere Orte ziehen, wohnen sie immer noch in der Jurte. Ein Teil des Graslandes ist zugeteilt, jede Familie hat eine eigene Fläche. Bei uns gibt es sehr viel Land, allein die Fläche, die zur Stadt Hulun Buir[37] gehört,

---

37 Die Fläche, die zum Verwaltungsgebiet Hulun Buir gehört, ist größer als zum Beispiel Großbritannien.

ist größer als die Provinz Shandong. Das Weideland, das einer Familie zugeteilt ist, umfasst mehrere Quadratkilometer. Wenn man mit dem Motorrad von einem Ende zum anderen fährt, braucht man zehn, fünfzehn Minuten. Aber es gibt auch Land, das alle nutzen können. Dort stellt man dann die Jurte auf und lässt die Tiere grasen. In meiner Heimat gibt es viele wilde Tiere, Wölfe zum Beispiel. Vielleicht klingt das romantisch, so ein Leben in der Jurte, mit Pferden und Schafen, aber in Wirklichkeit ist es ziemlich hart. Im Winter liegt sehr viel Schnee, es gibt heftige Stürme. Wenn man reitet oder mit dem Pferdewagen fährt, erfrieren einem die Hände und die Ohren. Viele Menschen erfrieren bei uns. Sie sind betrunken, schlafen irgendwo ein und kommen um.

Weggehen und woanders arbeiten, so wie ich, das machen nur wenige. Die meisten bleiben in ihrer Heimat in der Inneren Mongolei. Ich bin abgehauen, weil ich mich mit meinem älteren Bruder geprügelt habe. Damals war ich 17. Zuerst bin ich nach Peking gegangen. Ich habe dort alle möglichen Jobs gemacht, zum Beispiel als Tellerwäscher gearbeitet. Damals konnte ich kaum Chinesisch, ich habe mich wie im Ausland gefühlt. Zu Hause haben wir nur Mongolisch gesprochen. Aber damals in Peking, in so einer Umgebung, hat man schnell gelernt. Am Anfang war alles sehr schwierig, ich war ja noch ziemlich jung. Ich habe von einem Tag zum anderen gelebt. Wenn ich genug zu essen hatte, war ich zufrieden. Ansonsten habe ich mir nicht viele Gedanken gemacht. Ständig den Job gewechselt. Damals gab es in Peking auf den Straßen und in der U-Bahn viele junge Leute, die Gitarre gespielt haben. Die habe ich sehr bewundert. Ich habe ihnen oft zugehört. Als Kind habe ich Mongolische Pferdekopfgeige gespielt, war aber nicht besonders gut. In Peking habe ich dann Gitarre gelernt.

Als ich in Peking ankam, kannte ich dort niemanden. Ich bin aus dem Zug ausgestiegen und hatte keinen Platz zum Schlafen. In China gibt es an den Bahnhöfen immer Leute, die fragen, ob man eine Unterkunft sucht. Einer meinte, er habe etwas Billiges – also bin ich ihm gefolgt. Wir sind gelaufen und gelaufen und irgendwann kamen wir an einem Kellereingang an. Es gab zwei Kellergeschosse, dort war es sehr laut und es hat ziemlich gestunken. Alle möglichen Menschen lebten dort, Maler, Kunsthandwerker und so. Die Miete war sehr billig. Da habe ich dann gewohnt. Tagsüber habe ich nach Arbeit gesucht. Am Anfang war es schwierig, Leute kennenzulernen, vor allem wegen der Sprache. Deswegen habe ich mir erst mal einfache Jobs gesucht. Solange ich jeden Tag etwas zu essen hatte, reichte mir das. Ich brauchte nicht mehr. Auch wenn der Lohn niedrig war, hatte ich immerhin etwas Geld. In Peking ist es so: Man hat sieben Tage Probezeit. Wenn der Chef danach findet, dass man gut gearbeitet hat, kann man weitermachen und bekommt seinen Lohn. Wenn nicht, muss man gehen und bekommt nichts. Dann hat man die sieben Tage umsonst gearbeitet. Ich habe Wasser ausgeliefert, Zeitungen ausgetragen, alles Mögliche. Nebenher habe ich Gitarre gelernt, von einigen Straßenmusikern, mit denen ich mich angefreundet hatte. Sie haben mir das Gitarrespielen beigebracht und ich habe sie dafür zum Essen eingeladen, wenn ich gerade Geld hatte.

Ich war ein, zwei Jahre in Peking. Dann kam die SARS-Epidemie und alle Leute sind zurück in ihre Heimat gegangen. In Peking konnte man keinen Job mehr finden, weil alle Läden geschlossen waren. Ich hatte von heute auf morgen kein Einkommen mehr. Ich habe mir dann ein Fahrrad gekauft, um nach Hause zurückzufahren. Ich wollte nicht die Bahn nehmen, weil ich Angst hatte, mich anzustecken. Nach der Hälfte der Strecke konnte ich nicht mehr, es war einfach zu anstrengend. Den Rest bin ich dann doch mit der Bahn gefahren. Zu Hause war die Sache mit meinem Bruder vergessen. Ich hatte ihn bei der Prügelei stark verletzt und befürchtete, dass mich die Polizei festnehmen würde. Deswegen war ich ja weggelaufen. Als ich wieder zurückkam, war aber alles Ordnung, die Sache längst vergessen. Ich bin zwei Monate zu Hause geblieben, aber dann wollte ich doch wieder los. Ich hatte mich an das Leben in der Stadt gewöhnt, mir gefiel es. Zu Hause war es langweilig. Ich habe Schafe und Rinder gehütet, Alkohol getrunken – sonst hatte ich nichts zu tun. Deswegen wollte ich wieder weg, ein anderes Leben führen.

Ich bin schließlich in Shandong gelandet und einige Jahre geblieben. Zuerst war ich in Rizhao, da hatte ein Cousin von mir ein Restaurant eröffnet. Dort habe ich gearbeitet. Aber das Restaurant lief nicht gut und hat schließlich Pleite gemacht. Mein Cousin hat mir dann ein bisschen Geld gegeben, damit bin ich nach Yantai gekommen. Hier habe ich bei einem Lehrer Musikproduktion gelernt. Den Führerschein habe ich auch gemacht. Ich habe auch weiter Gitarre gespielt und angefangen, meine eigenen Lieder zu schreiben. So hat das Leben meiner Idealvorstellung begonnen. Ja, das, was ich jetzt mache, ist wirklich das, was ich am liebsten mache.

Es gibt in China nur wenige junge Leute, die unkonventionell leben. Und viele von ihnen haben keine Richtung. Manche träumen davon, Stars zu werden wie der Sänger Xu Wei. Oder sie versuchen einfach, gute Lieder zu schreiben, um sich selbst eine Antwort zu geben. Deswegen ist es auch interessant, mit euch Ausländern zu sprechen. Weil ihr anders lebt und anders denkt. Ich fühle mich manchmal sehr orientierungslos. Ich weiß selbst nicht, ob ich das Richtige tue, ob es richtig ist, so zu leben.

In Yantai gefällt es mir gut. Die Leute in Shandong sind ganz in Ordnung. Geradeaus. Die Chinesen sagen, dass die Menschen immer kleinkarierter werden, je weiter man nach Süden kommt. Sie sind dort vielleicht nicht so ehrlich, die Gesellschaft ist anders. China ist eben sehr groß. In der Inneren Mongolei ist es auch wieder anders. Man hat das Gefühl, in einem anderen Land zu sein. Wir wohnen in Jurten, trinken viel Alkohol. Die Leute sind sehr direkt und offen. Wenn ihr zu mir nach Hause kommt, würden wir ein Schaf schlachten. Dafür müsstet ihr nichts bezahlen. Das ist im Süden anders. Da musst du sogar bezahlen, wenn du nur ein Dampfbrötchen isst. Bei uns geben die Leute mehr ab. Wenn du in die Innere Mongolei kommst und keinen Ort zum Schlafen hast, dann kannst du einfach in eine Jurte gehen. Die Leute lassen dich dort schlafen und kochen dir ein paar Nudeln.

Eine Zeit lang bin ich in ganz China herumgereist, Yunnan, Guizhou, Guangdong. Ich bin bei QQ in einer Gruppe mit lauter anderen, die Musik machen. Einige von denen habe ich besucht. In Tibet war ich auch, aber nur eine Woche – es war damals einfach zu kalt. Ich bin weiter auf die Insel Hainan und habe den Winter in Sanya verbracht. Dort ist es sehr warm. Danach bin ich wieder zurück nach Yantai. Auf der Reise habe ich einige Leute getroffen, die so drauf waren wie ich. Aber die meisten Leute können sich von vielen Dingen nicht lösen: Von ihren Eltern, von der Familie, die erwartet, dass man Geld verdient, eine Wohnung kauft und heiratet. Für mich war es einfacher, weil ich fünf Geschwister habe. Drei ältere Brüder und zwei ältere Schwestern. Sie sind alle verheiratet. Da ist für mich der Druck nicht so groß. Meinen Eltern schicke ich manchmal etwas Geld, wenn ich etwas verdient habe. Die meisten jungen Menschen in China haben keine Geschwister oder vielleicht nur einen Bruder oder eine Schwester. Da ist der Druck der Eltern natürlich größer. Die Mongolen heiraten etwas früher als die Chinesen. Wenn jemand 26, 27 ist, gilt er als »Guangguar« – »nackter Zweig«. Wenn man in dem Alter keine Frau hat, ist das nicht gut. Als ich klein war, dachte ich auch so – mittlerweile habe ich erkannt, dass das Leben auch andere Wege gehen kann.

In der Inneren Mongolei ist die Sinisierung mittlerweile sehr stark, das Leben wird immer chinesischer. Natürlich akzeptieren die Mongolen, dass wir uns zusammen mit China entwickeln. Aber trotzdem denken wir anders als die Chinesen. Es gibt auch viele politische Maßnahmen, die bei uns nicht ankommen, viele Leistungen bekommen wir nicht. Die Lebensbedingungen sind einfacher als bei den Chinesen.

Ein Beispiel: In China gibt es ja neun Jahre Schulpflicht. Aber bei uns in der Inneren Mongolei gehen viele Kinder nicht so lange zur Schule, weil die Eltern nicht genug Geld haben. Oft sind auch die Wege zur Schule sehr weit. Der Unterricht ist auf Mongolisch, wir haben pro Woche nur zwei Stunden Chinesisch. Das ist also genauso viel, wie die Chinesen in Englisch unterrichtet werden. Auch der Gaokao ist auf Mongolisch, an den Unis wird ebenfalls auf Mongolisch gelehrt. Deswegen gehen die meisten auf Unis in der Inneren Mongolei. Aber mit einem Abschluss von dort kann man im restlichen China nichts anfangen. Deswegen wollen immer mehr auf chinesische Unis gehen – dort verlernen sie dann ihr Mongolisch. Um die Leute zu halten, wurden in der Inneren Mongolei sogar schon die Studiengebühren gesenkt.

Ja, ich habe großes Heimweh. Nach meiner Mutter, unserem Essen, dem Rind- und Ziegenfleisch, dem Grasland, der menschenleeren Weite. Bei uns sind die Menschen bodenständig, nicht so kompliziert. Jeder kennt jeden. Es gibt keine Diebe, wir schließen zum Beispiel unsere Motorräder abends nicht ab. Hier in Yantai wurden mir schon mehrere Fahrräder geklaut. Es gibt einfach zu viele Menschen, da sind dann natürlich auch schlechte darunter. Aber jetzt bin ich schon fünfzehn Jahre weg, wenn ich zurück nach Hause fahre, habe ich dort kaum noch Freunde. Oder sie sind alle verheiratet.

Ich weiß nicht, ob ich zurückgehen würde. Wenn überhaupt, dann um dort zu heiraten und eine Familie zu gründen. Eigentlich ist mein Leben hier ganz cool, aber ich bin mir unsicher, was die Zukunft bringen wird. Ich bin jetzt älter und weiß nicht, was ich nach morgen für ein Leben führen soll. Was für eine Frau ich suchen soll, ob ich mich niederlassen soll. Wenn ich hier in Yantai eine Frau suchen will, ist das nicht einfach. Ich müsste noch mehr Geld verdienen und eine Wohnung kaufen. Auf jeden Fall möchte ich weiter Musik machen. Wenn ich es schaffe, Geld zu verdienen, würde ich mich in einer Stadt, die mir gefällt, niederlassen. Wenn nicht, werde ich wohl in meine Heimat zurückkehren.«

DER ARBEITER-DICHTER
打工诗人

DER ARBEITERDICHTER
打工诗人

Leben in Ketten

Erdungsarmbänder, Handschellen des Lebens,
ketten ein Volk unschuldiger Wanderarbeiter an,
rund wie Geldmünzen
binden sie Handgelenk um Handgelenk fest.
Frühling um Frühling verloren, Gesicht um Gesicht gealtert,
dort, wo es rund und üppig ist,
wird ein Leben herausgeschnitzt, eine tiefe Spur gemeißelt.
Die angekettete Jugend,
gebunden an Produktionsmenge und Qualität,
für den Lohn sich wieder und wieder gefügt.
Aber die Weichheit der Löhne und der Münder kann der Härte
der Strafen nicht standhalten.
Das fette Gehalt, in diesem Moment scheint es wertlos.
Er wird ausgenutzt,
nachdem alles abgetrennt ist, bleibt nur welke Trockenheit.
Er schafft es kaum nach draußen, schon fällt es in andere Taschen,
kein Klingen ist zu hören.
Jedoch, die Brüder, die draußen verzweifelt umherirren, sagen
mir, im Moment ist es schwierig, Arbeit zu finden.
Zwei Füße, immer unterwegs.
Und wieder der Versuch, sich mit dem Leben zu versöhnen.

(Ran Qiaofeng)

In weiße, staubabweisende Schutzanzüge gehüllt, das Gesicht von einem Mundschutz verdeckt und ein Erdungskabel[38] um das Handgelenk – so verbringen viele junge Arbeiter zwölf Stunden am Tag, 27 Tage im Monat. Sie stehen am Fließband in den Industriemetropolen Shenzhen oder Guangzhou. Eine Armee von jungen Männern und Frauen aus den ärmeren Provinzen baut dort Teile für Tablets, Smartphones und Notebooks zusammen. Eine eintönige Arbeit. Trotzdem sind viele erst mal froh darüber. Es ist eine Chance, in die große Stadt zu kommen. Geld zu verdienen. Geld auszugeben. Etwas zu erleben – und weiterzuarbeiten, zu träumen von großen Zielen, während man das Hamsterrad am Laufen hält. Bis sie irgendwann merken, dass sie nicht weiterkommen; bis manche das Gefühl haben, dass das Hamsterrad sie selbst zu überrollen droht.

Ran Qiaofeng ist einer von ihnen. Er ist Arbeiter. Und Dichter. Er schreibt über »Dagong«, die Arbeit am Fließband oder auf der Baustelle. Gedichte über nicht gezahlte Löhne, Arbeitsunfälle, Liebe im Fabrikwohnheim. Oder über zwei junge Arbeiter, die er nachts auf einer Fußgängerüberführung traf, als sie dort gerade ihr Schlaflager für die Nacht aufgebaut hatten. Ein Arbeitsvermittler hatte sie um ihr Erspartes betrogen. Am Ende standen sie da, ohne Job, ohne Unterkunft, ohne Geld.

Er beschreibt solche Leben voller enttäuschter Hoffnungen, voller Unmenschlichkeit, in denen sich der Einzelne als komplett austauschbar erlebt. Für ihn sei das Dichten vielleicht eine Art Selbstbestätigung, sagt Qiaofeng, eine Art Trost. Auf jeden Fall ist es Teil seines Lebens geworden.

Seine Gedichte schreibt er auf dem Handy und veröffentlicht sie im Internet. »Weishi« Mikrolyrik nennt sich diese Art der Dichtung, die auf Weibo, dem chinesischen Pendant zu Twitter, in zahlreichen Foren veröffentlicht wird. Hier hat Qiaofeng anfangs die Werke anderer Dichter gelesen und schließlich selbst angefangen zu schreiben.

---

38 Erdungsarmbänder oder Antistatikbänder sind Kabel, mit denen Arbeiter verbunden werden, um zu verhindern, dass elektrostatische Entladungen Bauteile für Smartphones und Computer beschädigen. Solche Ladungen können entstehen, wenn man zum Beispiel über einen Teppich läuft.

Da es auf Weibo keine Plattform speziell für Arbeitergedichte gab, hat er selbst eine Gruppe gegründet, die »Gesellschaft für Arbeiterlyrik«. Fast 2.000 Dichter haben dort bis heute ihre Werke veröffentlicht. Neben dem Schreiben betreut Qiaofeng die Plattform, redigiert Gedichte und postet sie. Seine eigenen Gedichte wurden schon in Zeitschriften und Zeitungen veröffentlicht.

Mit 16 hat er die Schule abgebrochen, mit 17 seine Heimat verlassen, um in den Fabriken des Perlflussdeltas im Süden Chinas zu arbeiten. Anfangs hatte er keine Papiere, weil er noch nicht volljährig war. Einmal wurde er deswegen festgenommen und musste mehrere Tage in Polizeigewahrsam verbringen. Er ist von Fabrik zu Fabrik gezogen, in der Hoffnung auf bessere Arbeitsbedingungen und ein besseres Gehalt. Immer wieder hat er auf der Straße oder in Parks geschlafen. Auch bei Foxconn hat er drei Monate gearbeitet. Der Konzern ist ein Zulieferunternehmen für Apple und andere große Firmen. Wegen einer Serie von Selbstmorden unter den Arbeitern kam Foxconn vor ein paar Jahren zu zweifelhafter Bekanntheit.

Aber nicht überall sind die Arbeitsbedingungen so schlimm, wie sie Qiaofeng erlebt hat. Wir haben auf unserer Reise auch mit Arbeitern gesprochen, die ganz zufrieden waren. Meist waren sie allerdings in kleineren oder mittelgroßen Firmen beschäftigt, die offenbar versuchen, die Belegschaft zu halten.

Zurzeit arbeitet Qiaofeng im Lager eines Logistikunternehmens. Ohne Arbeitsvertrag. Immer Nachtschicht, pro Monat hat er zwei Tage frei. Trotzdem findet er den Job vergleichsweise entspannt. »Eine Schicht dauert nur acht Stunden und man kann zwischendurch auch mal eine rauchen gehen«, meint er. Er fühlt sich hier freier als in der Fabrik, wo Aufpasser darüber wachen, dass am Fließband nicht gesprochen wird, und manchmal sogar die Zeit für den Gang zur Toilette genau geregelt ist. Außerdem hat er jetzt mehr Zeit, seinen Traum zu verfolgen – einen eigenen Gedichtband herauszubringen. In der Arbeiterdichter-Community im Internet versucht er mit Vorabbestellungen das Geld dafür zusammenzubekommen. Es sind vor allem Arbeiter, die seine Gedichte lesen und darin Trost finden. Das zeigen die vielen Kommentare im Internet. Es sind Fließbandarbeiter wie die jungen Männer und Frauen, die nach der Schicht aus dem riesigen Foxconn-Komplex im Stadtteil Longhua in Shenzhen strömen. Das Unternehmensareal umfasst etwa drei Quadratkilometer. Hunderttausende Menschen sind dort beschäftigt. Viele suchen nach Ablenkung. Wie in einer Goldgräberstadt haben sich um den Fabrikkomplex Läden angesiedelt, die alles für die Arbeiter anbieten, die nach stundenlanger Eintönigkeit unter Neonlampen wieder das Sonnenlicht erblicken.

Es gibt Stände mit Schlafunterlagen gegen durchgelegene Matratzen der Unterkünfte, kleine Ventilatoren, Kühlschränke, Heizlüfter – alles ausgelegt auf die winzigen Zimmer, die man sich als Alternative zu den Schlafsälen der Fabriken in der Umgebung mieten kann; Stände mit Billigklamotten und Plastikschmuck, Computerspiel- und Billardhallen, Bars, Massagesalons, Friseure, die Punkfrisuren und Tattoos für die Neustädter anbieten. Manche der jungen Arbeiter werden ihr hart erarbeitetes Geld hier schnell wieder los.

Wir treffen Ran Qiaofeng am frühen Nachmittag in der Nähe des Logistikunternehmens, für das er jetzt arbeitet und das ihm auch einen Schlafplatz in einem Wohnheim bereitstellt. Für das Gespräch setzen wir uns in einen McDonald's. Qiaofeng bestellt Chickenwings, sein Frühstück, rührt sie aber kaum an.

» Esst ihr so etwas oft bei euch? Bei uns gehen nicht so viele Leute zu McDonald's, man kauft sich eher sauerscharfe Reisnudeln oder so was. Wir Wanderarbeiter essen fast immer draußen. Leider gibt es hier in Guangdong nicht das echte Essen aus meiner Heimat. Das bekommt man nur dort. Ich kann aber ziemlich viele verschiedene Sachen selber kochen, mit zehn habe ich damit angefangen. Meine Oma hat in den Bergen gewohnt, ungefähr eine halbe Stunde Fußweg von unserem Dorf entfernt. Jedes Mal, wenn sie vorbeigekommen ist, hat sie einige Gerichte gekocht, die habe ich mir dann zu Hause aufgewärmt. So habe ich Kochen gelernt. Die Schweine habe ich auch gefüttert, dadurch war ich schon früh ziemlich selbstständig.

Ich bin in Gongtan, einem kleinen Ort in der Provinz Sichuan aufgewachsen. Dort ist es sehr schön, noch sehr ursprünglich. In den Bergen gibt es Affen und andere wilde Tiere. Auf dem Fluss kann man Boot fahren. Der Ort ist ziemlich berühmt, weil es ihn schon vor mehr als tausend Jahren zur Zeit der Tang-Dynastie gab. Es gibt dort Häuser, die stehen zur Hälfte auf Stelzen im Fluss und zur Hälfte am Ufer. Meine Familie gehört zum Volk der Tujia. Manche Leute tragen noch die traditionelle Tracht, die sehr schön aussieht. Die jungen Leute nicht mehr so, aber meine Oma hat immer Tracht getragen.

Meine Eltern haben sich scheiden lassen, als ich zwei, drei Jahre alt war. Mein Vater ist weggegangen, um in der Fabrik zu arbeiten. Meine Mutter hat in einem anderen Dorf erneut geheiratet und sich kaum mehr um mich gekümmert. Ich bin zu meiner Großmutter gekommen. Sie ist gestorben, als ich noch ziemlich jung war. Von da an war ich immer bei irgendwelchen Verwandten, ein paar Tage bei den einen, dann ein paar Tage bei den nächsten, immer hin und her.

In der Schule bin ich irgendwann nicht mehr mitgekommen. Es war nicht so, dass ich mich nicht angestrengt habe, ich habe einfach überhaupt nicht mehr verstanden, wovon der Lehrer geredet hat. Das kam daher, dass mir nie jemand beim Lernen geholfen hatte. Meine Oma konnte das nicht. Sie ist selbst nie zur Schule gegangen. Mein Vater hätte es vielleicht gekonnt, aber er hat weit weg von uns in einer Fabrik gearbeitet. Er ist über zehn Jahre lang nicht zurückgekommen. Wen sollte ich also fragen? Außerdem war die Schule auch sehr weit weg, zwei Stunden zu Fuß, über sehr steile Wege im Gebirge. Wenn nachmittags um fünf der Unterricht zu Ende war, kam ich erst um sieben oder acht Uhr nach Hause.

Das geht vielen Kindern so bei uns auf dem Dorf. Sie schaffen die Schule nicht. Die Erwachsenen sind alle weg, um zu arbeiten, und alleine schaffen sie es nicht. Unsere Schule war damals ziemlich schlecht. 50, 60 Schüler in einer Klasse, auf der Straße hingen Gangs rum, haben Schutzgelder kassiert. Oft gab es Streit und Schlägereien, weil niemand auf die Schüler aufgepasst hat. Es gab nicht mal Wachleute. Nicht mal am Eingang. Jeder konnte einfach auf das Schulgelände. Wie soll man unter solchen Bedingungen gut lernen?

Ich habe die Mittelschule nicht abgeschlossen. Im letzten Halbjahr der 9. Klasse bin ich nicht mehr hingegangen. In den Winterferien hatten wir alle ein Heft mit Aufgaben bekommen. Ich wusste nicht, wie ich die Aufgaben lösen sollte. Also bin ich nach den Ferien mit dem leeren Heft in die Schule gekommen. Da haben sie gesagt, ich soll zurück nach Hause gehen und die Aufgaben machen. Also bin ich zurück und habe gesagt, ›ich gehe nicht mehr zur Schule. Ich gehe arbeiten.‹ Wenn du sowieso nicht mitkommst im Unterricht, dann verschwendest du doch nur das Geld deiner Eltern. Ich war damals 17. Ich fand es gar nicht schlecht, so früh arbeiten zu gehen, weil ich so zusammen mit meinem Onkel losziehen konnte, der auch auf Arbeitssuche ging.

Wir sind gemeinsam nach Dongguan gegangen, das liegt etwa einen Tag und eine Nacht mit dem Bus von unserer Heimat entfernt. Dort haben wir in einer kleinen Fabrik gearbeitet. Ich habe viele Überstunden gemacht, weil das Gehalt nicht sehr hoch war, oft bis nachts um elf oder zwölf Uhr. Am Anfang konnte ich kein Hochchinesisch. Ich habe in einem Laden nach Mineralwasser gefragt und die Verkäuferin hat mich nicht verstanden. Ich konnte nur in unserem Dialekt sprechen und wurde ständig ausgelacht. Damals, als ich gerade von zu Hause weg war, habe ich mir über nichts Gedanken gemacht. Ich bin oft zum Karaoke oder zum Tanzen gegangen. Ich hatte keinen Stress. Ich wusste nur, dass die Welt hier draußen ziemlich lustig war. Wie ein Feuerwerk, wundervoll. Jetzt ist das nicht mehr so, ich habe das Gefühl, mich satt gesehen zu haben. Wenn ich damals anderen Leuten begegnet bin, die eine verrückte Frisur hatten, habe ich mir auch eine schneiden lassen. Das würde ich jetzt nicht mehr machen. Am Anfang fand ich so was lustig. Andere Leute haben sich Ohrringe stechen lassen, dann habe ich es auch gemacht. Immer bin ich irgendwelchen Trends gefolgt.

In Dongguan habe ich viele verschiedene Jobs gemacht, ich habe es nie lange irgendwo ausgehalten. Ganz am Anfang habe ich an einer Stanze gearbeitet. Es wurde ein Stück Metall reingelegt, dann hat es die Maschine gestanzt. Das habe ich ziemlich lange gemacht. Dann war ich in einer Plastikfabrik, wo Spielzeug hergestellt wurde.

Irgendwann hat meine Mutter dann zu mir gesagt, dass man auf dem Bau ganz gut Geld verdienen kann.

Ich bin also nach Jiangxi gegangen und habe als Bauarbeiter gearbeitet. Dort habe ich angefangen, Gedichte zu schreiben. Das war wohl 2010. Zu dieser Zeit wurde Weibo gerade beliebt. Immer, wenn ich nichts zu tun hatte, habe ich gelesen, was andere Leute dort so schrieben. Die Kollegen auf dem Bau waren alle älter als ich, mit denen konnte ich irgendwie nichts anfangen. Also habe ich oft einfach auf Weibo gelesen. Und mir dann auch einen Account angelegt und selbst mit dem Schreiben angefangen. Am Anfang vor allem über meine Stimmung und Gefühle, das waren aber noch keine richtigen Gedichte. Damals habe ich auch die Plattform für Arbeiterlyrik auf Weibo gegründet.

Wenn ich eine Inspiration habe, schreibe ich, ansonsten nicht. Gedichte kommen aus dem Leben. Wenn man ohne Inspiration schreibt, dann fühlt es sich leer an, künstlich. Wenn die Inspiration kommt, dann muss man sie greifen und etwas schreiben. So wie gestern Abend zum Beispiel, da ist bei der Arbeit ein Unfall passiert. Ein Kollege, der etwas jünger ist als ich, wurde von einem Auto angefahren. Sein Bein ist wahrscheinlich gebrochen. Gestern Nacht um drei wurde er ins Krankenhaus gebracht. Das war wirklich schrecklich.

Er hat keinen Arbeitsvertrag, keine Versicherung. Aber der Fahrer hat seine Schuld zugegeben. Wenn es nach den Richtlinien ginge, müsste die Firma haften. Der Fahrer, der den Unfall verursacht hat, müsste auch zur Verantwortung gezogen werden. So sollte es doch eigentlich sein. Aber ohne Arbeitsvertrag wird das nichts. Da kann man nur versuchen, sich mit dem Fahrer zu einigen. So etwas passiert oft. In China haben viele Leute keinen Arbeitsvertrag, vor allem in kleineren Betrieben. Alle machen das so, man ist quasi ein Tagelöhner. Wenn es Ware für die Produktion gibt, kannst du arbeiten. Wenn es keine gibt, kannst du gehen. So ist das.

Über den Unfall gestern werde ich auf jeden Fall ein Gedicht schreiben. Die Inspiration bewegt sich schon die ganze Zeit in meinem Kopf. Wenn ich darüber nicht schreiben würde, dann wäre das so, wie wenn ich irgendetwas unterdrücken würde. So ein Gefühl ist das.

Ich habe auch noch schlimmere Arbeitsunfälle gesehen. In einer Metallfabrik wurde mal jemandem der Finger abgequetscht. Er hat einen Moment nicht aufgepasst und dann ist sein Finger in die Maschine geraten und war ab. Darüber habe ich auch ein Gedicht geschrieben, *Tod in der Metallfabrik*. Es waren Vater und Sohn. Der Sohn hat den Finger sofort aufgehoben und seinen Vater ins Krankenhaus gebracht. Damals war ich erst 19 oder 20, das hat mich sehr mitgenommen.

Als ich in Jiangxi auf dem Bau gearbeitet habe, sind auch Unfälle passiert. Ich habe Gerüstbau gemacht, also Baugerüste aus Stahlstangen aufgebaut. Diese Arbeit ist sehr gefährlich. Weil man in großer Höhe arbeitet. Nur sehr wenige Einheimische machen das, meistens sind es Wanderarbeiter aus anderen Gegenden Chinas. In Jiangxi macht das zum Beispiel niemand aus Jiangxi, sondern Leute aus Sichuan oder Hunan. Die Bezahlung ist ziemlich gut. Allerdings bekommt man oft sein Geld nicht. Die Bosse hauen einfach ab, ohne die Löhne zu zahlen.

Einmal habe ich gesehen, wie jemand aus dem siebten Stock gefallen ist, er war sofort tot. Ein anderes Mal hat jemand, der oben gearbeitet hat, versehentlich gegen ein Stück Stahl getreten, das dann heruntergefallen und dem Gärtner, der unten stand, im Kopf stecken geblieben ist. Man konnte es auch nicht wieder rausholen, sonst wäre er gestorben. Also hat man das Stahlstück mit einem Werkzeug abgeschnitten und den Rest in seinem Kopf stecken lassen. Total furchtbar.

Mir ist auch einmal etwas passiert. Ich hatte ein Stahlrohr für das Gerüst geholt. Als ich es gerade aufstellen wollte, kam ein Windstoß und hat es heruntergeblasen. Unten stand gerade meine Schwägerin. Das Stahlrohr hat sie getroffen, und sie wurde bewusstlos. Ich war starr vor Schock, mein Kopf war komplett leer. Sie hat zum Glück einen Helm getragen, sonst wäre sie tot gewesen. Ich habe mich damals so erschrocken, dass ich wie wild eine nach der anderen geraucht habe. In meinem Kopf war nur Leere. Danach habe ich nicht mehr auf dem Bau gearbeitet, mir hat das zu viel Angst gemacht.

Ich bin also zurück nach Guangdong gegangen, um wieder in der Fabrik zu arbeiten. Zuerst war ich in Shenzhen bei Foxconn. Dann bei Jabil Circuit, einer amerikanischen Firma in Guangzhou. Dort war ich über ein Jahr. Bei Foxconn habe ich es nur drei Monate ausgehalten. Ich war am Fließband, wo iPhones hergestellt wurden. Ich habe die Ladekabel geprüft. Die Arbeit ist nicht kompliziert, aber man macht den ganzen Tag das gleiche; oben, unten, rechts, links – oben, unten, rechts, links – immer weiter ... Eine sehr hohe Anzahl an Wiederholungen jeden Tag. Hinter dir laufen die ganze Zeit Aufpasser hin und her und beobachten dich, sie passen auf, dass nicht gesprochen wird. Wir mussten Overalls tragen, nur mit einer Zahlen-Buchstabenkombination drauf, kein Name. Ich hatte das Gefühl, nur von Nummern umgeben zu sein, nicht von Menschen. Die Kollegen haben Witze darüber gemacht, dass wir mit unseren Anzügen wie Sträflinge im Arbeitslager aussehen. Weil es in Guangdong so heiß ist, hatten sich viele die Haare abrasiert, damit sahen sie dann wirklich wie Gefangene aus. Zusätzlich musste man auch noch ein Erdungsarmband tragen. Darüber habe ich auch mal ein Gedicht geschrieben, über die Armbänder. Sie sind so rund wie Geldstücke und man kettet mit ihnen die Wanderarbeiter an, obwohl sie keine Straftat begangen haben.

Die Selbstmorde? Die Arbeiter, die vom Gebäude gesprungen sind? Als ich bei Foxconn angefangen hatte, wurde einmal ein Witz gemacht. Wir kamen gerade von der Schicht und wollten ins Wohnheim. Ein junger Arbeiter war gerade hoch gegangen, um seine Wäsche von der Leine zu holen. Die Leute unten dachten, dass sich schon wieder jemand umbringen wollte. Einer rief: ›Jemand will vom Wohnheim springen!‹ Sofort hat sich eine Menschenmenge gebildet. Der Typ oben antwortete: ›Ich will nicht springen, ich hol nur meine Wäsche.‹ Wirklich lustig. Aber es war schon so oft passiert, dass keiner daran gezweifelt hat, dass wieder jemand springen würde.

Warum sich diese Leute das Leben genommen haben, weiß ich auch nicht genau. Wahrscheinlich war der psychische Stress zu groß. Ich habe es ja selbst erlebt. Es ist wirklich so, der Druck ist sehr groß. Vor dir auf dem Fließband liegt ein riesiger Haufen Teile, die du alle alleine prüfen musst. Ein Haufen nach dem anderen kommt an und staut sich bei dir auf. Da fühlst du dich, als wenn du verrückt wirst. Außerdem ist es unglaublich voll. Vor Schichtbeginn und nach der Schicht drängen sich die Leute. In einem Wohnheim wohnen drei- bis viertausend Arbeiter. In dem Gedränge kommt es häufig zu Streit. Manche Leute können an der Stechuhr ihre Karte nicht stempeln, weil es so voll ist, dann gibt es Ärger mit den Wachleuten. Wenn man sich verspätet, weil man zu lange an der Stechuhr gewartet hat, muss man Strafe zahlen.

Die Fabriken der Unternehmen sind am Ende alle mehr oder weniger gleich. Wenn es in einer etwas menschlicher war, dann bin ich länger geblieben. So wie bei Jabil Circuit, da war es humaner, ich war dort über ein Jahr. Aber wenn man in einer Fabrik anfängt und merkt, dass das Essen nichts taugt, es schmutzig ist und die Vorschriften sehr streng sind, dann bleibt man nicht lange. In den guten Fabriken wollen alle bleiben. Aber von denen gibt es nur sehr wenige. Den Fabrikbesitzern geht es darum, Geld zu verdienen. Sie wollen, dass du arbeitest, dass du jeden Tag so und so viel produzierst. Sie haben eine genaue Vorstellung von der Qualität und der Produktionsmenge. Sie interessieren sich nicht dafür, ob deine Arbeit anstrengend ist. Ausländische Fabriken sind etwas menschlicher. Aber besonders die taiwanischen Bosse sind echt kleinlich. Du darfst nur fünf Minuten aufs Klo, wenn es länger dauert, musst du Strafe zahlen.

Das Schlimmste aber ist die Langeweile. Die Arbeit ist einfach, aber man wiederholt pausenlos das Gleiche. Die Hand bewegt sich die ganze Zeit. Den ganzen Tag bis abends. Jetzt ist es besser, nur zwölf Stunden, früher waren es oft 13, 14 Stunden. Den ganzen Tag ohne Pause immer wieder das Gleiche machen. Wir Dichter, wir denken dann manchmal, wie könnte man den Anfang von diesem oder jenem Gedicht schreiben? Im Stillen denken wir darüber nach, wir sprechen es nicht aus. Die Leute, die gerne Mahjong oder Karten spielen oder Trinken gehen, die können das nicht während der Arbeit machen. Es ist furchtbar öde. Manchmal habe ich im Geist auch ein Lied gesummt oder gesungen. Ohne ein Geräusch zu machen.

Im Wohnheim schlafen immer acht Arbeiter in einem Zimmer, in Doppelstockbetten. Jemand hat mal ein Gedicht über die Stockbetten geschrieben, über das, was die Vorgänger dort hingekritzelt hatten. Welcher so und so hier geschlafen hat. Echt lustig.

Ich konnte abends oft nicht schlafen. Weil die Inspiration kam und ich erst mal etwas schreiben musste. Wenn ich nicht schreibe, habe ich das Gefühl, etwas zu unterdrücken. Ich habe immer erst geschrieben, wenn die anderen schliefen. Wenn das Licht aus war, beim Geräusch des Schnarchens.

Meine Gedichte haben sich mit der Zeit verändert. Am Anfang habe ich vor allem über meine eigenen Gefühle oder meine Stimmung geschrieben. Immer nur einige Sätze und die dann auf Weibo gepostet. Auf Weibo ist die Zeichenzahl pro Post auf 140 begrenzt. Später habe ich diese Form allmählich verlassen und längere Gedichte geschrieben. Denn dann gab es irgendwann WeChat, da kann man längere Texte einstellen. Ich habe Texte von anderen gelesen. Das hat mir geholfen, allmählich die Form, in der ich auf Weibo geschrieben hatte, zu ändern. Jetzt schreibe ich längere Gedichte, oder, genauer gesagt, die einzelnen Sätze sind länger und nicht so umgangssprachlich. Aber ich schreibe auch nicht besonders tiefsinnig. Mehr so, dass einfache Arbeiter die Gedichte verstehen können. Aber etwas Lyrisches ist auch dabei. Ich persönlich finde, dass das so sein sollte. Wenn andere Leute nicht verstehen, was du schreibst, dann kannst du es auch gleich lassen. Es darf aber auch nicht zu direkt sein. Dann wäre es so, als wenn man sich ganz normal unterhält, das wäre auch langweilig.

Eines meiner ersten richtigen Gedichte habe ich über Arbeiterinnen geschrieben, die am Fließband ununterbrochen Teile in Platinen stecken. Ich habe sie ›Steck-Arbeiterinnen‹ genannt. Es beschreibt die erste Generation dieser Frauen, wie ihre Jugend dahingeht und sie schließlich ersetzt werden. Die erste Generation Arbeiterinnen geht, die zweite Generation kommt. Und wiederholt ihre Bewegungen. Was von ihnen am Ende bleibt, ist nur eine Reihe Hocker und Tische. Das Gedicht habe ich einmal vorgetragen, in Shenzhen bei einem Kulturfest für Arbeiter. Einige der Frauen waren so gerührt, dass sie geweint haben. Danach haben sie mir auf die Schulter geklopft und gesagt, ›Junge, du bist echt in Ordnung.‹ Für mich war das der erste Auftritt, ansonsten trage ich meine Gedichte nicht in der Öffentlichkeit vor. Mich hat es sehr bewegt zu sehen, dass meine Gedichte andere Leute erreichen. Dass es eine

Resonanz gibt. Eine der Frauen war selbst einmal eine ›Steck-Arbeiterin‹, daher hat sie genau verstanden, wovon ich schreibe. Sie hat so sehr geweint, dass ich es kaum geschafft habe, ihr schnell genug ein Taschentuch zu reichen.

Ein Lieblingsgedicht habe ich nicht. Wie soll ich das sagen? Ich habe das Gefühl, dass es immer noch Raum gibt, besser zu werden. Immer wenn ich ein Gedicht schreibe und es dann nach einiger Zeit wieder lese, finde ich, dass es noch nicht richtig gut ist. Dann schreibe ich es nochmal. Natürlich ist es auch wichtig, die Werke von anderen Leuten zu lesen. Aber ich finde, noch wichtiger ist das Gefühl für das Leben. Dass du im Leben nach Inspiration suchst. Das hilft einem am meisten weiter. Wenn ich Gedichte von anderen lese, dann geht es um die Angelegenheiten anderer Leute, nicht um meine eigenen. Wenn es um mich gehen soll, muss ich im Leben suchen. Nur dann kann man wahrhaftig sein. Jeder ist anders. Wenn ich die Werke von anderen Leuten lese, dann mache ich das, um mich daran zu erfreuen, nicht um sie nachzuahmen. Ich versuche lieber zu greifen, was in meinem Inneren ist.

Vor allem Menschen aus den unteren Schichten lesen meine Gedichte. Weil sie das Gefühl haben, dass die Dinge, über die ich schreibe, sie betreffen. Wenn es die Menschen nicht berührt, dann kann man noch so gut schreiben, es wird trotzdem niemanden interessieren.

So wie die Akademiker, die unterrichten in China vor allem klassische Lyrik. Aber wir verstehen diese Gedichte nicht, also mögen wir sie nicht. Wir mögen die echten Stimmen der Unterschicht. Aber ihnen geht es genauso wie uns mit ihren Gedichten. Sie finden, dass das, was wir schreiben, nicht ihrem Geschmack entspricht. Aber jeder hat nun mal seine eigenen Gedanken, lebt in seiner eigenen Umgebung. Daher sind die Dinge, die man erlebt, auch verschieden.

Ich glaube, dass Arbeiterliteratur einen historischen Wert hat, sie ist Zeuge der industriellen Entwicklung Chinas. Dieser ganze Prozess – über den schreiben wir, über Chinas wirtschaftliches und industrielles Wachstum. Wenn in ein paar Jahrzehnten über die Geschichte der Industrialisierung Chinas geschrieben wird, dann ist unsere Literatur vielleicht wertvoll. Weil die Dinge, die wir schreiben, direkt mit dieser Wirklichkeit zu tun haben. Aber ich weiß nicht, ob andere Leute das auch so sehen.

Neben dem Schreiben betreue ich noch die Plattform für Arbeiterlyrik, die ich gegründet habe. Am Anfang war sie auf Weibo, da hatten wir über 2.000 Mitglieder. Später war Weibo veraltet, die Plattform ist dann zu WeChat umgezogen. Nicht alle sind mitgekommen. Manche schreiben auch nicht mehr, weil sie keine Zeit haben. Aber sie lesen weiterhin die Gedichte, die dort veröffentlicht werden. Es ist eine Graswurzel-Plattform für Amateure, für Leute der Unterschicht. Egal, wie du schreibst, solange es wahrhaftig ist und aus deinem Herzen kommt, werde ich es redigieren und einstellen. Das finden die Leute gut so.

Einmal haben wir mit der Plattform Arbeiter unterstützt, deren Lohn nicht gezahlt worden war. Ich habe das selber auch schon mal erlebt, auf dem Bau in Jiangxi. Es war kurz vor dem Frühlingsfest, wir wollten nach Hause fahren, 60, 70 Leute aus meiner Heimat. Der Arbeitsvermittler war einfach abgehauen, ohne uns unseren Jahreslohn zu zahlen. Wir haben darum gekämpft. Am Ende hat uns die Provinzregierung 80 Prozent unserer Löhne gezahlt. Der Vermittler konnte nicht gefunden werden. Wegen dieser Erfahrung wollte ich den Leuten gerne helfen. Wir haben uns mit einigen Arbeiterorganisationen zusammengetan und versucht, mit der Kraft des Internets die Leute zu unterstützen. Am Ende hat es geklappt, sie haben ihr Geld bekommen. Das Internet hat also schon etwas Einfluss.

Über die Lyrik-Plattform sind wir normalerweise nur online in Kontakt. Aber einmal haben wir uns in der realen Welt getroffen, in Shenzhen. 2014 war das, am 1. Mai. Wir haben eine Art Gedichte-Rezitationsfest organisiert. Vorher hatten wir dafür Geld gesammelt, so ähnlich wie beim Crowdfunding. Obwohl wir uns früher nie getroffen hatten, haben wir uns alle gleich sehr vertraut gefühlt. Wie Brüder und Schwestern, die sich nach langer Zeit wiedersehen. Zwischen uns war überhaupt keine Distanz. In Shenzhen ist die Arbeiterliteraturszene besser als in Guangzhou. In Shenzhen ist die Arbeiterliteratur entstanden. Deswegen haben wir unser Treffen auch dort organisiert, das war irgendwie bedeutungsvoller.

Es gibt einige Dichter, deren Lyrik ich besonders mag. Einen, der schon ganz früh in Guangdong zu arbeiten angefangen hat. Und einen, der im Ausland arbeitet. Beide schreiben sehr gut. Man kann sagen, dass sie zu der Generation vor mir gehören, sie sind schon in den 90ern losgezogen, um zu arbeiten. Zu dieser Zeit waren die Produktionsbedingungen in China noch anders, deswegen haben sie auch andere Erfahrungen gemacht als wir heute.

So wie mein Vater. Als er als Wanderarbeiter angefangen hat, waren fünf, sechs hundert Yuan viel Geld. Damals war alles noch nicht so geregelt, ziemlich chaotisch. Es gab Fabriken, die haben dich nicht mehr rausgelassen, wenn du einmal dort angefangen hattest, zum Beispiel Fabriken, in denen Fake-Zigaretten hergestellt wurden. Heute gibt es das kaum mehr. Wenn, dann im Geheimen, man hört jedenfalls nichts davon.

Mein Vater war 17 oder 18 Jahre lang in derselben Fabrik. Die Leute in meinem Alter schaffen das nicht. Wir halten es nicht so lange aus. Einige Monate normalerweise; ein oder zwei Jahre gelten schon als lang. Die Generation meines Vaters ist härter im Nehmen. Wir denken immer, dass es in der Fabrik, in der man gerade arbeitet, keine Zukunft gibt und gehen lieber. Dann ist man in der nächsten Fabrik – und es gefällt einem wieder nicht. Dann zieht man wieder weiter. So rennen wir immer hin und her, bis die Jugend vorbei ist. Darüber habe ich auch ein Gedicht geschrieben. Wie die jungen Arbeiter es nirgendwo lange aushalten. Am Ende bleibt ihnen nichts.

Am Anfang, als ich in Dongguan gearbeitet habe, war die Verpflegung und Unterbringung in der Fabrik umsonst. Das gibt es jetzt nur noch selten. Jedes Jahr ändert sich vieles. Als ich angefangen habe, bekam man für eine Überstunde 2,50 Yuan, das Gehalt war ungefähr 1.000 Yuan pro Monat. Jetzt sind es über 2.000 Yuan, mindestens. Aber damals war auch alles billiger. Eine Schale Reisnudeln kostete drei Yuan, jetzt sind es sieben. Die Preise steigen schnell. Es ist schwierig, über die Runden zu kommen. Geld für Zuhause sparen? Wie soll das gehen? Manche verprassen vielleicht ihr Geld, da reicht es dann nicht mal für sie selbst. Aber nach Hause schicken ... als ich auf dem Bau war, habe ich mal 10.000 Yuan nach Hause geschickt. Auf dem Bau verdient man etwas mehr. Dafür ist es gefährlicher, und oft bekommt man sein Geld überhaupt nicht. Protestieren bringt meist nichts. Wenn du deinen Lohn nicht bekommst, bei wem willst du dann protestieren? Hier im Süden sind nicht mal die Probleme, die es mit den Löhnen gibt, gelöst. Von anderen Dingen ganz zu schweigen. Der Lohn ist das Wichtigste, wenn der garantiert ist, dann kannst du dich um andere Dinge kümmern. In den letzten zwei Jahren hat es im Perlflussdelta viele Streiks in Fabriken gegeben, weil manches nicht ganz rechtmäßig gelaufen war. Manchmal hat man den Eindruck, dass das Arbeitsrecht nur ein Stück Müll ist. Es ist nutzlos, im Gegenteil: Manchmal wenden sie es noch gegen dich an. So kommt es mir vor. Zum Tag der Arbeit am 1. Mai waren Leute in Dongguan auf die Straße gegangen, um ihre Löhne einzufordern. Die Medien schrieben von Glückwünschen für die Arbeiter, ›Alles Gute zum Tag der Arbeit!‹ Das sind doch nur leere Hülsen. Niemand berichtet darüber, dass Löhne nicht gezahlt werden, niemand hilft den Leuten, ihre Löhne einzufordern. Das macht mich wirklich wütend. Auch darüber habe ich ein Gedicht geschrieben, *Gehaltsbetrüger am Tag der Arbeit*.

Die chinesischen Gewerkschaften sind anders als im Ausland. Manche Gewerkschaftsführer sind selbst Fabrikbosse und Manager. Aus den Reihen der Arbeiter werden keine Führer gewählt. Dem Anschein nach kümmern sich die Gewerkschaften um die Arbeiter, aber wenn es wirklich um die Rechte der Arbeiter geht, dann kümmern sie sich kaum. Aber da kann man nichts machen, das ist im Moment eben so.

Wenn gestreikt wird, werden sofort Spezialeinheiten der Polizei gerufen, um den Streik zu beenden. Und wenn man zur Arbeitsbehörde geht, dann wird die Sache auch nur hin und her geschoben. Dann bleibt einem nichts anders übrig, als zu drastischen Mitteln zu greifen. Sich vom Gebäude stürzen, die Straße blockieren. Erst wenn die Gesellschaft aufmerksam wird, passiert vielleicht etwas. Wenn sie sich um unsere Probleme kümmern würden, dann würde niemand so etwas tun.

In letzter Zeit wurden einige Mitarbeiter von Arbeiterorganisationen verhaftet, solche, die sich um unsere Belange kümmern.

Man hat gesagt, sie wären vom Ausland finanziert – oder irgendwelchen anderen Quatsch. Dass sie die Arbeiter zu Gewalt anstiften würden. Früher waren die Gewerkschaften vielleicht etwas besser. Heute bezeichnen sich viele nicht mal als Arbeiter, nur als ›Bauernarbeiter‹, also Arbeiter, die vom Land hergekommen sind. Die echten Arbeiter waren früher die in den Staatsbetrieben. Da waren die Gehälter noch etwas besser. Wir Wanderarbeiter, wir Arbeiter vom Dorf, wir werden überhaupt nicht respektiert, wir sind einfach nur die kleinen Leute, die am untersten Rand der Gesellschaft leben.

Ich bin jetzt auch nicht mehr so jung. Wenn ich daran denke, mache ich mir schon Sorgen. Aber immer, wenn ich etwas anderes machen wollte, wusste ich nicht, in welcher Richtung, ich war orientierungslos. So geht das anderen auch. Man will unbedingt etwas anderes machen, aber man hat keine Gelegenheit und weiß auch nicht was. Es gibt nur sehr wenige, die es schaffen, aus diesem Kreislauf auszubrechen. Früher habe ich in der Fabrik am häufigsten gehört: ›Später mache ich das hier nicht mehr, man kann nicht sein Leben lang so eine Arbeit machen.‹ Aber was willst du ansonsten tun? Man kann es sich nur von der Seele reden, aber in der Realität kannst du eh nichts anderes machen, als in die Fabrik zu gehen.

Wie soll ich das sagen? Es gibt eine innere Zerrissenheit. Jeder möchte lieber zurück nach Hause. Aber der Punkt ist: Man kann nicht. Man hat in der Ferne nichts erreicht. Wenn man so zurückgehen würde, hätte man das Gefühl, das Gesicht zu verlieren, es wäre peinlich. Und in der Stadt fristet man dieses Dasein. Jemand hat mal den Satz gesagt: ›In der Stadt halte ich es nicht mehr aus, aber zurück kann ich auch nicht, obwohl wir in der Stadt am Rande der Gesellschaft leben.‹ Dieser Satz beschreibt die Situation der Wanderarbeiter sehr gut. Klar, ich will auch zurück, aber wenn man mit leeren Händen zurückkommt, dann machen sich die Leute zu Hause über dich lustig: ›Der Typ war zehn, zwanzig Jahre weg und kommt jetzt zurück, ohne es zu etwas gebracht zu haben!‹ Aber die Lebensbedingungen in der Stadt sind so schlecht. Das ist diese innere Zerrissenheit. Man fühlt sich verloren.

Die Wanderarbeit ist in China zu einem Automatismus geworden. Die Generation der Eltern hat die Heimat verlassen, um zu arbeiten, dann kommen sie zurück, und die Jüngeren tun es ihnen gleich. Sie ziehen gar nicht in Betracht, zu Hause im Dorf zu bleiben.

Ich sehne mich zurück nach meiner Heimat. Nach der Natur und dem Leben dort. Mit einem Boot auf dem Fluss zu fahren und zu lesen. Am liebsten würde ich ein Lesecafé eröffnen, wo es auch etwas zu essen und zu trinken gibt. Dort könnte man in Ruhe sitzen, lesen und dazu Tee trinken. Ein kleines Restaurant mit Spezialitäten aus meiner Heimat könnte ich mir auch vorstellen, weil ich ja ein bisschen kochen kann. Das wäre auch gut. Ich brauche nicht viel Geld, mir ist vor allem meine Freiheit wichtig. Mich entspannt und natürlich zu fühlen. Auf jeden Fall habe ich keine Lust mehr auf dieses Hin-und-her, von einem Ort zum anderen. Ein entspanntes Leben führen, jeden Tag frei und sorglos sein. Das wäre doch schön, oder?«

Ein paar Monate später meldet sich Qiaofeng über WeChat bei uns. Er hat es geschafft, das Geld für einen gedruckten Gedichtband zusammenzubekommen. Er kann nun die *Aufzeichnungen des Umherziehens* in seinen Händen halten und an seine Fans verschicken. Zumindest dieser Teil seines Traums ist in Erfüllung gegangen.

NACHWORT

»Umweltverschmutzung« und »Verletzung der Menschenrechte« – die beiden Schlagworte sind den meisten Menschen in Deutschland eingefallen, als wir sie nach China gefragt haben. Beides sind große Probleme. Ersteres hat die kommunistische Regierung zumindest erkannt, letzteres dürfte so lange bestehen, wie sie ihren Alleinvertretungsanspruch nicht aufgibt.

Aber es wäre falsch, das eigene Chinabild nur auf diese beiden Aspekte zu reduzieren. China hat eine vielfältige, bunte Gesellschaft, in der sich die abrupten Wendungen in der jüngsten Geschichte widerspiegeln. »Alle fünf Jahre eine neue Generation«, heißt es in China. Das ist sicher übertrieben, drückt aber aus, wie schnell sich das Denken bei den Jungen verändert und wie tief die Gräben zwischen den Altersgruppen sein können.

Verwöhnt, egoistisch, sprunghaft, frühreif – das sind einige der Eigenschaften, die jungen Chinesen, vor allem den nach 1990 Geborenen, nachgesagt werden. Aus Sicht der älteren Generationen mag das vielleicht so sein. Die Jungen selbst sehen das anders: Verwöhnt? Vielleicht, aber als Einzelkinder auch extrem hohen Erwartungen und Verpflichtungen ausgesetzt. Egoistisch? Aus ihrer Sicht eher individualistisch, auf der Suche nach Möglichkeiten, sich selbst zu verwirklichen. Sprunghaft? Es geht darum, Neues auszuprobieren, die von Staat und Gesellschaft vorgezeichneten Wege zu verlassen. Frühreif? Nein, es soll normal werden, als Jugendlicher einen Freund oder Freundin zu haben und nicht mehr jungfräulich mit Mitte zwanzig eine Ehe schließen zu müssen.

China hat sich in den vergangenen Jahrzehnten immer wieder neu erfunden. Von einem Sozialismus, der bis hin zur Einheitskleidung so strikt vielleicht nur noch in Nordkorea umgesetzt wurde, wandelte sich das Land zu einem komplett entfesselten Staatskapitalismus, der Wohlstand und eine bürgerliche Gesellschaft mit relativ vielen Freiheiten brachte. Mit dem Tempo des Wandels konnte die Veränderung in den Köpfen derer, die ihn selbst miterlebt haben, allerdings kaum mithalten. Dementsprechend groß ist der Bruch zur jungen Generation, die von klein auf mit Wirtschaftswachstum, materieller Sicherheit und politischer Stabilität aufgewachsen ist – und mit dem Internet. Das Internet fiel den meisten unserer Gesprächspartner auch als Erstes ein, wenn es um die Besonderheiten ihrer Generation ging: Es eröffnet den Zugang zu Informationen, die Möglichkeit sich auszutauschen, andere Ideen, auch aus dem Ausland, kennenzulernen; offen für Neues zu sein, freier zu denken und zu erfahren, dass es noch andere Werte und Lebensmodelle als die ihrer Eltern gibt.

Pauschale Aussagen über eine Generation zu machen ist schwierig, besonders in einem Land wie China. Doch für immer mehr der 20–30-Jährigen geht es nicht mehr nur um einen stabilen Job und ein tolles Auto. Sie wollen etwas erleben, Neues kennenlernen, sich selbst verwirklichen, frei sein. So haben wir diese Generation erlebt und so sehen es auch zahlreiche Studien und Umfragen. Gleichzeitig wiegt die konfuzianische Gesellschaftsordnung und damit das Wort der Eltern immer noch schwer. So begeben sich viele der jungen Chinesen auf den Pfad einer stillen Rebellion, im Spagat zwischen den eigenen Wünschen und den an sie gerichteten Erwartungen.

Besonders beeindruckt waren wir bei den Recherchen für dieses Buch, wie offen uns nahezu alle Gesprächspartner aufgenommen haben. Die Allermeisten waren gerne bereit, von sich zu erzählen. Fast alle, selbst wenn sie aus entlegeneren Gebieten stammten, hatten zumindest eine Vorstellung von der Welt da draußen. Das war früher nicht immer so. Die jungen Chinesen, die wir getroffen haben, hatten über ihre Situation viel nachgedacht und konnten sich gut ausdrücken. Selbst Schüler, die bemängelten, das Bildungssystem ermutige sie nicht zum eigenständigen Denken, waren zugleich sehr reflektiert.

Viele unserer Gesprächspartner sahen einige Entwicklungen in China kritisch. Offenen Protest gegen die Regierung haben die meisten allerdings erst gar nicht erwogen. Vielmehr versuchen sie im Kleinen, etwas zu verändern und gegen traditionelle Ansichten zu rebellieren. Oft beeinflussen die Normen und Traditionen in Gesellschaft und Familie das tägliche Leben ohnehin viel mehr als politische Restriktionen.

Wir haben aber auch eine junge Generation vorgefunden, in der viele, trotz aller Kritik, an ihr Land glauben. Besonders unter den gut Ausgebildeten in den Städten war Optimismus zu spüren, dass es trotz der zunehmenden Zensur und der Kontrolle der Partei, die in jüngster Zeit wieder strenger geworden ist, auch wieder besser werden würde. Auch ausländische Beobachter, die schon lange in China leben und dort an Universitäten mit Studenten zusammenarbeiten, bestätigten uns den Eindruck einer in gewisser Weise auch patriotischen Jugend. Es gibt einen starken Glauben an das Land und einen Willen, zumindest etwas in der Gesellschaft zu verändern.

Zugleich gibt es noch eine andere Strömung. Wohlhabende Eltern, die versuchen, ins Ausland zu emigrieren oder ihren Kindern zumindest dort eine Ausbildung zu ermöglichen. Die Möglichkeit gibt es aber ohnehin nur für vergleichsweise wenige.

Die Frage ist, inwiefern die Regierung künftig versucht, die nationalistische Karte zu spielen und zu suggerieren, dass China bedroht werde und sich verteidigen müsse – so wie bei den Inselstreitigkeiten. Wie viele Leute die Argumentationen der Regierung in dieser Sache folgen würden, lässt sich schwer sagen.

Eine weitere Herausforderung für China bleibt sicher die wirtschaftliche Situation. Das Land versucht von Billigproduktionen wegzukommen und alte Industriestrukturen zu verändern. Dabei muss es sicherlich lernen, von den alten Wachstumszahlen Abschied zu nehmen. Auch das ist eine Herausforderung, die zunehmend die junge Generation betrifft. Allerdings hat sich China mehrfach in kurzer Zeit neu erfunden.

Vor gut zwanzig Jahren wurde der erste McDonald's am Tiananmen-Platz in Peking eröffnet. Jeden Morgen hissten Mitarbeiter dort die chinesische Fahne. Schick gekleidete Kunden standen in langen Schlangen, um das damals vergleichsweise teure »westliche« und aus ihrer Sicht exotische Essen zu probieren. Von diesem China ist heute nichts mehr übrig. Denkbar, dass die heute Zwanzig- bis Dreißigjährigen das Land in zwei Jahrzehnten erneut komplett umgekrempelt haben.

DANKSAGUNG

Wir danken allen, die uns geholfen haben – auch denen, deren Namen hier nicht aufgeführt sind.

Anja Bednarz, Markus Binder, Changfa, Chen Liwei, Chen Xiangju, Chen Yimin, Jan Engberg, Till Fähnders, Heiko Fischer, Christine Gosh, Karine Kaffrell, Oda Lambrecht, Jochen Lange, Diana Lee, Lilian, Liping, Liu Chang, Lao Liu, Liu Lizhe, Luo Xiuli, Luo Xiuquan, Oliver Radtke, Frederik Rudolph, Simone Schweitzer-Götzenberger, Tao, Andreas Trabusch, Ye Yuyang, Malte Zeller, Christina Zheng, Martin Zitzlaff

GLOSSAR

Alphabetisch

Hinweise zur Aussprache

Wir haben uns im Buch bei der Übertragung chinesischer Begriffe und Namen in das lateinische Alphabet größtenteils an die offizielle Umschrift in der Volksrepublik, *Pinyin*, gehalten. Die größten Abweichungen zu deutschen Lauten gibt es in folgenden Fällen:

x = ch wie in Lächeln (Präsident Xi = »Chi«)

zh = dsch, stimmhaft wie in John (Stadt Guangzhou = »Guangdschou«)

zi = dz, stimmhaft wie im Englischen *razor* (Chinesische Schriftzeichen Hanzi = »Handz«)

si = s wie im Englischen *Sir* (Ort Langmusi = »Langmus«)

qi = tchi wie in tja (Qipao-Kleid = »Tchipao«)

In den Sonderteilen über Hongkong und Taiwan haben wir für die Namen die jeweils vor Ort verwendete Umschrift benutzt. Ebenso sind wir in einigen Fällen, wie z. B. bei Peking, bei Umschriften geblieben, die sich im Deutschen eingebürgert haben.

Ausschreitungen in Lhasa: Im März 2008 kam es zu heftigen Ausschreitungen in der Hauptstadt von ▶ Tibet. Da die Regierung eine unabhängige Berichterstattung behinderte, ist der genaue Verlauf der Ereignisse nicht ganz klar. Offenbar hatten Mönche zuvor friedlich für Religionsfreiheit demonstriert und waren verhaftet worden. Daraufhin gab es neue Proteste, die in Gewalt umschlugen. Gruppen von Tibetern zogen durch die Straßen und griffen Geschäfte von Han-Chinesen und Angehörigen der muslimischen Hui-Minderheit an. Auch Passanten sollen gezielt angegriffen worden sein. Polizei und Militär riegelten mehrere Stadtteile ab, eine Verhaftungswelle folgte.

Baidu: ▶ Chinesische Internetdienste

Chinesische Internetdienste: In China haben sich zahlreiche einheimische Internetdienste entwickelt. Viele der im Ausland verbreiteten Dienste, wie z. B. Facebook oder WhatsApp sind in China gesperrt (▶ Great Firewall), sodass chinesische Anbieter eigene Entwicklungen auf den Markt gebracht haben, die auch besser auf die einheimischen Nutzer zugeschnitten sind. Die chinesischen sozialen Netzwerke üben Selbstzensur.

Baidu: Chinesische Entsprechung zur gesperrten Suchmaschine Google mit Diensten wie Baidu-Maps etc.

Douban: Plattform, auf der sich Nutzer in Gruppen, geordnet nach Interessensgebieten, austauschen können.

QQ: »Tencent QQ« Chatprogramm und Social-Media-Plattform, schon sehr lange auf dem Markt

Taobao: Chinesische Auktionsplattform, ähnlich wie eBay

Jingdong Mall: Online-Kaufhaus, ähnlich wie Amazon

WeChat: Chinesisch »Weixin«, derzeit beliebteste Social-Media-App, eine Mischung aus Facebook und WhatsApp. Nutzer kom-

munizieren eher in kleineren Kreisen, nicht so offen wie bei
▶ Weibo. WeChat wurde auch deshalb beliebt, weil die Zensurbehörde Weibo eingeschränkt hatte und gegen prominente Blogger mit vielen Followern vorgegangen war. WeChat bietet über die Kommunikation hinaus noch zahlreiche weitere Funktionen, z. B. zum Bezahlen oder Überweisen.

Weibo: Chinesische Entsprechung zu Twitter. Kurze Botschaften können an ein großes Publikum gerichtet werden. Die Regierung hat die Zensur in den vergangenen Jahren verschärft. Siehe auch Kasten im Kapitel *Der Journalist,* ab Seite 189.

Chinesisches Neujahr: ▶ Frühlingsfest

Demosisto: Neue Partei in Hongkong, die unter anderem von ▶ Joshua Wong nach den ▶ Regenschirmprotesten gegründet worden war und vor allem aus dessen Schülerorganisation Scholarism hervorging. Die Partei wird oft links der politischen Mitte eingeordnet. Sie drängt auf ein Referendum über den künftigen Status von Hongkong. Die Regelungen für die Sonderverwaltungszone enden 2047. Die Partei schreibt sich auf die Fahnen, für mehr »politische und wirtschaftliche Unabhängigkeit von der Unterdrückung durch die Chinesische Kommunistische Partei und der kapitalistischen Vorherrschaft« zu kämpfen. Dabei bekennt sie sich – anders als manche ▶ Lokalisten – zu Gewaltlosigkeit. Bei den Parlamentswahlen 2016 errang der frühere Studentenführer Nathan Law einen Sitz für Demosisto im Parlament. Die Regierung versucht, ihm wegen angeblich fehlerhaften Verhaltens bei der Einschwörung im Parlament das Mandat wieder zu entziehen.

Diaoyu-Inseln: Die »Fischerinseln«, auf Japanisch »Senkaku«-Inseln, befinden sich im Ostchinesischen Meer. Neben der Volksrepublik China erheben auch Taiwan und Japan Anspruch auf die Inselgruppe. Immer wieder kommt es zu Zwischenfällen, auf die oft anti-japanische Proteste in China folgen. Ähnliche ▶ Inselstreitigkeiten gibt es auch im Südchinesischen Meer.

DPP: Die »Demokratische Fortschrittspartei« ist neben der ▶ Kuomintang (KMT) die zweite große Partei in Taiwan. Sie ging aus Bürgerbewegungen in der Zeit der KMT-Diktatur hervor. Nachdem die Kuomintang demokratische Reformen eingeleitet hatte und in den 90er-Jahren freie Wahlen erlaubte, gewann schließlich die DPP mit ihrem Kandidaten Chen Shui-bian im Jahr 2000 die Präsidentenwahlen. 2008 wurde der KMT-Kandidat Ma Ying-jeoh gewählt, den wiederum die DPP-Vorsitzende Tsai Ing-wen 2016 im Präsidentenamt ablöste.

Ein-Kind-Politik: Um das Bevölkerungswachstum zu bremsen, entschied die chinesische Regierung 1979, dass Paare grundsätzlich nur ein Kind bekommen dürfen. Die Geburt musste vorher bei der Familienplanungsbehörde beantragt und genehmigt werden. Für die Regelung gab es zahlreiche Ausnahmen, zum Beispiel für ethnische Minderheiten. Nicht überall wurde sie gleich streng umgesetzt. Bekam eine Familie gegen die Vorgaben doch ein zweites Kind, wurden hohe Strafen fällig. In manchen Orten waren die Behörden laxer, in anderen kam es zu exzessiven Strafen und Zwangssterilisierungen. Auf dem Land entstand durch die Regelung ein Männerüberschuss, weil Söhne zur Fortführung der Familienlinie bevorzugt und Mädchen zum Teil abgetrieben wurden. Seit dem 1. Januar 2016 sind nun zwei Kinder erlaubt, um der drohenden Überalterung der Gesellschaft entgegenzuwirken. Vor allem in den Städten sehen allerdings viele Chinesen die finanzielle Belastung allein durch ein Kind bereits als sehr hoch an.

Entführung von Verlagsmitarbeitern in Hongkong: 2015 verschwanden fünf Mitarbeiter des Hongkonger Verlages Mighty Current, der auch den Causeway Bay Bookstore betreibt, ein Laden mit vielen Büchern, die in der Volksrepublik verboten sind. Offenbar bereitete der Verlag ein Buch über angebliche Liebschaften des chinesischen Präsidenten ▶ Xi vor. Vier Mitarbeiter kamen später wieder frei. Einer sprach offen über seine Entführung nach China. Der Fall sorgte auch deshalb für großes Aufsehen, weil eine Entführung durch chinesische Behörden ein Eingriff in die Hongkonger Autonomie darstellt. Ein Verlagsmitarbeiter, der einen schwedischen Pass besitzt, verschwand sogar aus seiner Wohnung in Thailand.

Falun-Gong: Religiöse Bewegung mit Elementen aus Buddhismus und Daoismus. Fand in China viele Anhänger und wurde daraufhin verboten.

Fischbällchen-Revolution: Unruhen im Hongkonger Stadtteil Mongkok am 8. Februar 2016. Die Polizei wollte zum Chinesischen Neujahr gegen nicht angemeldete Straßenverkäufer vorgehen, die traditionelle Hongkonger Snacks verkauften, z. B. Fischbällchen. Radikale Gruppen stellten sich entgegen, um »Hongkongs Traditionen« zu verteidigen. Am Ende gab es eine mehrstündige Straßenschlacht mit vielen Verletzten. Medien sprachen von den gewaltsamsten Zusammenstößen in Hongkong seit den 60er-Jahren.

Foxconn: Taiwanischer Konzern, der für große Elektronikmarken Geräte und Bauteile fertigt. Unter den Kunden sind zum Beispiel Apple, Microsoft und Sony. In den Fabriken arbeiten zum Teil hunderttausende Menschen. Nach einer Serie von Selbstmorden unter Arbeitern im Jahr 2010 standen die Arbeitsbedingungen öffentlich in der Kritik.

Frühlingsfest: Das Frühlingsfest, auch Chinesisches Neujahr, ist in der chinesischen Kultur so wichtig wie etwa Weihnachten in Deutschland. Es markiert den Jahreswechsel nach dem traditionellen Mondkalender und fällt meist in den Zeitraum zwischen Ende Januar und Ende Februar. Es sind die wichtigsten Feiertage, zu denen traditionell alle Familienmitglieder zusammenkommen. Das ganze Land scheint dann unterwegs. Bahn-, Bus- und Fluggesellschaften liefern alljährlich logistische Meisterleistungen ab.

Gaokao: Der »Oberstufentest« (oder die »Universitätsaufnahmeprüfung«) ist eine wichtige Weichenstellung im Leben junger Chinesen. Von der erreichten Punktzahl hängt ab, ob man auf eine der angeseheneren Universitäten gehen kann, mit deren Abschluss man wiederum leichter einen guten Job findet. Die Prüfung findet normalerweise an zwei Tagen im Sommer statt. Dabei haben die Provinzen unterschiedliche Lehr- und Prüfungsinhalte. Den Gaokao kann man nur in der Region ablegen, in der man seinen registrierten Wohnsitz (▶ Hukou) hat. Das gilt auch, wenn man schon lange woanders wohnt. Deshalb schicken zum Beispiel Wanderarbeiter ihre Kinder in den letzten Schuljahren zurück an den offiziellen Wohnort, damit sie sich dort vorbereiten können. Wie hoch die Punktzahl sein muss, um zum Beispiel an die angesehene Peking-Universität zu kommen, hängt auch vom Wohnort ab. Die Universitäten bevorzugen Bewerber, die vor Ort ihren registrierten Wohnsitz haben, für Schüler aus anderen Provinzen oder Städten gibt es Studienplatzkontingente. Damit stehen diese in viel größerem Wettbewerb um weniger Plätze und müssen ein entsprechend höheres Ergebnis vorweisen als Studienbewerber, die vor Ort registriert sind. Über Bildungsreformen wird viel diskutiert. Manche meinen, dass der Gaokao zu viel Gewicht hat und die Schüler zu prüfungsorientiert lernen. Andere finden, dass er immerhin gerecht sei, weil eben nur die Punktzahl über die Aufnahme an einer Universität entscheide, was Mauscheleien schwieriger mache.

Great Firewall: In Anlehnung an die Chinesische Mauer, auf Englisch »Great Wall«, hat sich dieser Name für die staatliche Sperrung vieler ausländischer Internetseiten herausgebildet. Die Blockade ist eine Form der Internetzensur. Die Regierung versucht, den Zugang zu unliebsamen Informationen zu sperren. Die Sperrung lässt sich allerdings mit sogenannten ▶ VPN-Verbindungen umgehen. Neben der Blockierung ganzer Seiten werden auch die Ergebnisse für einzelne Suchbegriffe (z. B. »Unruhen in Tibet«) zensiert. Das gilt für chinesische Internetdienste genauso wie für ausländische Suchmaschinen (z. B. Bing von Microsoft), die in China aufgerufen werden dürfen.

Guangzhou: Hauptstadt der Provinz Guangdong, im Deutschen auch als »Kanton« bekannt.

Hukou: Die »Haushaltsregistrierung«, ein System zur Kontrolle von Bewegungen der Bevölkerung, dessen Wurzeln weit in die chinesische Geschichte zurückgehen. Das Dokument legt den Wohnsitz fest, der nicht ohne Weiteres geändert werden kann. Das System wurde allerdings immer weiter gelockert. In der Mao-Zeit brauchte man sogar eine Genehmigung, um in eine andere Stadt zu fahren. Heute ist es ohne Probleme möglich, in einer anderen Stadt zu wohnen. Allerdings hat man dort dann keine Ansprüche auf Sozialleistungen und Gesundheitsversorgung, weil man offiziell kein Bürger der Stadt ist. Auch der Schulbesuch der Kinder ist problematisch. Die Abschaffung des Systems wird immer wieder diskutiert. Vor allem die reichen Küstenmetropolen haben allerdings nur wenig Interesse daran. Mittlerweile können Zugezogene zum Beispiel in Peking nach einem Punktesystem, ähnlich wie bei der Einwanderung in manche Staaten, Papiere beantragen. Weil die Hürden sehr hoch sind, profitieren bislang nur wenige wohlhabende und gut ausgebildete Berufstätige.

Huaren (auch *Zhonghuaminzu*): Ein Begriff, der für alle ethnischen Chinesen weltweit steht, also auch z. B. für Chinesen, die in Singapur leben. Er steht für eine chinesische Nation im weitesten Sinn. *Zhongguoren* hingegen steht für »Bürger« oder »Staatsangehörige« Chinas.

Inseln im Südchinesischen Meer: ▶ Inselstreitigkeiten

Inselstreitigkeiten: China streitet sich mit mehreren Anrainerstaaten im Ost- und Südchinesischen Meer über Ansprüche auf Inseln und Meeresgebiete. Die Streitigkeiten haben zum Teil eine lange Geschichte, sind aber in jüngster Zeit wieder hochgekocht. Insbesondere im Südchinesischen Meer versucht Peking durch die Errichtung von Außenposten und Marinepatrouillen, seiner Position Nachdruck zu verleihen. China sieht die Ansprüche zumeist historisch begründet. Im Streitfall mit den Philippinen um das Scarborough-Riff hat das UN-Seegericht diesen Anspruch nicht anerkannt. China akzeptiert das Urteil nicht.

Joshua Wong: Einer der jüngsten und prominentesten politischen Aktivisten in Hongkong. 1996 geboren, gründete er zusammen mit Mitschülern bereits im Alter von 15 Jahren die Schülerorganisation Scholarism. 2012 bekämpfte sie mit Protesten und einem Hungerstreik erfolgreich die Einführung eines Unterrichtsfachs zur patriotischen Erziehung. Damit sollten Schüler zu Loyalität gegenüber der KP China erzogen werden. Wong gehörte zu den Führungsfiguren der ▶ Regenschirmproteste in Hongkong. Später gründete Wong die Partei ▶ Demosisto, war aber zu jung, um selbst bei der Parlamentswahl 2016 antreten zu können.

Kantonesisch: Dialekt in Südchina, der sich von Hochchinesisch sehr stark unterscheidet. In Hongkong wurde lange Zeit nur Kantonesisch gesprochen, Hochchinesisch (auch ▶ Mandarin genannt) hielt erst nach der Rückgabe der Kolonie an China Einzug.

Konsultativkonferenz: »Politische Konsultativkonferenz des Chinesischen Volkes«, ein Beratungsgremium unter Führung der Kommunistischen Partei, das einmal im Jahr tagt und aus etwa zweitausend Vertretern besteht, die unter anderem zu gesellschaftlichen Organisationen, zugelassenen Kleinparteien etc. gehören. Meist tagt die Konsultativkonferenz zusammen mit dem ▶ Volkskongress.

Kulturrevolution (1966–1976): Eine von Mao Zedong ausgerufene Kampagne zur Bekämpfung »kapitalistischer und traditioneller Elemente« in Partei und Gesellschaft. Millionen Menschen wurden verfolgt, gefoltert oder aufs Land verschickt. Schätzungen gehen von hunderttausenden Todesopfern aus. In den ersten Jahren der Kulturrevolution organisierten sich junge Menschen in den »Roten Garden«, die »feudalistische, kapitalistische oder revisionistische« Mitbürger verfolgten, Kulturgüter und religiöse Stätten zerstörten. Das Land schien zeitweise in Anarchie und Chaos abzugleiten. Universitäten und Schulen waren über lange Zeit geschlossen, junge Chinesen wurden zum Arbeiten aufs Land geschickt. Später wurde oft nur die »Mao-Zedong-Lehre« unterrichtet. Eine ganze Generation sah sich ihrer Bildungschancen beraubt. In den 70er-Jahren übernahmen die alten Parteikräfte langsam wieder das Ruder. Der Tod Maos 1976 markierte das endgültige Ende der Kulturrevolution und ihrer Nachwehen. Über die Kulturrevolution wird in China bis heute kaum offen diskutiert. In Schulbüchern finden sich zu diesem Thema nur wenige Sätze.

Kuomintang: Die »Nationalpartei« wurde 1912 von Sun Yat-sen nach dem Ende des Kaiserreichs gegründet und war später die Regierungspartei der Republik China. Ihr Anführer, General Chiang Kai-shek, kämpfte mit der Kommunistischen Partei im Bürgerkrieg um die Macht. Nach dem Zweiten Weltkrieg gelang es den Kommunisten unter Mao Zedong, die Kuomintang 1949 nach Taiwan zu vertreiben. Dort regierte die KMT diktatorisch (▶ Weißer Terror), bis Chiang Kai-sheks Nachfolger Mitte der 80er-Jahre demokratische Reformen einleiteten, die in den ersten direkten und freien Präsidentenwahlen im Jahr 1996 gipfelten.

Lianghui: »Die zwei Kongresse«, ▶ Volkskongress und ▶ Konsultativkonferenz tagen meist gleichzeitig in Peking. Die Sicherheitsmaßnahmen werden dann erhöht.

Lokalisten (engl. *Localists*): Die Bezeichnung steht für Hongkonger Parteien, die eine größere Eigenständigkeit Hongkongs, bis hin zur Unabhängigkeit von China, verlangen. Viele von ihnen sehen Hongkong als eigene »Nation«. Einige Lokalisten-Gruppen schließen Gewalt nicht aus. Ihre Anhänger demonstrieren immer wieder gegen chinesische Besucher . Siehe auch Kapitel *Der Radikale,* ab Seite 223.

Mandarin: Bezeichnung für Hochchinesisch, das überall in China an den Schulen gelehrt wird. In der Volksrepublik wird oft von »Putonghua« gesprochen, übersetzt: »die normale Sprache«. Die Dialekte in China unterscheiden sich viel stärker als etwa im Deutschen.

Massaker am Platz des Himmlischen Friedens: ▶ Tiananmen-Massaker

Minderheiten in China: Auch wenn 90 Prozent der Bevölkerung der Volksgruppe der Han angehören, also zu ethnischen Chinesen zählen, so ist China doch ein Vielvölkerstaat mit über 50 anerkannten Minderheiten. Die bekanntesten sind die Tibeter und die Uiguren im äußersten Westen des Landes. Hinzu kommen noch viele Volksgruppen, zum Beispiel die Hui, die den Han-Chinesen sehr ähnlich, allerdings muslimisch sind. Hinzu kommen Kasachen und viele indigene Gruppen, die in der langen Geschichte des chinesischen Reiches zum Teil eigenständig waren und immer noch ihre eigenen kulturellen Wurzeln haben. Einige leben tatsächlich noch sehr abgeschieden, fast schon in einer Art Parallelgesellschaft. Auch bei den Han, also der Bevölkerungsmehrheit, gibt es zahlreiche Unterschiede. Viele Provinzen haben ihren eigenen Dialekt, der sich manchmal sehr stark vom Hochchinesischen unterscheidet. Jede Region hat natürlich ihre eigene Küche, und den Menschen dort wird eine eigene Mentalität nachgesagt. China ist in dieser Hinsicht also mindestens so vielfältig wie Europa.

QQ: ▶ Chinesische Internetdienste

Qipao: Traditionelles, hochgeschlossenes und figurbetontes Kleid, in den 20er-/30er-Jahren beliebt

Regenschirmproteste: Ende September 2014 stand Hongkong im Rampenlicht der Weltöffentlichkeit. Etwa hunderttausend, zumeist junge Menschen besetzten über Wochen mehrere Straßenzüge und forderten mehr Demokratie bei der Wahl des Regierungschefs. Die Polizei griff für Hongkonger Verhältnisse ungewöhnlich hart durch. Sie setzte Tränengas und Schlagstöcke ein, was der Protestbewegung zunächst nur mehr Zulauf brachte. Der Regenschirm als Schutz vor Tränengas wurde zum Symbol für die Proteste. Allerdings schafften es die Demonstranten nicht, der Regierung Zugeständnisse abzuringen, und die Unterstützung nahm schließlich ab. Nach gut zweieinhalb Monaten räumte die Polizei das letzte Lager.

SARS-Epidemie (Schweres Akutes Respiratorisches Syndrom): Die Atemwegserkrankung trat Ende 2002/Anfang 2003 erstmals in Südchina auf. Sie wurde durch ein ansteckendes Virus ausgelöst und breitete sich in den folgenden Monaten schnell aus. Etwa 800 Menschen starben. Besonders in Ländern Ostasiens kam das öffentliche Leben nahezu zum Erliegen, weil die Menschen Angst hatten, sich anzustecken. In Hongkong rutschte die Wirtschaft in eine Rezession. Auch der Konflikt zwischen der Volksrepublik und Taiwan hatte Auswirkungen auf die Bekämpfung. Taiwan verlangte einen eigenständigen Sitz bei der Weltgesundheitsorganisation, um auf direktem Wege Informationen über die Ausbreitung bekommen zu können. Peking sah das als unlauteren Versuch Taiwans an, seinen Status bei der UN-Organisation aufzuwerten, und einen möglichen Schritt in Richtung Unabhängigkeit.

Scholarism: ▶ Joshua Wong

Sonnenblumen-Bewegung: Protestbewegung in Taiwan. Junge Taiwaner besetzten im Frühjahr 2014 das Parlament, um gegen eine Ausweitung von Handelsabkommen mit China zu protestieren. Sie befürchteten, dass Taiwan noch stärker von China abhängig werden und schließlich seine politische Eigenständigkeit verlieren könnte.

Taobao: ▶ Chinesische Internetdienste

Tiananmen-Massaker: 1989 schlug die chinesische Regierung Studentenproteste in Peking mit Soldaten und Panzern blutig nieder. Die Entscheidung dafür soll unter anderem vom chinesischen Führer Deng Xiaoping gekommen sein. Die Demonstranten hatten sich auf dem Platz am Tor des Himmlischen Friedens versammelt, Missstände beklagt und demokratische Reformen gefordert. Viele Studentenführer wurden verhaftet oder gingen ins Exil. Das Thema ist in der chinesischen Öffentlichkeit weitgehend tabu. In Hongkong findet alljährlich am 4. Juni ein Gedenkmarsch statt. Im chinesischsprachigen Raum wird oft vom »Zwischenfall am 4. Juni« gesprochen.

Tibet war zunächst ein Königreich, dann eine Theokratie unter geistlichen Führern (Dalai Lama). Die Geschichte im Verhältnis zum chinesischen Kaiserreich war wechselvoll, schließlich wurde es Teil des Reichs. Nach dem Ende der Kaiserzeit 1912 war Tibet de facto unabhängig. Unter Mao wurde es 1950 von der Volksbefreiungsarmee besetzt. Der Dalai Lama floh nach Indien und residiert dort immer noch mit seiner Exilregierung. Er wirft Peking vor, die Religion und Kultur zu unterdrücken und Menschenrechte zu verletzen. China verweist auf viele Entwicklungsprojekte, die es vorangetrieben hat. Kritisiert wird auch der Zuzug zahlreicher Han-Chinesen, der die Tibeter zunehmend marginalisiere.

Uiguren: ▶ Xinjiang

Volkskongress: Chinesisches Parlament mit etwa 3.000 Abgeordneten, tagt einmal im Jahr gleichzeitig mit der ▶ Konsultativkonferenz. Stimmt normalerweise mit großer Mehrheit den Regierungsvorlagen zu.

VPN (Virtual Private Network): Damit können Nutzer die Blockierung ausländischer Seiten durch die staatliche Firewall, auch ▶ Great Firewall genannt, umgehen. In China sind zum Beispiel YouTube, Facebook, Google und viele ausländische Nachrichtenseiten gesperrt. Viele Studenten benutzen mit einem speziellen Programm VPN-Verbindungen, um die Sperrung zu umgehen. Dabei wird die Verbindung zu einer gesperrten Seite über mehrere Server umgeleitet. Die Netzwerke werden zwar manchmal gestört, im Großen und Ganzen aber von den Behörden bislang meist geduldet. Damit haben viele in der gebildeteren Schicht trotz Zensur Zugang zum weltweiten Internet. Zum Zeitpunkt der Veröffentlichung dieses Buches hat die Regierung allerdings angekündigt, den Zugang zu VPN-Servern weiter zu beschränken. VPNs gibt es offiziell an Universitäten für Studenten, die zu Forschungszwecken auf gesperrte Seiten zugreifen müssen. Auch ausländische Unternehmen sind für die Kommunikation mit Kunden und ihrer Firmenzentrale auf VPNs angewiesen.

Wanderarbeiter: Im Deutschen werden darunter Menschen mit verschiedenen Hintergründen zusammengefasst. In China spricht man oft von »Nongmingong«, also Arbeitern, die aus Bauernfamilien kommen und in der Stadt oft Hilfsarbeiten ausüben. Manche verdingen sich auf Baustellen und ziehen tatsächlich von Arbeitsstelle zu Arbeitsstelle. Manche wohnen aber auch jahrelang in einer Stadt und wollen nicht mehr zurück. Allerdings haben sie in der Stadt keinen ▶ Hukou und damit nicht dieselben Rechte wie die anderen Einwohner.

WeChat: ▶ Chinesische Internetdienste

Weibo: ▶ Chinesische Internetdienste

Weißer Terror in Taiwan: Damit wird die blutige Unterdrückung von Protesten und Oppositionskräften während der Kuomintang-Diktatur in Taiwan bezeichnet. Nachdem die ▶ Kuomintang den Bürgerkrieg verloren hatte und nach Taiwan geflohen war, gab es dort Proteste und Aufstände der einheimischen Bevölkerung. Viele sahen sich unterdrückt von den neuen Herrschern. Kuomintang-Führer Chiang Kai-shek verhängte das Kriegsrecht. Zehntausende Menschen wurden verhaftet, weggesperrt oder getötet. In der älteren Generation haben die Ereignisse auch nach der Demokratisierung tiefe Gräben hinterlassen.

Wilde-Lilie-Bewegung: Studentenproteste in Taiwan 1990, kurz bevor umfassende demokratische Reformen eingeleitet wurden.

Xiaomi: Hersteller günstiger Smartphones, der mittlerweile auch auf internationalen Märkten vertreten ist.

Xi Jinping: Generalsekretär der Kommunistischen Partei, Staatspräsident und Vorsitzender der Zentralen Militärkommission. Unter ihm sind die Zensur und Kontrollen strenger geworden. Er startete zugleich groß angelegte Anti-Korruptionskampagnen, in denen auch hochrangige Politiker verurteilt wurden. Kritiker werfen ihm vor, damit vor allem politische Gegner in der Partei auszuschalten.

Xinjiang: Xinjiang ist eine autonome Region, die überwiegend von Uiguren bewohnt wird, einem Turkvolk. Immer wieder kommt es zu Ausschreitungen, weil sich Uiguren von Peking diskriminiert sehen und mehr Eigenständigkeit fordern. Bei schweren Unruhen 2009 in Xinjiangs Hauptstadt Ürümqi kamen zahlreiche Menschen ums Leben. Immer wieder werden Uiguren für Anschläge verantwortlich gemacht.

Zhonghuaminzu: ▶ Huaren

Wenn Einheimische selbst die Entwicklungshelfer sind, dann ist es Stay. Entwicklung, die bleibt.

»**Vor 11 Jahren** habe ich mit den Menschen aus meinem Dorf eine Schule aufgebaut, in der heute über 300 Kinder lesen, schreiben und rechnen lernen.

Als einheimischer Entwicklungshelfer kenne ich die Bedürfnisse der Menschen hier, denn ich bin einer von ihnen.«

Muddu Kayinga
Gründer und Geschäftsführer der Organisation COTFONE in Kiwangala, Uganda

Ausgangsbasis und tragende Säulen unserer Projekte sind die einzigen Menschen, die dauerhaft vor Ort bleiben: Die Einheimischen. Denn vorhandene, eigene Initiativen von einheimischen Entwicklungshelfern sind auch nach dem Ende einer Förderung überlebensfähig. Deshalb fördern wir Muddu Kayinga und seine Organisation Cotfone.

Wir gehen einen neuen Weg.
Unterstützen Sie unsere Arbeit jetzt mit Ihrer Spende!
Vielen Dank.

Stay • Im Hetzen 9 • 70734 Fellbach • Deutschland
+49 711 6581684 • welcome@stay-stiftung.org • stay-stiftung.org

stay
ENTWICKLUNG,
DIE BLEIBT.

Das bildstarke Portrait Chinas von Volker Häring und Françoise Hauser

Françoise Hauser und Volker Häring
China 151

Das riesige Reich der Mitte in
151 Momentaufnahmen

Mit über 160 eindrucksvollen Bildern,
Einblicke unter www.1-5-1.de

ISBN 978-3-943176-68-1
ISBN 978-3-95889-002-2 [PDF]

»*Lassen Sie sich in Erstaunen versetzen, das Buch entführt Sie auf eine ungewöhnliche Entdeckungsreise.*« (MING Magazin)

»*Beim Blättern durch das üppig bebilderte Buch erfährt man auf unterhaltsame Art viel über ein Land, das uns immer noch fremd ist.*« (Westfälische Nachrichten)

»*Eine authentische Entdeckungsreise.*« (Clever reisen!)

China – das Land der Extreme: Nirgendwo sonst wohnen so viele Menschen, kein anderes Land hat in so kurzer Zeit eine so gewaltige Wegstrecke zurückgelegt. Schier über Nacht verschwinden ganze Stadtviertel, werden futuristische Skylines hochgezogen. Und dennoch hat sich China vieles bewahrt: Entdecken Sie eine Kultur, in der die Götter abgesetzt werden, wenn sie ihren Job nicht gut erledigen, das falsche Nummernschild Unglück bringt und ein Einkaufsbummel im Schlafanzug niemanden verwundert.

Begleiten Sie Francoise Hauser und Volker Häring auf ihrer Reise durch das riesige Reich der Mitte, seine uralten Tempel und brandneuen Wolkenkratzer. Schnuppern Sie Stinke-Tofu auf dem Nachtmarkt, schlendern Sie mit Senioren rückwärts durch den Park und tanzen Sie morgens Tango auf dem Bund. Am Ende werden Sie um 151 beeindruckende Einblicke in dieses wundersame Land reicher sein.

www.conbook-verlag.de

»Wer mir einen nachvollziehbaren Grund nennen kann, erwachsen zu werden, bekommt sämtliches Gold der Welt, einen Oscar in allen Kategorien und sei gleichzeitig in die Hölle verbannt.«

Andreas Brendt
Boarderlines

Ein autobiografischer Reiseroman über die aufregendsten Wellen der Welt

ISBN 978-3-943176-99-5
ISBN 978-3-95889-086-2

»Ein Buch mit großer Erzählkraft, Tiefsinn und einer Prise Humor.« (Aachener Nachrichten)

»Ein Buch zum Runterlesen. Die Geschichten sind witzig und man erwischt sich sehr schnell dabei, seine Sachen packen und die Welt erleben zu wollen.« (Radio Köln)

»Unglaublich witzig und unterhaltsam und gleichzeitig mit Tiefgang. Vorsicht: Suchtgefahr.« (active woman)

Andi ist ein pflichtbewusster VWL-Student, dem eine lukrative Zukunft winkt. Doch dann entscheidet er spontan, sein Konto zu plündern und nach Asien aufzubrechen. Auf Bali wird er mit dem Surfvirus infiziert, und von nun an ist das Wellenreiten seine lebensbestimmende Leidenschaft, die ihn vor eine große Entscheidung stellt: Gibt er dem inneren Feuer Zündstoff oder ebnet er den Weg für die geplante Managerkarriere?

Boarderlines ist ein autobiografischer Reise-Roman über die schönsten Wellen dieses Planeten, die Sinnsuche und die Sehnsucht nach Abenteuer. Über ein Leben zwischen Pistolen, Edelsteinen, Malaria, einer entlegenen Insel, gemeinen Ganoven, allwissenden Professoren, und deutschen Bierdosen. Über Freundschaft und natürlich über die Liebe – zum Surfen, zu Menschen, zum Leben.

www.conbook-verlag.de

Ein Fahrrad, 26 Länder und jede Menge Kaffee

»*Eine köstliche Geschichte!*« (Trekkingbike)

»*Unsere Empfehlung: mitkommen auf diese Reise!*« (Africa live)

»*Kurzweilig, ungefiltert und schonungslos ehrlich.*« (Badische Zeitung)

Eines Tages wirft der Unternehmensberater Markus Weber seine heile Welt über den Haufen und stürzt sich Hals über Kopf in ein Abenteuer. Er setzt sich auf sein Fahrrad und fährt los – durch 26 Länder, bis nach Togo.

Seine Reise führt ihn durch verlassene osteuropäische Dörfer und über zermürbende Sandpisten in Westafrika. Er fährt per Anhalter durch die Sahara, radelt durch den unerschlossenen guineischen Regenwald und schmuggelt sich in Liberia über geschlossene Grenzübergänge. Alles, um zwei Fragen zu beantworten: Wer bin ich? Und: Gibt es eigentlich *Coffee to go in Togo*?

Ein wahnwitziges Reiseabenteuer zwischen Aufbruchlaune, Selbstfindung und ungewöhnlichen Begegnungen auf 14.037 Radkilometern.

Markus Maria Weber
Ein Coffee to go in Togo

Ein Fahrrad, 26 Länder und jede Menge Kaffee

- ISBN 978-3-95889-138-8
- ISBN 978-3-95889-143-2

www.conbook-verlag.de

Karaoke, Kader, Karrieren –
Ein spannender Ritt durch die Untiefen der chinesischen Gesellschaft

Volker Häring
Beijing Baby

China-Krimi

ISBN 978-3-95889-100-5
ISBN 978-3-95889-141-8

»*Volker Häring zeichnet ein realitätstreues, griffiges Bild des kontemporären Pekings. Seine Charaktere besitzen Substanz und Lebensnähe.*« (Deutsch-Chinesische Gesellschaft Augsburg e. V.)

»*Sehr lesenswert und unbedingt weiter zu empfehlen.*« (Gesellschaft für deutsch-chinesische Freundschaft Oldenburg)

Eine Schauspielstudentin wird tot im Innenhof des Zentralen Theaterinstitutes Peking aufgefunden. Zunächst deutet alles auf einen Selbstmord hin, doch dann tauchen Zweifel auf.

Die junge Kommissarin Xiang, gerade frisch aus der Provinz nach Peking versetzt, stürzt sich in die Ermittlungen. Nach und nach gerät sie in einen Sumpf aus Macht und Intrigen. Denn schon bald stellt sich heraus, dass das Opfer ein gefährliches Doppelleben im Pekinger Nachtleben führte und Liebschaften zu hochrangigen Politikern unterhielt ...

Beijing Baby nimmt Sie mit in das moderne Peking, wo Tradition und Reform unerbittlich aufeinanderprallen, Geld die Moral bestimmt und politischer Einfluss tödlich sein kann. Ein China jenseits aller Klischees.

www.conbook-verlag.de